国家社会科学基金项目："国际联盟协会的社会动员与英国裁军运动研究",项目编号: 13CSS027,成果结项等级为: 良好。

本书还得到了内蒙古大学"中国史学科平台建设项目"、"铸牢中华民族共同体意识的内蒙古历史学贡献"项目和内蒙古地区社会历史文化研究基地的资助。

国家社科基金丛书
GUOJIA SHEKE JIJIN CONGSHU

英国裁军运动与国际联盟 协会的社会动员(1919—1939)

Disarmament Movement in Britain and the League of Nations Union's Social Mobilization, 1919–1939

史林凡 著

人民出版社

前　　言

英国政治家丘吉尔曾将第一次世界大战和第二次世界大战合称为欧洲的另一场"三十年战争"。如今,越来越多的学者从全球史的角度,把两次世界大战看作同一场战争的"上半场"和"下半场",而1919年至1939年只是短暂的休战。在"中场休息"的20年时间里,各国政府和众多民间团体都为维护和平、制止战争做出了或虚假或真诚的努力。用恩格斯的"历史合力论"来看,在"许多单个的意志的相互冲突中",这些维和止战的努力构成了"无数个力的平行四边形",并且"产生出一个合力",即世界反法西斯战争。

第二次世界大战的爆发既源于凡尔赛—华盛顿体系掩盖的旧矛盾和激化的新矛盾,也与20世纪30年代国际社会中众多形态不一的绥靖政策相关。1945年后,中外不少史学家认为,在英国绥靖政策的形成上,两次世界大战之间的和平运动难辞其咎。他们言之凿凿,具体论点亦有可取之处。总的倾向是认为和平运动与绥靖政策之间有重大关联,但这是本书不敢苟同的。他们之所以有此判断,或是因为受到了那些为绥靖政策辩护的著作的影响,或是因为缺乏对和平组织的深入考察。在剖析绥靖政策方面,国内以齐世荣先生为代表的史学家做出了令人信服的论断。但在两次世界大战之间英国和平组织的研究上,国内外的不少著作总有一些让人扼腕叹息之处。

单就和平运动与绥靖政策的关系而言,本书认为,虽然拒绝绥靖化的"可战派"是英国和平运动的主流,但它与"弃战派"都无力对外交决策产生实质性影响;利用和平运动的分裂,英国政府的舆论管控放大了少数人的声音,使其成为绥靖政策所谓的"民意基础"。总的来看,和平组织鼓动民众的效果远大于游说政要的成绩。就社会动员而言,它们的活动能否成功,不仅取决于主张的正确性和说服力,还取决于动员的广度和深度、民众和精英的反应以及国际局势的发展。它们对英国政治、军事、外交和社会的影响是多方面、多层次和长远的。成败标准应重设,不能仅以政府政策改变的幅度作为判定依据。

本书力图从1919年至1939年和平与战争这一总的历史背景出发,探究英国裁军运动兴衰的根源,并把当时英国最大的外交压力集团——国际联盟协会的社会动员作为主要考察对象,借以说明英国和平运动中的"可战派"与"弃战派"在不同历史阶段如何展开合作与争斗,展现国际联盟协会在哪些方面取得了巨大成功、在哪些方面遭遇了失败。

另外,本书把国际联盟协会置于更宽广的政治文化背景中,将之视作两次世界大战之间英国政府外交决策中的重大变量与英国和平运动的"主角"。作为当时最大的民间团体,它推动英国民众重塑了自身在社会、政治、宗教和帝国方面的身份认同。公众有权对外交政策发表意见,有能力明智地参与外事,这种信念塑造了国际联盟协会社会动员的风格。它的活动凸显了外交决策民主化的可能性,验证了跨党派动员、跨教派动员、跨学派动员和跨思潮动员的可行性。

本书是在我的博士学位论文的基础上修改和拓展而成的,前后已有十余载。在选题、收集国内外资料、写论文以及修改书稿的早期阶段,我不断得到导师齐世荣先生的指导和鼓励。对此,我的感激之情无以言表。他高度的理论水平、广博的知识、严谨求实的学风和一丝不苟的治学态度为我树立了榜样。如今,付梓在即,我却再也听不到先生的教诲了,唯有更多的追忆和思念。我还要感谢徐蓝、吴必康、李世安、赵学功、梁占军、姚百慧等老师,他们审阅了我的博士学位论文,并提出了很多中肯的批评和宝贵的建议。

　　如果说本书能在学位论文的基础上有所提高的话，那我更需要感谢我的硕士生导师阎照祥先生。这么多年来，阎先生一直关心着我，助我在学界的百花园里更快地成长。目下，阎先生已年逾古稀，我衷心祝愿他健康长寿！

　　写作时，我力求"有一分史料，就说一分话"，把英国政府的外交档案与国际联盟协会的第一手文献相互对照，因此常需查阅大量文献。我要感谢中国国家图书馆、北京大学图书馆、北京大学历史系资料室、首都师范大学历史学院资料室、北京师范大学图书馆和北京外国语大学图书馆的工作人员，让我看到了珍藏的档案、缩微胶卷和一些库本。

　　本书得到了国家社会科学基金的支持。对此，我深表谢忱！

　　最后，感谢人民出版社的王彦波同志。他为本书的问世付出了大量的心血。还有很多师友同仁，未能一一提及，但各位的恩惠我会铭记于心。

　　我的专业和理论水平有限，书中不当与舛误之处必定不少。恳请专家和读者批评指正。

史林凡
2022 年夏于呼和浩特

目　　录

绪　　论

　　20世纪的世界历史巨变不断。英国也有很多深刻的变革:大众民主迅猛发展,社会运动频频发生,政坛历经重大变动,但其政治制度仍平稳发展。在政治权利和切身利益的博弈中,英国民众的组织化程度很高。他们常常采用合法的、公开的集体行动向政府施压。在政府与民众之间持续的、良性的互动中,压力集团的作用不可忽视。

　　两次世界大战之间的国际裁军问题虽早已被国外学界关注,但相关专著和论文大多侧重考察政府行为,忽视了压力集团的作用。另外,国外对英国压力集团的研究多围绕内政问题展开,常忽视它们在外交问题上的行动。国内学者主要考察的是国际裁军会议和政府决策,关于两次世界大战之间英国外交压力集团的研究也很薄弱。关于英国国际联盟协会(League of Nations Union,以下简称"国联协会"),①国外学者虽不乏真知灼见,但杂且散,少有系统考察

---

　　①　关于国际联盟协会(League of Nations Union)的中文译名,华尔脱斯著《国际联盟史》1964年中文版中有两种译法:"国际联盟联合会"(上卷第230页)和"国际联盟协会"(上卷第231页);E.H.卡尔著《20年危机(1919—1939)》2005年中文版将之译为"国际联盟协会"(索引第228页);在王春露、熊伟民和梁占军等学者的论文中,"League of Nations Union"都被译为"国际联盟协会"。然而,"国际联盟协会"这个中文译名并非仅用来指称"League of Nations Union"。在华尔脱斯著《国际联盟史》1964年中文版中,它还指1915年5月成立的"League of Nations Society"(上卷第23、28页,下卷索引第419页)。在1994年吴于廑、齐世荣主编的《世界史·现代史编》上卷中,"国际联盟协会"这个译名指的也是"League of Nations Society"(第125页)。因此,"League of Nations Union"和"国际联盟协会"这两个短语并列时可能指的不是同一个组织。"League of Nations Union"是由"League of Nations Society"和"League of Free Nations Association"

国联协会社会动员与英国裁军运动之间关系的;国内学者的探讨本就较少,而且集中在"和平投票"上。

鉴于此,本书的学术价值主要体现在三个方面:一是有助于构建完整的英国裁军史研究体系,二是有助于推动英国压力集团的个案和专题研究,三是有助于促进英国社会运动史的研究。

第一节　相关概念界定

一、压力集团与非政府组织

日常用语"压力集团"在词源上晦暗不明。据英国学者麦肯齐(W.J.M. Mackenzie)推测,"压力集团"(Pressure Group)这个词出现在政治语汇和新闻报道中的时间,应该在1908年美国学者本特利(A.F.Bentley)的著作《政治过程:关于社会压力的研究》出版之后。[①] 但本特利的表述是"集团压力"而非"压力集团"。

麦肯齐认为"压力集团"是那些试图影响公共机构决策的、拥有正式组织和真实利益的团体。[②] 塞缪尔·比尔(Samuel H.Beer)则认为"压力集团"包括那些为了某项立法而向议会施压的组织,如反谷物法同盟;也包括那些为了满足会员的利益需求而向政府施压且拥有常设机构的组织,如工会。[③] 但《布莱克

于1918年合并而成的。窃以为,"国际联盟联合会"这个译名最为贴切。但是,为了便于学术交流,本书采用20世纪与21世纪之交多数中国学者已有的译法,统一将其译为"国际联盟协会";而把1915年成立的"League of Nations Society"译为"国际联盟会社",以示区分。

　　① W. J. M. Mackenzie, "Pressure Groups in British Government", *The British Journal of Sociology*, vol.6, no.2, Jun., 1955, p.135.

　　② W. J. M. Mackenzie, "Pressure Groups in British Government", *The British Journal of Sociology*, vol.6, no.2, Jun., 1955, p.137.

　　③ Samuel H.Beer, "Pressure Groups and Parties in Britain", *The American Political Science Review*, vol.50, no.1, Mar., 1956, pp.4-5.

维尔政治学百科全书》中有一句话同时使用"利益集团"和"压力集团",①说明两者仍有差别。此书词条中没有"压力集团",只有"利益集团",而"利益集团"可分两类:"保护特定局部利益的集团,如农民或雇主集团"和"致力于推动一项事业的利益集团,如推动裁军的集团"。②

"压力集团"和"利益集团"的侧重点不同。前者强调"集团"在政府决策和议会立法中的作用,后者强调"集团"利益的聚合与表达。英国国联协会向政府施压,不是为了"特定局部利益",而是为了推动事关全体社会成员的和平事业。它的会员来自社会各个阶层,并非为了"特定局部利益",而是因共同信念和愿望才联合。从压力集团与政府、议会的关系来看,压力集团以大规模宣传活动来塑造和影响公众舆论,进而影响议会立法和政府决策,这正是它与旧式游说者秘密活动的区别。③ 此外,压力集团不像政党那样以获取政府权力、承担管理国家的职责为目的。④ 国联协会致力于裁军事业,施压对象主要是英国政府的外交政策,一般不涉及议会立法活动。

"非政府组织"(Non-Government Organization)一词最早出现在 1945 年 6 月签订的《联合国宪章》第 71 款里。1950 年,联合国经社理事会将其定义为:"凡不是根据政府间协议建立的国际组织都可被看作非政府组织。"⑤当时它主要指国际性的民间组织。1996 年,联合国经社理事会又作补充性规定:"在地方、国家或国际级别上组织起来的非营利性的、自愿公民组织。"⑥在意域

---

①　戴维·米勒、韦农·波格丹诺主编:《布莱克维尔政治学百科全书》,邓正来等译,中国政法大学出版社 2002 年版,第 384 页。

②　戴维·米勒、韦农·波格丹诺主编:《布莱克维尔政治学百科全书》,邓正来等译,中国政法大学出版社 2002 年版,第 385 页。

③　Marry E.Dillon,"Pressure Groups",*The American Political Science Review*,vol.36,no.3,Jun.,1942,pp.471-481.

④　V.O.Key,*Politics,Parties and Pressure Groups*,New York:Thomas Y.Crowell Company,1948,p.15.

⑤　徐莹:《当代国际政治中的非政府组织》,当代世界出版社 2006 年版,第 14 页。

⑥　联合国新闻部关于非政府组织的回答,见 http://www.un.org/Chinese/aboutun/ngo/qanda.html。

上,压力集团和非政府组织有很大一部分是重叠的。描述第一次世界大战前后的裁军时,《军备控制与裁军百科全书》已用了"非政府组织"这个短语。① 可见,国联协会是合法的、非政府的、非营利性的、非党派性质的、实行自主管理的民间志愿性组织。它以英国政府的裁军政策为目标,采用公开、合法的手段来推动裁军事业的进展。

二、国际裁军与裁军动员

"裁军"(Disarmament)一词在 1899 年海牙和平大会后已成为日常用语,通常指政府为限制、减少和控制战争工具而采取的各种措施。根据历史事实和《军备控制与裁军百科全书》的界定,②两次世界大战之间的裁军活动可分为五类:

第一,对武装部队的数量和动员、对武器装备的占有和建造施加特殊限制,以达到削减国家军事力量的目的。如 1919 年限制德国的《凡尔赛条约》、1922 年限制海军强国的《华盛顿条约》。第二,敏感地区的非军事化。如第一次世界大战后的莱茵河东岸地区。第三,某种武器的管制和非法化。如 1922 年和 1936 年限制潜艇战的协定、1925 年禁止使用化学武器和生物武器的《日内瓦议定书》。第四,控制武器生产和贸易。如 1919 年限制殖民地武器贸易的《圣日耳曼条约》。第五,制定关于战争的法律。如 1928 年的《关于废弃战争作为国家政策工具的一般条约》,即《非战公约》。民族国家的合法政府是裁军活动的主体。不过,本书重点研究的不是英国政府的"裁军"行为,而是非政府组织和压力集团围绕国际裁军问题进行的社会动员。

"动员"(Mobilization)起初是军事用语。③ 它指"把国家的武装力量由和

---

① Richard Dean Burns ed., *Encyclopedia of Arms Control and Disarmament*, vol.1, New York: Charles Scribner's Sons, 1993, p.406.

② Richard Dean Burns ed., *Encyclopedia of Arms Control and Disarmament*, vol.1, New York: Charles Scribner's Sons, 1993, pp.4-5.

③ 张杰:《"动员"词源略考》,《国防》2004 年第 4 期。

平状态转入战时状态,以及把所有的经济部门(工业、农业、运输业等)转入供应战争需要的工作"①。但如今人们使用它时,已不局限在军事领域内,而将其看作现代政治组织(如政党、压力集团和非政府组织)的一种普遍行为。除了政党对选民的动员外,各类压力集团和非政府组织为实现特定的目标,也常动员民众,甚至比政党竞选动员的形式更丰富、效果更明显。在两次世界大战之间的英国,围绕国际裁军问题,国联协会进行了广泛的社会动员,最终目标是借助民众的力量来影响英国政府的裁军决策,进而推动国际裁军的进展。

三、裁军运动与和平运动

社会动员与社会运动紧密相关。"运动"(Movement)是指"一批负有特殊目的人的一系列行为或努力";而"社会运动"(Social Movement)是指"一定程度上自我产生和独立的行动、领导以及团体成员方面最低程度的组织和参与"②,是"群众在与社会精英、对立者和当局的不断相互作用中,以共同目标和社会团结为基础发动的集体挑战"③。

通常,社会运动被构建成对权威治理和特权阶层说教的反抗。事实上,从政治史和国际关系史的角度看,社会运动指向的焦点出现过明显的转移,王朝的臣民、主权国家的公民和殖民地的土著居民经常被忽视。很明显,社会运动的勃兴源自参与感和信任感。但是,社会运动并不能必然被视作公民美德的缔造者。社会运动寻求控制生活的某种方式,因此它有自己的宗旨和目标。社会运动经常代表和构建着抵抗活动,倡导反对传统的政策,揭示颠覆现存社会秩序的必要性。它能够缔造跨越阶层的团结,能够动员起民众为自己的信念做出努力。

---

① 《现代汉语词典》,商务印书馆1996年版,第303页。
② 戴维・米勒、韦农・波格丹诺主编:《布莱克维尔政治学百科全书》,邓正来等译,中国政法大学出版社2002年版,第760页。
③ 西德尼・塔罗:《运动中的力量:社会运动与斗争政治》,吴庆宏译,译林出版社2005年版,第3、6页。

历史上，有很多谴责一切战争、反对武装力量的一切运用、作为个人绝不参加任何战争的和平主义者。这些纯粹的和平主义者是"弃战派"。第一次世界大战后，他们有增无减。国联协会有这样的会员，但仍有大量会员提倡通过普遍裁军和特殊安全机制来预防战争；在战争不可避免时，赞同自卫战争、支持集体行动，对侵略者进行谴责和制裁。这些国际主义者可被称为"可战派"。两次世界大战之间，英国和平运动基本由上述两派构成。观念差异造成了和平运动的分裂。国联协会里也如此。尽管两派存在分歧，但都认为军备竞赛是战争根源，裁军是维护和平的必要条件。

在两次世界大战之间的英国，各类民间组织动员大量民众，以削减军备、制止战争为共同目标，持续向本国政府施压。本质上，组织起来的英国普通民众为推动裁军而持续进行的集体活动正是一场社会运动。"和平运动"若可定义为：为了维护和平，在战争手段之外寻找外交政策执行工具的众多非政府组织和个人所进行的一切活动、所付出的一切努力，那么裁军运动自然是其重要组成部分。

第二节　相关研究概述

一、关于两次世界大战之间英国裁军问题的研究

两次世界大战是两场浩劫。第一次世界大战时的伤损虽不及第二次世界大战时的惨重，但第一次世界大战后欧洲民众心灵受创的程度比第二次世界大战后的更严重。"探其因由，也许早在上一次大战之际，世人原不知道牺牲会如此惨重；而到'二战'时，大家都心里有数。所以前者1000万人死亡带来的惊吓，要比后者的5400万更令人伤痛。"①因此，第一次世界大

---

① 霍布斯鲍姆：《极端的年代》（上），郑明萱译，江苏人民出版社1998年版，第69页。

战后,反战维和是国际社会的主要思潮,而军备竞赛被认作战争根源之一。两次世界大战之间,裁军获得英国民众持久支持,曾有大量相关书刊出版。①

若要和平就必须裁军,此看法第一次世界大战前就已存在。第一次世界大战后,美国总统威尔逊的和平构想更为典型,而且受到广泛支持:"通过民主化来消除那些政府传统上为之战斗的事物;通过削减军备来消除为它们战斗的手段。至于冲突的其余情况,则有和平解决的程序。"②然而,《凡尔赛条约》规定负有裁军义务的只是德国及其盟国,含糊地涉及战胜国。《国联盟约》表达的只是对未来裁军的希望,并非义务上的规定。第一次世界大战后,英国一度大幅裁减三军,但主因是缺军费。但在两次世界大战之间,列强均未停止扩军。裁军会议和谈判主要是为了缓和军备竞赛、维持自身优势和限制对手。因此,国际条约基础上的普遍裁军也就不可能真正实现。

英美法等国保存了大量裁军档案。"有时候,关于裁军的档案看起来无穷无尽……学者们必须在不计其数的文件中艰难跋涉。"③从 20 世纪 40 年代起,英国皇家文书局陆续出版了《英国外交政策文件》(*Documents on British Foreign Policy, 1919 – 1939*)。1992 年出版的《英国外交事务文件》(*British Documents on Foreign Affairs*)又作了补充。在第二部中,裁军是第 J 辑的主题,而且从第 3 卷到第 6 卷都是关于裁军的。但这些只是英国公共档案馆中的一部分,是主编选择性的查阅、考虑出版上的限制的结果。

---

① Lorna Lloyd and Nicholas A.Sims, *British Writing on Disarmament from 1914 to 1978:A Bibliography*, London:Frances Printer, 1979, pp.17–80.

② 卡列维·霍尔斯蒂:《和平与战争:1648—1989 年的武装冲突与国际秩序》,王浦劬等译,北京大学出版社 2005 年版,第 164 页。

③ BDFA, Part II, Series J, Volume 1, Frederick, Md.: University Publications of America, 1992, Introduction, p.xiv.

关于英国裁军政策,国外已有大量颇具价值的研究成果。[①] 它们各有侧重和优缺,也有共同之处。学者们的研究时段先是集中于某届政府或 20 世纪 20 年代,后来逐渐扩展至整个两次世界大战之间;研究主题集中在国际会议或裁军的个别方面,如裁减海军装备。有些学者着重考察历时性变化,有些学者则倾向于静态分析。国内学者关注较多的是重大国际裁军会议、[②]某项具体的条约、[③]英国战略和军备力量的消长。[④] 这些成果有助于我们比较清楚地了解英国裁军政策的演变、症结和本质。

两次世界大战之间是英国三党角力的关键时期。自由党的分崩离析和工党的缺乏经验为保守党长期执掌权柄提供了良机。虽然自由党和工党在裁军问题上比较积极,但它们的主张无法变成政府政策。一直对普遍裁军持怀疑态度的保守党无意采取实质性的行动。凯洛琳·凯钦(Carolyn Kitching)比较准确地指出了英国踟蹰不前的原因:"基本上,内阁大臣们已经得出这样的结

---

① Brian McKercher, *The Second Baldwin Government and the United States*, *1924—1929*, *Attitudes and Diplomacy*, Cambridge: Cambridge University Press, 1984; Christopher Hall, *Britain*, *America and Arms Control*, *1921—1937*, New York: St. Martin's Press, 1987; Dick Richardson, *The Evolution of British Disarmament Policy in the 1920s*, London: Printer Publishers, 1989; Brian Mckercher, *Arms Limitation and Disarmament*: *Restraints on War*, *1899—1939*, Westport: Praeger, 1992; Carolyn Kitching, *Britain and the Problem of International Disarmament*, *1919—1934*, London: Routledge, 1999; Carolyn Kitching, *Britain and the Geneva Disarmament Conference*: *A Study in International History*, New York: Palgrave Macmillan, 2003.

② 例如,林和坤:《两次世界大战期间的帝国主义裁军骗局》,《历史教学》1984 年第 2 期;王绳祖主编:《国际关系史》第四卷,世界知识出版社 1995 年版;章毅君:《试论 1935 年伦敦海军会议》,《历史教学》2002 年第 8 期;刘景瑜:《1930 年伦敦海军会议与日本国内政治》,《日本研究》2005 年第 3 期;徐煜:《论 20 世纪 20 年代的英美海上争霸》,《湖北师范学院学报》2005 年第 6 期。

③ 例如,袁征:《对 1935 年英德海军协定的几点考察》,《史学月刊》1993 年第 6 期;王育宁:《1934—1935 年英国对德政策的调整与英德海军协定》,首都师范大学硕士学位论文,2000 年;张昀京:《1935 年英德两国签订海军协定的真实原因及影响》,《广西社会科学》2007 年第 6 期。

④ 例如,柏来喜:《试析两次大战之间英国海军力量的演变》,华中师范大学硕士学位论文,2005 年;耿志:《英美军事战略的历史考察(1919—1945)》,首都师范大学博士学位论文,2007 年。

论:英国政府要么根据1919年和平条约达成国际协定,进而履行裁军义务,但这样做可能会影响帝国义务的履行;要么不理睬或不履行裁军义务,但这样做可能会刺激德国修改条约的欲望、加剧法国的不安全感,进而危及欧洲的稳定。所以,大臣们认为,无论怎样做,英国的安全都将受到损害。"①

裁军谈判和裁军政策的制定主要是政府的事情,加上档案资料上的便利,多数学者自然会把目光聚焦于政府的活动上。但实际上,对裁军政策有发言权的并不仅仅是政府领导人。"在一个国家内部,个人、群体都是决策者,他们通过适当的机制,对国家的决策产生影响。"②非主导性的因素,如压力集团、民意、民间组织的作用,则长期未能得到充分的研究。事实上,在两次世界大战之间的英国,大量民间组织致力于普遍裁军。例如,国联协会、"不再有战争"组织(No More War Movement)、妇女争取和平与自由国际联盟(Women's International League for Peace and Freedom)、全国和平理事会(National Peace Council)、公谊会(Society of Friends)和教会世界联盟(The World Alliance of Churches)等。另外,削减和限制军备涉及英国各类工业和企业的利益。如果厉行裁军,英国工业巨头的垄断性收益必将减少,他们一般倾向于反对裁军。因此,裁军不仅仅是内阁官房里的话题,还是各类压力集团积极活动的外部动力。

二、关于英国压力集团的研究

虽然英国早就存在各种压力集团,但对它们的研究直到第二次世界大战结束之后才开始。1955年6月,麦肯齐教授的论文《英国政府中的压力集团》③初步规划了探索的范围和研究的课题。从笔者检索到的资料来看,这应当是英国学界第一篇有代表性的文章。1958年,塞缪尔·樊纳(Samuel

---

① Carolyn Kitching, *Britain and the Problem of International Disarmament*, 1919–1934, London: Routledge, 1999, p.3.

② 李彬:《军备控制理论与分析》,国防工业出版社2006年版,第238页。

③ W.J.M.Mackenzie, "Pressure Groups in British Government", *British Journal of Sociology*, vol.6, no.2, Jun., 1955.

Edward Finer)出版了《隐形帝国:对英国国内游说活动的研究》①,约翰·斯图沃尔德(John David Stewart)出版了《英国压力集团与下院的关系》②。樊纳综合研究了压力集团的政治行为,而斯图沃尔德做的则是个案研究。两人的著作具有很强的互补性,共同向人们揭示了议会民主制下英国压力集团的组织结构、施压手段和强大的影响力。

一般来讲,英国压力集团的活动目标是政府政策,压力常常施加于政党和政府大臣身上。因此,无论从理论上讲,还是在具体的个案研究中,廓清英国两党制下压力集团与政党、政府的关系都是非常必要的。在英国压力集团研究的起步阶段,有学者相当敏锐地捕捉到了这一点,其中比较有代表性的是塞缪尔·比尔。1965年,在《近代英国政治:政党和压力集团研究》③一书中,他历时性地考察了政党和压力集团的关系,将其分为老托利党时期、老辉格党时期、自由主义时期、激进主义时期和集体主义时期,详细论述了英国政党政治演变中民主理论的发展和压力集团的地位。

从研究时段上看,有两个历史时期受到较多关注。第一个时期是维多利亚时期(1837—1901),宪章运动和反谷物法同盟是学届研究的重点。第二个时期是第二次世界大战结束至20世纪80年代,许多学者致力于探讨工会与政党、政府之间的关系。④ 他们常围绕与百姓日常生活密切相关的问题展开,

---

① Samuel Edward Finer, *Anonymous Empire: A Study of the Lobby in Great Britain*, London: Pall Mall Press, 1958.

② John David Stewart, *British Pressure Groups: Their Role in Relation to the House of Commons*, Oxford: Clarendon Press, 1958.

③ Samuel H. Beer, *Modern British Politics: A Study of Parties and Pressure Groups*, London: Faber and Faber, 1965.

④ Martin Harrison, *Trade Unions and the Labour Party since 1945*, London: Allen and Unwin, 1960; Ross M. Martin, *TUC: The Growth of a Pressure Group, 1868 - 1976*, Oxford: Clarendon Press, 1980; Ben Pimlott and Chris Cook, *Trade Unions in British Politics*, London: Longman, 1982; Ken Coates and Tony Topham, *Trade Unions and Politics*, Oxford: Blackwell, 1986; Andrew Taylor, *The Trade Unions and the Labour Party*, London: Croom Helm, 1987; John Mcilroy, Nina Fishman and Alan Campbell, *British Trade Unions and Industrial Politics*, vol. 1, *The Post-war Compromise, 1945 - 1964*, vol. 2, *The High Tide of Trade Unionism, 1964-1979*, Aldershot: Ashgate, 1999.

例如,哈里·艾克斯坦(Harry Eckstein)对英国医学联合会的研究,①威尔逊(H.Hubert Wilson)对英格兰电视商业化运动的研究。② 在艾伦·波特(Allen Meyers Potter)的分类中,有很大比例的压力集团被归于伦理、教育、卫生、管理、商业、工业等纲目下。③ 即便如此,还是有学者抱怨对经济类压力集团的关注不够。④ 可以说,对经济活动中压力集团行为的研究一开始就是英国学者研究的主攻方向,而且长时间不变。此外,针对工业社会中的其他问题,如环境污染,学者也不忘考察压力集团的活动。⑤

　　中国学者对英国压力集团的研究起步较晚,专著不多,⑥期刊论文多是介绍性的。⑦ 关于英国压力集团(或利益集团)的硕博学位论文也较少。⑧ 总的来看,学界对两次世界大战之间英国压力集团的研究是比较薄弱的。

---

①　Harry Eckstein, *Pressure Group Politics: The Case of the British Medical Association*, London: Allen & Unwin, 1960.

②　H.Hubert Wilson, *Pressure Group: The Campaign for Commercial Television in England*, New Brunswick: Rutgers University Press, 1961.

③　Allen Meyers Potter, *Organized Groups in British National Politics*, London: Faber and Faber, 1961.

④　Morris Davis, "Some Neglected Aspects of British Pressure Groups", *Midwest Journal of Political Science*, vol.7, no.1, (Feb., 1963), p.42.

⑤　Peter Rawcliffe, *Environmental Pressure Groups in Transition*, Manchester: Manchester University Press, 1998.

⑥　"专著不多"主要指的是以英国压力集团为研究主题或从压力集团角度切入的专著比较少。工会是英国政治中举足轻重的压力集团。受时代影响,国内学者较早地关注和研究了英国工人运动史和英国工会,散见于很多通史著作和政治著作中,并不集中。就笔者阅读到的资料而言,比较集中地论述英国压力集团的理论著作是胡康大于1993年出版的《英国的政治制度》。他辟专章讨论了英国压力集团的产生、发展、特点和作用,使笔者在理论上受益良多。2008年上海三联书店出版了《激进的女权主义》。作者王赳从妇女史的角度探讨了"英国妇女社会政治同盟"的施压活动。但正如书名所示,它的研究旨趣在于女权主义,而非压力集团。

⑦　陈栩:《英国压力集团初探》,《新疆大学学报(哲学人文社会科学版)》2008年第4期;桑楚:《英国的压力集团》,《国外资料信息》2002年第8期;王小波:《英国压力集团与政府决策》,《历史教学问题》1997年第2期。

⑧　1992年范成东的博士学位论文《英国工业革命时期的利益集团和议会立法:从十八世纪中期到一八三二年》、2005年唐山的硕士学位论文《理查德·科布登与英国谷物法的废除》、2017年杨彬彬的硕士学位论文《英国1832年议会改革对其自由贸易政策的影响(1832—1867)》。

三、关于国联协会的研究

国联协会成立于 1918 年 11 月，是英国在两次世界大战之间最具影响力的和平组织。它追求公众舆论对外交政策的影响，尽力推动英国政府走国联路线。20 世纪 40 年代初，由于财政困难，国联协会总部被迫从格罗夫纳—克莱森特街（Grosvenor Cresecent）15 号搬到了圣马丁巷（St Martins Lane）一个小得多的建筑里。第二次世界大战后，国联协会演变成联合国协会（United Nations Association）。

关于国联协会的系统性研究始于 1972 年。皮特·弗雷德里克·巴迪（Peter Frederick Barty）完成了博士学位论文《两次世界大战之间的国联协会：英国政治压力集团的兴衰》。① 巴迪认为，国联协会的兴衰无法与国际联盟（League of Nations，以下简称"国联"）的命运分割开来。面对国联在 20 世纪 30 年代一系列问题上的失败，国联协会应当受到指责。因为它"没有强调集体安全所带来的责任，放任这样一种错误观念在公众脑海中滋长，即国联是解决世界问题的万能药"。国联协会的成功和失败都是相对的，不是绝对的。他认为，就主要宗旨而言，国联协会确实失败了，因为它没能说服英国政府（尤其是保守党政府）外交政策走国联路线。但就次级宗旨而言，国联协会获得了绝对的成功，因为在相当长的时间里，国联事业都是英国政府和公众谈论的话题。巴迪收集了大量原始材料，为其结论的公允性奠定了基础。

但是，这篇学位论文的不足之处也比较明显、比较多。首先，巴迪以英国外交政策中的国联问题为轴心来组织材料，展开论述，没有系统考察国联协会在国际裁军问题上的持续努力。其次，巴迪的目光主要集中于 20 世纪 30 年代中后期；关于该协会在整个 20 世纪 20 年代和 30 年代初的发展情况，他叙

① Peter Frederick Barty, *The League of Nations Union between the Wars: The Rise and Decline of a British Political Pressure Group*, Ph.D.Dissertation, University of Kentucky, 1972.The Copy of this Dissertation in Microform Can be Found in National Library of China, UMI/73-07329.

述得过于简单和分散。再次,对国联协会的组织结构和财政情况,他交代不清。最后,从论文题目看,巴迪应该对"压力集团"的概念和相关理论做出必要的界定和回顾,他却没有做。

另外,巴迪未做学术史回顾。虽然这是第一篇研究国联协会的博士学位论文,但在巴迪之前,已有学者研究国联协会了。早在1937年,哈罗德·尼科尔森(Harold Nicolson)就发表了评论文章。① 又如,在1967年4月的《澳大利亚政治和历史杂志》上,厄内斯特·布莱姆斯泰德(Ernest Bramsted)发表了《集体安全的信徒们:国联协会及其作用》。② 遗憾的是,巴迪未能对这些零散的研究进行回顾和评述。此后学界鲜有人提及这篇至今未出版的学位论文。

1974年,唐纳德·波恩(Donald S.Birn)发表的《国联协会和集体安全》③用力颇足。他考察了"集体安全"在20世纪20年代和30年代的含义,批驳了许多对国联协会似是而非的指责。论述国联协会应对20世纪30年代一系列危机时,波恩认为"和平投票"对英国政府的影响不应被夸大;侵略者未被英国政府制止,其责任不应由"和平投票"承担;英国政府重整军备进展缓慢的责任也不应由和平运动承担,因为保守党控制着议会席位的多数。直到1939年,国联协会一直敦促英国政府履行集体安全原则。波恩从施压方式的角度解释了国联协会失败的原因。

1977年,汤普森(J.A.Thompson)在论文《罗伯特·塞西尔勋爵与国联协会中的和平主义者》④中把国联协会会员大致分为两派,即纯粹的和平主义者和坚定的国联拥护者,且重点考察了1925年至1933年两派之间的关系。受

① Harold Nicolson, "British Public Opinion and Foreign Policy", *The Public Opinion Quarterly*, vol.1,no.1,Jan.,1937,pp.53-63.

② Ernest Bramsted, "Apostles of Collective Security: The LNU and its Functions", *The Australian Journal of Politics and History*,vol.XIII,no.1,Apr.,1967,pp.347-364.

③ Donald S.Birn, "The League Nations Union and Collective Security", *Journal of Contemporary History*,vol.9,no.3,Jul.,1974,pp.131-159.

④ J.A.Thompson, "Lord Cecil and the Pacifists in the League of Nations Union", *The Historical Journal*,vol.20,no.4,Dec.,1977,pp.949-959.

国际形势影响,罗伯特·塞西尔(Robert Cecil)与和平主义者在20世纪20年代的合作较为顺利,到了30年代却日渐不和。1931年日本入侵中国东北地区和1932年全面裁军会议第一次明确地把国联协会内部的矛盾呈现出来。两派分歧集中在"制裁"上、为获得安全而共同防御的义务上以及在国联的本质属性和功能上。为了防止国联协会公开分裂,塞西尔更多时候采取了忍让态度。汤普森认为不能将塞西尔与和平主义者混为一谈,更不能无视他对绥靖政策的抵制。此文的不足之处在于没有清晰阐述"和平主义"的含义。事实上,这个短语内涵模糊,极易让人误解。

　　1981年,西方学界出版了有关国际协会的第一本专著,名为《1918年至1945年的国联协会》。[①] 作者仍是唐纳德·波恩。学界好评不断。从1981年至1984年,《英国历史评论》《美国历史评论》和《国际事务》一直有书评发表。他认为,国联议题在英国外交决策中始终处于边缘地位。国联协会不应为英国糟糕的国防负责。事实上,在20世纪30年代后期,国联协会领导人塞西尔主张重整军备以应对法西斯挑战。国联协会还与丘吉尔一道反对尼维尔·张伯伦(Neville Chamberlain)的绥靖政策,共同推动重整军备。在国联协会与国联的关系上,波恩认为国联协会无须为国联在30年代的失败负责。但他指出,国联协会向公众灌输的国联观念是错误的;它没有告诉公众国联制度上的缺陷,致使他们未能理智地面对30年代的国际争端。

　　《1918年至1945年的国联协会》一书材料充实,持论公允,文笔简约,可读性强,但不足之处有三。首先,国联协会的宗旨和章程在书中缺失,关于国联协会内部结构的介绍过于分散,使读者无法清晰了解组织全貌。关于国联协会的财源,波恩和巴迪一样,没做系统的交代。其次,虽然普通会员的政治信仰比较庞杂,但国联协会的指导思想还是比较明确的:与其说是和平主义,不如说是国际主义。波恩对此着墨甚少。再次,国联协会针对中小学生制定

---

① Donald S.Birn, *The League of Nations Union, 1918-1945*, Oxford: Clarendon Press, 1981.

的和平教育计划、教会组织提供的支持及其影响、公众舆论影响政府政策的机制、国际裁军问题对英国社会的影响和 20 世纪 20 年代中后期的仲裁运动都未得到应有的重视。

　　除了上述专著和专题论文,对国联协会的介绍和评论还散见于许多著作之中。下文举其要者,以窥相关研究变化之脉络。

　　国联协会在 1934 年发起的"和平投票"被视为英国公众舆论的一次集中表达。许多学者以此为题,不吝笔墨。① 自然,介绍和评论国联协会的活动成了研究者不得不做的事情。

　　在 1983 年的《无剑之盟》中,裴瑞克·凯巴(Patrick Kyba)探讨了 1931 年至 1935 年公众舆论与英国国防政策之间的关系。② 他将拥护裁军的非官方组织分为四类:和平主义者、半和平主义者、基督教会和国联协会,并概括了它们的活动方式。③ 从其表述中,我们可以推测出分类标准:在拥护裁军和反对战争上,立场的坚定程度和态度的激进程度④。虽然凯巴正确地将国联协会与极端和平主义组织区分开来,但没能足够清晰地说明国联协会的地位和作用。

　　有些学者目光较为宽广。1992 年,在《武器限制与裁军》一书的第 4 章中,塞茜莉雅·林奇(Cecelia Lynch)考察了和平运动影响外交决策的方式,较多介绍了塞西尔和国联协会的活动。林奇以个案研究的方式,展示了和平运

---

① Martin Ceadel, "The First British Referendum: The Peace Ballot, 1934-1935", *The English Historical Review*, vol.95, no.377, Oct., 1980, pp.810-839; J.A.Thompson, "The Peace Ballot and the Public", *A Quarterly Journal Concerned with British Studies*, vol.13, no.4, Winter, 1981, pp.381-392; J.A.Thompson, "The 'Peace Ballot' and the 'Rainbow' Controversy", *The Journal of British Studies*, vol.20, no.2, Spring, 1981, pp.150-170.

② Patrick Kyba, *Covenants without the Sword: Public Opinion and British Defence Policy, 1931-1935*, Ontario: Wilfrid Laurier University, 1983.

③ Patrick Kyba, *Covenants without the Sword: Public Opinion and British Defence Policy, 1931-1935*, Ontario: Wilfrid Laurier University, 1983, p.20.

④ Patrick Kyba, *Covenants without the Sword: Public Opinion and British Defence Policy, 1931-1935*, Ontario: Wilfrid Laurier University, 1983, p.23.

动影响力的盛衰。"在两次世界大战之间,对政务信息和政府政策上的讨论,历届英国政府都以一种不太光明正大的方式施加不必要的限制"①;加上和平运动自身的分裂,各类和平组织很少能决定政府采取何种具体政策。和平运动之所以重要,是因为它在设置政治议题、赋予政策"正当性"以及影响政策的执行上具有相当大的力量。让人失望的是,林奇和凯巴一样,并未总结国联协会在和平运动中的地位及其对英国裁军运动的贡献。

在 20 世纪 90 年代的学术界,如果谁的目光能从"狭窄的权力柱廊"中跳出来,他就有资格"标新立异"。1995 年,理查德·范宁(Richard W.Fanning)的《和平与裁军》②主要论述了从 1922 年到 20 世纪 30 年代中期美国与英国、日本达成协议的过程。此书沿用官僚政治模式,但也顾及了裁军运动背后的文化支撑,尤其是公众舆论对英、美、日三国政府决策的影响。范宁使用了案例交叉对比的方法,交代了三国非政府组织的内部因素以及允许它们参与裁军决策的国内政治结构。这样做貌似全面,但若具体到每个国家,相关文字就太少了。在 224 页的篇幅中,范宁提到国联协会的只有 6 处;对国联协会内部结构、国联协会与政党关系的考察过于简略;关于国联协会的评论也多引自其他学者的著作。

与范宁蜻蜓点水式的论述相比,劳娜·劳埃德(Lorna Lloyd)的研究则细致得多。在 1997 年出版的《国际法下的和平》一书中,她辟专章考察了 20 世纪 20 年代《任择条款》(Optional Clause)被英国政府接受的过程。国联协会的作用得到了重视。她强调:"20 年代后半期,在签署《任择条款》问题上,英国政府受到国内强大的压力。此压力在很大程度上是国联协会的活动造成

---

① Brian Mckercher,*Arms Limitation and Disarmament：Restraints on War,1899-1939*,Westport：Praeger,1992,p.77.

② Richard W.Fanning,*Peace and Disarmament：Naval Rivalry and Arms Control,1922-1933*,Kentucky：The University Press of Kentucky,1995.

的。……国联协会的努力使这个问题在政治议程表上长时间排在前列。"①从施压过程来看,国联协会经历了温和劝说、公开指责和主动退却三个阶段,但政府不为所动。劳埃德分析了国联协会失败的原因:它"站在非政治性立场上,提倡的政策看起来却是党派性的,且从来未能解决两者之间的矛盾"②。在结论中,她对学界的流行看法提出了挑战:"英国公众能在外交决策中扮演重要作用的假设没有确凿根据,至少在《任择条款》问题上,情况是这样。"③在 35 页的篇幅中,劳娜·劳埃德的注意力完全集中在塞西尔身上,没有顾及分会组织、普通会员在多大程度上与领导层保持一致。

　　由于对政府行为的考察一直是学界主流,到 20 世纪 90 年代末,在两次世界大战之间英国和平运动和组织的研究中,有分量的专著仍不多见。和平运动之所以重要,是因为它在设置政治议题、赋予政策"正当性"以及影响政策的执行上具有相当大的力量。在 1999 年的《绥靖之外》里,塞茜莉雅·林奇深化了这个论点。与范宁一样,她也将国内组织与国际事件联系起来考察。在第 3、4 两章里,林奇认为和平组织"使英美两国传统的安全标准失去了正当性,将国际组织代表的重大观念合法化了,使联合国最终得以建立"④。此积极评价旨在纠正根深蒂固的偏见。因为以卡尔(E.H.Carr)为代表的现实主义者们,要么称和平人士为一厢情愿的自由主义者,要么称其为危险的乌托邦分子。林奇反对这种贴标签的做法,因为像国联协会这类组织发起的社会运动,是国际政治中的常量,而非变量;此类组织在国际行为规范的合法化与非法化上具有突出的作用。

---

① Lorna Lloyd,*Peace through Law:Britain and the International Court in the 1920s*,Suffolk:The Boydell Press,1997,p.55.

② Lorna Lloyd,*Peace through Law:Britain and the International Court in the 1920s*,Suffolk:The Boydell Press,1997,p.57.

③ Lorna Lloyd,*Peace through Law:Britain and the International Court in the 1920s*,Suffolk:The Boydell Press,1997,p.89.

④ Cecelia Lynch,*Beyond Appeasement:Interpreting Interwar Peace Movements in World Politics*,New York:Cornell University Press,1999,p.1.

不过,习惯性称呼的力量异常强大。这一点反映在马丁·西代尔(Martin Ceadel)于 2000 年出版的《若即若离的理想主义者》里。此书研究时段跨度非常大——从 1793 年到 1945 年。在第 8、9、10 章中,西代尔论述了两次世界大战之间英国各种和平组织的活动。他虽然承认和平运动对政府政策的影响力,但非常谨慎地做了评估。由于无法囊尽所有影响决策的因素,他将目光锁定在和平运动及其组织上。因此,在他用的大量原始材料中,没有一份政府档案。这使此书显得与众不同。在研究方法上,西代尔也有自己独特的想法。他认为,和平运动可以被视为压力集团的活动和社会运动,这是很管用的做法;但是,把和平运动视为思想活动更管用。[①] 正如塞缪尔·比尔所论,研究政策的缘起和制定时,只关注压力集团及其代表的各种利益是不够的;文化背景不可忽视。[②]

进入 21 世纪之后,越来越多的学者开始承认、重视、研究两次世界大战之间英国和平组织的作用。把国联协会置于国际背景下进行考察,这种做法乍看起来很时髦。但其实从林奇到范宁,一直有学者在尝试和完善这种研究方法。

托马斯·戴维斯(Thomas Richard Davies)也是其中之一。2007 年,他出版的《跨国行动主义的可能性》[③]以两次世界大战之间英、法、美三国的裁军运动为研究对象,重心放在跨国性非政府组织的活动上,只简要交代了裁军运动的背景、参与者和在 20 世纪 20 年代的演变。他交叉对比了英、法、美三国的非政府组织,尤其是英国的国联协会、全国和平理事会以及妇女争取和平与自由国际联盟在英国的分支机构。面对非政府组织的压力,英、美、法政府的主

---

① Martin Ceadel, *Semi-Detached Idealists: The British Peace Movements and International Relations, 1854-1945*, Oxford: Oxford University Press, 2000, p.6.

② Samuel H.Beer, "Pressure Groups and Parties in Britain", *The American Political Science Review*, vol.50, no.1, Mar., 1956, p.2.

③ Thomas Richard Davies, *The Possibilities of Transnational Activism: The Campaign for Disarmament between the Two World Wars*, Boston: Martinus Nijhoff Publishers, 2007.

要反应是陈述各种内容广泛的计划,但拒绝真正实施多边裁军。跨国性非政府组织的裁军运动未能实现目标。戴维斯列出的不利和有利条件各有 9 项之多,得出裁军运动失败的原因是:英、法、美三国非政府组织之间的目标是相互冲突的、不连贯的;为了掩盖分歧,也为了获得公众的支持,它们针对本国公众的喜好,精心组织了宣传,导致他们产生了不切实际的期待。

戴维斯大量利用了英、法、美三国的政府档案、非政府组织的各类文件以及政要、国联协会领导人的日记、信函和回忆录。然而,与范宁相似,戴维斯对国联协会的考察略显简略,有许多观点未经认真批判就被引作旁证。事实上,国联协会、全国和平理事会以及妇女争取和平与自由国际联盟 3 个组织是有差异的。但在戴维斯的论述中,我们找不到国际主义与和平主义的区分。将失败的原因归结于非政府组织自身,这样做固然不错。但从得出结论的过程来看,戴维斯未能充分考察外因的作用。例如,他以英国政府的相对民主为由,较少考虑政府对政务信息的严格管制;他以塞西尔曾在外交部任职作为论据,却不提外交部对塞西尔采取的各种限制措施;此外,他还低估了英国军事机构和军事工业的反对力量。

中国学者对国联协会的关注始于对两次世界大战之间国际关系史与和平主义的探讨,而非源自对英国压力集团的研究。几篇论及国联协会的典型文章都以“和平投票”为主题。1999 年,梁占军探讨了公众舆论与英国外交决策的关系,认为“和平投票”对当时英国内政外交的影响是有限的;英国政府对公众舆论阳奉阴违,并未在实质上改变纵容意大利侵略的政策。① 不同的是,2001 年,时殷宏以“和平投票”和鲍德温出于赢得大选的考虑为例,说明两次世界大战之间公众舆论对主要战胜国对外政策的主宰。② 此外,研究英国和

① 梁占军:《公共舆论与政府决策——1934—1935 年英国“和平投票”的政治影响》,《史学月刊》1999 年第 2 期。
② 时殷宏:《20 世纪西方大众政治对国家对外政策和外交的影响》,《南京大学学报(哲学·人文科学·社会科学)》2001 年第 3 期。

平运动的学者也多以"和平投票"为论据,都认为和平主义及其组织是脱离现实的,为绥靖政策提供了温床。①

综上可知,对国联协会的系统研究始于20世纪70年代,相关研究成果陆续问世,在20世纪80年代初达到一个高潮。此后,专门研究不再出现。20世纪与21世纪之交,随着人们对非政府组织的日益重视,对国联协会的研究出现回暖迹象。学者们研究国联协会活动的视野也从英国国内扩展到国际舞台上。概括来讲,学者们的研究视角大致有三个:一是视其为压力集团,二是从社会运动的角度切入,三是从思想文化上进行阐释。关于国联协会在英国政府外交决策中的地位,学者们仍存争论。

上述成果各有优点,难以概述,为本书的研究奠定了基础。不过,笔者也发现了一些共性问题。第一,国联协会的宗旨章程、组织结构、财政收支和会员招募等问题仍未得到充分或清晰的阐述。第二,大量笔墨用在论述国联协会领导层和塞西尔身上,忽视了地方组织活动和普通会员的主张。第三,对国联协会在20世纪30年代的活动考察较多,对20年代活动的考察太少。第四,学者们重点关注的是国联协会在下述事件中的表现:满洲危机、"和平投票"、世界裁军大会、阿比西尼亚战争和慕尼黑会议,遗漏了对许多重要议题的系统性考察。第五,对国联协会活动的考察,缺少理论上的分析和反思。第六,现实主义者对理想主义的抨击严重干扰了对国联协会的客观评价。第七,学者们未能充分考察国联协会与其他和平组织的关系,也没有评估它在和平运动中的地位和作用。弥补上述所有缺陷与不足,实非我力之能逮,但为本书的努力指明了方向。

笔者在获取原始文献方面不曾享有英美学者做研究的便利。国内关于国

---

① 王春露:《两次世界大战间英国和平主义运动及其历史评价》,《东北师大学报(哲学社会科学版)》1997年第4期;熊伟民:《30年代英国的和平运动》,《湖北大学学报(哲学社会科学版)》2001年第5期;熊伟民:《信仰与现实间的选择——第二次世界大战期间的英国和平主义者》,《湖南师范大学社会科学学报》2002年第2期。

联协会的原始文献较为匮乏。国内学者对国联协会的研究本来就很少,而依据国联协会原始文献开展研究的就更少了。但幸运的是,笔者在北京大学图书馆和中国国家图书馆找到了国联协会许多档案、大量内部刊物、不同时期出版过的数十本小册子和国联协会领导人的部分著作。尤其值得一提的是,北京大学图书馆完好地保存着国联协会从 1921 年至 1938 年的内部刊物《前进》(*Headway*),共 20 卷。从已公开发表的研究成果看,它们尚未被国内学者利用。

《前进》提供了国联协会内部方方面面的信息。大到该协会的政策立场,小到会员专用领带样式的讨论。因此,它不仅是英美学者常常征引的重要文献,更是本书立论的主要根据。但本书不唯《前进》之是为是,努力把它与国联协会领导人的著作,英国外交部档案,相关政要的日记、书信、回忆录交叉对照,并在此基础上进行研究。这样做,除了尽量丰满地勾勒国联协会施压活动全貌的考虑外,主要是为了避免立论的偏颇,为了避免重蹈许多英美学者的极端做法:要么只看政府档案,要么只看和平组织的材料。

第三节　研究范畴与研究思路

本书的研究范畴是两次世界大战之间英国裁军运动中的压力集团,即以国际社会普遍裁军为目标,而向本国政府频频施压的英国非政府组织。由外到里,研究范畴的锁定先后触及两个层面。第一,发生于英国的裁军运动。第二,裁军运动中压力集团的社会动员。"裁军"不能等同于"裁军运动"。前者的本质是以政府为主体的决策行为,后者的本质是以非政府组织为主体的社会运动。政府的裁军决策是"裁军运动"试图影响的目标,而"裁军运动"构成了政府决策的外部环境。因此,若把"裁军""裁军运动"以及"和平运动"看作三个同心圆,那么,最里层是"裁军",中间层是"裁军运动",最外层是"和平运动"。本书主要研究中间层,即两次世界大战之间英国的裁军运动,而国联协会的社会动员是本书研究对象的核心。

　　研究时段的选取不能随意而为，除了受原始文献的限制外，主要还受事物之间内在联系的制约。对于历史事件的因果联系来讲，研究时段的选取是某种"人为切割"，因为历史的进程是连续性而非跳跃性的。若想减少"人为切割"对因果链条的破坏，最好的办法或许是：排比多条纵向发展的链条，然后截取链条间横向联系最多的时段。依时间次序，本书分别考察了三条纵向脉络：国际裁军谈判的进展、英国政府的更迭和国联协会的活动。然后，本书选取了三者横向联系最多的时段：1922 年至 1939 年。研究时段的选取常以重大或特殊事件为起点和终点，本书亦如此。

　　1922 年 2 月 6 日，《美英法意日五国关于限制海军军备条约》签署。此条约是世界现代史上大国之间签订的第一个裁军协议；而在华盛顿会议期间，国联协会领导人也受邀出席。1922 年 10 月，保守党上台执政，它开启了两次世界大战之间保守党长期操持权柄的时代；而后来保守党政府的裁军政策常让国联协会感到不满。不过，作为国联协会领导人，塞西尔还是接受了新任首相斯坦利·鲍德温（Stanley Baldwin）的邀请，出任掌玺大臣，专门负责国联事务。

　　历时两年多的世界裁军大会于 1934 年 6 月 11 日宣布散会。但是，国联协会并没有因此停止活动。它组织的"和平投票"，从 1934 年 3 月延续到 1935 年夏天。1935 年 6 月，鲍德温与拉姆齐·麦克唐纳（Ramsay MacDonald）对调官职，出任首相；年底大选后，他组成了以保守党为主体的"全民政府"。1935 年 7 月 23 日，带着"和平投票"的结果，塞西尔率领国联协会代表拜访了鲍德温。鲍德温收回先前对此次活动的批评，向代表们保证"国联仍旧是英国外交的最后希望"。此后，1935 年意埃战争爆发，1936 年西班牙内战爆发，使战火烧到了欧洲本土。围绕制裁、集体安全、重整军备和改革国联等问题，和平运动出现了严重分裂，"可战派"未能阻止英国政府的绥靖政策。随着 1939 年欧战的全面爆发，国联的维和机制彻底崩溃，国联协会也走到了生命的晚期。

本书坚持马克思主义唯物史观,站在历史进步的立场上评价国联协会的活动,辩证地看待个人、民众和时势之间的关系;重视英国裁军运动中诸要素之间基本的历史联系。本书以历史学的实证研究方法为主,同时借鉴政治学和社会学的相关理论和方法,拟:

1. 对两次世界大战之间英国裁军运动的兴起、发展和衰落(1922—1935)作历时性考察,划分出裁军运动的不同阶段,探究公众舆论、政府决策、国际裁军谈判和突发性国际事件的影响,评估国联协会在裁军运动中的地位和作用。

2. 将国联协会的活动置于社会政治变迁的宏观背景中,以时间为经,着意廓清英国裁军运动发展和演变的历史脉络,以便形成关于两次世界大战之间英国裁军运动史的完整认识;以国联协会的社会动员为纬,不求面面俱到,但要抓住关键因素进行深入分析。

3. 处理好内因与外因之间的关系,侧重于考察国联协会动员民众的能力,但并不忽视政党政治的发展、既有社会组织、文化思潮的变化等外在因素提供的机遇。本书叙述的主线是国联协会的社会动员,两条辅线是英国政府裁军政策的调整和国际裁军谈判的进展。

循上述思路,本书第一章至第四章论述两次世界大战间英国裁军运动的缘起,重点考察国联协会的宗旨章程、组织机构、会员招募、财政收支和社会联系,着意探究这些因素对国联协会动员能力的影响;以时间为序研究 11 个案例,勾画出两次世界大战间英国裁军运动的历史进程,着力探究国联协会在英国政府决策过程中的活动;对比国联协会的主张与英国政府政策之间差异,为评估国联协会施压活动的效果打下基础。第五章至第八章从跨党派动员、跨教派动员、跨学派动员和跨思潮动员这四个特点出发,分析国联协会社会动员取得成效的深层原因和面临的困难。第九章至第十一章评析国联协会社会动员的影响,澄清学界的一些误解,指出绥靖政策的主要推动者并非以国联协会为代表的“可战派”,概括国联协会社会动员的另外三个特点,总结国联协会社会动员的历史局限。

第一章 两次世界大战之间英国裁军运动的缘起

英国人对第一次世界大战的态度很复杂,对大战根源和意义的理解也不尽相同。大战的空前惨烈让绝大多数英国人都不希望再有类似的战争,对和平与安全的渴望是英国民众心态的主流。很多人认为军备竞赛是导致第一次世界大战爆发的重要原因之一,而两次世界大战之间的国际裁军问题直接源于大战后的和平安排。关于国际裁军,英国政界精英莫衷一是,从而为国联协会的游说提供了空间。国联协会反对英国政府因财政紧张而施行的单边裁军,但它推动的多边裁军却未得到英国政府的支持。

第一节 第一次世界大战后英国民众的心态

虽然英国是第一次世界大战的胜利者,但停战日纪念活动并没有以庆祝胜利为主题。集体默哀两分钟,佩戴红色虞美人和修建无数的战争纪念碑成了英国民众表达伤痛的主要方式。痛定思痛,他们普遍认为激烈的军备竞赛是大战的主要根源之一。因此,推进国际裁军和增强国联框架内的集体安全制度成了以国联协会会员为代表的自由国际主义者在维和止战上的主要主张。

一、民众的悲痛与创伤

第一次世界大战结束于 1918 年 11 月 11 日上午 11 时,持续了 4 年又 3 个月,最直接和最明显的后果是人员伤亡。参战的英国三军共计 614.6574 万人,阵亡比例为 1/8,约为 76.8321 万人,另有约 150 万人残废。[①] 在 13 岁至 19 岁的英军官兵中,阵亡者占 28.15%;20 岁至 24 岁的官兵中,阵亡者占 30.58%。[②] 英国贵族和精英阶层的伤亡率很高。有 20 名上院贵族、49 名上院贵族继承人和更多贵族子弟战死。贵族学校伊顿公学派出的 5679 名"参战生"中,伤亡率高达 45%,远超其他社会群体。[③] 来自社会中上层的军官有 15.2% 的阵亡率,高于其他阶层的 12.9%。[④] 首相鲍德温甚至认为自己之所以能执掌权力,完全是因为比他优秀的人都战死了。[⑤]

为了应付战时每日数百万英镑的军费开支,除了增税,英国政府还大量贷款。战争结束时,国债已增至 70 多亿英镑。[⑥] 英国从美国的主要债权国变成了后者的债务国,欠债达 8.5 亿英镑。巨额债务严重迟滞战后经济的恢复。直到 1929 年,英国的工业产量才勉强达到 1913 年的水平,传统工业部门连战前水平也没达到。此外,按凯恩斯的估计,物质损失为 5.7 亿英镑,海外投资也损失了 1/4。[⑦]

1919 年 7 月 19 日,为庆祝凡尔赛和会的胜利,伦敦举行盛大庆典。埃德

---

① J.M.Winter, "Lost Generation of the First World War", *Population Studies*, vol.31, no.3, Nov., 1977, p.450.

② Joachim Whaley, *Mirrors of Mortality*, *Studies in the Social History of Death*, London: Europa Publications Ltd., 1981, p.197.

③ J.V.Beckett, *The Aristocracy in England 1660-1914*, Oxford: Blackwell, 1986, p.473.

④ Rex Pope, *War and Society in Britain 1899-1948*, London: Longman, 1991, p.3.

⑤ Joachim Whaley, *Mirrors of Mortality*, *Studies in the Social History of Death*, London: Europa Publications Ltd., 1981, p.200.

⑥ 阎照祥:《英国史》,人民出版社 2003 年版,第 353 页。

⑦ 吴于廑、齐世荣主编:《世界史·现代史编》上卷,高等教育出版社 1994 年版,第 130—131 页。

温·鲁特恩斯爵士(Sir Edwin Lutyens)设计的塞诺塔夫纪念碑(The Cenotaph)吸引了大批民众,英国政府颇感意外。这座纪念碑位于伦敦市中心,坐落于白厅大街的中央,毗邻议会大厦和皇家骑兵卫队阅兵场。人们络绎不绝地向这座纪念碑敬献花圈。按照计划,庆典结束后,这座用木材和石膏建成的纪念碑要被拆除。但公众持续而强大的压力使内阁在7月底决定在原址上建造一座永久的、一模一样的纪念碑,并向议会申领1万英镑的必要资金。

随着停战一周年的临近,人们又开始思考如何纪念战死沙场的亡灵。1919年10月,米尔纳勋爵(Lord Milner)给国王乔治五世的私人秘书斯坦福德海姆勋爵(Lord Stamfordham)写信,转达了珀西·菲兹派瑞克爵士(Sir Percy Fitzpatrick)的建议:停战纪念日上午11点钟声响过之后,全国默哀一段时间,以缅怀战争死难者。随后,乔治五世将此建议周知内阁大臣。在首相劳合·乔治(Lloyd George)的推动下,除寇松(Curzon)勋爵外,大臣们都支持。默哀时间定为两分钟。

1919年11月11日上午11时,整个大英帝国的人们或站在战争纪念碑前,或聚集在广场上和工厂门口,或立即停下手中的工作,缅怀战争死难者。《泰晤士报》评论道:"全国默哀必将产生长久的影响……两分钟致敬必将使整个民族意识到自己的损失。"①默哀仪式迅速被民众接受并遵守,因为它使人们内心深处的悲痛得以宣泄。

在1920年停战纪念日,国王乔治五世亲自为永久性的塞诺塔夫纪念碑揭幕,又在威斯敏斯特大教堂为无名勇士的空棺下葬。除王室成员和内阁大臣外,送葬者主要是战死者的亲朋。在随后的星期五和星期六,大约有100万人到纪念碑前和威斯敏斯特大教堂里缅怀,摆放在大教堂和白厅前的花圈超过10万个。

1921年停战纪念日里,英国退伍军人协会(British Legion)开始出售用布

---

① *The Times*, 12 November 1919, p.7.

做的红色虞美人小花,供默哀者佩戴在胸前。由于象征生命和安息①,红色虞美人常供不应求。义卖所得用来帮助伤残退伍军人。

从1919年到1921年,英国停战日纪念仪式基本形成。除了全国两分钟默哀、佩戴红色虞美人和战争纪念碑前的缅怀外,参加者也逐渐固定下来。通常,人群由德高望重的人士带领,政府官员、牧师、战死者的家属、退伍士兵、护士、消防队、中小学生和童子军依次敬献花圈。随后,官员或牧师发表演讲,使听众得到慰藉、汲取力量。

停战日纪念活动的影响非常大。1928年,威斯敏斯特大教堂的无名勇士墓前辟出了专供缅怀的区域,英国广播公司开始实况转播纪念活动。即便平时人们路过战争纪念碑时,也会脱帽致敬。这个习惯一直保持到20世纪30年代。在停战纪念日里缅怀死难者被认为是神圣的,不能受到干扰。1935年,丘吉尔因没有停止竞选集会而遭到批评,不得不道歉说:"两分钟默哀是英国人所经历的最神圣的仪式。"②

在两次世界大战之间,英国到底修建了多少战争纪念碑?笔者无法给出准确数字,因为英国人"普遍认为,每个居民区都应该建一座纪念碑……若政府无暇顾及,通常总有人站出来做"③。它们不仅矗立在城市、乡镇和村庄的广场上,还出现在民宅、商业大楼、俱乐部、教堂和学校里。

另外,英国人寻求心灵慰藉和缅怀死难者时常到第一次世界大战战场去。1922年,英王乔治五世到西线战地公墓凭吊。他强调不要隆重的迎接仪式,只是私人性质的朝圣。1928年,英国首相鲍德温在给法国总统的电报中说自

---

① 在第一次世界大战中,在法国和比利时交界的弗兰德斯发生过异常激烈的战斗,血流成河。炮弹代替了犁铧,将土壤中休眠的虞美人种子翻了出来,每年四五月份漫山遍野开满血红色的虞美人。1915年5月,加拿大军医约翰·麦克雷(John McCrae)以虞美人花为素材,创作了一首名为《在弗兰德斯战场上》(*In Flanders Fields*)的短诗。战后,这首诗以民歌的形式广泛流传于欧洲和北美,听者无不为之动容。

② *Manchester Guardian*,11 November 1935,p.6.

③ Alex King, *Memorials of the Great War in Britain：The Symbolism and Politics of Remembrance*,Oxford：Berg,1998,p.27.

已去法国之前,应以私人身份到战地公墓看看。从 1921 年到 1930 年,到欧洲战场旅行的英国人数从约 56 万人上升到约 106 万人。1929 年世界经济危机爆发后,人数有所下降,但很快又开始回升,并于 1937 年达到峰值,为 143.7 万人。①

二、对战争与军备的反思

第一次世界大战中,英国的损失比法国和德国等国的要少。② 虽然战争的破坏是空前的,但英国毕竟是胜利者,有可观的战利品。战后,大英帝国扩大了版图,皇家海军仍旧控制着海洋。这让很多英国人感到自豪。民众普遍认为战争会打破阶级樊篱,让社会更加公正。但随着战事远去,他们从盲目的乐观中清醒过来,认识到大战不仅迟滞了社会改革和福利建设,还给生活增添了新困难。经济萧条中,许多人无家可归,只能蜷缩在街角。退伍士兵没有过上首相劳合·乔治许诺的"战争英雄的生活"。大英帝国的辉煌在现实生活的艰辛中黯淡下去。民众对大战的持续反思开始了。

英国政府和民众对大战的解读体现于各种纪念活动中。由于战时英国宣传对敌人的刻意丑化,战后仍有很多英国人认为大战是善恶之争,是自由民主与军国主义之间的较量。作为英国政府修建的第一座纪念碑,塞诺塔夫纪念碑的碑座上刻有"战死者光荣"。威斯敏斯特大教堂里无名烈士墓的墓志铭也说:"他们的牺牲是为了上帝、为了国王和国家、为了所爱的人、为了全世界的自由和公正;他们增添了上帝的伟大,使上帝的殿堂更加辉煌。"③面对战后生活中的各种困难,不少人难免会质疑第一次世界大战的意义和价值,但更多英国人试图赋予战争死难以某种积极意义,把它与民族荣誉、自由、尊严、忠

① David W.Lloyd, *Battlefield Tourism: Pilgrimage and Commemoration of the Great War in Britain, Australia and Canada, 1919-1939*, Oxford: Berg, 1998, p.29.

② Dan Todman, *The Great War: Myth and Memory*, London: Hambledon and London, 2005, p.45.

③ Samuel Hynes, *A War Imagined: The First World War and English Culture*, London: Bodley Head, 1990, p.280.

诚、勇敢、正义和奉献联系在一起,并且在纪念活动中反复强调。民众执意要铭记和感激纪念碑上的每个名字。即便最坚定的反战者也认为死难者的牺牲是为了阻止未来的战争。①

有些显贵甚至鼓励年轻人继续战斗下去。1920 年,林肯郡侯爵为白金汉郡马洛(Marlow)地区的战争纪念碑揭幕时提醒,"男孩们不要忘了父兄和邻居的战斗……如果将来某天需要像他们那样去战斗,就应该表现得像一个真正的男人"②。此论简直是 19 世纪约翰·西利(John Seeley)的帝国主义理论③在第一次世界大战后的回响。1931 年,英国人类学家亚瑟·基思(Arthur Keith)在阿伯丁大学(University of Aberdeen)演讲时认为,种族冲突是不可避免的。"对一些种族的反感或种族偏见已将大自然的意志植入你的心中,也就是说,要通过区分种族来推动人类进步……人类的果园若想生机勃勃,必须经过大自然的修葺,而战争就是钩剪。"④

事实上,暴力和杀戮的心理影响是复杂的。它们会引起一些人强烈的恐惧,却也会给另一些人带来极大的愉悦。⑤ 19 世纪的技术进步和第一次世界大战中的新式武器已使战争更具破坏性。⑥ 许多人认为未来的大战会比第二次世界大战更可怕。1923 年 7 月 23 日,亚瑟·庞森比(Arthur Ponsonby)在下院的发言代表了民众的恐惧:"宣战后的两个小时内,炸弹会暴雨似的倾泻到首都及其主要建筑物上。下一场战争到来时,我们无法预测将会出现何种恶

---

① Dan Todman, *The Great War：Myth and Memory*, London：Hambledon and London, 2005, p.135.

② Martin Evans and Ken Lunn, etc., *War and Memory in the Twentieth Century*, Oxford：Berg, 1997, p.128.

③ John Seeley, *The Expansion of England*, London：Macmillan, 1883.

④ *Liberal Magazine*, vol.39, no.454, July 1931, p.328.

⑤ Arthur Marwick, *Britain in the Century of Total War：War, Peace and Social Change 1900－1967*, Middlesex：Penguin Books Ltd., 1968, p.111.

⑥ Roger Chickering and Stig Forster, *The Shadow of Total War, Europe, East Asia, And the United States, 1919－1939*, Cambridge：Cambridge University Press, 2003, p.33.

魔般的杀人机器来毁灭生命和我们的财产。"①当有些人惶恐不安时,另外一些人则在欣赏战争的伟力和更具杀伤力的发明创造。出于不同的心理需求,到帝国战争博物馆(Imperial War Museum)参观的英国人远远多于那些到战场游览的人。两次世界大战之间,帝国战争博物馆接待的人数超过700万人次。② 帝国战争博物馆展示的新式武器、军服、绘画和透视画吸引着他们。此外,英国退伍士兵对第一次世界大战的态度各不相同。有些人决心让战时的可怕经历湮灭在时间的流逝中,再也不愿提及它们。另有些人出版了小说和回忆录,批判大战是对无辜青年进行的一场毫无意义的屠杀。但还有一些人乐意重提自己的经历,想重温大战中的袍泽之谊、兴奋和忠诚。

关于第一次世界大战的大众文艺作品仍用传统模式描述战事。战后很长时间里,为青少年撰写战斗故事时,把它们描绘成浪漫的、英雄主义的和爱国主义的做法很普遍。有些作者甚至是战斗的亲历者。电影也把第一次世界大战描述成一次伟大的冒险,深受年轻人的欢迎。从1922年之后的10年里,英国教育电影(British Instructional Films)公司与陆军部、海军部通力合作,再现了许多激烈而刺激的战斗场面。在下院里,首相鲍德温因政府给这些电影提供资助而受到指责。但谁是资助者不重要,重要的是电影反映了谁对战争的理解。③ 新式武器为塑造战斗英雄提供了大量新鲜素材。第一次世界大战中的飞行员是很多青年崇拜的偶像。阳刚的、英勇的斗士形象与战争、暴力一起被视作正常的、必需的和合情合理的。④

然而,国际社会的普遍裁军在战后被很多人视作维护和平最合适和最公

① Martin Ceadel, *Semi-Detached Idealists: The British Peace Movement and International Relations, 1854-1945*, Oxford: Oxford University Press, 2000, p.242.

② David W.Lloyd, *Battlefield Tourism: Pilgrimage and Commemoration of the Great War in Britain, Australia and Canada, 1919-1939*, Oxford: Berg, 1998, p.29.

③ Samuel Hynes, *A War Imagined: The First World War and English Culture*, London: Bodley Head, 1990, pp.443-444.

④ Michael Paris, *Warrior Nation: Images of War in British Popular Culture, 1850-2000*, London: Reaktion Books, 2000, pp.184-185.

正的办法之一。经验告诉他们:大量军备的存在不仅使战争爆发的可能性大大增加了,而且使战争进行得更加便利;武器数量的增加和性能的改进只会带来虚假的安全感,因为邻国的恐惧会诱发军备竞赛;在军备竞赛中得益的只会是那些"军工复合体";这些"军工复合体"为了得到更多的利润,往往会鼓动政府发动新的战争,完全置普通民众的生命于不顾;所以,若要和平与安全,就必须全面裁军。但是,在恐惧和猜疑中,没有哪个国家会不顾自身安全贸然裁军。因此,建立某种形式的集体安全制度非常有必要。1919 年至 1934 年,英国国内出版了大量以裁军为主题的书刊,裁军成了主要政治议题之一。这一点"可归因于第一次世界大战的经历、和平组织的深得人心和不停的活动以及国联建立后人们试图把自由民主原则注入国际关系的努力"①。

第一次世界大战后英国人常从伦理、经济和安全等方面讨论裁军。凡尔赛和会上战胜国致力于全面裁军的表态是英国和平组织推动裁军的理由。塞西尔曾写道:"我们无法逃避如下事实:我们这些协约国曾经反复说全面裁军会紧随德国裁军之后,而这一点正是德国接受凡尔赛条约裁军条款的前提条件。"②菲利普·诺埃尔—贝克(Philip Noel-Baker)在 1927 年就曾预言几百万在战争中受过训练的德国人会响应政府争取军备平等的呼唤。③ 后来,纳粹德国正是以"军备不平等"为由于 1933 年退出了世界裁军大会和国联。但在 20 世纪 20 年代,食言自肥的危害在很多人眼中还并不严重,远比不上公共开支引发的关注度。

两次世界大战之间,历届英国政府都努力将公共开支减到最低,通常使其低于国民生产总值的 15%,而第一次世界大战之前的平均水平是 12%。从购买力上看,20 世纪 20 年代英国国防开支低于 1913 年时的水平。对此,几乎

---

① Lorna Lloyd and Nicholas A.Sims, *British Writing on Disarmament from 1914 to 1978: A Bibliography*, London: Frances Printer, 1979, p.3.

② G.R.Crosby, *Disarmament and Peace in British Politics 1914-1919*, Cambridge: Harvard University Press, 1957, p.67.

③ Philip Noel-Baker, *Disarmament*, London: Hogarth Press, 1927, p.37.

没有人抗议。1926 年 3 月,下院就陆军军费预算进行辩论。所有人都称赞战争部大臣莱明·沃兴顿—伊万思(Laming Worthington-Evans)将预算减少了200 万英镑(相当于 2018 年的 11 亿英镑),尽管不少议员主张继续削减。对于 1928 年军事预算又减少 50 万英镑,《陆军季刊》(Army Quarterly)评论道:"紧缩军费是必要的。战争部大臣和他的同僚值得赞许。"①

海军军费预算当然也得削减。一位自由党议员认为 1926 年至 1927 年的海军预算减少 250 万英镑还不够,理由是英国无论如何也赶不上美国海军的支出。② 丘吉尔是鲍德温内阁的财政大臣,采取了严厉的削减措施,导致他与海军大臣发生了激烈的冲突。③ 在两次世界大战之间先后担任财政大臣的丘吉尔、菲利普·斯诺登(Philip Snowden)和尼维尔·张伯伦三人中,很难选出哪个更吝啬一些。有军官评论道:"如果参加世界裁军大会的全是各国政府的财政大臣和财政部官员,那么在各国中央银行主席的配合下,世界裁军大会想失败都难。"④

当然,削减军费开支并非仅是为了满足财政大臣的喜好。花在战争上的巨大财富可以转化为公共服务支出。⑤ 自由党明确将军备开支和经济衰退联系到一起,认为军备开支严重影响经济繁荣。1931 年 5 月,自由党的决议认为,"高额军备开支和高关税是当前世界经济危机的主要根源,削减它们对世界和平与繁荣至关重要"⑥。经济学家们也都强调战争只会带来毁坏、债务和财富浪费,认为停止军备开支能提高生活水平 10%。⑦ 当然,也有经济学家指

① *Army Quarterly*, vol.26, no.1, April 1928, p.8.

② Captain Guest (Bristol N.), Speech, House of Commons Debates, vol.192, 11 March 1926, p.2676.

③ Winston Churchill, Speech, House of Commons Debates, vol.214, 15 March 1928, p.2148.

④ J.M.Kenworthy, "Disarmament: The Freedom of the Seas", *The 19th Century*, vol.111, 1932, p.41.

⑤ Morgan Jones, Speech, House of Commons Debates, vol.203, 7 March 1927, p.960.

⑥ *Liberal Magazine*, vol.39, no.452, May 1931, p.233.

⑦ Josiah Stamp, *Studies in Current Problems in Finance and Government*, London: P. S. King, 1924, pp.96—97; A.L.Bowley, *Some Economic Consequences of the Great War*, London: Thornton Butterworth, 1930, p.88; Francis W. Hirst, *The Consequences of the War to Great Britain*, London: Oxford University Press, 1934.

出政府的军需订货能够创造就业机会,扩军备战对资本投资是一种刺激。[1]
杰出的经济学家威廉·贝弗利奇(William Beveridge)和霍布森(J.A.Hobson)
在 1932 年时都认为多余的军备会带来难以忍受的增税。[2] 相较而言,扩军备
战的主要影响在于它使国际关系趋于紧张。英国前外交大臣格雷曾言:"欧
洲军备的巨大增长,由此带来的不安全感和恐惧正是导致大战不可避免的因
素。"[3]诺埃尔—贝克称格雷的"证据"为"总结性的",达尔顿(Dalton)则说格
雷的话是"令人尊敬的老生常谈"。[4] 可见,国际社会普遍裁军的核心价值在
于对维护世界和平的贡献。

三、对安全与和平的渴望

尽管受到了美国进步主义的影响,但英国独特的自由国际主义倡导将理
性和公正注入国际事务。美国总统伍德罗·威尔逊和塞西尔在第一次世界大
战中就有通信。美国巩固和平联盟的西奥多·马尔堡(Theodore Marburg)在
1916 年底到英国说服阿斯奎斯和格雷支持组建国联。当美国总统威尔逊在
巴黎和会开幕前到伦敦访问时,他几乎被当成了救世主。"虽然人民的希望
是言过其实,但是那也不能说人民的感情放错了地方。"[5]威尔逊的影响让历
史学家卡尔认为第一次世界大战后英国大众的国际主义在美国人的镜子里呈
现出了 19 世纪自由主义思想的影像。[6]

---

①　John Maynaord Keynes, *The General Theory of Employment, Interest and Money*, London: Macmillan, 1936, p. 130; R. F. Harrold, *The Life of John Maynard Keynes*, London: Macmillan, 1972, pp.564−565.

②　*Manchester Guardian*, 26 February 1932, p.8.

③　Edward Grey, *Twenty-five Years*, 2 Vol, London: Hodder & Stoughton, 1925, pp.91−92.

④　Philip Noel-Baker, "Disarmament", *Journal of Royal Institute of International Affairs*, vol.13, no.1, Jan., 1934, p.18; Hugh Dalton, *Towards the Peace of Nations: A Study in International Politics*, London: Routledge, 1928, p.141.

⑤　华尔脱斯:《国联史》上卷,汉敖、宁京译,商务印书馆 1964 年版,第 32 页。

⑥　E.H.Carr, *The Twenty Years' Crisis 1919−1939: An Introduction to the Study of International Relations*, London: Macmillan, 1946, p.27.

人们希望通过彻底改变处理国际事务的传统方法,包括秘密外交。这在某种程度上是英国民主控制联盟(Union of Democratic Control)的贡献。这个组织于 1914 年由诺曼·安吉尔(Norman Angell)、查尔斯·特里威廉(Charles Trevelyan)和麦克唐纳等人创建。后来,他们一起批评战胜国在巴黎和会上对德国的羞辱,认为这样做为下一次大战埋下了祸端。新型的"公开外交"将使得战争不太可能爆发,因为外交政策制定的过程将会是透明的和可以被追责的。厌恶战争的公众将会维护和平,国际舆论将会制止侵略。1919 年 7 月,塞西尔在下院里说:"我们依赖的是公众舆论……如果我们在这一点上错了,那么整件事情就都是错的了。"①在英国议会中,民主控制联盟的支持者敦促外交决策的民主化、用国际制度预防冲突和落实战后和平条款,但他们的要求并没有实现,尽管麦克唐纳和民主控制联盟里的一些成员在 1924 年成了政府高官。

1923 年 1 月,为了催收战争赔款,法比联军占领德国鲁尔工业区。凯恩斯对《凡尔赛和约》在经济上的影响判断应验了。由于鲁尔危机变相延续着第一次世界大战,公开外交的必要性更加凸显。国联协会和民主控制联盟趁机呼吁培养公众对国际关系的兴趣,鼓励消息灵通的公众监督外交活动,以确保外交部和国联诚实守信。它们都主张减少学校教材中的民族主义偏见。很多保守人士愤怒地指责国联协会渗透进学校里"篡改历史来满足和平的需要"②。

英国的和平主义大致可分为基督教和平主义、社会主义的和平主义、人道主义的和平主义和国际主义的和平主义。据不完全统计,两次世界大战之间,英国新建了 18 个和平组织。1918 年之前建立且沿存到第一次世界大战后的和平组织还有 10 余个。两者相加共计有 30 个左右。③ 激进者认为,所有战

---

① *Headway*, vol.14, no.1, Jan., 1932, p.11.

② *Headway*, vol.8, no.9, Sep., 1926, p.164.

③ Martin Ceadel, *Semi-Detached Idealists*: *The British Peace Movement and International Relations*, *1854-1945*, Oxford: Oxford University Press, 2000, pp.429-434.

争在所有情况下都是错误的;无论放弃战斗将会带来何种后果,都不应诉诸武力。温和者认为,战争有时候是必须进行的,但第一要务是阻止它发生,因为用战争手段总是不理智和不人道的。20世纪20年代,人们普遍接受协调、秩序、安全与和平的概念。考虑到当时英国尖锐的阶级矛盾,这一点"特别值得一提",因为"这种现象以后再没有出现过"①。

尽管知道国联有不少缺陷,但从1921年开始,在每年的6月25日,大批民众仍愿意在国联协会的带领下集会或游行,以示对国联事业的支持。1922年,"在普尔(Poole)和多赛特郡(Dorset),市长和大约500名游行者一起参加了活动。在莱斯特(Leicester)和纽卡斯尔(Newcastle),尽管天气很糟,活动仍很成功。在布里斯托尔(Bristol)有1000人冒雨参加。同样多的人在布拉德福德(Bradford)游行,市长是主要发言人。6月25日,在伯明翰游行的人有1.2万"②。

阿尔弗雷德·米尔纳是劳合·乔治内阁的成员,自称"民族主义的爱国者"。他拥护"英式国联"(即英帝国),宣称"民族之间的竞争和每一个民族都寻求最大程度的发展,是全世界的神圣秩序,也是生命和进步的规律"③。在他于1925年逝世之前,这些看法已式微,民族之间的合作而非竞争已成为英国社会关于安全问题的主流看法。但不少英国人担心国际机构对英国主权的削弱。《晨邮报》(*Morning Post*)、《每日邮报》(*Daily Mail*)和军界时常表达出这种忧虑。内阁大臣毛瑞斯·汉基(Maurice Hankey)认为,"在某种国际体系中经历了长时间的和平后,军队的精神将暴露在一种超常的危险中。堕落的病症呈现出来的过程是如此缓慢,以致在任何给定的时刻都难以觉察"④。他担心国际裁军会削弱英国人的阳刚之气。虽然多数民众渴望安全与和平,

---

① 入江昭:《20世纪的战争与和平》,李静阁等译,世界知识出版社2005年版,第85页。

② *Headway*, vol.4, no.8, August, 1922, p.158.

③ Viscount Milner, *Question of the Hour*, London: Nelson, 1925, pp.211-214.

④ Maurice Hankey, *Diplomacy by Conference: Studies in Public Affairs 1920 – 1946*, London: Ernest Benn, 1946, p.119; Stephen Roskill, *Hankey: Man of Secrets*, vol.2, London: Collin, 1972, p.413.

但维护安全与和平的方式依然在引发焦虑。

在安全与和平议题上,共产主义者的影响在 20 世纪 20 年代的英国很小。1926 年大罢工后,英国共产党失势;到 1930 年,党员数量从 10730 人锐减到 1376 人。① 它处于政坛边缘地带,难以获得支持和尊重,密谋型的行为方式让很多人敬而远之。同时,激进的主张难以获得选民的认可。1926 年 3 月,乔治·兰斯伯里(George Lansbury)在下院中提出落实废除海军的动议,但赞成票少于 19 票。在亚瑟·亨德森(Arthur Henderson)和休·达尔顿的推动下,工党整体上转到了支持国联的立场上。达尔顿认为,侵略者不会被和平主义者的演讲阻止,"少量军备在某些时候依然是集体安全所必需的。它们在事实上构成了国际警察力量"②。工党人士认为,不能因为英国政府的政策而去指责国联。但从两次世界大战之间两届工党政府的表现看,其外交政策没有多少社会主义的色彩。

四、自由国际主义的看法

自由国际主义是一场社会思潮,它支持那些倡导和平概念及其原则的民众广泛联合起来。自由国际主义中蕴含着对第一次世界大战后已混乱不堪的现实政治的反抗。自由国际主义的倡导者与英国统治阶层关系密切。

国联协会的主要领导人坚信,"对国际社会的忠诚必然从对民族国家的忠诚中生长出来"③,而在现实中英国政治家们将荣誉感、爱国主义和对战争的恐惧混合起来。世界大战已昭示了国家间的竞争和"国际无政府状态"将导致"生命和进步"(米尔纳勋爵的用语)的终止。英国和平运动中的多数人不赞成构建世界政府,但他们把民族国家描述成有道德的、能被改变的个体。

---

① Neal Wood, *Communism and British Intellectuals*, London: Gollancz, 1959, p.23.

② Hugh Dalton, *Towardsthe Peace of Nations: A Study in International Politics*, London: Routledge, 1928, p.211.

③ *Headway*, vol.10, no.9, Sept., 1928, Supplement, p.i.

例如,塞西尔曾宣称:"我准备说国家是个体,有道德的个体,也是一个类似于道德法的个体。我认为,通过发展我们天性中神秘但却是本质的能力,人类能够团结起来。出于这样或那样的原因,人类成为一个协作的共同体。人类已这样做了,并且呈现出了新的特征:不再完全和单纯地聚集为某些群体,而是结成了有自己道德生活和道德义务的整体。"①

像塞西尔这样的自由国际主义者努力恢复国际秩序,畅想拥有新结构的世界和平建立在主权国家的多样性和平等性之上,建立在社会公正和自决之上。国际法、政府间会议和集体安全将成为解决争端的主要机制。他们也推崇公众舆论,将之视为约束政府的力量。以民主控制联盟为代表的和平组织认为,公开外交是一种透明机制,在理论上能够打破特权阶层对外交事务的垄断。外交决策的民主化能够避免国际误判,能够确保那些最易遭到战争伤害的国家对和平拥有发言权。甚至有些自由国际主义者认为消除秘密外交是那些在第一次世界大战中受损的人提出的补偿请求。

国联协会领导人了解外交决策民主化中的实际困难。很多人赞同萧伯纳(Bernard Shaw)的看法,"日内瓦不是大街上随便哪个路人都能去的地方。大街上到处都是思想狭隘的人"②。因此,教育英国公众理性地、选择性地参与国际事务是非常必要的,只有这样才能约束政府。公众舆论被视作某种应该被教育、被动员的东西。国际关系成为一门学科绝非偶然。1918 年,威尔士大学率先设立伍德罗·威尔逊讲席。1919 年,皇家国际事务研究所(Royal Institute of International Affairs)在约翰·雅各布·阿斯特(John Jacob Astor)的资助下组建起来,成为政府决策的咨询机构。

此外,自由国际主义者试图通过道德的、伦理的手段规划国际秩序,尤为强调国际正义和消除强权政治。英国和平运动有明显的宗教色彩。塞西尔和工党领导人乔治·兰斯伯里在英国圣公会中德高望重。国联协会的重要资助

---

① Robert Cecil, *The Moral Basis of the League of Nations*, London: Lindsey Press, 1923, p.12.

② George Bernard Shaw, *The League of Nations*, London: Fabian Society, 1929, p.10.

者、执委会成员和威尔士地区分会的负责人大卫·戴维斯（David Davies）曾在1925年说："我们不仅为国联寻找金钱，也为它寻找灵魂。"[1]1927年《祈祷书》的修订草稿中，主教庭允许国联把赞美诗改为："主停息了全世界的战争。主折断了长号，砸碎了长矛，焚烧了战车。"[2]

把自由国际主义者关于战后国际秩序的宗教性表述转化为世俗语言，可概括出如下几点。首先，由于秘密外交被普遍视作诱发大战的因素之一，外交决策要民主化。只有这样，当普通民众的利益和政府界定的国家利益不一致时，前者才能得到保护。其次，和平意味着"大国"（包括战败国）之间避免冲突。但是，帝国之间的竞争、对有色土著的托管统治都未被自由国际主义者视作症结所在，落后地区的不平等地位也能被容忍。再次，阻止冲突的国际规范和国家行为的制度化以《国联盟约》为代表，将使国际法受到更多尊重，将使国际仲裁的法律根基更牢固。

在自由国际主义者眼中，英帝国的国际地位很特殊。它的民主制度堪称典范，利益遍布全球，并且在第一次世界大战中有巨大牺牲。它已无法独善其身，尤其不能从遍地硝烟的欧洲大陆撤出，因为那里最需要预防冲突。英帝国利益也需要国际裁军的推行和国联的支持，以免再派远征军到欧洲大陆去。英国践行自由国际主义最大的和平组织国联协会认可军事顾问巴兹尔·利德尔·哈特（Basil Liddell Hart）的"有限责任"看法。英国难以承担维护和平的全部重任。自由国际主义者常议论《国联盟约》框架内英国责任的多少，但国际法、国际裁军、理性且透明的外交决策、道德而非军备的约束力量才是他们思考的重点。

自由国际主义吸收了启蒙运动中的理性主义和"自由良知"概念，而英国人心中独特的自由主义又混合了人权、公民权、民主权利和经济公平方面的思

---

[1]　Helen McCarthy, *The British People and the League of Nations: Democracy, Citizenship and Internationalism, c.1918-1945*, Manchester: Manchester University Press, 2011, p.54.

[2]　*Headway*, vol.9, no.3, Mar., 1927, p.42.

想,以及文化优越感、特权思想和家长式帝国主义。民主、法治和非军事化是和平大业中的普遍观念,并在战时和战后获得了民众的拥护。人们普遍感觉到历史必须改变,而且正在改变。英国和平运动用自由国际主义来吸纳民众,使英国统治阶级避免了欧洲大陆频发的革命。自由国际主义集中体现在国联协会的宗旨章程里。

从运作方式上看,国联协会发起的社会运动,既是自上而下的,也是自下而上的。它从政治精英中招募会员,以便获得合法身份和知名度,并以此来动员普通民众。它从普通民众中募集资金,以便获得活动经费和公信力,并以此来游说内阁大臣。由此一来,英国统治者和公民团体在国际议题上没有彼此隔绝,政府和非政府组织之间的互动成了英国社会治理的一种方式。

概言之,英国自由国际主义者发起的社会运动在生产着知识和话语,为管控民众的精神世界提供了技巧和程序。两次世界大战之间,在英国的权力系统中,自由国际主义的主要践行者是中产阶级和上层精英。它保存了辉格党式的传统,有可能阻止来自右派或左派的混乱和革命,为英国统治阶层发挥着规范性的功能,阻断了任何使极端意识形态具体化的企图。自由国际主义者们有一种目的论上的正义感,怀着改变和平进程的崇高理想。世界政府的愿景让他们振奋,而民族利益或阶级利益会阻碍这幅世界主义图景的实现。同时,多数自由国际主义者决心推动国际政治成为一种有价值的、不同政治制度的国家能够联合起来的体系。一个强大的国际组织将会提供全球治理,即在国联的框架内,国家交往方面的规范和方式将更趋完善。在两次世界大战之间的英国,国联协会是规模最大和呼声最响亮的团体,也是表达自由国际主义最通畅的渠道。它的遭遇是自由国际主义兴衰的晴雨表。

第二节 英国政府对裁军问题的处理

两次世界大战之间的国际裁军问题大致有四个方面的内容。一是德国利用战胜国和平安排的缺陷,有重新武装的可能;二是英国视裁军为道德要求,而非法律约束,无心真正裁军;三是法国以未获得足够安全保证为由,不愿裁军;四是战胜国之间的军备竞赛没有停止,必须有新协议才可能趋缓。英国虽然在第一次世界大战后初期大量裁减军备,但却是为了摆脱沉重的军费负担而采取的单边行为。英国政界精英在国际裁军上莫衷一是,彼此之间的分歧也未按党派分线。

一、国际裁军问题的产生

直到第一次世界大战后,列强才认真对待战前就已出现的国际社会按照协约普遍裁军的呼声。两次世界大战之间的国际裁军问题直接源于巴黎和会的安排。

1919 年 6 月 28 日,《协约国及参战各国对德和约》即《凡尔赛条约》签署。该条约第一部分《国联盟约》和第五部分《陆军、海军及航空条款》共同构成了大战后普遍裁军的法律依据。然而,《凡尔赛条约》是强加给德国的,也是战胜国之间激烈争吵和精心算计的结果。因此,裁军义务不仅不对等,而且在文字表述上含混和极富弹性,给列强按照自己的需要解释裁军条款留下了很大空间。《凡尔赛条约》签订后,在何时开始裁军、如何进行裁军等问题上列强仍争执不休。更严重的是,它们根本无意真正裁军。不过,出于落实和平安排和限制对手的需要,列强不得不一次次把普遍裁军列入国际会议日程表。

《凡尔赛条约》第五部分《陆军、海军及航空条款》,详细规定了德国裁减军队和武器装备的数量。在美国总统威尔逊的提议和坚持下,此部分的导言中写道:"为使所有各国之军备可以普遍限制起见,德国允诺严格遵守下列陆军、海军及航空条款。"[1]他认为这样更容易让德国接受《凡尔赛条约》。

巴黎和会上,德国代表很快就认识到这条导言可为自己所用。"因为它

---

① 世界知识出版社编:《国际条约集(1917—1923)》,世界知识出版社 1961 年版,第 137 页。

给了德国一个几近完美的理由去提出要求:一旦自己履行了裁军义务,协约国也要这样做。"①他们表示接受裁军条款,但这样做必须被当作国际社会普遍裁军的前奏。德国代表不放过任何机会去申明这一点。他们还引用协约及参战各国于 1919 年 6 月 16 日关于裁军意图的声明:"对德国军备的相关规定不仅仅是为了使其难归军事侵略政策。这些规定也是迈向全面限制和削减军备的第一步……也将是国联致力完成的首要任务之一。"②战胜国的多数代表都认可德国要求的合理性。直到 1927 年 4 月,法国裁军谈判代表约瑟夫·保尔—彭古(Joseph Paul-Boncour)还认为这条导言"在走向全面裁军的路上"施加了"一份责任、一项道义和法律义务"。③

然而,这项义务到底是道义上的还是法定的? 两次世界大战之间,国际法专家争论了很多年仍莫衷一是。英国专家认为,此导言所含义务只是所有条约义务的一部分,不是额外的,而且它并没有将德国裁军和协约国裁军直接挂钩;它仅仅是说德国裁军旨在"为全面限制军备的启动提供可能性";协约及参战各国关于裁军意图的声明没有就裁军做出专门保证,仅表示将"致力于推动"全面裁军。

同样的问题也存在于《国联盟约》第 8 款中。"联盟会员国承允为维持和平起见,必须将本国军备减至最少限度,以足以保卫国家安全及共同实行国际义务为限",并责成国联行政院"应考虑每一国之地势及其特别状况,以预定此项缩减军备之计划,俾供各国政府参考及决定"。④ 战胜国只把此条文看作道义责任,而非法律约束。英国外交大臣约翰·西蒙(John Simon)认为第 8

---

① Dick Richardson, *The Evolution of British Disarmament Policy in the 1920s*, London: Printer Publishers, 1989, p.7.

② Dick Richardson, *The Evolution of British Disarmament Policy in the 1920s*, London: Printer Publishers, 1989, p.7.

③ Carolyn Kitching, *Britain and the Geneva Disarmament Conference: A Study in International History*, New York: Palgrave Macmillan, 2003, p.13.

④ 齐世荣主编:《世界通史资料选辑:现代部分》第一分册,商务印书馆 1997 年版,第 27 页。

款"不是强制性的",只是"战胜国预期中的裁军"。① 正如塞西尔所言:如果战胜国背信弃义,德国必将"认为自己重振军备也是自由的"②。

协约国设立专门的海军、陆军和空军委员会来监督德国落实《凡尔赛条约》。委员会人数一度接近 2000 人,直到 1927 年才撤离德国。但是,德国绝非心甘情愿,而是寻机逃避裁军义务。"相当多的战略物资可能被隐匿起来,躲过了销毁。德国境内几乎每个地方都在秘密准备,一旦监控松弛,就将立即重建军事力量。"③1927 年后,有没有履行条约义务,恐怕只有德国自己才知道。

裁军和安全密不可分。同是战胜国,法国的不安全感明显强于英国。自 1870 年后,尤其是 1914 年后,对自己在强敌德国面前的软弱,法国人有一种近似病态的自觉意识。法国很清楚 1914 年时若非英国及时介入,自己又将再次在 6 个星期内被德国打败。因此,战后建立安全制度时,法国格外卖力,以防德国有朝一日复仇。法国寄予热望的国联及其盟约恰恰无力做到这一点。

根据盟约,和平是"不可分割的"(第 11 款)。面对外来侵略,成员国相互尊重并保护彼此的政治独立和领土完整(第 10 款),同意将争端提交仲裁,由国际常设法院进行司法裁决,或接受国联行政院的调查(第 11、12、15 款);若无全体一致的决定时,3 个月的冷却期后,当事国有诉诸战争的权利。如果某个成员国不顾盟约而发动战争,其他成员国将施加绝对和立即的经济、外交抵制;若有必要进行军事制裁时,成员国各出陆、海、空之实力组成部队,以维护盟约的实行(第 16 款)。

然而,上述条款在现实中并无多少可行性。如何保证国际社会共同制止

---

① Carolyn Kitching, *Britain and the Geneva Disarmament Conference: A Study in International History*, New York: Palgrave Macmillan, 2003, p.14.

② Robert Cecil, *A Great Experiment: An Autobiography*, London: Jonathan Cape Ltd., 1941, p.123.

③ E. H. Carr, *International Relations between the Two World Wars, 1919 – 1939*, London, Macmillan, 1947, p.49.

侵略行为？参加军事制裁是否是国联成员国的明确责任？国际部队或指挥官如何组建和任命？更为致命的是,行政院全体一致的原则让那些背弃盟约的成员国有绝好的机会去否决集体行动。

1920 年 11 月至 12 月第一届国联大会召开时,《国联盟约》的第 10 款和第 16 款遭到广泛质疑。加拿大甚至提议删除第 10 款。长时间商议后,1921 年国联大会决定:当需要时,按照第 16 款的规定,由国联行政院提出开始实施经济制裁的日期。1923 年,国联大会又宣布:履行第 10 款义务时,采取哪些必要措施由各成员国政府自行决定。可见,在危急关头,经济制裁甚至军事制裁都很难给法国足够的安全感;而在获得足够安全之前,法国决不会裁军。

第一次世界大战后,英、美、日三国海军军备竞赛愈演愈烈。列强按照自己需要去解释《国联盟约》第 8 款,因为它只要求会员国"将本国军备减至最少限度,以足以保卫国家安全及共同实行国际义务为限"。美国不是会员国,不受约束。1919 年美国国会批准了 1916 年的海军扩充计划,有望在 20 世纪 20 年代中期超过英国,成为世界第一海军强国。日本不顾经费短缺,1920 年开始实施 1907 年提出的"八八舰队"计划。英国自然会感到紧张,便也不顾财政紧张,大幅增加海军开支。1921 年,英国决定增建 4 艘超级战列舰和几十艘其他舰只。

二、英国政府的实际行动

第一次世界大战后,英国继续保持着海上优势,也无迫在眉睫的海上或陆上威胁。在经济、财政和社会压力下,英国政府快速遣散军队。1918 年时,陆军有 600 多万人,到 1920 年仅剩 30 万人;空军有 2.2 万架飞机,到 1922 年一线战机已不足 200 架。[①] 第一次世界大战中,英国海军拥有大约 1900 艘舰艇,且有 1000 多艘在建。1918 年底,近 600 艘舰艇停建,随后 10 年里有 1500 多

① Richard Dean Burns ed., *Encyclopedia of Arms Control and Disarmament*, vol. 1, New York: Charles Scribner's Sons, 1993, p.115.

艘舰艇被废弃。① 1919 年,英国政府宣布军事计划的制定应基于至少 10 年之内不会有大战的预期,即"十年规则"。1928 年,"十年规则"成了顺延性的。直到 1933 年 11 月,它才被正式废止。② 因此,英国裁军只是单边行为,绝非为了履行《凡尔赛条约》和《国联盟约》。这种裁军当然也可以随时取消,甚至转为扩军。

两次世界大战之间国际裁军问题的核心矛盾由此可见。按照《国联盟约》规定,"各国应该放弃作为本国军备的唯一鉴定人的权利",或把此权利"置于国际监督之下",因为它是"民族主义的核心和堡垒",③但各民族国家为了自身安全和利益,决不会放弃这项权利。除了反复强调自己引领了大规模裁军的步伐并已尽力,英国政府还强调特殊国情。1927 年,外交大臣奥斯汀·张伯伦(Austen Chamberlain)在国联大会上说,英国的军事力量仅能勉强看护领土分散的英帝国。④ 财政拮据和美国催还战债的压力使英国无法长期维持高额海军军费。但海军是维护英国霸权、履行帝国防务的主要工具。所以,军备竞赛中的英国早已有心无力,达成新的国际裁军协议似乎成了必然选择。

经过近 3 个月的争吵和妥协,1922 年 2 月 6 日,《英美法意日五国关于限制海军军备条约》即《五国海军条约》终于在华盛顿签字。在主力舰总吨位的限额上,英国和美国各 52 万吨,日本 31.5 万吨,法国和意大利各 17.78 万吨;单艘主力舰的排水量不得超过 3.5 万吨;任何主力舰舰炮口径不得超过 16 英寸。⑤ 另外,在航空母舰总吨位的限额上,英国和美国各 13.5 万吨,日本 8.1

---

① Patrick Kyba, *Covenants without the Sword: Public Opinion and British Defence Policy, 1931-1935*, Ontario: Wilfrid Laurier University, 1983, p.13.

② 1932 年 3 月 23 日,英国内阁原则上宣布废止"十年规则",但到 1933 年 11 月中旬才最终正式废止。详见徐蓝:《英国与中日战争(1931—1941)》,北京师范学院出版社 1991 年版,第 50 页。

③ 华尔脱斯:《国联史》上卷,汉敖、宁京译,商务印书馆 1964 年版,第 251 页。

④ BDFA, Part II, Series J, Volume 1, Frederick, Md.: University Publications of America, 1992, Introduction, p.43.

⑤ 齐世荣主编:《世界通史资料选辑:现代部分》第一分册,商务印书馆 1997 年版,第 42 页。

万吨,法国和意大利各6万吨。① 条约有效期止于1936年12月31日。

《五国海军条约》使英国暂时摆脱了军备竞赛的沉重负担。但美国海军力量可与英国相当,且英国不得在中国香港及太平洋东经110度以东的岛屿修建海军基地和新要塞,从而失去了在远东太平洋地区的战略主动。《五国海军条约》是世界现代史上大国之间签订的第一个裁军协议,但它并没有真正消除军备竞赛。② 会议上,列强避而不谈那些无望达成妥协的问题。英国、意大利和日本不仅拒绝谈论陆军军备,而且不愿涉及小型舰只、巡洋舰和驱逐舰的限额。法国则坚决反对削弱和限制潜水艇。因此,军备竞赛还会重新激化。

英、美、日等国签订条约的主要动力是减轻财政负担和限制对手,绝非为了履行《国联盟约》。它暂时缓解了军备竞赛,但却为列强绕开国联、通过其他方式限制军备树立了一个颇具诱惑力的先例。国联拥护者当时不仅没有认识到这一点,还由衷赞赏华盛顿会议的组织方式。③ 其实,早在华盛顿会议开幕前的1921年10月27日,英国外交部顾问詹姆士·海德莱姆—莫里(James W. Headlam-Morley)爵士就主张:"对于裁减陆军的提议,我们给予支持,但绝不承担义务;而对裁减海军的提议,我们更多时候持保留态度。"④

凡是能够避免或减少英国对欧洲大陆承担军事义务的事情,都会得到英国政府保守派的支持。尽管他们并没有将国联视作大规模军事力量的替代品,但他们几乎都赞成削减常规军事力量,只要能够保证英帝国内动荡地区的安定。鉴于大战后各自治领都正努力从伦敦获得更大的自治权,米尔纳勋爵、丘吉尔以及鲍德温内阁的殖民大臣利奥·艾莫里(Leo Amery)等人都主张英

---

① 吴于廑、齐世荣主编:《世界史·现代史编》上卷,高等教育出版社1994年版,第121页。
② 吴于廑、齐世荣主编:《世界史·现代史编》上卷,高等教育出版社1994年版,第121页。
③ *Headway*, vol.3, no.12, Dec., 1921, p.48.
④ BDFA, Part II, Series J, Volume 1, Frederick, Md.: University Publications of America, 1992, p.329.

国放弃自己在欧洲大陆上的利益，以便恢复英帝国内部的安定。他们顽固地维护海军，以便保护贸易通道和交通干线。但在世界经济大危机中，大多数保守党人接受了1930年伦敦海军协定限制海军巡洋舰的条款。不少热心于维护英帝国利益的人认为创建一支空军威慑力量，可作为英国远征军的替代品。但即便是1924年的工党政府也不愿冒险壮大这种新型的、成本相对低廉的军事力量。按照1923年的空军建设方案，英国要建成52支本土防御空军中队，但其进展很慢。

支持裁军的人质问军备是为了防范谁，是为了针对谁？第一次世界大战后初期的德国已没有资格成为多数英国人的假想敌。法国也不是英国潜在的敌人，尽管法国政策看起来在危害欧洲和平。帝国防务委员会（Committee of Imperial Defence）认为英国最容易受到的威胁来自苏联对阿富汗和印度的控制，海上的主要挑战来自美国和日本，且美国能够轻松地超过英国。但没有哪个英国人严肃地认为英美之间会爆发海战。与此形成对照的是，他们看重日本的威胁，并在1926年敦促尽早完成新加坡基地建设。不过，帝国防务委员会最终接受了奥斯汀·张伯伦的观点，即在未来10年里英日战争"是不需要认真考虑的偶然事件"[1]。由于没有明确的敌人，20世纪20年代里英国军事力量的下降是能够被理解的。

三、英国政界精英的分歧

20世纪20年代初期，英国保守党、自由党和工党的大选宣言都在显著位置承诺全力支持国联，维护世界和平，却较少提及国际裁军问题。凯洛琳·凯钦已详细考察了英国三党中担任过首相、内阁大臣和高级文官的态度及其差异[2]，

---

[1] S.W. Roskill, *Naval Policy between the Wars*, I, *The Period of Anglo-American Antagonism 1919-1929*, London：Collins, 1968, pp.452, 464, 537.

[2] Carolyn Kitching, *Britain and the Problem of International Disarmament*, 1919-1934, London：Routledge, 1999, pp.23-41.

但她的叙述容易让读者误以为英国政坛精英的态度可按党派划线。事实上，国际裁军的支持者和反对者以及那些态度冷漠者不能按党派区分，而是互有交织。

首相劳合·乔治对国联和国际裁军口惠而实不至；鲍德温对外事兴趣不大，裁军问题听任外交大臣处置；麦克唐纳则明确认为只有在安全得到保证的情况下才可裁军，国际裁军问题的解决要以合适的国际政治环境为前提。

内阁大臣亚瑟·贝尔福（Arthur Balfour）拥护国联，但认为英国的作用只应是辅助性的；奥斯汀·张伯伦虽也承认裁军重要，但致力于在国联体制外建立新的欧洲安全机制，且认为 20 世纪 20 年代的国际环境不适宜推进国际裁军；丘吉尔立场不断变化，曾认为国防开支的削减应以国家安全为限；塞缪尔·霍尔（Samuel Hoare）支持国际裁军，但认为只能徐缓图之，且裁军不能避免新战争，安全应放在裁军之前；亚瑟·亨德森坚定支持国际裁军，热心拥护集体安全制度；菲利普·斯诺顿虽然也支持裁军，但只是出于财政方面的考虑，对多边裁军没有信心。

英国高级文官普遍怀疑国联的作用，反对国际裁军。毛瑞斯·汉基拒绝出任国联第一任秘书长，认为裁军会带来国家军事精神的衰落和大量失业工人。伊尔·克罗也认为裁军会削弱国家力量，裁军面临的困难是经年累月累积起来的，难有可行方案。但部分高级文官支持国际裁军，如亚历山大·卡多根（Alexander Cadogan）虽对国际裁军前景感到悲观，但认为英国应做表率，还曾努力推动国际裁军大会走出困境。

本书无力考察每位内阁大臣和高级文官的立场。除了其数量众多造成的困难外，他们在不同时期和具体场合对裁军的看法也常有变化。但立场差异和变化为国联协会的游说和施压提供了机会。

第三节　国联协会的组建与主张

国联协会植根于第一次世界大战中创建国联的主张和活动。它有力地推动了人类历史上首个政治性国际组织——国联的诞生。从时间上看,先有国联协会,后有国联。作为压力集团,国联协会的活动受国联的影响,但在游说政要和鼓动民众推动国际裁军上,国联协会更多受制于自身因素。国联协会的宗旨章程、组织结构、会员招募和社会资源等尚未得到学界清晰阐述的因素在根本上影响着国联协会社会动员的效果。

一、国联思潮与协会诞生

第一次世界大战前,创建国际组织来维护和平的观念已在欧洲深入人心。第一次世界大战爆发后,英国和平运动处于低潮,但此观念并没有完全被压制和遗忘。剑桥大学的高兹沃斯·狄金森(Goldsworthy Lowes Dickinson)和同事成立研究小组来讨论大战根源和预防未来战争的方案。由于布莱斯勋爵(Lord Bryce)表现最为突出,布莱斯小组(Bryce Group)由此得名。他们认为,国际社会的无政府状态和调解争端机制的缺失是大战的根源;欧洲大国应在战后组成和平联盟,但此联盟不应仅考虑战胜国权益,要允许战败国加入;处理纷争时,双方应先冷静一段时间再行商讨;如果某一当事国直接诉诸战争手段,和平联盟应采取包括军事行动在内的一切必要措施予以制止和惩戒。

1915 年 1 月,费边社(Fabian Society)组建国际谅解委员会(International Agreements Committee)来研究和平问题。1916 年,费边社出版研究报告《国际政府》[①]。它与布莱斯小组的主张有许多相似之处,但比后者激进。它明确要求设立秘书处和行政院来专门处理社会经济事务。在创建国联的众多计划

---

① Leonard Woolf, *International Government*, London: George Allen & Unwin Ltd., 1916.

中,费边社的计划"最值得一提","它实际上预先提出了并解释了后来列入盟约的一切主要特点"。①

民主控制联盟也有类似构想。与布莱斯小组和费边社不同,它倡议建立"民族"或"人民"之间的联盟,而非"政府"之间的联盟,要求在外交事务中有公众更大程度的参与,以此来杜绝秘密外交,从而减少战争爆发的可能性。此外,它希望英国在大规模削减武器装备、武器生产国有化和控制武器贸易等方面做出表率。

费边社主要关注国内问题。布莱斯小组长于清谈,很少有实际行动。民主控制联盟主要追求外交决策的民主化,国家间的联盟只是其手段。但它们对"国联"的设想可概括为:联盟成员国遵守国际交往法则;用和平手段解决争端,把具有司法性质的争端交由仲裁或国际法庭解决;当成员国拒绝和平手段,或者在规定的冷却期内对其他成员国发动战争时,其他所有成员国要采取集体行动来制止它;这些行动可以是经济方面的,必要时可以是军事方面的。

在英国,第一个完全致力于创建"国联"②的民间组织是 1915 年 5 月 3 日成立于伦敦的"国联会社"(League of Nations Society),主席是邓弗姆林的萧勋爵(Lord Shaw of Dunfermline)。自由党议员维罗比·狄金森(Willougby Hyett Dickinson)和安奈林·威廉姆斯(Aneurin Williams)分别任委员长和会计。会社的领导层吸纳了布莱斯小组和费边社的成员,如高兹沃斯·狄金森和伦纳德·乌尔夫(Leonard Woolf)。领导层中还有自由党下院议员布雷斯福德(H. N.Brailsford)、激进的经济学家约翰·霍布森、作家和社会改革家雷蒙德·安温(Raymond Unwin)。

第一次世界大战中,公开推动创建"国联"较困难。英国首相阿斯奎斯和

---

① 华尔脱斯:《国联史》上卷,汉敖、宁京译,商务印书馆 1964 年版,第 28 页。
② 据华尔脱斯考证,"国联"这个名称可能源自法国人勒翁·布尔日瓦(Leon Bourgeois) 1908 年著作的名字"Société des Nations"。它在 1914 年秋还不流行,而到了 1915 年春就广为人知了。详见华尔脱斯:《国联史》上卷,汉敖、宁京译,商务印书馆 1964 年版,第 23 页注释。

外交大臣格雷只能非正式地鼓励国联会社。[1] 1915 年 11 月 29 日,召开第一次全体大会时,国联会社只有 148 名会员,是当时英国和平组织中最小的一个。成立后的头两年里,它发展缓慢,但在议员、政论家、作家、教士、社会工作者和其他团体之间开展了一场"静悄悄却并非无效"的宣传活动。[2]

1916 年 5 月,在美国实现和平联盟(League of Enforce Peace)的集会上,总统伍德罗·威尔逊第一次公开提议建立一个全球国家联盟。英国国内的舆论受此影响,有了更积极的变化。1916 年底,罗伯特·塞西尔勋爵敦促英国政府考虑战后创建"国联"。1917 年 4 月美国参战后,国联会社认为公开活动的时机已成熟,在 5 月 14 日第一次组织公众集会。威斯敏斯特的中央大厅(Central Hall)挤满了人,由布莱斯勋爵主持,主要演讲者是坎特伯雷大主教和史末资(General Smuts)将军。支持战后创建"国联"的决议获得一致通过。

主要演讲者的显赫身份和报纸的大量报道扩大了国联会社的影响力,更多的名流参与进来,如议员查尔斯·麦柯迪(Charles McCurdy)和市长大卫·戴维斯,经济学家乔治·派什(George Paish)爵士和哈特雷·威泽思(Hartley Withers)等。1917 年 7 月 20 日,有 47 位知名人士参加了年会,会社成员也增加到了 400 名。[3]

除了公众集会,国联会社还举行了小型研讨会,邀请宗教界领袖和专职律师畅谈组建"国联"的想法。它大量散发小册子,提出具体建议供公众讨论。[4] 国联会社还收集公众人物签名,并在 1917 年 8 月 8 日将签名私下交给了首相劳合·乔治。由于担心讨论细节问题会将公众的注意力从赢得战争上转

---

① 华尔脱斯:《国联史》上卷,汉敖、宁京译,商务印书馆 1964 年版,第 23 页。

② John H.Latané ed., *Development of the League of Nations Idea:Documents and Correspondence of Theodore Marburg*, vol.1, New York:Macmillan Company, 1932, p.157.

③ Martin Ceadel, *Semi-Detached Idealists:The British Peace Movements and International Relations, 1854-1945*, Oxford:Oxford University Press, 2000, p.234.

④ Henry R. Winkler, "The Development of the League of Nations Idea in Great Britain, 1914-1919", *The Journal of Modern History*, vol.20, no.2, Jun., 1948, p.103.

移开,劳合·乔治当时没有答应成立英美联合小组来起草创建"国联"的方案。①

第一次世界大战后期,英美两国政府宣称建立"国联"是本国参战的初衷之一。1918 年 1 月 5 日,劳合·乔治会见工会代表时表示,"我们必须通过建立某种国际组织来设法限制军备的负担和减少战争的危险"。美国总统威尔逊则在 3 天后强调,"必须成立一个具有特定盟约的普遍性的国联"。② 讨论"国联"的计划成了时尚,重点转移到未来"国联"的性质上。1918 年 2 月,英国政府组建"费立摩尔委员会"(Phillimore Committee)。③ 3 月,此委员会建议在协约国大会的基础上组建国际机构。但英国政要的意见并不一致,贝尔福勋爵甚至认为完全由协约国组成的国联是无法自立的。他在下院警告道:"不要称你们协约国间的联合为国联。否则,你们将永远得不到任何形式的国联。"④

争论也存在于国联会社内,并导致了会社短时间的分裂。是否以协约国间的联合为基础、何时建立以及将来德国应否被接纳进来,是国联会社内争论的焦点。有人主张战败国和战胜国都参加,但自由党议员查尔斯·麦柯迪和大卫·戴维斯等人认为大战结束前应建立协约国间的联盟。

1918 年 6 月 24 日,大卫·戴维斯召集支持者成立了新组织——自由国家协会联合会(League of Free Nations Association)。吉尔伯特·莫雷(Gilbert

---

① 劳合·乔治一直对创建"国联"的具体事宜不感兴趣。后来,在《国联盟约》的起草过程中,为了不让英国在未来的国际事务中承担较多责任和义务,他也竭力避免讨论细节问题。详见韩莉:《新外交,旧世界:伍德罗·威尔逊与国联》,同心出版社 2002 年版,第 150—176 页。

② 吴于廑、齐世荣主编:《世界史·现代史编》上卷,高等教育出版社 1994 年版,第 125 页。

③ 费立摩尔委员会的主要成员是费立摩尔勋爵、朱利安·克贝特(Julian Corbett)、J.H.罗斯(Rose)、A.F.伯兰德(Pollard)、伊尔·克罗·威廉·蒂勒尔(William Tyrrell)和塞西尔·赫斯特(Cecil Hurst)。作为英国政府决策的咨询机构,费立摩尔委员会在 1918 年 3 月 20 日提出的这份研究报告并不为公众知晓。劳合·乔治不希望公众讨论报告的细节内容。尽管罗伯特·塞西尔在 1918 年 8 月敦促英国政府公布报告内容,但被劳合·乔治拒绝了。

④ Martin Ceadel, *Semi-Detached Idealists : The British Peace Movements and International Relations, 1854-1945*, Oxford : Oxford University Press, 2000, p.236.

Murray)是委员长,戴维斯、麦柯迪、斯彭德(J. A. Spender)和韦尔斯(H. G. Wells)等人出任临时执委会委员。大卫·戴维斯不仅是市长,还是位煤业百万富翁。他的热忱及财政支持使联合会显得非常有活力。自由国家协会联合会第一次公开亮相是在9月13日。它倡议协约国应立即成立联盟,以此作为将来国联的核心。毕竟,4年血战后,战胜国不会轻易让战败国加入未来的"国联"。

不过,从一开始,自由国家协会联合会就希望能与国联会社(LNS)合作,共同推动国联事业。国联会社在寻求保守党支持时遇到很大困难,并且担心失去工党帮助。左右为难的会社领导人转而考虑与自由国家协会联合会合作的问题。

1918年7月26日,双方代表举行会谈,互相做出让步,达成共识后发表了联合声明:自由国家协会联合会放弃了大战结束前建立"国联"的要求,国联会社认可了未来的"国联"应建立在协约国联合的基础上(哪怕只是临时性的)。[1] 同时,自由国家协会联合会一直渴望格雷担任主席,但后者提出的条件是国联运动团结起来。于是,两个团体深入磋商了合并的细节问题。1918年10月10日,格雷向中央大厅里3000多名听众宣布合并而成的新组织名为"国联协会"。

1918年11月8日,[2]合并工作最终完成,国联协会正式成立,当时会员共计3217人。格雷任主席,赫伯特·阿斯奎斯、亚瑟·贝尔福和劳合·乔治任名誉主席。莫雷是执委会(Executive Committee)委员长。合并前自由国家协会联合会有较为雄厚的经济基础,其管理人员是全职支薪的,在国联协会里继续留任。自然,前者的总部也就成了国联协会的办公室。1920年,国联协会的总部由伦敦白金汉门(Buckingham Gate)街22号搬到格罗夫

---

① Donald S. Birn, *The League of Nations Union, 1918 - 1945*, Oxford: Clarendon Press, 1981, p.10.

② LNU, *League of Nations Union Monthly Report for Members*, vol.1, no.1, Jan., 1919, p.29.

纳—克莱森特街 15 号。①

二、宗旨章程与组织结构

从 1918 年 11 月 11 日第一次世界大战结束,到 1919 年 6 月 28 日《凡尔赛条约》签订,国联协会的主要活动是推动建立一个"自由国家世界联盟"(World League of Free Peoples),借此保障国际正义、联防互保和永久和平。1918 年 12 月 28 日,国联协会派出以格雷为首的 7 人代表团,专程到大使馆拜谒来英国访问的美国总统威尔逊。威尔逊向格雷表示,即将召开的巴黎和会应该促生某种国际组织。这也正是国联协会致力实现的目标。

国联协会的活动是第一次世界大战期间国联思潮的延续。1919 年 1 月,在巴黎和会开幕前,国联协会宣扬自己的宗旨为:

甲.促使各民族(Peoples)用和平手段解决彼此之间的争端;

乙.使用所有可资利用的手段,各民族(Peoples)联合起来阻止任何国家(State)用战争破坏世界和平的任何企图;

丙.创建最高法庭,使其决定得到尊重和执行;

丁.创建常设行政院,使其能够做到:完善国际法,解决那些不宜提交最高法庭裁决的争端,监管军备,就共同关心的事宜采取联合行动;

戊.将所有能做到如下这一点的民族(Peoples)吸纳进联盟,即决心忠诚于盟约,有能力且愿意做出切实保证;在此基础上,使这个

---

① 国联协会总部何时搬到了格罗夫纳—克莱森特街 15 号? 笔者不同意罗伯特·塞西尔的说法:"协会刚成立的时候……办公室就设在白金汉门"(第 82 页),"我们现在使用的办公室是 1921 年 6 月得到的"(第 87 页),即格罗夫纳—克莱森特(Grosevenor Crescent)街 15 号。详见 H.A.L. Fisher, etc., *Essays in Honour of Gilbert Murray*, London: G. Allen & Unwin, Ltd., 1936, pp. 82-87。但从国联协会内部刊物《今天与明天》(To-day and To-morrow)提供的通信地址看,最迟到 1920 年 8 月时,国联协会总部已在格罗夫纳—克莱森特街 15 号了。另外,唐纳德·波恩认为 1920 年初国联协会总部就从白金汉门街 22 号,搬到了格罗夫纳—克莱森特街 15 号。详见 Donald S. Brin, *The League of Nations Union, 1918-1945*, Oxford: Clarendon Press, 1981, note, 65, p.232。

国际机构能够保证各个民族（Nations）的自由，使其成为未开化民族（Races）和未加保护之领土的受托者和监护者，并能维护国际秩序，以便最终使人类摆脱战争的魔咒。[1]

巴黎和会期间，美国总统威尔逊是国联盟约委员会（League of Nations Covenant Committee）主席，罗伯特·塞西尔勋爵是委员会主要成员之一。除了及时且详细地通报巴黎和会的进展以及与会各国的提案，国联协会还颇为自豪地提醒民众：塞西尔身旁的咨询委员会有6名成员，其中有4位是国联协会成员。不过，列强争吵不断，都想在盟约中维护私利。[2] 1919 年 5 月 26 日下午，在威斯敏斯特中央大厅，国联协会执委会委员长莫雷指出，国联建立后，国联协会的工作绝无停止的理由。总理事会（General Council）认为修改协会宗旨已变得很紧迫，原因有三：一是使国联协会有明确的政策和纲领，来适应国联建立后的新形势；二是足够清晰和简练地公布协会的宗旨，以此获得公众的同情和支持；三是从效能和财政方面重新评估国联协会的整个组织结构。在 1919 年 6 月的《国联月刊和月度报告》上，国联协会明确宣布，"这个国家还非常需要我们这个组织……以便使国联尽可能和尽早地成为一个处理国际事务的完善机构"[3]。

1919 年 7 月 24 日，总理事会再次开会，由塞西尔任委员长的重组委员会提出，国联协会有两大任务：一是扩充和修改《国联盟约》；二是使民众知晓国联的原则和运行情况，唤起他们对国际关系问题的兴趣。[4] 在重组委员会建议下，国联协会的宗旨由 5 条变为 3 条：

甲.力促英国人民衷心接受：国联是国际权利的保卫者，是国际

---

① LNU, *The League of Nations Journal and Monthly Report*, vol.1, no.1, Jan., 1919, the cover 3.
② 吴于廑、齐世荣主编：《世界史·现代史编》上卷，高等教育出版社 1994 年版，第 126 页；王绳祖主编：《国际关系史》第四卷，世界知识出版社 1995 年版，第 86—89 页；韩莉：《新外交，旧世界：伍德罗·威尔逊与国联》，同心出版社 2002 年版，第 149—211 页。
③ LNU, *The League of Nations Journal and Monthly Report*, vol.1, no.6, Jun., 1919, p.194.
④ LNU, *The League of Nations Journal and Monthly Report*, vol.1, no.6, Jun., 1919, p.299.

合作的机构,是国际争端的最终仲裁者;当不公正可能危害世界和平时,国联是消除不公正的最高机构。

乙.促进不同国家人民之间的相互了解和亲善,培养他们进行合作和公平交往的习惯。

丙.促进国联的全面发展时,应使此种发展与本协会的最初宗旨一致,以便使这个国际机构成为:民族自由的捍卫者、落后种族和不发达国家的受托者和监护者、国际秩序的维护者,使人类最终摆脱战争的魔咒。[①]

每条宗旨后都列出了实现它的方法(详见附录)。"力促英国人民衷心接受"国联这项任务很艰巨。因为在教育和宣传方面,英国政府有绝对优势。另外,推动国联组织机构的完善时,困难还在于这项工作的模糊性和一般化。实现丙条宗旨的第(2)项 f 条办法最初是"将所有能够且愿意对自己忠实遵守盟约之决心予以切实保证的国家吸纳进国联",保留了修订前戊条宗旨的表述。但反复讨论后,总理事会认为,这句话解释起来比较困难,且显冗余。最终,它被替换为"将所有能够而且愿意遵守盟约的国家吸纳进国联"。

修订后的宗旨简单明了,凸显了国联协会压力集团的身份,要"为促进国联的成功而努力"[②]。它已把重心调整到发动"英国人民"上以及对议会和政府施加压力上。后来,在 1925 年 10 月 27 日[③]国联协会得到皇家特许状(Royal Charter)时,宗旨里"使人类最终摆脱战争的魔咒"这样感情浓烈的字眼被改为"最终使人类摆脱战争和战争的危害",并且去掉了第 3 条中"应使此种发展与本协会的最初宗旨一致"这些模糊且过时的字眼。宗旨改动幅度不大,仍有 3 条,且保留了 1919 年 7 月宗旨的逻辑链:唤起英国公众对国联的

---

① LNU, *The League of Nations Journal and Monthly Report*, vol.1, no.6, Jun., 1919, pp.299-303.
② 华尔脱斯:《国联史》上卷,汉敖、宁京译,商务印书馆 1964 年版,第 230 页。
③ *Headway*, vol.14, no.3, Mar., 1932, Supplement, p.ii. 但英国枢密院网站公布的授予特许状日期是 1925 年 10 月 12 日,见 https://privycouncil. independent. gov. uk/royal - charters/chartered - bodies/2019-01-27。

支持,在国联的主导下推进国际裁军,最终实现永久和平。

1919 年 1 月,在准备呈递给英国政府的备忘录中,执委会就将国联的建立视为全面削减军备的先决条件:

> 国联若不得建立,则任何削减军备之有效措施绝无行于现实之可能。国联之理想,并非断然弃绝一切武力之使用,而是将其组织起来,以备共同防御之需。直待国联建立后,现存海陆军备之全面削减方有可能,未来军备负担之公平比例方得筹划。①

1919 年 7 月 24 日,总理事会采纳了重组委员会的调整方案。总理事会仍对国联协会的政策和立场负总责;若有与会会员 2/3 多数同意,总理事会就有权修改协会宗旨,有权召开专门会议对个别修正意见进行票决,并在年末批准或否定来年预算;执委会成员和委员长由总理事会选举产生。总理事会的地位被皇家特许状确认,但它并无多少实权,其原因不仅在于每年只在年中和年末开两次会,还在于其组成和人数。

按照此次会议通过的新章程,每个地方分会和协助国联协会的其他团体都可向总理事会派出若干名代表,其名额为:

> 协会的每个地方分会可以推选 1 名代表到总理事会,若其会员不足 500 人;2 名代表,若其会员在 500 人到 1000 人之间;3 名代表,若其会员在 1000 人到 3000 人之间;4 名代表,若其会员超过 3000 人。

> 每个协助性团体可以推选 1 名代表到总理事会,若其会员在 500 人到 1000 人之间;2 名代表,若其会员在 1000 人到 3000 人之间;3 名代表,若其会员超过 3000 人。②

除了这些"代表成员"(Representative Members),总理事会中还有两类成员:出席 1919 年 7 月 24 日总理事会会议的人士为"创始成员"(Original Members)和总理事会特别指定的、数量不超过 100 名的"增补成员"(Co-opted

---

① LNU, *The League of Nations Journal and Monthly Report*, vol.1, no.1, Jan., 1919, p.28.

② LNU, *The League of Nations Journal and Monthly Report*, vol.1, no.1, Jan., 1919, p.302.

Members）。虽然"创始成员"会在5年内全部退出总理事会,但退出后他们仍旧可以再被推选为"代表成员"或被指定为"增补成员"。"代表成员"可在任何时候被选举出来,从当选之日起,有3年代表资格。到1928年时,"代表成员"的名额规定又被调整为:

> 每个分会都要派遣1名代表到总理事会履职。如果分会会员超过500人,可另增1名代表;如果分会会员在1000人到2000人之间,可另增两名代表;如果分会会员在2000人到3000人之间,可另增3名代表。以此类推。[1]

国联协会把发展尽可能多的会员、建立尽可能多的分会、得到尽可能多其他团体的帮助作为组织建设的第一要务。此种办法导致总理事会臃肿低效。1919年7月,国联协会有80个分会,参加总理事会会议人数已超过300人。尽管不是每位代表都会来,但到20世纪20年代中后期,每次开会时总有近千人。代表越多,不同意见就越多,总理事会就越难决断。所以,权力重心转移到了执委会。

国联协会成立的头几年里,执委会只有10多人;日后最多时也未过50人。执委会每两星期开会一次,做重大决策,平时监管总部里百余名工作人员。"紧急情况下,它可召集总理事会开特别会议。"[2]地方分会须由它审批方能成立。全部财务工作也由它掌控。[3]

1919年7月的重组方案增设了6个职能性委员会来处理专业性强或过于琐碎的工作,其成员全由执委会选定,负责人也都由执委会委员担任。国际政策委员会负责协会的国际政策。海外委员会负责与海外协作性团体开展联合行动。宣传委员会负责全国范围内的宣传活动,普及国联知识,要为国联赢

---

[1] LNU, *Minutes of the Ninth Annual Meeting of the General Council of the League of Nations Union at Matlock Bath*, June 20–22, 1928, p.25.

[2] *Headway*, vol.14, no.4, Apr., 1932, Supplement, p.ii.

[3] *Headway*, vol.14, no.4, Apr., 1932, p.76.

得支持。编辑委员会负责制作所有宣传品。财政和募捐委员会管理财政收支。议会委员会负责将议会中支持国联协会的议员组织起来。

后来,执委会还增设了许多委员会,专门负责宗教、教育、青少年、妇女和劳工等方面的事务,并与相关社会团体保持接触和合作。为了应对突发事件,它还成立了许多临时委员会,如九一八事变发生后的"远东小组委员会"。各种委员会逐渐多起来后,由1920年设立的管理委员会协调它们的工作。它由执委会成员兼任。1927年后,①管理委员会改名为管理和总务委员会,其主席仍由执委会委员长兼任。

总部各部门职能明确,保证了协会的高效运转。总部工作可概括为:收集、加工和传播关于国联的信息,制定国联协会的政策,并使政策产生效果。

情报部把收集且整理过的信息通过分会、公众集会、讲座、媒体和其他组织传播出去。宣传部与英国各大报纸保持密切联系,积极向它们提供关于国联的新闻素材;为各地分会提供集会所需的演讲者;向执委会提出咨询建议,告诉他们哪些事件的新闻价值应当被充分利用。宣传部的成员多是记者、出版商和编辑,完全有能力承担这些工作。② 依靠议会部和劳工部,国联协会的政策产生效果。在会员费之外另募资金是募捐部的工作。③ 总部支薪者有100多名。为了节省开支,总部招募了大量志愿者,让他们打字、整理文档、收发信件和张贴通知等。④ 海外部负责人大卫·戴维斯保持国联协会与其他国家同类团体的联系,要将动员民众的办法推广到其他国家,要唤起世界舆论对国联的支持。⑤ 1923年2月,海外部增设由格拉斯顿子爵夫人负责的接待海

---

① 改名称的时间最迟是1927年,参见协会1927年的年度报告第46页;并非劳娜·劳埃德认为的1928年,参见其著作《国际法下的和平》(*Peace through Law：Britain and the International Court in the 1920s*),第55—56页的注释2。

② *Headway*,vol.13,no.4,Apr.,1931,Supplement,p.ii.

③ *Headway*,vol.4,no.9,Sep.,1922,p.209.

④ *Headway*,vol.1,no.6,Jun.,1921,p.88.

⑤ *Headway*,vol.13,no.7,Jul.,1931,Supplement,p.ii.

外来访者的委员会。

组织完整是任何社团工作的基本保障。国联协会自始至终都很重视地方分会的组建,规模庞大且态度积极的分会是其开展社会动员的基本力量,广建分会还能扩大其影响力覆盖的区域。分会广泛存在于英国大中小城市、农村、工业区、教区、中小学和大学。教会和学校具有宣传教育优势,所以格外受国联协会重视。分会在人口众多和交通便利的英国东南部尤为集中。国联协会成立 3 周年时,分会总数已达 665 个。

国联协会执委会的集权倾向很明显。塞西尔在 1923 年新年贺词中承认,"协会现在的组织结构是不完美的,不同部门之间职能的划分还不那么协调。在某些方面,我们或许过于集权了。我们的组织机构还没有完全适应自主管理的需要,还不能平滑地运行"①。但执委会集权有合理性。过早的分权只会造成组织上的涣散无力,而且 20 世纪 20 年代初协会的财政状况也不允许分权。不过,执委会集权逐渐成了国联协会内部管理民主化的障碍。1936 年之前,执委会的候选人名单多年不变。显贵人士时常通过幕后邀请进入国联协会的领导机构,包括克雷福德·艾伦(Clifford Allen)和奥斯汀·张伯伦。长期大权在握的塞西尔有时会粗暴地拒绝同事们在政策上的意见。

人事关系上,总部一般不任命分会领导人,也不插手其选举。分会主席、司库、书记的人选和各种职能性委员会的设置由分会自己决定。但这并不意味着分会能完全自行其是。为了尽可能多地吸纳会员,分会领导层和职能性委员会的负责人要有广泛代表性,不能有过于明显的政治或宗教倾向。这一点常被总部反复强调。另外,分会要派代表参加总理事会会议,且执委会成员也多从会员众多、财力充足的分会领导人中挑选。

财务关系上,许多分会的活动资金全靠总部提供,但也有不少分会能自筹

---

① LNU leaflet,"A New Year's Message to Branch Secretaries and Members of the League of Nations Union from Lord Robert Cecil",Dec.22nd,1922.

资金来满足活动所需,如大卫·戴维斯负责的威尔士全民理事会(Welsh National Council)。无论分会对总部有多少依赖,分会书记每收到一份会员费,都要将其中的一部分上缴总部。从 1921 年 1 月 26 日修订后的章程来看,汇向总部的金额应是:"不足 2 先令 6 便士者,汇出 3 便士;高于(包含)2 先令 6 便士而不足 1 英镑者,汇出 2 先令 3 便士;高于(包含)1 英镑者,汇出 7 先令 3 便士。"①国联协会希望这样能减轻分会对总部的依赖,但分会还是常抱怨自己募集的资金大部分给了总部。② 但是,为总部募集资金是分会最重要的工作之一。审批下一年分会应上缴的总额是总理事会年度会议的固定内容,所以,分会无论如何抱怨,还得尽力完成任务。

具体活动上,只要符合协会宗旨,总部通常会指导和帮助分会把它们开展起来。分会可以自行拟定年度工作计划。总部常把那些反响较大的分会活动树为榜样,要求其他分会参考模仿。当然,分会也可完全按照总部制定的工作计划开展活动。总部不仅为分会提供宣传品、专职或自愿演讲者,还会在选定研讨会主题和组织大规模集会上提供具体建议和协助。

政策立场上,虽然每月都会收到指示,分会却不一定和总部保持一致。由于会员成分复杂,分会间的政治取向差别很大。当总部要求向当地政府施压时,有些分会一贯反应迟钝,有些分会则立即执行。一些分支机构,如利兹地区工厂里的分会,在多数问题上都很激进。总部不鼓励分会与极端反战的和平组织保持密切联系。当有些分会确实这样做时,总部会努力将其活动控制在地方范围内。思想独立的分会在当地可以有自己的立场,但总部决不允许所有分会都自行其是。因此,当分会不同意总部的决策时,它们一般不会直接反对,而是抱怨总部的决策方式。

---

① *Headway*, vol.Ⅰ, no.3, Mar., 1921, p.40.

② Donald S. Birn, *The League of Nations Union*, *1918 - 1945*, Oxford: Clarendon Press, 1981, p.128.

三、招募会员与社会联系

国联协会对会员资格的限定很宽泛,几乎"来者不拒"。凡年满 16 周岁,基本认可其宗旨,且以口头或书面形式表达入会愿望者,缴纳一定数额的会员费后,均可入会。[①] 手续也简单,只需两步:第一,口头或书面声明自己同意协会宗旨,表达入会意愿;第二,将此声明和会员费一起交给所在地区分会秘书或伦敦总部秘书。入会后,"为国联的成功,为每个民族内部各阶级之间真正的和谐与善意,每天祈祷一分钟";积极参加协会活动,每年 12 月 31 日前及时缴纳会员费。[②] 入会申请表样式[③]如下:

表 1　国联协会入会申请表

我基本同意国联协会的宗旨,希望成为其中的一员。我缴纳的会员费有: 　　　　　　£ _____ : _____ s. _____ d. 签名:_____(先生、小姐、女士、职衔) 地址:_____ 日期:_____

入会标准如此宽泛,原因有四点。

首先,国联协会宗旨要求尽可能多地招募会员,以便发动民众支持国联,尤其是在国联先天不足和保守党多数政要几无好感的情况下。1919 年后,国联的拥护者准确地判断出它需要更多支持,[④]自然要让更多人加入国联协会。

---

①　*Headway*, vol.1, no.3, Mar., 1921, p.17.

②　*To-day and To-morrow*, vol.3, no.4, July–August, 1920, p.159.

③　Maxwell Garnett, *Organizing Peace: How the League Works and What It has Done*, London: LNU, 1933, p.103.

④　华尔脱斯:《国联史》上卷,汉敖、宁京译,商务印书馆 1964 年版,第 229—230 页。

其次，国联协会自身的定位也要求这样做。从创建之初，协会领导层就想把它建成为无党派（Non-Party）或跨党派（All-Party）的组织。1919 年 1 月，《国联月刊和月度报告》告诉读者："协会不关心会员在政党、教派和阶级方面的差别。"①协会不希望党派纷争阻碍国联事业，显然是吸取了美国拒绝加入国联的教训。②

再次，国联协会领导层对舆论力量寄予厚望。庞大的会员数量能展示民众对国联的支持，能增加施压时的分量。塞西尔曾演讲道：

> 国联全部的成功不取决于盟约，也不取决于各国政府，而是完全取决于各国人民的精神，属于国联大家庭的精神。使国联的辉煌成为我们英国人生活和政府政策的一部分，只是我们的部分工作，我们还要给全世界树立榜样。完成这些工作和营造支持国联的公众舆论时，国联协会之类的社团将发挥重要作用。③

最后，会员众多能带来可观的会员费，尽管它们只能满足国联协会部分资金需求。会员分为四类：一次性缴纳 25 英镑者，为终身会员（Life Member），每月能收到《前进》月刊一份、协会的各类小册子和其他出版物；每年缴纳 1 英镑者，为基础会员（Foundation Member），每月能收到《前进》一份和其他小册子若干；每年缴纳 3 先令 6 便士到 5 先令者，为注册会员（Registered Member），每月能收到《前进》一份；每年缴纳 1 先令左右者，为普通会员（Ordinary Member），没有协会出版物。④

比照当时英国工资和物价，会员费不高。两次世界大战之间的多数年份

---

① LNU, *The League of Nations Journal and Monthly Report*, vol.1, no.1, Jan., 1919, p.1.

② H.A.L.Fisher etc., *Essays in Honour of Gilbert Murray*, London: G.Allen & Unwin, Ltd., 1936, pp.88-89.

③ LNU, *The League of Nations Journal and Monthly Report*, vol.1, no.8, Aug., 1919, p.301.

④ *Headway*, vol.1, no.3, Mar., 1921; Maxwell Garnett, *Organizing Peace: How the League Works and What It has Done*, London: LNU, 1933, p.102.

里,英国工厂里成年男子平均每周可得 3 英镑工资。[1] 无论成为哪种会员,每年会员费都只占其月收入很少的一部分。[2] 1918 年 7 月,纽卡斯尔建筑雕塑家们每小时的报酬是 1 先令 8 便士;1919 年 10 月,增为 2 先令;1920 年 5 月,又至 2 先令 3 便士;1923 年后,在 1 先令 7 便士到 1 先令 8 便士之间波动。[3] 虽然大战后英国经济不景气,但对普通会员来讲,"1 先令的募捐要求并不算太高","每周少抽两盒烟,或少看一场电影,或少吃一块儿巧克力,这 1 先令就有了"。[4]

宽泛的会员资格和较低的会费使国联协会的会员快速增多。1918 年 11 月成立时,它只有 3217 名会员;1920 年 11 月,已增至 4.1 万名会员;[5]1922 年底,已接近 23 万名会员。[6] 协会会员在当地人口中的比例迅速攀升,1922 年 1 月 1 日至 7 月 22 日,英格兰从 1/252 上升到 1/206,苏格兰从 1/1975 上升到 1/1505,威尔士从 1/368 上升到 1/309。1922 年 8 月,会员最多的 4 个分会在威斯特摩兰郡(Westmorland)、牛津郡(Oxfordshire)、剑桥郡(Cambridgeshire)和北安普敦郡(Northamptonshire)。四地的会员比例已达 1/50、1/76、1/90 和 1/90。[7]

国联协会招募会员的方式多且有效。公众集会一贯被重视。总部强调"无论举行什么样的集会,都要把吸纳更多的会员记在心里"[8];集会上散发入会申请表的过程不应超过 5 分钟,以免打扰听众;临近散会时,工作人员站在

① David W.Lloyd, *Battlefield Tourism: Pilgrimage and Commemoration of the Great War in Britain, Australia and Canada, 1919–1939*, Oxford: Berg, 1998, p.38.

② 1971 年 2 月 15 日之前,在英国旧币制下,1 英镑等于 12 先令(shilling),1 先令等于 20 便士(denarius)。

③ Alex King, *Memorials of the Great War in Britain: The Symbolism and Politics of Remembrance*, Oxford: Berg, 1998, p.120.

④ *Headway*, vol.4, no.9, Sep., 1922, p.209.

⑤ Francis West, *Gilbert Murray, A Life*, London: Croom Helm, 1984, p.200.

⑥ *Headway*, vol.13, no.12, Dec., 1931, Supplement, p.iv.

⑦ *Headway*, vol.4, no.8, Aug., 1922, p.156.

⑧ LNU pamphlet, *The Union at Work: Some Suggestions for Branches*, 1928, p.22.

出口处募捐,但要提前让听众明白捐款不是会员费。① 在节日期间招募会员
也有不错的效果。执委会认为:

> 没有哪一天比圣诞日更适合发展新会员了。因此,执委会决定
> 发行印有招新呼吁的圣诞日明信片。明信片上有协会主席格雷的亲
> 笔签名。我们预计,圣诞日上午散发这种明信片能为协会分会招来
> 大批新会员。至于具体步骤,我们建议:在圣诞日上午,分会应当派
> 出那些能在圣诞周再次敲开居民房门的人去发放明信片。第二次去
> 的时候,最好带上会员申请表和会员费账簿。②

从 1922 年起,国联协会招募会员时的注意力集中在战争纪念活动上,且
尤为重视停战纪念日(Armistice Day)。③ 1925 年,总部要求分会在停战纪念
周里一家一户地进行游说。布朗利(Bromley)分会的传单很有感染力。传单
正面是当地战争纪念碑图片,图片下方有句话:"你在捍卫他们为之牺牲的东
西吗?"传单反面印着入会申请表。仅在停战纪念日晚上,就有 178 人入会。
1925 年停战日纪念活动结束后,布朗利分会增加了千余名成员。④

此外,教会、工会、妇女联合会和退伍军人组织都为国联协会提供了大量
普通会员。国联协会甚至争取到极端反战的贵格派(Quakers)的支持。反战
者视裁军和战争非法化为目的本身,而国联协会把裁军当作改进国际政治的
工具,但在当时此差别被很多政要和民众忽视了。国联协会分会实有大量态
度激进的反战者,让含义模糊的"和平主义"(Pacifism)标签贴得更紧了。

为了突出无党派色彩,公开活动时,国联协会常努力让三大党派代表都到
场。在挑选名誉主席时,它也力求平衡。所有卸任和在任的英国首相都被邀
请,如亚瑟·贝尔福(1902—1905)、赫伯特·阿斯奎斯(1908—1916)、劳合·乔

---

① LNU pamphlet, *The Union at Work: Some Suggestions for Branches*, 1928, pp.26-27.
② *Headway*, vol.3, no.12, Dec., 1921, p.61.
③ *Headway*, vol.4, no.6, Jan., 1922, p.119.
④ *Headway*, vol.7, no.1, Jan., 1925, p.19.

治(1916—1922)和鲍德温(1923—1924、1924—1929、1935—1937)等。曾3次任首相的麦克唐纳(1924、1929—1931、1931—1935)是个例外,拒绝了邀请。但国联协会中有工党的其他领导人。名誉主席用来装潢门面,少有实质性支持。但客观上,他们有助于国联协会获得政治上的合法身份,有助于招募更多会员。另外,"一些正在仕途上攀爬的年轻人在国联协会中很活跃,也愿意付出时间和精力,如奥斯瓦德·莫斯利(Oswald Mosley)和达夫·库伯(Duff Cooper)。对他们来说,若想在仕途上顺当,这样做是必需的"①。

国联协会保持跨党派特征也有不少困难。大体上,自由党和工党比保守党更积极地支持国联和国联协会。"1919年时很明显,招募独立的自由党或工党支持者比招募保守党支持者容易很多。"②大多数保守党人对国联并不热情。在反对"无限的《国联盟约》义务"和"好战分子"的裁军运动时,他们坚守民族主义者的安全政策。奥斯汀·张伯伦认为国联是一个"爱管闲事的母亲"。多数保守党人认为国联是一个论坛,或不错的董事会,抑或继续开展"酒店外交"的好地方。因此,为提高会员中保守党人的比例,国联协会批评保守党时很谨慎,但这样一来就削弱了协会对外交决策的影响力。

国联协会与保守党之间的联系有赖于罗伯特·塞西尔(1864—1958)。1919年6月至1923年5月,他任协会执委会委员长;1923年6月至1945年,任联名主席和主席。他出生于保守党的望族豪门,其父索尔兹伯里侯爵曾3次担任英国首相(1885—1902)。他于1899年成为英国王室法律顾问;1915年,任外交部次官;1916年至1918年,任封锁大臣;巴黎和会上,他是《国联盟约》的主要起草人之一。1923年,他受封为查尔伍德的塞西尔子爵(Viscount Cecil of Chelwood);1937年获诺贝尔和平奖。

塞西尔才智充沛,处事稳健,辩才出众,思虑精深。这些都是难得的从政

---

① Donald S.Birn, *The League of Nations Union，1918-1945*, Oxford：Clarendon Press, 1981, p.76.

② Duncan Wilson, *Gilbert Murray，OM，1866-1957*, Oxford：Clarendon, 1987, p.296.

素质。他足智多谋,作风果断。这使他成为起草决议并为之辩护的高手,也是组织运动时必备的本领。他道德高尚,待人真诚。此形象为社会运动的领袖增色不少。个人禀赋加上家族威望,他年轻时已令世人瞩目。没有哪个角色比担任国联协会领导人更适合他了。① 塞西尔具备领袖素质。当需要为那些不得人心的政策承担责任时,他常能避开公众的批评。他不断批评僵化的政党制度。在推进集体安全制度时,他擅长将内部分歧减至最少。"他在我们的公共生活中拥有特殊地位",一位自由主义编辑评论道,"没有哪个保守党人能像他那样被如此多的自由党人信任"。②

不过,当决定投身于国联事业时,他却发现保守党对国联并无好感。自由党严重分裂,无力挑战保守党;而他又不能加入成长中的工党。塞西尔在自传《自始至终》里记述道:

> 总的来说,我认为自己若置身于任何政党之外的话,便可以更好地为国联工作。说实在的,我清楚自己正在走向保守党的对立面,而这个政党曾处于我父亲索尔兹伯里侯爵的卓越领导之下,目前仍旧得到我弟弟休·塞西尔(Hugh Cecil)勋爵和我挚爱的表兄亚瑟·贝尔福的支持。我本不可能做这样让他们讨厌的事情,但我确信这是为和平赢得一线希望而必须付出的代价。③

道阻且长,但他"明知不可为而为之"。为了推动美国加入国联,1923年他和国联协会几位成员在美加两国奔波3000多英里,并拜访美国总统哈定和前总统威尔逊;5月,他接受首相鲍德温的邀请,任掌玺大臣,负责国联事务。他感到不便继续担任国联协会执委会委员长,遂和格雷一道担任联名主席。

---

① J.A.Thompson,"Lord Cecil and the Pacifists in the League of Nations Union",*The Historical Journal*,vol.20,no.4,Dec.,1977,p.950.

② *Manchester Guardian*,30 August 1927,p.8.

③ Robert Cecil,*All the Way*,London:Hodder & Stoughton,1949,p.192;Quoted form Janet M. Clemson,*Practical Idealists:The League of Nations and the 1923 American Tour of Lord Robert Cecil and Ray Strachey*,http://www.shafr.org/newsletter/2001/jun/league.htm.Accessed on May 20th,2009.

　　莫雷继任执委会委员长一直到 1938 年。莫雷毕业于牛津大学圣约翰学院。1908 年,他成为牛津大学讲授希腊古典文学的钦定教授。莫雷终生支持自由党。自由党分裂时,他支持阿斯奎斯。尽管后者被劳合·乔治赶下了台,但莫雷为阿斯奎斯联合政府效力时的表现让人尊敬。1917 年美国参加第一次世界大战后,莫雷以学者身份穿梭于英美政要之间,推动战后建立国际组织。他赢得了两国政要的信任,被美国政府视为英国的非官方大使。

　　莫雷交际颇广,与各种政治立场的人都保持着友好的关系,如阿斯奎斯、贝尔福、布莱斯、格雷、史末资、情报大臣约翰·巴罕(John Buchan);又如,左派的韦伯夫妇、霍布森,右派的道格拉斯·柯尔(Douglas Cole)。莫雷活跃于政界和学术界,使国联协会受益匪浅。"如果有谁能使国联协会成为一条高效的双向渠道,那非莫雷莫属。他既可向政府反映舆论动向,又可把政府遇到的问题、受到的限制解释给广大公众。"[1]

　　莫雷的价值还在于他调解不同主张,提供指导和建议的本领。对极端反战者来讲,莫雷是缓冲器;而在教育和宣传工作中,他又是个先锋。他以战争、自由和国际秩序为主题,撰写了很多小册子和文章,做过许多讲座。塞西尔对莫雷的评价很高:"在国联协会的创建和发展上,没有人能比莫雷发挥更有益或更鼓舞人心的作用","我们执行的政策使国联免受英国党争之苦。如此理想的局面自然与莫雷的领导才能分不开"。[2]

　　英国工党有不少政要也加入了国联协会。理论家伦纳德·沃尔夫曾在 1923 年陪塞西尔到美国游说。他创办的霍加斯出版社(Hogarth Press)常为国联协会印制宣传材料提供便利。诺埃尔—贝克(1889—1982)是巴黎和会上塞西尔的助手,后来他又担任国联首位秘书长埃里克·德乐蒙(Eric Drummond)的助手。1929 年,他以工党议员身份进入下院,围绕国际裁军出版过不少著

---

①　Duncan Wilson, *Gilbert Murray, OM, 1866-1957*, Oxford: Clarendon, 1987, p.254.

②　H.A.L. Fisher, etc., *Essays in Honour of Gilbert Murray*, London: G. Allen & Unwin, Ltd., 1936, pp.81-90.

作。诺曼·安吉尔（1872—1967）在大战前就因《大幻影》（*The Great Illusion*）一书闻名于世。他不仅是民主控制联盟的主要创始人之一，还是国联协会执委会的成员。诺曼·安吉尔在 1920 年加入工党，1931 年受封为贵族，1933 年获诺贝尔和平奖。帕尔默勋爵（Lord Parmoor）是国联协会的副主席，与工党首相麦克唐纳的私交颇好；曾跻身于麦克唐纳内阁，是工党政府派驻国联的代表。

在国联协会各式各样的支持者中，有一大群令人敬畏的显贵。从 1931 年至 1936 年，协会副主席名单上的人物多是 1931 年至 1935 年间的内阁大臣。军方人士包括副海军上将德鲁里—罗威（S.R.Drury-Lowe）和弗雷德里克·毛瑞斯（Frederick Maurice）爵士担任执委会委员。昆博朗勋爵（Lord Queenborough）一直是国联协会的财务主管。从 1928 年到 1929 年，他是"全国保守党人和统一党人协会联合会"（National Union of Conservative and Unionist Associations）的主席。奥斯汀·张伯伦、哈丁顿勋爵（Lord Hartington）、达夫·库珀和沃尔特·艾略特（Walter Elliot）这些保守党人也加入了执委会。亚瑟·贝尔福的侄女芭菲·达格戴尔（Baffy Dugdale）女士是国联协会信息部的负责人。国联协会在下院中的发言人包括诺埃尔—贝克、维维安·亚当斯（Vyvyan Adams）、杰弗里·曼德（Geoffrey Mander）、埃莉诺·拉斯伯恩（Eleanor Rathbone）和杰克·希尔斯（Jack Hills）市长；上院中，又有塞西尔、大卫·戴维斯、维克多·布尔沃—李顿（Victor Bulwer-Lytton）和克雷福德·艾伦。

国联协会在自由党中有很多支持者。1927 年，执委会中有 20 个自由党人，14 个保守党人和 9 个工党支持者。1931 年至 1932 年的执委会有下列显赫的自由党人：格雷（国联协会的联名主席）、莫雷（执委会委员长，阿斯奎斯的支持者）、格拉斯顿子爵夫人、迪金森勋爵（本是自由党人，在 1930 年加入工党）、约翰·哈里斯爵士（Sir John Harris，1923 年至 1924 年担任下院议员）、珀西·哈里斯爵士（Percy Harris，下院议员，1935 年后是自由党的主要党鞭）、大卫·戴维斯（曾担任过劳合·乔治的议会私人秘书）、亚瑟·霍沃斯爵士

（Arthur Haworth,1906 年至 1912 年担任下院议员）、拉亚德勋爵（Lord Rhayader,
1923 年至 1924 年和 1929 年至 1931 年担任下院议员）、沃尔特·兰西曼女士
（Walter Runciman,1928 年至 1929 年担任下院议员）、陆军少尉指挥官肯沃西
（J.M.Kenworthy,1919 年至 1931 年担任下院议员）、大卫·卡内基上校（David
Carnegie,1924 年、1927 年、1929 年自由党议员候选人）、杰弗里·曼德（1929
年后担任下院议员）、凯德波利（L.J.Cadbury,自由党报纸《每日新闻》的主
席）。曾经短期进入执委会的自由党人还有戴姆·伊丽莎白·凯德波利
（Dame Elizabeth Cadbury）、斯彭德和菲利普·克尔（Philip Kerr）。《每日新
闻》（*Daily News*）的前主笔哈里斯（H.Wilson Harris）担任《前进》月刊的编辑。
凯德波利家族每年提供 2000 英镑的资助。1927 年,拥有一家自由党报纸企
业的考德雷勋爵（Lord Cowdray）提供了 5 万英镑。①

另外,信奉自由主义的知识分子也大量加入国联协会,包括历史学家古奇
（G.P.Gooch）和韦伯斯特（C.K.Webster）、哲学家布恩斯（C.Delisle Burns）和高
兹沃斯·罗斯·迪金森。著名的汤因比教授（A.J.Toynbee）是执委会委员长
莫雷的女婿。汤因比和阿尔弗雷德·齐默恩（Alfred Zimmern）都认为集体安
全是一种文明的武器,无论古今都可应对国际社会的无政府状态。

推进外交决策民主化时,国联协会受到了民主控制联盟的影响。不过,民
主控制联盟直到 20 世纪 20 年代中期才接受国联。直到 1926 年德国加入国
联,激进的布雷斯福德和霍布森一直批评国联是"战胜国俱乐部"。不少人游
走于民主控制联盟和国联协会之间。诺曼·安吉尔、阿诺德—福斯特（W.
Arnold-Forster）和休·达尔顿在 1926 年时既是民主控制联盟总理事会成员,
又是国联协会执委会成员。海伦娜·斯旺威克（Helena Swanwick）是民主控
制联盟《外交事务》（*Foreign Affairs*）的编辑,在国联协会里也有办公室。1928
年,民主控制联盟因制裁问题而分裂后开始衰落,但其"公开外交"的理念被

①　*Manchester Guardian*,25 June 1927,p.14.

国联协会继续宣扬。

大英帝国的维护者们与国联协会的交往也颇为频繁。他们的代表是圆桌小组（Round Table Group），成员有约翰·多弗（John Dove）、莱昂内尔·柯蒂斯（Lionel Curtis）和菲利普·克尔。这些人比自己的精神导师约瑟夫·张伯伦（Joseph Chamberlain）和米尔纳勋爵的腔调柔和得多，欢迎国联为和平作出贡献。他们认为和平对英联邦的发展是至关重要的。是否敦促英国带头裁军或者促进盎格鲁—撒克逊文明的传播？国联协会和圆桌小组都有一种对世界其他地区的家长式责任感。圆桌小组的成员们认为英帝国成员之所以应该保持团结，主因之一是英帝国对落后民族负有责任。塞西尔认为，国联赋予了英国自治领在国联大会中的平等地位，因为大多数自治领不会再让自己的外交政策受伦敦的左右；"国联是一种几乎完美的、维持英帝国存在的制度。这一点无论怎样说都不过分"①。

概言之，在招募会员和社会联系上，国联协会有两个特点。第一，它的领导层由当时的英国政界人士和知识精英组成。第二，作为一个"受人尊敬"的组织，在保持精英领导的同时，它也为普通民众敞开入会大门，由此使自己的影响力逐渐达到了巅峰。不过，"成也萧何，败也萧何"。进入20世纪30年代后，这两点使国联协会逐渐失去政府好感，内部矛盾也积攒起来。

四、财政收支与裁军构想

国联协会成立后的头几年里，财政状况一直很糟糕，财源不多且不稳定。1919年初，协会每月开支3000英镑，而收入只有100英镑。② 伦敦联合城市和中部地区银行（London Joint City and Midland Bank）长期代理其财务。由大

---

① Michael C. Pugh, *Liberal Internationalism：The Interwar Movement for Peace in Britain*, Hampshire：Palgrave Macmillan，2012，p.21.

② Donald S. Birn, *The League of Nations Union，1918-1945*，Oxford：Clarendon Press，1981，p.23.

卫・戴维斯等人担保,它向协会提供透支服务。因此,协会虽入不敷出,仍能维持运转。但银行赊账迟早要还,且全国范围内的工作也亟待财务局面好转。

国联协会财源主要有三个:会员费、社会捐赠和主动募捐。尽管会员众多,但会员费对总部开支来讲是杯水车薪,因为会员费大部分留在分会,供它们开展工作。分会向总部上缴的会员费由后者统一调配使用,但只能满足其全国性工作所需的一小部分。

会员费对国联协会的帮助是很小的。1922 年虽经削减,总部开支仍有3.6 万英镑。分会上缴的会员费不足 4000 英镑;国联协会预计,从 1922 年 11 月到 1925 年底,约需 10 万英镑,但会员费只有不足 1 万英镑。① 到 20 世纪30 年代初,情况仍如此。每 5 先令会员费中有 1 先令 3 便士直接用于国联协会全国范围的工作,每 3 先令 6 便士中只有 3 便士用于此类工作。② 以注册会员的会员费为例,在每 3 先令 6 便士的会员费中,有 2 先令 6 便士以《前进》期刊的形式返回到会员手中,10.5 便士留给当地分会,只有 1.5 便士留在国联协会的中央基金里;在每 5 先令的注册会员费里,2 先令 6 便士用作刊印邮发《前进》,地方分会和中央基金各留下 1 先令 3 便士。③

自愿捐赠和主动募捐是国联协会的主要财源。自愿捐赠是英国民众表达政见和愿望的常见途径之一。某种意义上,资助国联协会等同于拥护国联和维护世界和平。国联协会成立初期,不少人捐款时常把收款人错写为"国联",以致国联协会拿到支票后到银行无法兑现。④ 但无论怎样,他们都认为捐赠是自己对国联事业所作的切实贡献。收到捐赠后,《前进》常将捐赠人名单公布出来。1921 年,奇思威克(Chiswick)地区分会的副主席马尔科姆・莱格特(Malcolm Leggett)在给塞西尔的信中说,要将自己的部分遗产捐赠给协

---

① *Headway*, vol.4, no.11, Nov., 1922, p.209.

② Maxwell Garnett, *Organizing Peace*, London: LNU, 1933, p.102.

③ *Headway*, vol.12, no.1, Jan., 1930, Supplement, p.i.

④ *To-day and To-morrow*, vol.3, no.4, 1920, The cover 3.

会。① 为了保护捐赠人的隐私,国联协会并未公布受赠遗产的数额。同年 10 月,国联协会还收到一笔匿名捐款,金额为 2.5 万英镑。②

在稳定财源和扩大影响上,主动募捐比民众自愿捐赠的效果好。事实上,国联协会成立之初,募捐几乎是所有工作的中心。1919 年初,协会领导人准备在全国募集资金。大卫·戴维斯承诺,协会若能以百万英镑为目标,他将提供 1 万英镑资助募捐工作。莫雷认为一场大规模的募捐顶多能得 4 万英镑。维罗比·狄金森也认为百万英镑目标太高,但不便反对,因为戴维斯不仅是执委会成员,还是协会主要资助人。1919 年 10 月 13 日,"百万英镑募集工程"在伦敦市长官邸(Mansion House)正式启动,断续执行了 3 年。虽然募捐所得可观,但百万英镑的目标并未实现。募捐对象有三类:③

首先,工商业和金融领域的大公司。1921 年 3 月,国联协会从 4 家银行募集到了 2000 英镑,每家 500 英镑。④ 同年 10 月,亨利·维维安(Henry Vivian)代表合伙租赁人公司(Co-Partnership Tenants Ltd.)捐赠了 410 英镑。⑤ 12 月,劳合公司(The Corporation of Lloyd's)捐资 5000 英镑;罗斯柴尔德家族的公司捐 3000 英镑后,又追加了 2000 英镑。⑥

其次,社会贤达和富人。1919 年,塞西尔结束和会工作从巴黎回国后,劝说休·贝尔(Hugh Bell)等人像考德雷勋爵那样,5 年里每年捐赠 1 万英镑。1921 年,莫雷夫妇捐出 1500 英镑,分 3 年付清;⑦从 1922 年起,大卫·戴维斯每年向自己领导的威尔士分会捐赠 1500 英镑。⑧

再次,一般民众。通常,募捐集会每次只能获得几十英镑。金额虽少,但

---

① *Headway*, vol.1, no.9, Sep., 1921, p.136.

② *Headway*, vol.3, no.10, Oct., 1921, p.42.

③ *Headway*, vol.3, no.12, Dec., 1921, p.58.

④ *Headway*, vol.1, no.3, Mar., 1921, p.40.

⑤ *Headway*, vol.3, no.10, Oct., 1921, p.42.

⑥ *Headway*, vol.4, no.1, Jan., 1922, p.18.

⑦ Francis West, *Gilbert Murray, A Life*, London: Croom Helm, 1984, p.200.

⑧ *Headway*, vol.4, no.6, June, 1922, p.119.

影响不小。1921 年 10 月 19 日,一位分会书记精彩演讲之后,听众捐赠 35 英镑。① 1922 年 5 月,塞西尔在兰开夏郡集会上演讲,募捐所得超过此次集会费用,为 30 英镑 17 先令 9 便士。②

　　国联协会除了借助大型集会、报纸宣传、散发传单和单个劝说,还借助文艺演出开展募捐工作。1919 年 10 月,国王乔治五世和王后赞助的多幕剧《特洛伊女人》(*Trojan Woman*)在老维克(Old Vic)剧院上演,收入都归国联协会。《特洛伊女人》在霍尔本帝国剧院(Holborn Empire)的演出募集了 250 英镑,但这还不足 1919 年 11 月初国联协会透支金额的 1/10。③ 1922 年 8 月,纽伯里(Newbury)女子学校学生演出的《地球和她的儿女》为协会总部提供了 37 英镑,为当地分会捐赠了 15 英镑。④

　　1922 年 1 月,国联协会总部把 1039852 英镑募捐任务分配给了 42 个郡县分会。任务量最大的是总部,为 179358 英镑;任务量最小的是拉特兰郡(Rutland)分会,只有 592 英镑。总部希望分会之间展开竞赛。"我们想看一看,到底哪个分会能获得第一个完成任务的殊荣。目前,伦敦总部已募集到 7.7 万英镑现金和承诺"⑤。

　　然而,1922 年的预算预计,分会上缴给总部的只有 1 万英镑左右,而募捐工作最少要花 0.31 万英镑。根据 1921 年的情况,预计 1922 年只能募集到 1.7 万英镑。这些钱加上已承诺的捐赠和会员人头费,⑥不足以抵消日常开销和银行透支(见表 2)。1922 年 11 月,以《紧急事态》为题,《前进》公布了成立 4 年来国联协会总体财政状况:⑦

---

　　① *Headway*, vol.3, no.10, Oct., 1921, p.42.

　　② *Headway*, vol.4, no.7, Jul., 1922, p.138.

　　③ Duncan Wilson, *Gilbert Murray, OM, 1866–1957*, Oxford: Clarendon, 1987, p.298.

　　④ *Headway*, vol.4, no.8, Aug., 1922, p.156.

　　⑤ *Headway*, vol.4, no.1, Jan., 1922, p.18.

　　⑥ 每发展一名会员,分会就要向总部上缴 3 便士。详见 1921 年 7 月国联协会章程的变动。*Headway*, vol.1, no.7, Jul., 1921, p.102.

　　⑦ *Headway*, vol.4, no.11, Nov., 1922, p.209.

自成立之时起,协会到现在共收到捐赠13.8845万英镑。同期的支出是16.6651万英镑。超支金额是2.7806万英镑。从会员费中,总部可得到的份额是0.9434万英镑,以弥补部分亏空。剩余的亏空,可在银行透支1.8372万英镑后,得以填平(译者注:2.7806-0.9434=1.8372)。但尚未兑现的捐资承诺共有3.6069万英镑,超过在银行透支金额的部分为1.7697万英镑(译者注:3.6069-1.8372=1.7697)。另一方面,协会还有其他债务(不包含银行的透支)。这些债务超过剩余资产(不包含那些承诺了却还没有兑现的捐赠)0.2534万英镑。因此,协会目前的总资产超过总债务1.5163万英镑(译者注:1.7697-0.2534=1.5163)。

换言之,若没有银行提供的1.8372万英镑透支,若3.6069万英镑捐资承诺不能履行,1922年11月,国联协会的剩余资产已不够偿付所欠债务。

从1920年到1922年,会员数量增加了5倍,总部开支削减了1/3强,但财政危机依然严重。1923年的开支预算从1922年的3.6万英镑削减到了2.5万英镑。总理事会通过这项预算时,地方分会代表很不满意,因为这意味着分会得到的活动资金将更少。

表2　1922年国联协会收支预算表①

支出(£)		收入(£)	
日常开销	36,000	已承诺的捐赠及会员人头费	37,500
偿还银行透支	26,200	今年预期可获捐赠	17,000
募捐时最低费用	3,100	分会为总部募集	10,000
总计	65,300	总计	64,500

---

① *Headway*, vol.4, no.1, Jan., 1922, p.18.

　　为了减少地方分会的不满,涉及分会向总部缴纳资金的协会章程第4条和第12条被修订了。秘书长麦克斯韦尔·加内特(Maxwell Garnett)指出,分会上缴总部的资金减少了16%;但1923年4月底之前,会员数量不再保持每星期1%的增长势头。即便如此,分会对新的分配方案仍感不满。于是,塞西尔建议由全国11个地区的11名成员组成专门委员会来审查财政状况,并提出新募捐计划;此间执委会不能插手。①

　　钱是公共活动的血液。拮据的财政不仅造成了总部与分会之间龃龉不断,还直接限制了国联协会工作的开展。国联协会诞生后的头4年里,完善总部机构设置、尽可能多地建立分会和募集资金是协会的主要工作。

　　巴黎和会后,国联协会以完善国联、为它赢得支持为己任。当时,英国不少大报认为,国联在和大英帝国争夺民众的忠诚。国联协会告诉民众,国联的存在有助于维护大英帝国的利益:"我们陆军规模小,却有一个广袤的帝国需要保护……保持我们目前的实力,要用仲裁与合作这些和平手段,而非凭借庞大的陆海军。这对我们至关重要,因为后者只会迫使我们重回均势体系。"②

　　为了唤起英国民众对国联的支持,1921年6月25日,国联协会组织了7支游行队伍,打着旗帜和横幅,从伦敦市区内的不同地方出发,汇集到海德公园的约有2万人。坎特伯雷大主教做开幕演说。塞西尔对听众说,军国主义和官僚主义是国联的敌人,但最大的敌人是公众的冷漠。随后,"有18个国家的代表发言,包括中国、奥地利、希腊、挪威和法国等。他们用语不同,但都雄辩地呼吁听众支持国联"。《前进》评论道:"如果有什么能给予国联最大的敌人以重创的话,非6月25日的集会莫属。"受此集会鼓励,国联协会曾考虑在1922年动员英格兰和威尔士所有市镇村庄的民众派代表齐聚伦敦。③

　　巴黎和会后,在如何推动经过改造的德国加入国联方面,国联协会领导人

---

① *Headway*, vol.5, no.1, Jan., 1923, p.248.

② Donald S.Birn, *The League of Nations Union*, *1918–1945*, Oxford: Clarendon Press, 1981, p.24.

③ *Headway*, vol.1, no.7, Jul., 1921, p.101.

认为主要障碍是法国，而后者的理由是自己的安全尚无足够保障。他们认为，德国按约裁减军备后，列强应达成全面裁减军备的协定；不能一味赞成英国政府的政策；国联比以往更需要公众舆论的支持。1921 年 6 月 23 日，总理事会通过决议："欧洲和平与协约国的最大利益都要求德国加入国联；本协会将按照国联大会决定和《盟约》相关条款，发挥自己的影响力，力促实现之。"①不过，批评英国政府时，国联协会的语气很温和。②

国联协会试图影响议会候选人。1921 年 8 月，执委会要求各分会书记：议会补缺选举时，应尽一切努力得到候选人在国联和国际裁军等 6 个问题上的答复；同时，要让人们知道分会会员的选票将投给那些回答最让人满意的候选人。③ 9 月份的《前进》刊登了威斯敏斯特市大教堂选区 3 位不同党派候选人的回答。支持国联的两人里有一位当选，但他不支持前敌对国家在"现阶段"加入国联。不支持国联的候选人认为，"以现在的组织情况看……除非美国加入，国联将不会有任何用处"④。英国政界对国联结构缺陷的批评自其成立时就存在。塞西尔认为，即使国联变得更加完美，它也无力消除保守党多数政要对国际关系的固有看法和对国联根深蒂固的怀疑；耐心教育公众是改变这种情况的关键。

1919 年 1 月，《国联月刊和月度报告》开始发行，被免费赠送给每年至少缴纳 5 先令的会员。1919 年 7 月，它呼吁国联接纳德国和苏俄。10 月，⑤《盟约》(*Covenant*) 季刊开始发行。每期刊登 100 多页关于国际时事的文章，售价 3 先令 6 便士。但不到 1 年，《盟约》停刊。1920 年初，月刊《联盟》(*The League*)

---

① *Headway*, vol.1, no.7, Jul., 1921, p.102.

② Donald S.Birn, *The League of Nations Union, 1918–1945*, Oxford：Clarendon Press, 1981, p.30.

③ *Headway*, vol.1, no.8, Aug., 1921, p.118.

④ *Headway*, vol.1, no.9, Sep., 1921, p.136.

⑤ 在国联协会《今天和明天》1920 年第 4 期的封三上，主编向读者推介《盟约》时，说《盟约》第一次和读者见面的时间是 1919 年 10 月。因此，《盟约》的发行时间不是唐纳德·波恩认为的 1919 年 11 月。此外，还可参见 1921 年 2 月份《前进》第 15 页。它较为详细地介绍了《盟约》和《今天和明天》停刊的原因和时间。

创刊,因刊名含糊,后改为《今天和明天》(To-day and To-morrow),但也于年内停刊。1921 年 1 月,《前进》月刊开始发行,逐渐成为国联协会的主要喉舌,1930年时发行量达 10 万份,一直刊印到 1939 年。后来,国联协会还发行了通俗易懂的 4 页《小报》(News Sheet)、专为 11 周岁至 14 周岁青少年及其老师教学用的《国联新闻》(League News)和为同类杂志提供插图的半年刊《教会和家庭》(Church and Home)。这些出版物每期的发行量都很可观。

从 1919 年到 1920 年,国联协会在多数国际问题上都小心翼翼,少有重大行动。除了它把主要精力放在募集资金和组织建设上外,原因还有如下两点。第一,它希望英国政府能主动对重大国际问题做出反应;但当英国政府漠然处之时,它更愿意保持沉默。第二,它的领导层主要来自政府内部,与政府的分歧尚未表面化。面对英国政府,国联协会温和且友好。它反对甚至批评那些激进得多的裁军建议。

1920 年 1 月 16 日,国联行政院首次集会。此时,英国政府正单方面削减军备开支,无意推动国际裁军。国联协会领导人感到焦虑,想让政府明白国际裁军是可行的。他们希望引领舆论的重大变动,并且"批评那些认为只有单边裁军才能奏效的观点"[1]。

1920 年 5 月,国联行政院组建常设咨询委员会(Permanent Advisory Commission)。此委员会由军事专家组成,就海陆空军备问题向行政院提出建议。塞西尔认为,"指望大多数陆军和海军专家支持裁减军备,无异于与虎谋皮"[2]。1920 年 9 月[3],行政院又设立临时混合委员会(Temporary Mixed Com-

---

① Donald S.Birn, *The League of Nations Union*, *1918–1945*, Oxford: Clarendon Press, 1981, p.36.

② Carolyn Kitching, *Britain and the Problem of International Disarmament*, *1919–1934*, London: Routledge, 1999, p.60.

③ 关于临时混合委员会建立的具体时间,E.H.Carr 和 Dick Richardson 认为是 1920 年 11 月,参见 E.H.Carr, *International Relations between the Two World Wars*, *1919–1939*, London, Macmillan, 1947, p.177;Dick Richardson, *The Evolution of British Disarmament Policy in the 1920s*, London: Printer Publishers, 1989, p.14。不过,凯洛琳·凯钦认为是 1920 年 9 月,参见 Carolyn Kitching, *Britain and the Problem of International Disarmament*, *1919–1934*, London: Routledge, 1999, p.60。

mission），负责制定削减军备的计划以供各国政府考虑。不过，临时混合委员会成员并非各国政府的官方代表，只是些社会贤达，如英国的埃雪勋爵（Lord Esher）和塞西尔。自然，它几无成绩可言。11月15日，国联第一届大会召开，议程表上的首要问题便是国际裁军。这自然增加了国联协会的宣传素材。

1921年1月26日，国联协会总理事会"衷心赞同国联就国际合作与和平采取的重要举措，但希望它立即提出更为明确的裁军方案"①。2月，国联协会执委会下属的军备限制委员会（Arms Limitation Committee）讨论国际裁军的数量问题。委员长是西利将军（J.E.B.Seely），国联协会秘书长加内特和经济学家凯恩斯担任委员。3月，军备限制委员会设计出调查问卷，敦请国联秘书长将问卷分发给成员国，以确定成员国所需的军备数量。一个多月后，军备限制委员会的阶段性报告得到了国联协会执委会的赞同。

此报告认为，军备问题应分三类进行讨论：一是维持国内秩序所必需的军备；二是维持海外托管地秩序、保护这些领土免遭野蛮邻国入侵、保护受托国和托管地共同免遭其他国家侵略所必需的军备；三是按照《国联盟约》采取集体行动以履行国际责任所必需的军备。它还主张军备预算不能作为确定裁减数量的依据；国联成员国间有责任充分交换军备信息；通过协商，全面裁减军备数量是可能的。②

国联协会军备限制委员会明白，"研发新武器时，在种类和规模上限制科学的进展是不切实际的。因为这需要建立国际监控委员会，并赋予其调查和禁阻之权力，而这一点恰是主权国家不能容忍的"③。它提议国联可考虑要求成员国登记任何可用于战争的科学发现。

不过，随后几个月里，国际裁军的进展发生在华盛顿而非国联。国联协会

---

① *Headway*, vol.1, no.2, Feb., 1921, p.23.

② *Headway*, vol.1, no.5, May, 1921, p.67.

③ Donald S.Birn, *The League of Nations Union*, *1918–1945*, Oxford: Clarendon Press, 1981, p.37.

军备限制委员会欢迎美国召开海军会议的提议。它指出,英国只追求"一强标准"的声明不足以终结海军军备竞赛,美国应和英国一道接受"一强标准";两国应在海军军备的数量、大小和主力舰等问题上达成协议;英国还应与日本达成此类协议。① 为了赢得英国政府和国联对上述提议的重视,国联协会全力推动双方的沟通。1921 年 11 月华盛顿会议即将召开时,国联协会领导人接受美国总统哈丁邀请,欣然赴会。

不少会员担心美国可能利用这次会议改变国联,或者建立一个新国际组织。1921 年 10 月,有会员向《前进》写信说:"我们这些信任国联的人明白华盛顿会议的重要性。但是,是否每个人都明白? 我怀疑这一点。我遇见很多人,他们似乎认为华盛顿会议是打向国联的一记耳光。"②

然而,协会领导层认为华盛顿会议不会取代国联的相关工作;前者主要处理太平洋地区的问题,而其他地区的争端仍待后者解决;前者主要讨论裁减海军军备,不大可能讨论陆军军备,而陆军是后者近期主要关注的。③ 随着华盛顿会议开幕的日期越来越近,国联协会进一步强调:

> 没有哪种看法比下面这种观念更无道理、更误导人了:对《国联盟约》中阐述的国际合作而言,这样的会议是个竞争者或敌对者……美国虽然不是国联成员国,但它并未游离于国际协定和协作之外。相反,它比以往更为急切地想参与那些影响自身利益的世界事务……对国联创造的国际合作机制而言,华盛顿会议是必要的补充。④

在华盛顿会议开幕的前夜,即 1921 年停战纪念日晚上 8 点 30 分,国联协会在威斯敏斯特组织盛大集会。之所以在晚上举行,是为了与美国和平组织

---

① *Headway*, vol.1, no.5, May, 1921, p.67.
② *Headway*, vol.3, no.10, Oct., 1921, p.12.
③ *Headway*, vol.1, no.8, Aug., 1921, p.110.
④ *Headway*, vol.3, no.11, Nov., 1921, p.24.

的活动保持同步,毕竟伦敦与纽约之间有 5 个小时的时差。这样安排显然是为了扩大活动的影响。

随着华盛顿会议的进行,国联协会不再一味鼓掌。它批评会议只涉及少数国家的海军问题,而陆军问题更有普遍性。[1] 会后,塞西尔的危机感多于成就感。如果更大范围的国际裁军不能紧随其后,他清楚华盛顿会议有多虚幻。[2]

由于法国认为《凡尔赛条约》和《国联盟约》未能提供足够的安全,欧洲陆军军备的裁减问题在大战结束 4 年后,仍悬而未决。因此,1922 年 1 月,劳合·乔治在戛纳会议上碰到白里安(Briand)时商谈英国向法国提供保证的可能性,试图把法国裁军同英国安全保证捆绑在一起。2 月,国联协会执委会致信劳合·乔治,批评"局部性的安排"可能"使欧洲国家开展军备竞赛,结成相互敌对的集团"。[3]《前进》也指出:

> 追求安全时,法国需要的不是增加军队,而是相互裁减军队;需要的是某种全面的而非片面的国际安排……拟议中的英法协定口惠而实不至,仍在事实上忽视它。欧洲需要的是国联协会曾建议的那种条约,可名之为"共同结盟"。它应该对欧洲所有国家都开放,只要它们同意将军备削减到各国同意的水平。[4]

塞西尔反对英法私下交易,因为它"至少在形式上是让人讨厌的……将使目前存在协约国集团永久化"。他赞成"当某个国家受到攻击时,其他国家都来援助它抵抗侵略。涉及法国,无论承担什么义务,英国都应当准备好与欧洲其他国家合作"。[5] 此论被 1922 年国联大会第 14 号决议采纳,后来还被写

---

① *Headway*, vol.3, no.12, Dec., 1921, p.52.
② Donald S.Birn, *The League of Nations Union, 1918-1945*, Oxford:Clarendon Press, 1981, p.39.
③ 国联协会与劳合·乔治之间从 2 月份到 4 月份往来信件后来刊登在了《前进》上,详见 *Headway*, vol.5, no.5, May, 1922, p.87.
④ *Headway*, vol.4, no.3, Mar., 1922, p.44.
⑤ *Headway*, vol.4, no.3, Mar., 1922, p.46.

进《互助条约草案》(*Draft Treaty of Mutual Assistance*)。

1922 年 2 月 23 日,仿照华盛顿会议对海军的限制比例,埃雪勋爵向国联临时混合委员会提出一份裁减欧洲陆军军备的计划(以下简称"埃雪计划")。当时空军尚未成为独立军种,因此也在裁减之列。欧洲各国常备陆军应以 3 万人为单位来计算;法国保留 6 个单位,意大利和波兰 4 个单位,英国和其他国家保留 3 个单位或更少。

埃雪计划在数量上遵循"补偿原则"。华盛顿会议后,英国海军在欧洲仍为最强,故它给法国预留的陆军最多。国联协会认为这考虑了欧洲的特殊形势,可算优点。但它批评埃雪计划"没有考虑如下方面:限制所有国家预备役力量和领土戍守部队,削减所有国家可能要求的用于保护殖民地的海外武装力量,约束战时所有国家调用所有人力的权利和规定这些军事力量的构成"[1]。

这些"疏漏"有利于英法两国统治殖民地,但英国内阁几乎没有讨论埃雪计划。唯一提到它的是 1922 年 4 月帝国防务委员会的备忘录:"按照埃雪勋爵的提议,英国陆军得到的兵员数量肯定不够。"[2]对此,《前进》评论道:"裁减陆军军备面临很多困难……困难还在于几乎不可能列出裁减的具体数字并征得每个国家同意,而按照《国联盟约》,每个国家都有权为了自身安全维持足够的数量。因此,在军备之外,必须提供安全。"[3]

埃雪计划是国联裁减陆军军备的首个计划,但最终被"不光彩地抛到了一边"[4]。埃雪勋爵本人也要求国联无限期搁置对此计划的讨论。直到 1933 年,再也无人尝试裁减陆军。[5] 在总结失败原因时,埃雪勋爵认为,除了计划

---

① *Headway*, vol.4, no.4, Apr., 1922, p.64.

② Carolyn Kitching, *Britain and the Problem of International Disarmament*, 1919–1934, London: Routledge, 1999, p.62.

③ *Headway*, vol.4, no.3, Mar., 1922, p.46.

④ E.H.Carr, *International Relations between the Two World Wars*, 1919–1939, London, Macmillan, 1947, p.177.

⑤ 华尔脱斯:《国联史》上卷,汉敖、宁京译,商务印书馆 1964 年版,第 253 页。

自身的缺陷和英国政府的冷漠外,还在于塞西尔的替代性方案——《互助条约草案》。"无论是在自传《伟大的试验》里,还是在遗存的文件里,塞西尔都没有提起过埃雪计划。"[1]华盛顿会议和埃雪计划从正反两方面表明了"政治责任"对国际裁军的决定性影响。[2] 拟议中的英法协定随着劳合·乔治和白里安的去职而流产。国联协会相当准确地指出裁军问题仍是当时世界的主要"政治问题"。它感到任重而道远。[3] 国联协会领导人认为裁军的终极目标是消除用武力解决国际争端这种过时的办法,但是,单凭国际裁军无法做到这一点。

---

① Carolyn Kitching, *Britain and the Problem of International Disarmament, 1919-1934*, London: Routledge, 1999, p.63.

② Carolyn Kitching, *Britain and the Problem of International Disarmament, 1919-1934*, London: Routledge, 1999, p.64.

③ *Headway*, vol.4, no.8, Aug., 1922, p.144.

第二章　两次世界大战之间英国裁军运动的起步与挫折

1922 年到 1927 年是英国裁军运动的起步阶段,也是国联协会加速成长和扩大影响的阶段。它成为引领英国裁军运动的首要组织,把推动英国政府接受国联机制和动员民众衷心拥护国联作为主要任务。国联协会虽温和,但与英国政府的矛盾在增加,最终导致塞西尔辞去政府职位,并且与英国政府公开对抗了近半年。

第一节　推动《互助条约草案》

第一次世界大战后,从理论和国际形势两方面看,人们必然把裁军和安全联系起来讨论。英国没有可预见的和直接的安全威胁,单边裁军后自封为"裁军楷模"。它不愿对法国的安全需求作任何承诺。但若无足够的安全保证,法国不会裁军。1922 年 1 月 12 日,劳合·乔治与白里安之间的妥协胎死腹中,足以揭示两国观念上的鸿沟。即便英法同盟成功缔造,也将遭到英国公众强烈批评,因为它让人们想起了战前的大国结盟。自由国际主义者从来没有仅凭道义力量来使国际关系规范化。他们依靠技术性机制和威慑力量来解决冲突。因此,他们支持国联混合委员会在 1923 年提出的《互助条约草案》。此草案要求国联成员国向被侵略国提供军事援助,以此作为裁军的先行条件。[①] 但此潜在义务是否会被履行着实难以预测。

一、效力国联

1922 年夏,塞西尔带着国联协会执委会的提案,参加国联临时混合委员会的讨论。审慎的临时混合委员会详细审查了塞西尔提案的主要内容。[②] 塞西尔虽是临时混合委员会成员,却非英国政府官方代表。当 9 月份第三届国联大会召开时,他以南非自治领代表的身份出席。塞西尔同国联行政院里的英国代表菲舍(H.A.L.Fisher)频繁接触。菲舍催促他在临时混合委员会中制定裁军计划,却不告诉他如何做。因此,塞西尔更多表达的是自己或国联协会对裁军的看法。若不指明此处,读者或许很难理解后来英国政府为何激烈反对《互助条约草案》。

1922 年 7 月,国联协会为临时混合委员会准备了《关于裁军问题的决议案草案》(*Draft Resolutions on Disarmament*)和《裁军条约草案》(*Draft Disarmament Treaty*),并将它们刊登在 8 月份的《前进》上。[③] 它们分别成为第三届国联大会第 14 号决议和《互助条约草案》(*Draft Treaty of Mutual Assistance*)的雏形。《关于裁军问题的决议案草案》与第 14 号决议在文意表述上相差无几,而后者被称为 1923 年《互助条约草案》、1924 年《日内瓦议定书》和 1925 年《洛迦诺公约》在思想上的源头,故原文照录如下:

---

① Andrew Webster,"Absolutely Irresponsible Amateurs:The Temporary Mixed Commission on Armaments,1921-1924",*Australian Journal of Politics & History*,vol.54,no.3,Sep.,2008,pp.373-388;David Carlton,"Disarmament with Guarantees:Lord Cecil,1922-1927",*Disarmament and Arms Control*,vol.3,no.2,Jun.,1965,pp.143-164.

② *Headway*,vol.4,no.8,Aug.,1922,p.147.

③ *Headway*,vol.4,no.8,Aug.,1922,pp.147-148.

关于裁军问题的决议草案
（修订本）

1. 除非是全面的,没有哪项裁减军备的计划能够成功。

2. 就目前世界形势来看,多数政府不能接受认真裁军的责任,除非它们的国家能得到满意的安全保证。

3. 此种安全保证能在所有相关国家达成一项全面防御协定后得到。当某个国家遭到侵略时,根据事先安排,这个协定会要求所有国家或部分国家提供立即、有效的援助。不过,由于历史、地理等方面的原因,某个国家处于遭受攻击的特殊危险之中时,根据上述计划,国防上的详细安排应当被制定出来。

4. 削减军备应依照事先制定的方针进行,应存在有效的机制来确保削减的实现和维持。这是上述全部决议得以建立的条件。①

1922 年 9 月,第三届国联大会要求临时混合委员会根据第 14 号决议起草条约,以示相关原则的可行性。受命后,临时混合委员会内部争论不休。意大利和西班牙代表支持英国代表缔结全面条约,而法国及其盟友则要求缔结一系列"局部性"特殊协定。后来,双方都认识到"塞西尔在主要原则上是正确的:如果安全保证机制不想滑入旧结盟体系的话,一个全面条约就是必需的;在一个全面条约的框架内,局部性条约也是必需的,因为具体的历史原因和其他诱因可能导致某国受到侵害"②。

第三届国联大会闭幕后,国联协会在全国范围内大力宣传裁军进展"源于塞西尔不知疲倦的努力和菲舍代表英国政府所作的个人努力"③。1922 年 12 月 22 日,在给分会和会员的新年致辞中,塞西尔认为裁军问题是国联成败

---

① 华尔脱斯:《国联史》上卷,汉敖、宁京译,商务印书馆 1964 年版,第 256、257 页。
② *Headway*, vol.5, no.7, Jul., 1923, p.364.
③ *Headway*, vol.4, no.11, Nov., 1922, p.208.

的试金石。他建议应该组织一场特别的活动来推动缔结全面保证条约。

1923 年，国联协会把起草并推动《互助条约草案》作为中心任务。不过，1 月份鲁尔危机发生后，国联协会执委会迟迟不表态，不愿谴责法国和比利时，受到普通会员的批评。原因在于塞西尔正努力争取法国对草案的支持。

以 1922 年 7 月国联协会的《裁军条约草案》为基础，塞西尔很快完成了《互助条约草案》的起草。第三届国联大会第 14 号决议的原则被明确为 28 款具体义务。[1] 得到国联协会执委会的支持后，1923 年 2 月，塞西尔将《互助条约草案》转呈临时混合委员会，供其讨论修改。大致内容如下：

1. 侵略战争为国际犯罪；

2. 战争爆发后 4 天内，国联理事会应认定谁为侵略国；

3. 某缔约国受到侵略时，其他缔约国须给予援助，但被侵略国必须根据本条约业已履行了限制军备的义务；

4. 国联理事会决定采取制裁手段，给被侵略者以援助，除采取经济和财政手段外，也可以出兵，但履行出兵的义务和从事作战的国家，以发生侵略战争的同一大陆国家为限；

5. 侵略战争发生时，为取得缔约国迅速有效的援助，两个或两个以上的国家可以签订相互援助协定，以为本条约之补充，但此种协定须在国联监督下签订；

6. 所有缔约国取得本条约规定的安全保障，必须裁减军备。[2]

法国及其盟友基本上支持这个草案。然而，英国右派人士指责它风险过大。左派人士担心它可能吓跑苏联。极端反战者不喜欢它强调强制和平。民主控制联盟则认为这个计划是反对德国的。另外，国联协会一些成员也批评它将注意力集中在欧洲大陆上。塞西尔在列出草案的众多优点和必要性后，

---

① *Headway*, vol.5, no.3, Mar., 1923, p.286.

② 王绳祖主编：《国际关系史》第四卷，世界知识出版社 1995 年版，第 295、296 页。引用文字中的"国联理事会"应翻译为"国联行政院"。原文照录，无改动，特此说明。

强调,"如果这项条约得以缔结,国际社会就会多一种选择,可以强制冲突双方接受国联决定,使它们放弃开战权利,而目前仅凭行政院的多数意见尚做不到这一点"①。

二、提醒首相

1923 年 5 月,保守党领袖鲍德温当选首相,塞西尔任掌玺大臣。国联协会认为这是英国政府对国联态度好转的迹象。有些会员过于乐观地说:"可以肯定,除非得到了让人满意的保证,塞西尔不会接受这个职位。"②1923 年 7 月 19 日,鲍德温也表示很高兴担任国联协会名誉主席。双方关系似乎进入了"蜜月"。

不过,事实并非如此。塞西尔"接受入阁邀请,主要是为了服务于国联"③,但政府里没有"国联大臣"一职,外交部也无专门办公室。鲍德温邀请塞西尔,主因是内阁缺少富有政治经验的大臣。因此,塞西尔入阁,鲍德温担任国联协会名誉主席,都不能表明英国政府开始拥护国联。④ 对于《互助条约草案》,鲍德温内阁很冷漠,军方也普遍反对。⑤

国联协会领导层对此很清醒,牢记服务国联事业的宗旨,不为任何政党卖力。"不惜一切代价维护批评政府的自由"是"国联协会长久以来的主要原则之一"⑥。为此,塞西尔于 1923 年 5 月 31 日辞去执委会委员长一职,由莫雷接任。

遗憾的是,国联协会成立后的近 5 年时间里,虽珍视"批评政府的自由",态度却一直很温和。1923 年 7 月 19 日,国联协会总理事会召开年会。除了

---

① *Headway*,vol.5,no.3,Mar.,1923,p.286.

② *Headway*,vol.5,no.7,Jul.,1923,p.365.

③ *Headway*,vol.5,no.8,Aug.,1923,p.390.

④ Martin Ceadel,*Semi-Detached Idealists:The British Peace Movements and International Relations*,1854-1945,Oxford:Oxford University Press,2000,p.256.

⑤ Carolyn Kitching,*Britain and the Problem of International Disarmament,1919-1934*,London:Routledge,1999,pp.70-73.

⑥ *Headway*,vol.5,no.7,Jul.,1923,p.368.

"衷心支持"鲍德温在赔款问题和欧洲局势上的政策外，它"相信英王陛下政府会尽一切努力确保今夏国联大会采纳《互助条约草案》"①。

随着第四届国联大会的临近，国联协会加紧宣传《互助条约草案》的优点。它告诉民众在裁军问题上，《互助条约草案》是唯一明晰、可操作的计划，同时提醒他们不要盲目乐观。② 国联协会寄望于英国民众能引领世界舆论："不要依靠这个或那个政府，依靠自己！每个男人和女人都行动起来，尽最大努力，让自己的看法体现在政府政策中！"③

尽管精心的组织建设让国联协会很有力量，但它仍遇到了不少困难。20世纪20年代初，英国"公众情绪无疑显示出孤立主义的气息"④，不少政要也担心《互助条约草案》会增添国际义务和防务负担，如艾莫里勋爵。1923年8月31日，意大利炮击并占领科孚岛。当希腊遭受侵略时，国联的表现加重了英国民众对其效能的怀疑。

为了消除民众疑虑和反击报纸嘲笑，国联协会执委会在9月多次召开特别会议，呼吁"英王陛下政府尽力确保国联毫不犹豫地执行《国联盟约》"⑤。按总部要求，各地分会纷纷把关于鲁尔局势和科孚岛事件的决议寄往首相办公室。鲍德温不得不致函国联协会总部，抱怨信件太多，只能做一个总答复。另外，国联协会将此类信件寄给14个海外和平组织，建议它们敦请各自政府采取行动，使国联机制发挥作用。

1923年9月，《互助条约草案》的最终文本分为7部分，共19款，⑥正式提交第四届国联大会及其第三委员会审议。由于大国都未派出有分量的大臣，

---

① *Headway*, vol.5, no.8, Aug., 1923, p.390.

② *Headway*, vol.5, no.9, Sep., 1923, p.407.

③ *Headway*, vol.5, no.8, Aug., 1923, p.390.

④ Martin Ceadel, *Semi-Detached Idealists: The British Peace Movements and International Relations, 1854-1945*, Oxford: Oxford University Press, 2000, p.256.

⑤ *Headway*, vol.5, no.10, Oct., 1923, p.427.

⑥ BDFA, Part II, Series J, Volume 3, Frederick, Md.: University Publications of America, 1992, Introduction, pp.1-5.

除了将草案转呈本国政府考虑外,与会代表什么也做不了。法国及其盟友和东欧小国都支持或赞成,挪威、瑞典、丹麦和荷兰反对,美国持有异议。英国政府只是强调它会使国际关系更复杂,难保和平。

鲍德温的第一届内阁持续时间很短。加之他只对内政感兴趣,故塞西尔对政策的影响不大。1923 年 12 月,英国大选。鲍德温因主张保护贸易而败选。塞西尔坚持自由贸易,受封为查尔伍德的塞西尔子爵后进入上院。大选中,国联协会批评英国报业大亨们操纵舆论,片面评价国联。①

大选后,《互助条约草案》的命运由工党首相麦克唐纳决定。对于国际裁军和国联,工党比保守党积极得多。这给《互助条约草案》带来了转机,至少塞西尔这样认为。他试图说服麦克唐纳:条约不会增加英国义务,还能使法国大规模减少陆军、空军和限制潜艇数量。② 但麦克唐纳反复强调,"裁军问题出现理想结果前,应先把政治工作再推进一步"③,并担心它会蜕变成新版均势体系。对于麦克唐纳的踯躅犹疑,大卫·戴维斯指出,人们"之所以不相信国联的效用,是因为其决定背后没有武力支撑,国联成员国彼此间不能以诚相待,不愿意让国际正义取代膨胀的私欲和贪婪"④。《互助条约草案》是朝正确方向迈出的一步,但他认为在所有国家批准之前还要等很长时间。

1924 年 2 月 19 日夜,英国上院"二读"之后,专门委员会开始讨论《互助条约草案》。塞西尔说道:"对我们英国人而言……若它能带来全面裁军,那才是真正有价值的东西。"⑤他着重反驳了对草案的各种批评。⑥ 1924 年 3

---

① *Headway*, vol.5, no.12, Dec., 1923, p.464.

② Carolyn Kitching, *Britain and the Problem of international Disarmament, 1919-1934*, London: Routledge, 1999, p.75.

③ Carolyn Kitching, *Britain and the Problem of international Disarmament, 1919-1934*, London: Routledge, 1999, p.75.

④ *Headway*, vol.6, no.1, Jan., 1924, p.13.

⑤ Royal Institute of International Affairs, "The Draft Treaty of Mutual Assistance", *Journal of the British Institute of International Affairs*, vol.3, no.2, Mar., 1924, p.58.

⑥ Royal Institute of International Affairs, "The Draft Treaty of Mutual Assistance", *Journal of the British Institute of International Affairs*, vol.3, no.2, Mar., 1924, p.76.

月,由于预感到"近期英国政府将决定对条约的态度",国联协会执委会迅速召开会议,决定:

> 敦请英王陛下政府认真考虑条约草案,立即交由一个具有很强代表性的委员会或者皇家委员会来审查、修订;同时,英王陛下政府应指示这个委员会,要及时提交审查报告,以便政府制定在1924年9月第五届国联大会上所要陈述的政策。要求分会给予《互助条约草案》最密切的关注;如果可能的话,支持总部发出的、全方位审查条约草案的要求;相关审查决议案函致首相、帕尔默勋爵、当地的下院议员和所有分会能联系到的上院贵族。①

很明显,提醒麦克唐纳内阁审慎而及时地作出决定是国联协会的主要目的。由于条约草案有很强的技术性,执委会提醒分会在集会讨论时,要保证演讲者对整个问题有某些具体的研究。多数会员研讨了《互助条约草案》。公开辩论提高了民众的兴趣,普及了相关知识。1924年4月,德利尔·伯恩斯(Delisle Burns)在《泰晤士报》上发表一篇建设性的批评文章。对此,塞西尔和国联协会会员约翰·希尔斯(John Waller Hills)市长做了回应。两人都欢迎讨论草案,强调建议的实用性。② 然而,麦克唐纳没有像国联协会希望的那样设立皇家委员会,而是把条约草案交给了帝国防务委员会。后者由军方人士组成,早就反对草案,并且拒绝了国联协会提出的让非军方人士参与讨论的要求。

三、尽力挽救

无奈之下,国联协会成立了修订《互助条约草案》的委员会。委员包括塞西尔、莫雷、希尔斯市长和议员奥斯瓦尔德·莫斯利。他们讨论并酌情采纳了很多建设性意见。修改稿由塞西尔执笔,并于1924年5月15日得到国联协会

---

① *Headway*, vol.6, no.4, Apr., 1924, p.72.

② *Headway*, vol.6, no.5, May, 1924, p.82.

执委会的支持。执委会希望"在英国政府反复审查《互助条约草案》时,修订稿能体现参考价值,并能在9月份国联大会再次召开时成为英国提议的基础"①。修订稿中最重要的变动是第1款对"侵略"和"侵略战争"的界定。与1923年9月提交国联大会审议的老版本相比,新版本的定义更为具体、更具操作性:

> 下述战争可视为"侵略战争":违反《国联盟约》之第12款、第13款和第15款;或者,在国联行政院将争端诉诸仲裁、司法或调查的要求提出之后,仍旧诉诸武力。占领下述条款规定的中立国或非武装区、对领土领空的侵犯、对船运的攻击、对沿海地区的空袭和封锁,这些举动都可被推定为侵略行为。②

国联协会总理事会6月份通过决议,强烈要求英国内阁支持《互助条约草案》以及与《国联盟约》之原则一致的修订。6月25日,塞西尔在阿伯丁的演讲中,详细解释了《互助条约草案》,强调用安全保证取代发展军备的极端重要性。

然而,国联协会的努力最终失败了。1924年7月5日,麦克唐纳致信国联秘书长,列出很多反对理由,③最重要的几条是:"侵略"非常难以界定,行政院难以在4天里作出决定;在行政院需要的武装力量展开行动之前,肯定会有很长时间的延误;条约提供的保证不稳定,没有哪个政府敢于削减军备;局部性条约将使以前存在过的结盟与反结盟体系重新出现,进而危害世界和平;条约将导致行政院从建议机构变成大权在握的执行机构,而这是英国不想看到的。他礼节性地提议在合适时候召开国际军备会议,邀请非国联成员国参加,共同讨论包括《互助条约草案》在内的所有方案。国联协会有很强的挫折感,

---

① *Headway*, vol.6, no.6, Jun., 1924, p.105.

② *Headway*, vol.6, no.6, Jun., 1924, p.105.

③ BDFA, Part II, Series J, Volume 3, Frederick, Md.: University Publications of America, 1992, pp.7-10.

因为塞西尔不厌其烦地解释和修订稿已足以驳斥上述反对意见。《前进》评论道：

> 英国政府完全没有领会《互助条约》所基于的主要原则。它的批评几乎完全指向军事战略和国联机制……它没有意识到其中的广博观念——无论这种观念有没有道理，其重要性使其自身绝对不能被忽视——当所有的国家达成协定，相约会团结起来共同抵制侵略者时，世界安全有望得以维护……但英国政府的答复表明，它没能领会到这种观念所包含的心理因素和经济因素。任何在细节上对实施手段的质疑都不比条约自身的理念更为重要。整体上，英国政府的答复是破坏性的。它反对《互助条约草案》，却不能提出替代性方案，除了主张邀请非国联成员国参加国际会议的陈词滥调。[1]

国联协会的议员委员会在 1924 年 8 月组织了请愿活动。交呈首相的备忘录上有 124 位下院各党议员的签名。他们提醒麦克唐纳注意其所作所为留给国际社会的印象：英国政府已经放弃通过国联寻求裁军的办法，反对把裁军问题同安全问题相连。他们希望在即将召开的国联大会上，麦克唐纳采取适当措施表明英国政府并不打算这么做。[2] 不少工党政要赞赏国联协会的努力。这些压力迫使麦克唐纳不久后在下院表示支持草案所依据的原则。

第二节　拥护《日内瓦议定书》

1924 年 9 月，第五届国联大会召开。国联协会执委会委员长莫雷是英国政府的 4 位正式代表之一。经过 4 个多星期讨论，在普遍的乐观情绪中，10 月 2 日，大会通过了《和平解决国际争端议定书》(*Protocol for the Pacific Settlement of International Disputes*)，简称《日内瓦议定书》(*Geneva Protocol*)。法国

---

[1] *Headway*, vol.6, no.8, Aug., 1924, p.151.

[2] *Headway*, vol.6, no.9, Sep., 1924, p.164.

和另外 9 个国家当场在议定书上签字。

《日内瓦议定书》的大致内容是:除反击侵略的行为,除经由国联大会和行政院同意的、对侵略者实施武力制裁的行为,其他一切战争均为非法;所有争端都要提交常设国际法庭、仲裁委员会或者行政院进行处理;若当事国不接受仲裁调解或不接受仲裁结果,行政院可根据情况强制其接受;不采取和平手段解决冲突、不服从和平决议或违背行政院临时办法的国家是侵略国;为了迅速有效地执行议定书中的制裁条款,相关国家可以缔结专门协定;议定书的主旨是削减军备,若能得到 2 个常任理事国和另外 10 个会员国的批准,1925 年 6 月 15 日的裁军大会可如期召开。此外,它还详细规定了制裁的程序和方法。

议定书新颖之处主要在于设立了强制仲裁制度,以便为国际社会提供更多安全保障;它还明确了《国联盟约》中的制裁义务。在安全和裁军之间,强制仲裁制度起着关键的链接作用。[1] 虽然议定书与《互助条约草案》相差很远,但一直渴望安全的法国看到它能维护战后和平安排时立即签字。然而,正如英国外交部官员坎贝尔(R.H.Campbell)在备忘录中写的那样:意大利和日本都在等待英国的决定;如果英国不签字,它们也不会签字,《日内瓦议定书》和 1925 年的裁军大会都将流产。[2]

一、投桃报李

国联协会很清楚英国政府的态度是关键。[3] 然而,国联大会通过议定书前,英国海军部就怀疑和反对。[4] 兼任外交大臣的首相麦克唐纳屈从军界压

---

① Carolyn Kitching, *Britain and the Problem of International Disarmament*, *1919－1934*, London: Routledge, 1999, p.81.

② BDFA, Part II, Series J, Volume 3, Frederick, Md.: University Publications of America, 1992, pp.122－123.

③ *Headway*, vol.7, no.1, Jan., 1925, p.2.

④ BDFA, Part II, Series J, Volume 3, Frederick, Md.: University Publications of America, 1992, p.55.

力,要求英国代表清楚地表明如果必须签字的话,签字只表示他们愿意将国联的建议转呈英国政府。① 此时,在野的保守党在报纸上散布谣言,即议定书会让国联行政院夺走英国的海军控制权,而英国外交部对此不予澄清。第一届工党政府勉强维持着议会中的多数席位。1924 年 10 月 9 日,麦克唐纳解散了内阁。议定书的命运将由新一届议会和内阁来决定。

在麦克唐纳宣布大选的当天,国联协会执委会通过决议,准备敦请新政府召集由本国各阶层和各自治领代表组成的特别委员会来认真审查支持议定书的各种提议。大选可以让国联协会合法地、更有力度地对下院议员候选人施加影响。但它也担心议定书沦为政党争斗的牺牲品,担心细节上的争论会葬送议定书的命运。因此,执委会建议分会向候选人施压时,"提出如下两个问题就够了:是否会为削减军备而努力,是否准备支持《日内瓦议定书》"②。为了消除保守党在选民中制造的疑虑,国联协会赞扬第五届国联大会"认识到仲裁、安全和裁军密切相关是朝永久和平迈出的重大一步"③,并评价议定书"获得一致通过是过去一个月、几个月乃至几年里国联历史上最重大的事件"④。

大选中,国联协会的调查问卷设置了很多与议定书相关的问题。它认为,在如此重大的议题上,如果自己"不去正确教导公众舆论的话,其他人肯定不会做"⑤。国联协会要求会员们要让身边每个人都认清保守党的谣言,分会在圣诞节前至少举行一次公众集会,演讲者要在现场准确回答听众提问。《前进》投入大量篇幅来介绍和解释议定书的内容。国联协会不像政党那样以政权为目标,只以"真实而准确"的信息来影响选民。

---

① BDFA,Part II,Series J,Volume 3,Frederick,Md.:University Publications of America,1992,p.59.

② *Headway*,vol.6,no.11,Nov.,1924,p.213.

③ *Headway*,vol.6,no.11,Nov.,1924,p.213.

④ *Headway*,vol.6,no.11,Nov.,1924,p.201.

⑤ *Headway*,vol.6,no.11,Nov.,1924,p.211.

大选投票前4天(1924年10月24日),保守党报纸《每日邮报》公布了伪造的《莫斯科给英国共产党的密信》,即"季诺维耶夫来信"(Zinoviev Letter)。信上有暴力推翻英国政府的字眼和共产国际负责人的所谓签字。保守党利用选民受到的"赤色恐吓",在10月29日轻松赢得大选。11月4日,鲍德温组阁。塞西尔入阁,任兰开斯特公爵领地首席法官(Chancellor of the Duchy of Lancaster),仍负责国联事务。

外交大臣奥斯汀·张伯伦是个新手,心中没有任何政策规划。英俄关系和《日内瓦议定书》让他头疼。[1] 上任后头两个月里,他和同事整日讨论文件,[2]以便获得对诸多事务的"第一印象"。奥斯汀·张伯伦虽然不像前任寇松勋爵那样把塞西尔视为竞争者,但私下反对塞西尔入阁,因为他嫉妒塞西尔在国联事务上的威望。[3] 奥斯汀·张伯伦参加国联行政院12月会议的动机很复杂,因为"如果他不去,那必然要由塞西尔代替,塞西尔对外交政策的影响将超过他能容许的范围"[4]。

英国外交部采取了延宕策略。1924年11月14日,奥斯汀·张伯伦表示由于英国刚经历大选,新政府最早到12月份才能认真考虑议定书。[5] 次日,在给克鲁侯爵(Marquess of Crewe)的信中,他再次以新政府刚组建为由,说英国政府不会参加国联行政院为1925年裁军大会所做的准备工作。[6] 12月9

---

[1]　Robert C. Self ed., *The Austen Chamberlain Diary Letters: The Correspondence of Sir Austen Chamberlain with His Sisters Hilda and Ida, 1916−1937*, Cambridge: Cambridge University Press, 1995, p.261.

[2]　B. J. C. McKercher, *The Second Baldwin Government and the United States, 1924−1929, Attitudes and Diplomacy*, Cambridge: Cambridge University Press, 1984, p.19.

[3]　Donald S. Birn, *The League of Nations Union, 1918−1945*, Oxford: Clarendon Press, 1981, p.59.

[4]　华尔脱斯:《国联史》上卷,汉敖、宁京译,商务印书馆1964年版,第338页。

[5]　BDFA, Part II, Series J, Volume 3, Frederick, Md.: University Publications of America, 1992, p.106.

[6]　BDFA, Part II, Series J, Volume 3, Frederick, Md.: University Publications of America, 1992, p.107.

日,在国联行政院第 32 次会议上,奥斯汀·张伯伦又表示英国政府另需 3 个月来研究议定书。①

对此,国联协会试图给予积极解释,甚至还为之辩解:"在本国和自治领的公众舆论充分领会议定书提出的问题,充分领会第五届国联大会所表达的热望前,匆忙决定是致命的。同样重要的是,其他国家(尤其是热切支持议定书的国家)不应把延迟视为英国政府的反对或冷漠。"②事实上,在帝国防务委员会 12 月 4 日和 16 日的两次会议后,奥斯汀·张伯伦已经开始考虑修改和替代方案了。

国联协会天真地"投桃"换回了奥斯汀·张伯伦虚伪地"报李"。12 月 20 日,他说服首相鲍德温一同接见国联协会代表团。不过,奥斯汀·张伯伦的条件是秘密会见,不许有任何记者;只能有 6 名代表,阐述立场时每位代表的发言不能超过两次。很明显,此安排是为了防止一旦辩论起来奥斯汀·张伯伦会处于下风,并阻止国联协会获得任何宣传便利。③

不过,国联协会另有对策。英国"自治领一位颇具才干的官方人士"应《前进》之邀,写了名为《反对议定书的理由》的文章。12 月份的《前进》除了将它刊登出来外,还以名为《澄清问题》的社论反驳了这些理由。"当然,并非所有自治领的反对意见都基于误解;它们之所以反对,正是因为理解议定书。"④英帝国自治领的反对立场自然受到了奥斯汀·张伯伦的影响。鉴于此,12 月 29 日,国联协会执委会说服鲍德温邀请自治领代表来年 3 月份参加帝国会议,以便讨论议定书。但仅仅 8 天后,即 1925 年 1 月 6 日,在给克鲁侯爵的信中,奥斯汀·张伯伦说英国政府不得不放弃自治领领导人聚首开会的

---

① BDFA,Part II,Series J,Volume 3,Frederick,Md.:University Publications of America,1992, pp.136-139.

② *Headway*,vol.6,no.12,Dec.,1924,p.231.

③ B.J.C.Mckercher ed.,*Arms Limitation and Disarmament：Restraints on War*,1899-1939,Westport：Praeger,1992,p.67.

④ *Headway*,vol.6,no.12,Dec.,1924,p.231.

想法,将改用通信来讨论议定书。他认为政府不可能接受议定书,但会考虑能否提出修改意见,供自治领讨论。① 这样做明显降低了相关讨论的规格,与国联协会借机提高公众对议定书关注程度的初衷是相悖的。但有趣的是,国联协会的反击并未直指奥斯汀·张伯伦。1925 年 1 月,《前进》指责那些"无才又无智的批评意见"正干扰奥斯汀·张伯伦。②

二、争夺舆论

第一次世界大战后,反对承担更多国际义务的声音在英国一直都有。很多人相信《日内瓦议定书》将通过判定谁为侵略者来扩张国联行政院的权力;争端的增多将导致制裁的增多,进而增加英国的国际义务。他们难以理解和接受"强制仲裁"的概念。1925 年初,国联协会领导人诺埃尔—贝克完成名为《和平解决国际争端的日内瓦议定书》的专著,明确指出许多反对意见其实在指向《国联盟约》。尽管历届英国政府都表示忠于《国联盟约》,但在英帝国范围内"强制仲裁"从未深入人心。③

英国报纸有意控制舆论,肆意传播谎言。一位同帕尔默勋爵讨论过议定书含义的记者写信给勋爵说:报社不能刊发他们的谈话,因为它们"与报社的政治观点不一致"④。此外,看到伦敦一家报纸的标题时,格雷很震惊,因为他从未反对《日内瓦议定书》。《前进》评论道:"英国报纸每天都在讨论议定书","总的来说,这是好事","但如果报纸对议定书的理解本身就是错误的,那么这种错误对公众产生的影响可能是灾难性的"。⑤

---

① BDFA,Part II,Series J,Volume 3,Frederick,Md.:University Publications of America,1992,p.140.

② *Headway*,vol.7,no.1,Jan.,1925,p.11.

③ E.H.Carr,*International Relations between the Two World Wars*,*1919—1939*,London,Macmillan,1947,p.92.

④ Carolyn Kitching,*Britain and the Problem of International Disarmament*,*1919—1934*,London:Routledge,1999,p.84.

⑤ *Headway*,vol.7,no.3,Mar.,1925,p.49.

1925 年 1 月 29 日，鲍德温在信中劝慰塞西尔："你无须为议定书焦虑。我不知道你在报纸上读到了什么，但我也是刚刚拿到汉基委员会打印出来的报告。我会用整个周末去研究它。"①国联协会努力与误导民众的报纸抗争。它刊印了《日内瓦议定书》原文，每份售价 1 便士。但在出版上，国联协会并无优势。20 世纪 20 年代，《前进》零售价为 3 便士，虽与《泰晤士报》相当，但影响力远不及后者。此外，由于是月刊，它不能及时作出反应，只能在 1925 年 3 月初纠正 2 月 15 日《泰晤士报》和《观察家报》(Observer)对议定书的曲解。

国联协会的"国联议员委员会"也积极开展工作。到 1925 年春，615 位下院议员中，有 340 人加入此委员会。2 月中旬它召开第一次会议。由于会议室只能容纳 100 人，与会的不少议员只好站在门口听。莫雷作了关于《日内瓦议定书》的主题报告。提问者很多，以致委员会决定两个星期后再举行一次会议，届时将邀请麦克唐纳作主要发言人。②

议员们的热情很快被浇了一盆冷水。1925 年 3 月 12 日，在国联行政院第 33 次会议上，奥斯汀·张伯伦正式表示，英国政府不会在议定书上签字，也不会批准它；即便议定书得到修改，英国政府也不相信议定书是其所列目标的最佳实现方式。③ 奥斯汀·张伯伦的声明"以巧妙的言辞和雄辩的技巧批评了议定书的条款"，却掩盖了真正的原因：英联邦成员国家的反对、怕同美国发生纠纷、不愿支持东欧的领土解决办法和外交部根深蒂固地厌恶强制仲裁。外交精英们和英国报界此时都已明白"这个问题已不容再讨论下去，议定书完蛋了"。④

不过，国联协会认为"接下来的 5 个月里，议定书仍将是公众感兴趣的核

---

① Philip Williamson and Edward Baldwin, *Baldwain Papers, A Conservative Statesman, 1908-1947*, Cambridge: Cambridge University Press, 2004, pp.168-169.

② *Headway*, vol.7, no.3, Mar., 1925, p.49.

③ BDFA, Part II, Series J, Volume 3, Frederick, Md.: University Publications of America, 1992, p.153.

④ 华尔脱斯：《国联史》上卷，汉敖、宁京译，商务印书馆 1964 年版，第 321、322 页。

心话题"①,因为行政院"决定在9月份召开的第六届国联大会上继续讨论议定书及各国政府的相关态度"②。《前进》刊登了奥斯汀·张伯伦、白里安和贝奈斯在国联行政院发言的要点,发表了《议定书的未来》等文章。同时,国联协会还出版了哈里斯的著作《议定书的含义》,每本售价6便士。由于很多英国人对《国联盟约》的承诺知之甚少,弗雷德里克·惠伦(Frederic Whelen)修订后的《阐述盟约》也被国联协会迅速出版,每本售价9便士。国联协会3月份的"出版物比过去几个月的都要多"③。

面对挫折,国联协会提醒会员保持克制。"发现自己与政府立场龃龉时",如果忘记了历届英国政府大体上都支持国联,"只把目光集中在一时一刹的分歧上,那将是不公正和不明智的"。④ 为了安抚不满的会员,国联协会发布信息说,奥斯汀·张伯伦同意回国后接见"国联议员委员会"成员,并向他们做出解释。⑤ 随后,国联协会名誉主席格雷和执委会委员长莫雷参加了为奥斯汀·张伯伦举行的接风晚宴。

1925年3月19日,国联协会执委会在报纸上发布一项决议,"再次敦请英王陛下政府立即召集一个特别委员会,仔细审查议定书中的建议和其他能达到同一目标的提议"。委员们重申了议定书中的"三位一体"原则,即仲裁、安全和裁军,"相对轻微的修改就足以弥补奥斯汀·张伯伦先生所指出的缺陷。的确,他的批评是对的"。⑥

3月24日,亚瑟·亨德森在下议院为议定书做了有力的辩护,工党其他政要也都表示支持,因为工党已是反对党而非执政党了。除了哈丁顿勋爵外,执政的保守党反对议定书。奥斯汀·张伯伦重复了在日内瓦说过的话,但主

---

① *Headway*, vol.7, no.4, Apr., 1925, p.71
② *Headway*, vol.7, no.4, Apr., 1925, p.61.
③ *Headway*, vol.7, no.4, Apr., 1925, p.74.
④ *Headway*, vol.7, no.4, Apr., 1925, p.62.
⑤ *Headway*, vol.7, no.4, Apr., 1925, p.74.
⑥ *Headway*, vol.7, no.4, Apr., 1925, p.65.

要是为了解释德国关于缔结一项西欧协定的提议。国联协会执委会欢迎这个提议，①但他们强调，前提条件是这项区域性协定要"真诚地保证在西欧建立和平，并作为迈向诸如议定书之类条约的第一步，而非为了取代议定书"②。但奥斯汀·张伯伦清楚无误地表明"西欧协定"就是议定书的替代品。

国联协会里，大卫·戴维斯及其追随者认为"集体安全"的原则已处于生死关头，必须更有力地发动民众。1925年4月，总部向各地分会书记和演讲者阐明了协会的基本立场：西欧协定不足以取代议定书，但希望它能尽量接近议定书的内容。它还强调"任何此种性质的安排应当符合《国联盟约》的精神；要与国联保持密切合作，并在其指导下开展工作；包含一项强制性的程序，和平解决缔约国间所有可在法庭里处理的争端；能让德国立即加入国联，并在行政院里拥有席位；对感兴趣的国家敞开加入大门"③。

三、接受替代

1925年夏，国联协会重点宣扬仲裁、安全和裁军原则。除了向唐宁街10号派出代表团，它还与全国和平理事会和国际妇女联盟（Women International League）联合发起请愿。6月25日，国联协会在皇后大厅（Queen's Hall）举行盛大集会。塞西尔、格雷、克莱因斯（John Robert Clynes）和莫雷是主要发言人。会后，格雷演讲的全文以传单形式大量散发，每份2便士。国联协会的目标是当9月份第六届国联大会召开时，若英国政府不支持议定书及其修正案，就力促它依据安全和仲裁原则，提出全面削减和限制军备的替代方案。

国联协会的活动引起了英国外交部的密切关注，甚至让奥斯汀·张伯伦感到恼火。他拒绝了伯明翰分会的演讲邀请，并且愤怒地回复说自己不会呼吁公众支持议定书。1925年秋，国联协会认为英法德三国会谈或许能为国际

---

① *Headway*, vol.7, no.5, May, 1925, p.87.

② *Headway*, vol.7, no.5, May, 1925, p.91.

③ *Headway*, vol.7, no.5, May, 1925, p.87.

裁军提供新契机。于是,它与奥斯汀·张伯伦的关系又趋缓和了。

英法德安全谈判最终扩大为七国会议,于1925年10月5日在洛迦诺召开。11天后,各国草签了"最后议定书"和其他7个条约,允许德国有条件、有保留地加入国联。《洛迦诺公约》"暂时解决了安全问题,改善了协约国尤其是法国与德国的关系,使欧洲的国际关系进入了相对稳定时期"[1]。奥斯汀·张伯伦自豪地称《洛迦诺公约》是"战争年代与和平年代的真正分界线"[2]。尽管"从长远看,《洛迦诺公约》既破坏了《凡尔赛条约》,也破坏了《国联盟约》",但"普遍的亲善和乐观是1925年国际社会的主要氛围。《洛迦诺公约》暗含的弊端很容易就被忽略了"。[3]

在塞西尔等人看来,《洛迦诺公约》提供了《互助条约草案》和《日内瓦议定书》所设想的裁军前提条件,即国际社会普遍的安全感。尽管没有裁军条款,但《洛迦诺公约》在诺埃尔—贝克看来已足够接近《互助条约草案》,并且是国联协会的胜利。1925年10月20日,国联协会代表团参加了欢迎奥斯汀·张伯伦回国的活动。[4] 切尔西分会在年度报告中称,"《洛迦诺公约》的签字表明了国联精神的胜利",人们第一次可以"公开且自信地宣布"对国联的支持。[5] 不过,和平团体的反应不尽相同。在国联协会看来,《洛迦诺公约》削弱了国联的权威,但让法国感到更安全了。民主控制联盟和左派反对给法国安全以保障,但欢迎修正凡尔赛体系和给予德国平等的国际地位。

事实上,洛迦诺会议对国际裁军的贡献很小。激进者甚至认为国联的理想被颠覆了。英国政府正式拒绝《日内瓦议定书》后长达半年的时间里,国际

---

① 吴于廑、齐世荣主编:《世界史·现代史编》上卷,高等教育出版社1994年版,第171页。

② E.H.Carr,*International Relations between the Two World Wars*,*1919—1939*,London,Macmillan,1947,p.97.

③ E.H.Carr,*International Relations between the Two World Wars*,*1919—1939*,London,Macmillan,1947,p.97.

④ *Headway*,vol.7,no.12,Dec.,1928,p.214.

⑤ Martin Ceadel,*Semi-Detached Idealists:The British Peace Movements and International Relations*,*1854—1945*,Oxford:Oxford University Press,2000,p.263.

裁军问题很少被考虑。只是在洛迦诺会议的"最后议定书"里,各国才含糊地说:"大会上各国达成的协定不仅能带来和平与安全,还能加速实现达成一项国际裁军协议的目标,而这个目标是《国联盟约》第 8 款早就规定了的。"①不过,这个表态仍有被国联协会利用的价值。它至少在表面上维持着各国政府裁军的义务,欧洲安全问题的暂时解决更加凸显了国际裁军的重要性和紧迫性。

保守党急切地展示《洛迦诺公约》的积极影响,强调公约将加速裁军进程。1926 年 2 月,英国国王在议会中也说它"朝着裁军的方向迈出了实质性的一步"。劳合·乔治评论道:"没有裁军的话,《洛迦诺公约》只是一个有精巧机栝的钢铁陷阱,终究有一天会猛地合上它那能够粉碎一切的钢牙。"②《洛迦诺公约》让空军大臣塞缪尔·霍尔在 1926 年提出的空军军费预算削减方案变得名正言顺了。③

洛迦诺会议后直到 1927 年秋天,仲裁观念作为集体安全的道具很少出现在国联协会的宣传中。塞西尔怀疑重新激活《日内瓦议定书》议题的价值。他认为,对公众舆论来说,《日内瓦议定书》的技术性太强了。不过,1927 年 8 月 31 日,国联协会里的工党政要诺埃尔—贝克写给《曼彻斯特卫报》的一封信重新激发了公众对《日内瓦议定书》的兴趣。帕尔默勋爵和牛津大学历史学家莫厄特(R.B.Mowat)敦促莫雷推动这件事情。随着英国政府在日内瓦海军谈判中遭遇挫折,这个议题的重要性再次凸显出来。工党开始引领支持《日内瓦议定书》的潮流,尽管它的态度在最积极的时候也是模糊的。

国联协会也得行动起来,但它发现很难得到民众的支持。左派当中很少有人支持《日内瓦议定书》。他们认为它将使法国在欧洲的"统治"永久化,将

---

① Dick Richardson, *The Evolution of British Disarmament Policy in the 1920s*, London: Printer Publishers, 1989, p.42.

② Lloyd George, Speech, House of Commons Debates, vol.191, 2 February 1926, p.34.

③ Samuel Hoare, Speech, House of Commons Debates, vol.192, 25 February 1926, p.768.

使英国在关乎国家利益(尤其是海上利益)的议题上失去自主权。全国自由党人联盟(National Liberal Federation)认为《日内瓦议定书》的附文里应该列入便于日后修订的内容。1927年9月10日,自由党人的《曼彻斯特卫报》赞扬奥斯汀·张伯伦拒绝进一步考虑英国应该承担的义务。他们对《日内瓦议定书》的态度清楚地表明了英国和平运动的局限性。虽然自由国际主义者培育了和平运动的基本观念,但解释这些观念时诱发的政治分歧削弱了他们跨党派动员的能力。

第三节　抗议英美日海军会议

自1924年起,国联成员国的外交大臣(或部长)出席国联大会和行政院会议成为惯例。国联的威望得以大幅度提高。1925年,"洛迦诺精神"成了"和解"与"安全"的代名词。德国加入国联,忝列行政院常任理事国。1926年,国联的支持者有充分理由对国际裁军表示乐观。国联的壮大使国联协会受益匪浅。1925年10月,因获得皇家特许状,它的地位又提高不少。特许状是对国联协会能力和成绩的肯定①,并且增强了它的影响力,推动了它的组织建设和财政工作。

英格兰和威尔士几乎每个市镇都有国联协会的分会。截至1925年11月19日,曾经入会的人数已达48.9607万,地方分会2167个;下属青少年组织268个,合作团体1395个。② "自1925年后,国联协会成了众多反战团体的领导者。它愈发强大,成了反谷物法联盟后最成功的一个。"③国联协会开始考虑把财源"从少数人偶尔的大额捐赠转移到多数人小额却经常上缴的会员费

---

①　*Headway*, vol.7, no.12, Dec., 1925, p.223.

②　*Headway*, vol.7, no.12, Dec., 1925, p.239.

③　Martin Ceadel, *Semi-Detached Idealists: The British Peace Movements and International Relations*, *1854-1945*, Oxford: Oxford University Press, 2000, p.272.

上"。它计划招募5万名每年缴纳1英镑的会员；而过去5年里，"没费多少力气"就招募到了8000多名这样的会员。①

一、游说大臣

1925年12月15日，国联行政院设立裁军会议筹备委员会，下设两个小组。军事小组由各国海陆空军官组成。经济小组由国联的财政委员会、经济委员会和交通委员会遴选的人员以及国际劳工组织中的劳方和资方遴选的人员组成。筹备委员会成员最初全部来自行政院成员国。不久，美国、德国、苏联、保加利亚和芬兰等国也接受邀请，派出了代表。后来，阿根廷、智利、哥伦比亚、中国和加拿大等国也参与讨论。1926年5月18日，筹备委员会正式开始工作。英国政府的代表是塞西尔。

不过，筹备委员会进展缓慢，辩论冗长乏味。1926年的两次会议主要研究1925年12月行政院提出的问题，讨论筹备委员会的工作程序，初步暴露了大国（主要是英美）之间的分歧。筹备委员会召开第三次会议时（1927年3月21日至4月26日），英法各自提出本国的裁军公约草案。在空军装备、陆军战备物资、海军舰种、军费支出和监管等问题上，英法针锋相对。会谈无果而终，遂决定休会6个月。

国联协会更加努力地向英国民众推介全面裁减军备的各种方案。1926年夏，它呼吁所有国家暂停军备任何方面的增加，按统一比例削减到《国联盟约》第8款的标准；若无法做到，区域性协定也值得考虑。② 1926年11月，它组建裁减军备委员会（Reduction of Armaments Committee）。1927年上半年，它用学习沙龙来教育会员和民众；印刷每份零售价为2便士的传单和小册子，还印制了一组广为流传的海报。

1927年2月22日，国联协会向外交部派出20人的代表团，包括财务主管

① *Headway*, vol.7, no.11, Nov., 1925, p.203.

② *Headway*, vol.8, no.8, Aug., 1926, p.146.

昆博朗勋爵。塞西尔未去,原因是他与奥斯汀·张伯伦的关系很糟糕。根据英国外交部会谈纪要,与奥斯汀·张伯伦交谈的只有4人:自由党人莫雷和约翰·哈里斯、保守党人杰克·希尔斯市长以及工党政要乔治·巴恩斯(George Nicoll Barnes)。

一见面,莫雷就强调此前呈递给奥斯汀·张伯伦的决议不是反对意见,仅是观点上的差异;对奥斯汀·张伯伦为国联事业做出的努力表示赞赏。他重申了国联协会的立场:"希望英王陛下政府充分发挥影响力,确保国联成功召开裁减和限制军备会议;如果英王陛下政府采取此类行动的话,国联协会保证给予有力的支持。我们已经发起并且准备全力开展一场教育活动,以便让公众理解复杂的裁军问题。"①

奥斯汀·张伯伦坦承曾对国联协会心存疑虑,认为壮大国联不应拔苗助长。他表示自己的注意力已被国联协会的裁军宣传吸引,认可"德国加入国联后,削减(或者限制)军备成了第一要务",承诺"英王陛下政府会尽一切努力使限制(或者减少)军备取得成功"。② 奥斯汀·张伯伦用意颇深地强调,由塞西尔代表英国政府进行相关谈判,一定能推动国际裁军。关于美国总统柯立芝2月初发出的会谈邀请,他表示在得到自治领政府的答复之前,自己不便表态。同时,他"希望海军大国的此类行动丝毫不要阻碍国联对更大规模裁军的处理,不要使国联考虑这个问题时分心"③。随即,奥斯汀·张伯伦话锋一转,"忍不住"说:

我国陆军很少,因此不要指望英国带头削减陆军。裁减陆军的

方案,要想有一线成功的可能,应该而且将由那些拥有最多陆军的国

---

① BDFA,Part II,Series J,Volume 1,Frederick,Md.:University Publications of America,1992,p.31.

② BDFA,Part II,Series J,Volume 1,Frederick,Md.:University Publications of America,1992,p.34.

③ BDFA,Part II,Series J,Volume 1,Frederick,Md.:University Publications of America,1992,p.34.

家提出。只有这样做，裁减陆军的方案才最有可能被其他国家接受。同理，裁减（或者限制）海军的提议，最好也由拥有最多海军的国家提出。只有这样做，最强大的海上国家才能在理论上和实践中对这个问题的解决作出最大贡献。①

言外之意很明显，即陆军最多的法国和海军最强大的美国要带头裁减。这种消极等待的做法正是塞西尔一贯反对的！趁塞西尔没来，奥斯汀·张伯伦再次狡猾地表示要"冒昧地"重复自己和塞西尔都说过多次的话："不要急躁；这项工作若想圆满解决，需要时间，或许是相当长的时间……缓慢踏实的一步比匆忙一跃却跌进臭水沟要好得多。"②

二、愤而辞职

塞西尔曾犹豫是否加入鲍德温的第二届内阁。他希望在外事上承担明确职责，却遭到奥斯汀·张伯伦反对。奥斯汀·张伯伦尽一切可能限制塞西尔，禁止他阅读外交部文件，并警告他除非得到内阁的授权，不许对外事发表意见。奥斯汀·张伯伦说："我必须让人明白"，"外交政策只有一个，对它的解释也只有一个是权威的"。③ 两人常在国联事务上发生争执，塞西尔屡次提出辞职。首相鲍德温"倾听塞西尔的抱怨，抚慰调解，但不损奥斯汀·张伯伦的威信"④。1927年4月，塞西尔坚决要求在日内瓦会谈中有自由量裁权，否则"最好让其他人来顶替这个职位"⑤。

① BDFA，Part II，Series J，Volume 1，Frederick，Md.：University Publications of America，1992，p.34.

② BDFA，Part II，Series J，Volume 1，Frederick，Md.：University Publications of America，1992，p.34.

③ Robert C.Self ed.，*The Austen Chamberlain Diary Letters：The Correspondence of Sir Austen Chamberlain with His Sisters Hilda and Ida，1916-1937*，Cambridge：Cambridge University Press，1995，p.326.

④ Philip Williamson and Edward Baldwin，*Baldwain Papers，A Conservative Statesman，1908-1947*，Cambridge：Cambridge University Press，2004，p.179.

⑤ Donald S.Birn，*The League of Nations Union，1918-1945*，Oxford：Clarendon Press，1981，p.66.

从筹备委员会第一次会议起,军事小组里的英国代表尽是低级军官,且其态度让塞西尔很恼火。尽管如此,他仍要贯彻英国政府的指示,阻止他国限制英国军备的企图。英国学者已详细研究过 1926 年至 1927 年保守党政府对筹备委员会的政策。[①] 英国代表满口外交辞令,虚与委蛇;在筹备委员会的第四次会议上,竟公然表示筹备委员会没有多大价值。

1927 年 6 月 20 日,英美日海军会议在日内瓦开幕。法意两国派观察员列席。很明显,保守党人听取了海军部关于帝国安全的建议。海军部的建议主导了英国政府对日内瓦海军会议的态度。海军部提出巡洋舰最低数量是小型 55 艘,大型 15 艘(当时英国实际拥有小型 43 艘、大型 11 艘)。它拒绝在 8 英寸舰炮巡洋舰的数量上和美国保持对等,除非能够在 6 英寸舰炮的小型舰只数量上获得优势。美国在大型巡洋舰上的优势有可能促使日本要求建造更多战舰。[②] 塞西尔认为把海军而非集体安全制度作为国防屏障是愚蠢的,真正的隐患是日本在亚太地区的野心。他必须阻止美国限制英国巡洋舰力量的企图,但为了防止英美关系恶化,还要摆脱细枝末节上的争论。在巡洋舰问题上英美日各执己见。8 月 4 日会谈破裂。加上此前在筹备委员会中无法和法国达成一致,英国陷入了孤立。[③]

基于对这次会谈后形势的判断,英国自由国际主义者提出了两个方面的对策。首先,他们坚持认为英国造船厂的数量不应该有报复性的增长。美国造船厂数量些许的增加无关紧要,但海军竞赛只会造成破产;据独立工党发言人的说法,甚至会导致与美国的战争。其次,裁军应该与冲突解决程序配套。

① Dick Richardson, *The Evolution of British Disarmament Policy in the 1920s*, London: Printer Publishers, 1989, pp.10–118.

② David Carlton, "Great Britain and the Coolidge Naval Disarmament Conference of 1927", *Political Science Quarterly*, vol.83, no.4, Dec., 1968, pp.573–98.

③ Dick Richardson, *The Evolution of British Disarmament Policy in the 1920s*, London: Printer Publishers, 1989, pp.119–139; Carolyn Kitching, *Britain and the Problem of international Disarmament*, *1919–1934*, London: Routledge, 1999, pp.97–114.

会谈的破裂至少带来了一个好处，即让人们靠近国联协会一直秉持的观点：裁军、仲裁和安全是相互联系的。仲裁机制不仅会规范国际行为，还将确保裁军国家必需的安全。人们还记得，用和平方式解决争端的《日内瓦议定书》曾呼吁修正《国联盟约》，以此促使国家倚重国际正义常设法庭（Permanent Court of International Justice）。它针对冲突提出的仲裁方案和程序一旦不能达到预期目标，那么国联和国际正义常设法庭对侵略者将展开经济制裁，同时为受害者提供军事帮助。47 个国联成员国都在《日内瓦议定书》上签字了，但英国鲍德温政府最终拒绝批准它。

对帝国防务敏感的保守党人更敌视集体安全义务。由于未曾花时间去研究它①，整个 1927 年奥斯汀·张伯伦都陷在国际裁军问题的泥沼中。日内瓦会谈破裂加剧了他和塞西尔本来就已紧张的关系。多数内阁大臣也视塞西尔为"脱离现实的十字军战士"。塞西尔的行动受到越来越多的限制。1927 年 8 月 9 日，塞西尔提交了辞职信。礼节性的寒暄后，他坦陈辞职原因是"在主要的裁军政策上，我与内阁多数同事难以达成共识"。他认为"三强会谈的破裂是个灾难"。首相鲍德温当时在加拿大，塞西尔并未立即收到批复。8 月 25 日，他再次发出辞职信，并附带了一份备忘录。与 8 月 9 日的辞职信相比，塞西尔增加了一段话：

> 未来会怎样？我回想起了英国政府拒绝接受《互助条约》、无条件反对《日内瓦议定书》、大臣们宣布反对强制仲裁、筹备委员会的部分失败和如今三国海军会议的破裂。我们试图在下述几个方向上迈开步伐：先是安全，接下来是仲裁，最后是裁军。但迄今为止，没有一个方向取得进展。或多或少，每一项相关政策都被彻底否决了。过去怎样，未来也会怎样。同样的原因会导致相似的结果。因为症

---

① Robert C. Self ed., *The Austen Chamberlain Diary Letters：The Correspondence of Sir Austen Chamberlain with His Sisters Hilda and Ida*, *1916-1937*, Cambridge：Cambridge University Press, 1995, p.306.

结在于,无论我多么不愿承认,在这些事情上同事们不同意我的
看法。①

对英国政府而言,这段话颇具威胁性。英国选民把裁军当作未来和平与
当前幸福的必要条件。作为《洛迦诺公约》的主要签字国之一,英国政府曾保
证"对国联已经着手的裁军工作给予真诚的合作"②。因此,当人们对国际裁
军的进展充满期待时,这段理由相当刺耳。由于担心塞西尔辞职引起公众不
安,奥斯汀·张伯伦也曾温言挽留。内阁大臣因裁军问题而辞职,会让广大选
民视保守党为国联的破坏者。工党和自由党也获得了新弹药,它们指责鲍德
温内阁是"反动派"和"愚民者"。③ 直到1927年11月,奥斯汀·张伯伦还在
下院中不停地为保守党辩护。④

1927年8月29日,鲍德温答复了塞西尔。塞西尔不是出于同事关系紧
张而辞职的说法让他感到放心和满意。他认为塞西尔夸大了自己与同僚之间
的分歧;如果真有严重分歧,也只是目标相同但方式不同的分歧。鲍德温表示
不会因三国海军会谈破裂而自责,也不会责备大臣,但拒绝接受对裁军前途的
悲观看法。最后,对塞西尔的辞职,鲍德温虚伪地表示遗憾。⑤ 9月15日,在
给爱德华·伍德⑥(Edward F.L.Wood)的信中,他说无法告诉塞西尔"政府真
实的运转情况",却对奥斯汀·张伯伦大加赞赏。⑦ 辞职信登报时已被塞西尔

---

① Robert Cecil,*A Great Experiment:An Autobiography*,London:Jonathan Cape Ltd.,1941,p.363.

② 华尔脱斯:《国联史》上卷,汉敖、宁京译,商务印书馆1964年版,第407页。

③ Dick Richardson,*The Evolution of British Disarmament Policy in the 1920s*,London:Printer Publishers,1989,p.147.

④ BDFA,Part II,Series J,Volume 1,Frederick,Md.:University Publications of America,1992, p.49.

⑤ *Headway*,vol.9,no.10,Oct.,1927,p.192;Robert Cecil,*A Great Experiment:An Autobiography*, London:Jonathan Cape Ltd.,1941,pp.364—366.

⑥ 爱德华·伍德(1881—1959)即后来的哈利法克斯子爵,通常被认为是英国绥靖政策的主要代表。

⑦ Philip Williamson and Edward Baldwin,*Baldwain Papers,A Conservative Statesman,1908-1947*,Cambridge:Cambridge University Press,2004,p.201.

修改了 5 遍,少了很多"火药味儿",但并未删除被鲍德温认为是"悲观主义"的那段话。10 月份的《前进》刊登了 8 月 25 日版的辞职信全文。

对于英国政府的立场,国联协会领导层中有不同于塞西尔的意见。海军大臣雷金纳德·麦肯纳(Reginald McKenna)认为英国要求拥有 70 艘巡洋舰完全是合理的;陆军能在很短时间里拼凑出来,但海军的训练需要很多年。格雷承认英国应该有足够的海军保护自己的利益,但是他没有回答关键问题:什么类型的海军,规模多大? 塞西尔也没有回答,但他警告诺埃尔—贝克不要破坏英国的需求,认为解散舰队之后,欧洲不会变得更安全。① 英国是否应该与美国在大型巡洋舰上保持数量对等? 塞西尔态度模糊。事实上,国联的力量和声望部分依赖于英国皇家海军的能力。在日内瓦海军会议召开之前,塞西尔就认为"英国陆军相对较弱,必须有一支相对较强的海军来弥补;否则,不恰当的国际权威将会转移到大陆强国的手中";在英国削减海军力量之前,其他国家应该同意削减自己的陆军和空军。② 塞西尔希望保留英国海军力量作为谈判的筹码和缔结一项全面的裁军条约,但承担有限责任的英国应该继续保持自己在国际体系中的独立大国地位。诺埃尔—贝克反对塞西尔的意见,全力抨击英帝国的防务需求,认为扣除需要战斗值班的军舰数量和正在改装的舰船数量之后,33 艘军舰就足以保护 8 万英里的贸易通道了,也就是每 2500 英里需要一艘。他认为如果英国不能带头削减海军力量,那么其他国家就有理由维持自己的相对优势;正是英帝国的防务需要败坏了集体安全制度的信用。③ 诺埃尔—贝克对海军合作充满信心,却也未指明英国需要多少驱逐舰才能履行国联成员国的义务。

---

① *Headway*, vol.9, no.6, Jun., 1927, p.105.

② Michael C. Pugh, *Liberal Internationalism: The Interwar Movement for Peace in Britain*, Hampshire: Palgrave Macmillan, 2012, p.54.

③ Philip Noel Baker, *Disarmament and the Coolidge Conference*, London: Hogarth, 1927, p.199.

三、引导民意

塞西尔辞职的消息见报后不久,许多同情者赠予数额不等的钱财,以示支持。塞西尔认为"未来的希望存在于觉醒了的公众舆论之中"①,便决心利用好民意。国联协会其他领导人也希望民众"充分表达意见。无论哪个政党上台执政,如果不能尽力履行裁军义务,那就不要给它留下任何辩护的借口"②。莫雷说:"塞西尔辞职并不让人感到吃惊。和大多数辞职一样,它是某种长期的紧张状态造成的。但和许多辞职不一样,它不包含一丁点儿愤怒或者个人的野心。"③

1927 年 9 月 8 日,国联协会执委会举行特别会议,宣布一如既往地信任塞西尔,将全力支持他说服公众接受"全面裁减和限制军备对世界和平至为重要"④。塞西尔重申辞职原因是为了获得充分的自由来推动一项他认为极端重要的事业,即根据国际协议限制军备。10 月 21 日,国联协会总理事会举行特别会议,敦促英国政府"切实有效地支持国联裁军筹备委员会、新组建的仲裁和安全委员会"⑤,相信"国联协会组织起来的力量和会员持续的热忱是公众舆论发生转变的必要条件"⑥。会议内容被整理成每份售价 4 便士的小册子,名为《要法律,不要战争》。总理事会决定在随后的 6 个月里集中力量推动国际裁军。

裁军运动委员会组建起来,主要成员是塞西尔、莫雷、诺埃尔—贝克。它有负责组织工作的秘书、单独的办公室和专门为报纸撰写稿件的知名记者。它的外联秘书负责联络集会演讲者、参加集会的工人以及其他团体。为了使

---

① *Headway*, vol.9, no.10, Oct., 1927, p.192.
② *Headway*, vol.9, no.11, Nov., 1927, p.211.
③ *Headway*, vol.9, no.10, Oct., 1927, p.186.
④ *Headway*, vol.9, no.10, Oct., 1927, Supplement, p.ii.
⑤ *Headway*, vol.9, no.11, Nov., 1927, p.205.
⑥ *Headway*, vol.9, no.11, Nov., 1927, Supplement, p.i.

活动持续到 1928 年夏天,裁军运动委员会的活动经费从 1000 英镑提高到了 2000 英镑。它提议"大规模"削减战舰的数量,倡议英美日缔结"海上洛迦诺公约"。从 1927 年 10 月到 1928 年 1 月,国联协会举办了约 1000 场以裁军为主题的公众集会。《前进》变得更加好战了。

塞西尔的辞职为自由党和工党提供了更多批评保守党的借口。自由党议员杰弗里·曼德预测说,国联将逐渐成为党争议题,因为英国政府在日内瓦的表现如此糟糕。[1] 全国自由党人联盟的决议要求立即实质性地削减英国军备,以履行《国联盟约》《洛迦诺公约》和《非战公约》中的义务。工党在下院猛烈抨击保守党政府。随着大选投票日子越来越近,工党的精力主要用在了谴责保守党外交政策上。工党议员奥斯瓦德·莫斯利称保守党的战争贩子们穿着"和平的白色长袍",不过一旦提起袍角,就会被社会主义者"看到袍子底下的长筒军靴和马刺"。[2] 工党没有明确要求英国裁军的规模。自由党人也没有想过英国的国际角色到底需要多少艘各类巡洋舰,虽然也抱怨海军部提出的 70 艘目标太高了。他们或许在裁减海军上有大小不一的分歧,也无力区分帝国防务和集体安全两种不同的需要,但在败坏保守党政府的名声上是一致的。

国联协会竭力避免变成反对党的竞选同盟,但执委会要求保守党会员与国联协会立场保持一致。所以,保守党中央办公室仍高度怀疑国联协会的动机。[3] 日内瓦的一些朋友曾建议塞西尔把辞职作为竞选运动的开端。但他说:"这样做无疑会走到反对保守党政府的立场上。这些朋友的建议不可行,除非我已加入工党。在当今的英国,没有哪场竞选活动会有成效,除非得到政

---

[1] *Liberal Magazine*, vol.35, no.409, 1927, p.590.

[2] Michael C. Pugh, *Liberal Internationalism: The Interwar Movement for Peace in Britain*, Hampshire: Palgrave Macmillan, 2012, p.56.

[3] Robert Cecil, *A Great Experiment: An Autobiography*, London: Jonathan Cape Ltd., 1941, pp.192-193.

党的支持。"①塞西尔想摆脱政党政治,依托国联协会发起一场"教育运动",却又不愿与保守党彻底决裂。他呼吁各地分会除了应该上缴总部的募捐所得,再为国际裁军专项基金贡献一分力量。② 对此,国联协会财政委员会的范萧(G.D.Fanshaw)上校带头反对。总部也担心这场"教育运动"可能造成国联协会的分裂。1927 年 10 月 21 日,在总理事会特别会议上,莫雷宣布此次集会不是为了抨击政府,而是为了支持它开展有益的工作。③ 到年底,莫雷变得有些迟疑,塞西尔不得不警告他:"如果裁军活动对国联协会有不利影响的话,半途而废造成的后果会更严重。"④

与此同时,保守党政要竭力削弱国联协会的影响。海军大臣布里奇曼(Bridgeman)曾和塞西尔一起参加三国海军会议。他严词批评那些支持国联协会的保守党人。1927 年 12 月 9 日,他又指责自由党试图把国联协会变成自己谋取政治利益的工具。⑤ 到 12 月 16 日和 17 日,塞西尔反驳布里奇曼的指责是"危险的误解",声辩这不是政党活动,也非为了协助某个政党实现它的目标,"根本没有想过利用这场活动来贬低、破坏或伤害当前的英国政府"。⑥ 12 月 31 日,奥斯汀·张伯伦给莫雷写信,指责国联协会领导层对保守党抱有偏见。在回信中,莫雷重申国联协会不参与政党政治,强调它的目标是教育而非宣传,有权利提出不同于政府立场的批评意见。⑦ 奥斯汀·张伯伦的指责不是捕风捉影,因为国联协会执委会里的自由党人远多于保守党人,而且分会里对国联更感兴趣的也是自由党人。

与此同时,国联协会调配人手,邀请自由党人参与撰写专用小册子,在各

---

① Robert Cecil, *A Great Experiment:An Autobiography*, London:Jonathan Cape Ltd., 1941, p.192.

② *Headway*, vol.9, no.12, Dec., 1927, Supplement, p.iii.

③ *Headway*, vol.9, no.11, Nov., 1927, p.203.

④ Donald S.Birn, *The League of Nations Union*, *1918－1945*, Oxford:Clarendon Press, 1981, p.71.

⑤ *Headway*, vol.10, no.1, Jan., 1928, p.2.

⑥ *Headway*, vol.10, no.1, Jan., 1928, Supplement, p.i.

⑦ Duncan Wilson, *Gilbert Murray*, *OM*, *1866－1957*, Oxford:Clarendon, 1987, p.307.

地组建研讨小组,并为其指派演讲者;要求所有分会都把注意力转向国际裁军,并召开讨论会。为了发动工人力量,它出版了名为《演讲者备忘录》的小册子;为了增强宣传效果,它又出版了《如何提出这个问题》。大量传单免费散发出去,引用了很多社会贤达的言论,精心选择的图片由帝国战争纪念馆友情提供。各地分会也纷纷组建特别委员会。截至 1927 年 12 月 31 日,国联协会举行了 600 多场集会,[①]并为 1928 年上半年的 450 场集会[②]准备好了演讲者;演说家弗雷德里克·惠伦累计出场达 2500 次。[③] 整个 1927 年,平均每天国联协会组织 10 次集会。[④]

如此短时间,如此多集会,史无前例,还得到了美国报界声援。1927 年 11 月 24 日,英国驻美大使艾斯米·霍华德(Esme Howard)在致奥斯汀·张伯伦的公函中介绍了国联协会活动对美国报界的影响。它们普遍认为,"汹涌的英国公众舆论已经宣布反对英王陛下政府在日内瓦的所作所为了"[⑤]。《纽约先驱论坛报》(New York Herald Tribune)认为,塞西尔领导的这场活动"唤醒了人们对过去失误的认知","声势浩大的公众舆论对英国政治家们的内心世界产生了影响"。[⑥]《华盛顿先驱报》(Washington Herald)也评论道:"塞西尔对英王陛下政府的谴责可以等同于对国际社会里背信弃义行为的谴责。"[⑦]

裁军成了英国和平团体关注的焦点。"预防战争全国理事会"(National Council for the Prevention of War)在 1927 年承诺将持续支持裁军运动,直到世

---

① LNU, *Interim Report on the Work of the League of Nations Union in the Year 1927*, London: 1928, pp.39-40.

② *Headway*, vol.10. no.1, Jan., 1928, Supplement, p.i.

③ *Headway*, vol.10, no.2, Feb., 1928, Supplement, p.ii.

④ *Headway*, vol.10, no.3, Mar., 1928, Supplement, p.i.

⑤ BDFA, Part II, Series C, Volume 18, Frederick, Md.: University Publications of America, 1995, p.26.

⑥ BDFA, Part II, Series C, Volume 18, Frederick, Md.: University Publications of America, 1995, p.26.

⑦ BDFA, Part II, Series C, Volume 18, Frederick, Md.: University Publications of America, 1995, p.27.

界裁军大会召开。它的方案很温和,即所有国家的军备水平降至1919年德国的水平上,消除学校中的军国主义,在英帝国范围内停止义务性军事训练。①当日内瓦的裁军会议筹备委员会难有进展时,预防战争全国理事会变得更加激进了。从1928年开始,它鼓动英国单方面关停军工厂,将军备减至只够镇压抢劫的最低限度。此外,民主控制联盟的伦敦地区理事会坚定地要求英国单边裁军来为其他国家树立榜样。② 英国大多数左派人士认为完全废除军备是不切实际的,最好逐步通过谈判削减,并改进国联的和平机制;保留一定数量的军备有助于落实集体安全制度。

1928年1月28日,奥斯汀·张伯伦致信莫雷,抱怨国联协会将英国政府的形象塑造为反对国际裁军。一些内阁大臣开始提醒同僚注意公众舆论。日内瓦海军会议后,柯兴登(Cushendun)勋爵接替塞西尔,代表英国政府参加国联的裁军谈判。他越来越多地批评海军大臣。4月2日,在给奥斯汀·张伯伦的公函中,柯兴登勋爵建议尽快重开海军大国之间的军备谈判。③

国联协会领导人意识到不能过分惹怒保守党人。"备忘录和通知的用语经过仔细推敲,并不激烈,而且常由一个代表了所有政党的委员会来起草。"④1928年3月,回答通讯记者提问时,塞西尔再次强调,国联协会不为某一政党服务,也不参与政党政治;对政府的批评不等于与政府对着干;对政府的批评有时候会和反对党的批评一样,但这并不表示国联协会受到了反对党影响,而是英雄所见略同。⑤

国联协会的财政情况限制着这场裁军运动的规模。1927年的开支仅为3.3

---

① F.E. Pollard, *The International Peace Year Book*, London: National Peace Council, 1927, pp.59-60.

② *Foreign Affairs*, March 1931, p.483.

③ BDFA, Part II, Series J, Volume 3, Frederick, Md.: University Publications of America, 1992, p.271.

④ *Headway*, vol.10, no.3, Mar., 1928, Supplement, p.i.

⑤ *Headway*, vol.10, no.4, Apr., 1928, p.73.

万英镑。① 当时没有人预料到塞西尔辞职和一场强度如此大的裁军运动。截至 1927 年 12 月 31 日，国联协会会员总数已达 66.4229 万人，但缴纳会费的只有 31.9484 万人。② 到 1928 年 3 月，财政已捉襟见肘。《前进》忧道："目前开展的活动能否扩展、能否继续还是未知之数。"③

塞西尔认为解决财政困难最好的办法是招募更多的"基础会员"，因为他们每人每年至少提供 1 英镑。1925 年，5 万名基础会员被认为可使国联协会永无资金之忧；到 1928 年 3 月时，这个数字被认为至少应该为 10 万名。④ 从 1925 年到 1927 年，缴费会员数量增加了 6.4015 万人，增幅为 25.06%，而此间的活动量却增加了 100%。⑤ 资金短缺使塞西尔壮志难酬。他只能靠由志愿者组成的"基金募集者"（Foundation Builder）在空闲时提供免费服务。⑥ 到 1928 年 4 月 21 日，这场裁军动员已满 6 个月，便被执委会终止了。

到 20 世纪 20 年代末，英国和平团体的规模都不大。1928 年时，国联协会会员只有 20 世纪 30 年代顶峰时期数量的一半。英国主要政党都纠缠于国内问题和反对社会主义。除了裁军问题，民众对安全的需求并不强烈。自由国际主义者们认为国家间更高标准的行为能够出现，不是依靠武力的约束，而是依靠道德规范来制定和执行外交政策，依靠国际仲裁和战争非法化。如果公众舆论能够被动员起来，如果国际关系的"操作说明"被修改了，那么各国政府就会遵守国际规范，处理国际行为的新办法将会带来和平，裁军的前景就会更加光明。所以，裁军成了加强集体安全制度的核心议题。尽管军事方面的问题需要高水平的专业知识，但裁军议题比《互助条约草案》和《日内瓦议定书》中复杂的法律条文更能唤起民众的关心。在裁军方面，政党和压力集

---

① *Headway*, vol.10. no.6, Jun., 1928, Supplement, p.ii.
② *Headway*, vol.10. no.6, Jun., 1928, Supplement, p.ii.
③ *Headway*, vol.10. no.6, Jun., 1928, Supplement, p.ii.
④ *Headway*, vol.10. no.6, Jun., 1928, Supplement, p.ii.
⑤ *Headway*, vol.10. no.6, Jun., 1928, Supplement, p.ii.
⑥ *Headway*, vol.10. no.3, Mar., 1928, Supplement, p.ii.

团的组织者很容易获得盟友。和平运动中的大部分人将自己对和平的愿望寄托在全面裁军条约的缔结上。虽然有些人提倡单边裁军,但是大多数人赞成达成军备限制方面的协定。

第三章　两次世界大战之间英国裁军运动的突进与困境

1925 年洛迦诺会议后,欧洲安全问题暂获解决,国际裁军更为凸显。1928 年的《非战公约》进一步缓和了国际局势,成了英国裁军运动的助推器。1927 年 8 月,塞西尔辞去政府职位后,依靠国联协会频频向英国政府施压。从 1928 年到 1931 年,国联协会在国际裁军上投入的时间和精力明显增加,英国裁军运动迈入新阶段。国联协会实力在 20 世纪 30 年代初达到顶峰,成功推动第二届工党政府签署了《任择条款》。

不过,自 1927 年底始,政党政治在英国和平运动中的影响越来越突出。围绕着英国应当承担多少国际义务,国联协会内出现了更多分歧。塞西尔与保守党的争吵越来越激烈。集体安全的前景愈发暗淡,英国和平团体之间的相互指责也越来越多了。对裁军条约的真正考验是英国政府意愿的大小,而公开外交、国际仲裁和道义力量的作用很有限。1928 年英法秘密协商以期达成海军协定,让国联协会颇为不满;《非战公约》可能损害《国联盟约》,让它心生疑窦。1930 年伦敦海军会议再次让它失望。1930 年底,达尔顿在日记中写道:"恐惧在欧洲蔓延。人们害怕自身的罪恶在光天化日之下大行其道。我们不断地签署新的文件,但谁会相信自己佯装奉若神谕的义务?"[1]

---

① Hugh Dalton,*Call Back Yesterday*,*1887–1931*,London:Muller,1953,p.253.

第一节　因英法私下交易而不满

1927 年,英美日海军会议破裂和塞西尔辞职打击了英国政府和奥斯汀·张伯伦的声誉。1928 年,英国政府又因三件事遭到广泛批评。一是以英帝国成员须保持一致和时机尚不成熟为由,它拒绝签署《任择条款》。二是对于《非战公约》,它表现得颇为犹豫。5 月 19 日提出对利益攸关地区实行"自卫权"的保留条件被讥讽为"英国版的门罗宣言"。① 三是从春天开始它就与法国政府密谈。

由于英国欲联法制美,法国想拉英防德,②1928 年 3 月 9 日,奥斯汀·张伯伦和白里安在日内瓦密商。③ 20 天后,塞西尔在上院要求柯兴登勋爵澄清英国政府是否在和法国政府秘晤。柯兴登勋爵谎称两国的接触只限于一般公务人员和技术专家的讨论。④ 但 5 月 1 日他的备忘录不仅证实了奥斯汀·张伯伦和白里安的私下接触,还表达了对英法两国避开美国进行军备协商的忧虑,⑤因为他担心公众舆论会把国联框架内裁军失败的责任归结为英国蓄意而为。5 月 8 日,在给克鲁侯爵的私人信函中,奥斯汀·张伯伦就曾指示:"我对法国的陆军军备要求让步,换取他对我国海军军备要求的让步,以此妥协。"⑥他认为:"若英法两国的要求不能调和,裁军筹备委员会将不会有任何实质性进展。"⑦6 月 9 日,他给柯兴登勋爵的回信又说:"我国公众舆论重视

---

① Dick Richardson, *The Evolution of British Disarmament Policy in the 1920s*, London: Printer Publishers, 1989, p.162。5 月 22 日,这些保留条件被美国报纸全文刊登出来,具体可参阅 BDFA, Part II, Series C, Volume 18, Frederick, Md.: University Publications of America, 1995, p.145。

② 王绳祖主编:《国际关系史》第四卷,世界知识出版社 1995 年版,第 451 页。

③ Lord Thomson, Speech, *House of Lords Debates*, vol.72, 7 Nov., 1928, p.50.

④ Lord Cecil, Lord Cushendun, Speech, *House of Lords Debates*, vol. 70, 29 Mar., 1928, pp.730−734.

⑤ DBFP, 1919−1939, Series Ia, vol.V., London: H.M.S.O., 1973, pp.642−643.

⑥ DBFP, 1919−1939, Series Ia, vol.V., London: H.M.S.O., 1973, p.654.

⑦ DBFP, 1919−1939, Series Ia, vol.V., London: H.M.S.O., 1973, p.691.

限制军备。在这一点上，我确信你的看法是对的。但是，我也必须指出国联会谈彻底失败所带来的国际危险。"①奥斯汀·张伯伦执意继续密谈。

1928年7月28日，英法两国达成协议。关于限制海军军备的办法，法国放弃与美国相似的要求（即限制总吨位），改为支持英国的主张（即对非主力舰按照舰种和吨位区别对待，对小型军舰不加限制）。作为交换，英国同意法国陆军预备役不在裁军范围之内。此外，双方还约定在太平洋海域一致行动，在地中海划分活动范围等。

此秘密协定一旦公开，必遭其他大国反对。英国不再反对法国保留征兵制，这很可能导致英德关系紧张。英国不再倡导用装备6英寸舰炮的轻型巡洋舰替代万吨级重型巡洋舰，不再引领废除所有类型潜艇的潮流，都会让美国更为警惕。更让国际社会震惊的是：华盛顿会议上各国普遍认可的主力舰吨位配额被修改了，而且英国允许法国在两类舰艇上与美国保持数量对等！②

第一次世界大战后，秘密外交已成"过街老鼠"。绕开国联而寻求私下妥协的风险很大，极可能被广泛批评。但是，奥斯汀·张伯伦"说漏了嘴"。1928年7月30日，在事先没有照会有关国家、没有得到英国内阁同意的情况下，在工党后座议员肯沃西的追问下，奥斯汀·张伯伦在下院承认英法两国一直在秘密磋商。③ 这样一来，奥斯汀·张伯伦只得编造更多谎言。

1928年8月4日，英国驻德国大使拉姆邦德爵士（Sir H.Rumbold）向奥斯汀·张伯伦发出密信，述说德国政府对英法密商极度不安。④ 次日，在回信

---

① DBFP,1919-1939,Series Ⅰa,vol.Ⅴ.,London:H.M.S.O.,1973,p.695.

② David Carlton,"The Anglo-French Compromise on Arms Limitation,1928",*The Journal of British Studies*,vol.8,no.2,May,1969,p.151.

③ David Carlton,"The Anglo-French Compromise on Arms Limitation,1928",*The Journal of British Studies*,vol.8,no.2,May,1969,p.153.

④ DBFP,1919-1939,Series Ⅰa,vol.Ⅴ.,London:H.M.S.O.,1973,p.782.

中,奥斯汀·张伯伦指示:"你要让德国政府相信协定中没有任何违背《洛迦诺公约》的东西。协定本身只涉及限制海军问题。除此之外,没有其他内容。"①为了防止此言穿帮,奥斯汀·张伯伦在8月7日电告英国驻法大使:"我们认为目前公布协定内容是不可取的……这个时候,最好对法国政府什么也不要讲。"②同一天,面对美国驻英大使的私下询问,英国外交部也刻意回避关于法国陆军预备役的问题。

密谈泄露和文过饰非在英国内外引起轩然大波。莫雷尖刻地评论道,奥斯汀·张伯伦"是愚蠢的,无异于在拍法国人的马屁"③。奥斯汀·张伯伦备受煎熬,8月9日抱病离职。柯兴登勋爵代行外交大臣职责。同一天,柯兴登勋爵收到的电文称《华盛顿邮报》大力抨击英国政府不够光明磊落。④ 次日,在给英国驻美大使的回电中,他说"协定现已告知美国政府,以期他们考虑后给我们提出有益的建议";但仍认为"将协定内容公之于众的时机尚不成熟",⑤因为美国是英法协定的假想敌之一。此时,美日等国的报纸都在猜测英法协定的具体内容,甚至有传言说英法已经缔结军事条约。英国国内几乎所有报纸都谴责鲍德温内阁的重大政策失误。⑥ 一贯支持保守党的《泰晤士报》也认为"动机或许有值得原谅之理,但策略绝无值得辩护之处"⑦。报界普遍谴责这是对法国军国主义的投降。劳合·乔治称之为数年来最邪恶的事件;往最好的方面想,英国也是为法国火中取栗,使第一次世界大战后建立起来的"法国优势不可改变",而这个优势本可以被建立在裁军基础上的集体安

---

①　DBFP,1919-1939,Series Ia,vol.V.,London:H.M.S.O.,1973,p.784.

②　DBFP,1919-1939,Series Ia,vol.V.,London:H.M.S.O.,1973,pp.785-786.

③　Duncan Wilson,*Gilbert Murray,OM,1866-1957*,Oxford:Clarendon,1987,p.308.

④　DBFP,1919-1939,Series Ia,vol.V.,London:H.M.S.O.,1973,p.787.

⑤　DBFP,1919-1939,Series Ia,vol.V.,London:H.M.S.O.,1973,p.789.

⑥　Lord Thomson,Speech,*House of Lords Debates*,vol.72,7 Nov.,1928,pp.48-49.

⑦　David Carlton,"The Anglo-French Compromise on Arms Limitation,1928",*The Journal of British Studies*,vol.8,no.2,May,1969,p.158.

全制度所取代。① 由于英国政府的声明含糊不清，和平主义者就往最坏的方面想，即英法即将结盟。

1928 年 9 月 28 日，美国驻英国大使给柯兴登勋爵发出公函："不反对英国与法国之间的任何协议……但是，此种协议自然不能施加到美国身上。"② 此公函不仅证实了英法密谋的存在，还表达了美国政府的反对。不过，英国政府继续拒绝公布有关文件，努力压制报纸对英法两国动机的猜测。10 月 22 日，鲍德温内阁串通法国政府发表白皮书，"故意漏掉了英法相互妥协的部分，尤其是删除了 3 月 9 日奥斯汀·张伯伦对白里安说的话，因为它们有明显的反德特征"③。10 月 26 日，鲍德温在阿尔伯特大厅发表演讲，强调英国一直在维护和促进英德、英法和英意之间的友谊，"对英美两国暂时未能在海军问题上达成一致表示遗憾"，"无意与美国政府展开海军竞赛"。④ 鲍德温的"灭火"演讲并未止息人们的抨击。11 月 7 日，上院里，工党的汤姆森勋爵（Lord Thomson）把英法协商定性为"秘密外交"，⑤认为这桩交易得不偿失，会引起美国和意大利的猜疑，增加英国海军负担。⑥ 格雷被动卷入，言辞温婉，认为鲍德温内阁只是"单纯"（Simple），不是"愚蠢"（Imbecile）。⑦ 但塞西尔挖苦鲍德温内阁已经愚蠢到根本不知道自己在做什么了，并且怀疑它能否从中吸取教训。⑧

---

① David Lloyd George, *We Must Work for Peace*, London: Liberal Publication Department, 1928, p.7.

② John W. Wheeler-Bennett, *Documents on International Affairs*, 1928, Oxford: Oxford University Press, 1929, p.30.

③ Dick Richardson, *The Evolution of British Disarmament Policy in the 1920s*, London: Printer Publishers, 1989, p.185.

④ John W. Wheeler-Bennett, *Documents on International Affairs*, 1928, Oxford: Oxford University Press, 1929, p.32.

⑤ Lord Thomson, Speech, *House of Lords Debates*, vol.72, 7 Nov., 1928, p.58.

⑥ Lord Thomson, Speech, *House of Lords Debates*, vol.72, 7 Nov., 1928, p.51.

⑦ Lord Grey, Speech, *House of Lords Debates*, vol.72, 7 Nov., 1928, p.78.

⑧ Lord Grey, Speech, *House of Lords Debates*, vol.72, 7 Nov., 1928, pp.85-86.

至此,英法秘密协定已流产,主因在于美国、德国和意大利等国的反对。然而,《前进》的评论令人诧异:"英法两国商讨海军问题是完全正当和合适的。"①它没有将之视为秘密外交,还为其辩护:"虽然协商在日内瓦之外进行,但其直接源自 1927 年 3 月裁军会议筹备委员会的讨论。"②对于 11 月 7 日塞西尔在上院的发言,它评论道:塞西尔"想要说明什么,还是留给有识之士自己去判断吧"③。英法协定引发了公众对裁减陆军预备役的讨论,但《前进》认为若想废除预备役,最直接的办法是先废除几乎不可能废除的义务兵役制。④

从 1928 年秋开始,英国公众舆论已变得有利于裁军宣传了。奥斯汀·张伯伦看起来已经废弃了洛迦诺精神,弄糟了德国融入国际社会的进程,恶化了英美关系,并且被法国人给耍了。9 月份国联大会召开时,秘书处接见了妇女争取和平与自由国际联盟的庞大代表团,倾听了各国代表加紧推进国际裁军的呼声。1928 年 12 月,国联协会的社会动员再次活跃起来。1929 年 1 月,陆军部常务次官抱怨:"针对陆军和所谓的军国主义,国联协会正开展越来越辛辣和偏激的宣传活动……对于这种不公正的宣传,我们目前尚无有效对策"。⑤ 保守党在 1929 年大选中的失败与此相关。保守党无论在内政上有哪些短板,反正外交政策没有给它添彩。

第二节　因《非战公约》而怀疑

1928 年 8 月,《非战公约》在巴黎签字,最终有 50 个国家在上面签字。它

---

① *Headway*, vol.10, no.11, Nov., 1928, p.208.

② *Headway*, vol.10, no.11, Nov., 1928, p.208.

③ *Headway*, vol.10, no.12. Dec., 1928, p.223.

④ *Headway*, vol.10, no.12. Dec., 1928, p.224.

⑤ Martin Ceadel, *Semi-Detached Idealists: The British Peace Movements and International Relations, 1854-1945*, Oxford: Oxford University Press, 2000, p.278.

英国裁军运动与国际联盟协会的社会动员（1919—1939）

虽谴责战争,但容忍自卫性战争(大多数战争的借口),且没有包含仲裁和调解机制。签字之前,国联协会主席塞西尔就表示不喜欢任何脱离《国联盟约》的提议;格雷认为《非战公约》的提议毫无价值,因为美国信奉孤立主义:"美国人总是把门罗主义当作自己的保留条件,而门罗主义根本不是条约或者主义,只是一项政策。无论美国人选择怎么说,事实上就是如此。"①关于美国倡议并签署《非战公约》的动机,很多英国人的赞颂之词背后是精明的怀疑。1928年毕竟是美国大选年,外交成绩自然会给共和党加分。国联协会执委会委员长莫雷颇有先见之明,将"战争非法化"看作美国扩张海军的疑兵之计。果然,美国民众刚欢呼过《非战公约》的缔结,他们的政府就转身继续落实巡洋舰建造计划。

从1927年法美两国领导人开始倡议缔结一项废弃战争的公约开始,英国自由党报纸就很谨慎。《曼彻斯特卫报》一直认为它不能消除战争的潜在根源,无助于裁军或冲突的解决。公约中的承诺"或许能够起到些作用,能够提醒人们谨记良知和决议的尊严……但谁能确定哪个承诺会被遵守或违背呢?"②不过,到1928年春夏之交,美国国务卿凯洛格的提议却应和了英国公众的想象。当英国政府的拖延症复发后,民众开始提出尖厉的批评。

1928年5月,奥斯汀·张伯伦终于做出回应,但他的保留态度让人失望。他认为,"在世界上某些区域里的行动自由是英国的福祉和尊严所在。它是我们和平与安全方面特殊且重要的利益"。这挑战了《国联盟约》,并为英国擅自发动战争或封锁留了后门。1928年8月7日,《曼彻斯特卫报》愤怒地翻出了他此前背弃过的承诺:"德国在1914年时有权入侵比利时。有这个例子就完全够了。一项条约在最初的时候非常真诚地试图禁止诉诸战争,但它被扭曲成了一项协定。这项协定给予签字国不合理的权力,能够凭借站不

① Michael C. Pugh, *Liberal Internationalism: The Interwar Movement for Peace in Britain*, Hampshire: Palgrave Macmillan, 2012, p.41.
② *Manchester Guardian*, 20 July 1928, p.10.

住脚的借口发动战争。什么借口？自卫战争。没有人会认为白里安先生或者奥斯汀·张伯伦爵士打心底里不忠于《国联盟约》。但是，他们按照自己的方式给《非战公约》添加了一个解释。这个解释一旦用到《国联盟约》上，就会毁掉它。"①

《非战公约》明显的特征是承认签字国的特殊利益和自卫权，而且没有要求任何签字国为自己的诺言承担具体义务。不过，英帝国的拥护者认为它是《洛迦诺公约》和《国联盟约》的补充措施。私下里，国联协会的一些领导人认为保护自卫权和核心利益虽是合理的，但诸如门罗主义之类的帝国主义论调是极其危险的。不过，普通会员看不到这一点。他们用实际行动表达对和平的热爱与对战争的厌恶。诺埃尔·巴克斯顿（Noel Buxton）寄来200英镑，希望国联协会将之用于《非战公约》的宣传活动，并建议重点放在展示《非战公约》的价值而非批评政府上。

《前进》宣扬《非战公约》的纸面价值，欢呼它终结了国家间的私战。编辑威尔逊·哈里斯写道，英国民众"主导性的感觉必定是"对法国外长白里安和美国总统柯立芝"深深的感激"。民众对《非战公约》精神的肯定甚至让格雷也希望《非战公约》能够被签署。"它的价值不在于字面，而在于下述事实：人们需要它，这是公众舆论渴望和平、反对战争的系列证据之一。"与最初怀疑美国动机形成对照的是，很多评论强调美国参与欧洲事务的重要性："一个新的、辉煌的远景已呈现出来。美国重返和平运动了"。② 英国民众尽管没有意识到落实《非战公约》必须终结美国的孤立主义，但已将《非战公约》牢记在心里了。这显然是国联协会领导人一开始没想到的。

不过，国联协会领导人和自由党都不安地认为《非战公约》很难产生实际作用。由于工党已经转向裁军和仲裁，明智的做法是把《非战公约》当作充满美好期待的和平方案接受下来。国联协会领导人认为美国的政策并未改变。

---

① *Manchester Guardian*, 7 August 1928, p.8.

② *Headway*, vol.11, no.3, Mar., 1929, Supplement, p.i.

他们花去 1929 年的大部分时间和 1930 年的部分时间来调查《非战公约》与《国联盟约》之间的兼容性。当中有些人认为，《非战公约》有可能阻碍使用武力来维护《国联盟约》，因为任何国家一旦破坏了某个安全协定（比如《洛迦诺公约》），事实上也就破坏了《非战公约》，从而使《非战公约》的其他签字国不再受此协定的约束。另外，为了应对破坏《国联盟约》并且诉诸战争的国家，《国联盟约》第 16 款将提供非军事性制裁和军事方面的建议，而这一点恰是《国联盟约》与《非战公约》的矛盾之处，因为非军事制裁和军事建议有可能使战争扩大。

国联协会执委会委员常莫衷一是。在 1929 年初加入执委会的菲利普·克尔认为美国已经摆脱了孤立主义，提议删除《国联盟约》中允许进行战争的内容，把《非战公约》补进去。然而，在国联协会的一个下属委员会里工作过一段时间后，他认为最好还是将《非战公约》与《国联盟约》分开。国联协会执委会的报告说："从法律角度看，修改《国联盟约》将带来深远的变化。如果不是无法执行的话，执行起来将很困难……这两个文件的签字国并不一致。尽管它们之间并不冲突，但看起来最好的办法是让当前的义务留在当前，而非把未来的义务糅合进来。"①执委会里一些激进的成员甚至要求包括美国在内的所有国家都把自卫权交给国联。这自然让亲美的菲利普·克尔不高兴。

另外，《非战公约》有可能揭开凡尔赛体系的伤疤。1928 年，没有多少人赞成按照德国的喜好来调整凡尔赛体系。塞西尔认为，当时的第一要务是确保国际制度和程序能够在当时的欧洲正常运作。不过，菲利普·克尔认为国际制度能够改变，应该将美国的力量引入欧洲，以便平衡法国。两人之间的差别很明显，且菲利普·克尔的观点让塞西尔感到心烦，因为后者认为美国加入国联会带来更多麻烦。在英国，支持国联的多数人都能认清美国外交政策的取向。塞西尔和莫雷承认《非战公约》和《国联盟约》在精神上和字面上是兼

---

① Michael C. Pugh, *Liberal Internationalism: The Interwar Movement for Peace in Britain*, Hampshire: Palgrave Macmillan, 2012, p.45.

容的,但都认为将前者融入后者的做法只会取悦美国。

第三节　因《任择条款》而努力

从 1927 年到 1928 年,在 6 个月的强化裁军运动中,国联协会把推动英国政府签署《任择条款》作为第二目标。若说国际裁军和仲裁是它的长远目标,那《任择条款》就是近期目标。① 事实上,从 1924 年起,总理事会的每次年会都敦促英国政府在所有国际争端中接受仲裁原则。

《任择条款》是较为复杂的国际法。1920 年,当国联开始运转时,行政院的首要任务之一是组建国际常设法院。在制定《国际常设法院规约》(*Statute of the Permanent Court of International Justice*)时,来自欧洲、美洲和亚洲的多国代表提议:如果国家 A 认为自己的利益被国家 B 损害了,在国际常设法院可以受理的范围内,国家 A 可以向国际常设法院提起诉讼,国家 B 必须到庭为自己辩护。英法两国反对这种安排,不承认别国有要求自己出庭的权利。国联行政院最终决定:只有在争执双方都同意的情况下,争端才能交给国际常设法院裁决。因此,国家 A 单方面想提起诉讼是不行的,必须得到国家 B 的同意,争端才能进入法院裁决的程序。多数国家的代表坚持原来的设想,不同意行政院的这个决定。于是,作为妥协的产物,《国际常设法院规约》中便有了《任择条款》。

之所以被称作"任择"(Optional),是因为没有哪个国家被强制在这一款上签字。这一款规定是补充性的,签不签字,全凭自愿。但若两个国家都已在《任择条款》上签过字,它们之间出现争端在国际常设法院审理范围之内时,任何一方都有权向国际常设法院提起诉讼,并由其裁决。签字国不能突然反对或拒绝把那些与己相关的争端提交国际常设法院。当事国中只要有一方愿

---

① Lorna Lloyd, *Peace through Law : Britain and the International Court in the 1920s*, Suffolk : The Boydell Press, 1997, p.68.

意,争端将自动交由国际常设法院审理。需要强调的是,如此解决争端,只限于那些在《任择条款》上签字的国家之间;如果争执中有一方不是《任择条款》的签字国,国际常设法院就不能强行干预。

1920年12月16日,第一届国联大会通过了《国际常设法院规约》。《任择条款》被增附其中。文字表述为:"经授权,下述签字者代表本国政府进一步声明:自签字日起,在事实上、无须特殊协定、在下述条件下接受国际常设法院根据其规约第36款之第2段所作的裁决,并把接受裁决作为一项义务。"[1]"规约第36款之第2段"涉及的是国际常设法院有权受理的四类国际争端,原文照录如下:

> 国联各会员国及盟约附件所述各国,得在签订或批准本规约所附着的议定书时或在以后声明就具有下列性质的一切或任何种类法律争端,对于接受同样义务的任何其他会员国或国家,承认法院的管辖为当然而具有强制性,不必另定特别协定:
>
> (甲)条约的解释;
>
> (乙)国际法的任何问题;
>
> (丙)任何事实的存在,如经确定,即属违反国际义务者;
>
> (丁)因违反国际义务而应予赔偿的性质或范围。[2]

不过,从1920年到1924年,国联协会把国际裁军视作和平的必由之路,并未重视《任择条款》。

一、开始呼吁

1924年下半年,三方面因素促使国联协会开始转变立场:工党政府的积

---

① John W.Wheeler-Bennett, *Documents on International Affairs*, 1929, Oxford: Oxford University Press, 1930, p.38.

② 世界知识出版社编:《国际条约集(1917—1923)》,世界知识出版社1961年版,第531—532页。

极态度、国联在仲裁问题上的努力以及保守党政府的竭力抵制。首相麦克唐纳倾向于批准《任择条款》，但他的注意力很快就转移到《日内瓦议定书》上；①因为后者在《任择条款》的基础上提供了全面的、和平解决所有国际争端的方案。工党政府颇为主动，但同年 11 月上台执政的保守党明确表示反对。最终，《日内瓦议定书》胎死腹中，但它的仲裁、安全和裁军原则深得小国（尤其是东欧国家）喜爱。随后几年，它们不断尝试使其复活。

1925 年夏，国联协会第一次正式呼吁英国政府立即在《任择条款》上签字。接下来约 18 个月里，它不断温言劝说后者。9 月 10 日，在第六届国联大会第五次全体会议上，奥斯汀·张伯伦宣布英国政府要"以仲裁促进安全，再以安全促进裁军，因为仲裁、安全和裁军是整个国联的行动纲领"②。对此，国联协会相当满意。尽管英国仍未签署《任择条款》，但 10 月 15 日国联协会执委会的决议只是淡淡地表示"感到遗憾"③。

1925 年的《洛迦诺公约》并未把仲裁列为签字国必须履行的义务，德国只承诺不用武力改变东部边界，英国也不担保莱茵河以东地区的安宁。所以，东欧各国强烈希望复活《日内瓦议定书》曾提出的"强制仲裁"，不断催促英国尽早签署《任择条款》。E.H.卡尔评论道："1926 年至 1929 年，增强安全以便防止战争的计划出奇的多。其间，每一届国联大会召开时，人们都要为新计划的出现而欢呼。"④国联协会不断被国际舆论刺激。尽管温和说服的方式没有效果，却未被它放弃，只是逐渐降低要求，表示能接受保守党政府有保留地签署《任择条款》。⑤

①　David J.Whittaker, *Fighter for Peace：Philip Noel-Baker, 1889-1982*, York：William Sessions Ltd., 1989, p.77.

②　BDFA, Part II, Series J, Volume 1, Frederick, Md.：University Publications of America, 1992, p.5.

③　*Headway*, vol.7, no.11, Nov., 1925, p.214.

④　E.H.Carr, *International Relations between the Two World Wars, 1919-1939*, London, Macmillan, 1947, p.114.

⑤　LNU pamphlet, *The Optional Clause*, 1928, p.43.

它"相当难受地规避着与政府之间的冲突"①。

1927年2月22日,莫雷带领18名成员组成的代表团到英国外交部,敦促保守党政府签署《任择条款》。② 奥斯汀·张伯伦回应道:英国政府"一直是仲裁原则最积极的实践者之一。不过,我们发现自己还不可能接受批准《任择条款》的建议……不可能支持把强制仲裁施加到英帝国境内的所有事情上"③。对于有保留地签署《任择条款》,奥斯汀·张伯伦说:

> 当然,我很清楚,在有所保留的情况下签字还是有可能的。但我坦率地说,我不大喜欢这样做……一份文件却有如此多各式各样的例外,真要实施的话,恐怕连义务和责任是什么都不容易搞清楚。④

保守党政府礼貌地倾听国联协会的建议和请求,但在制定政策时根本不为其所动。这让国联协会领导人愈发懊恼和不耐烦,并且意识到必须改换施压方式了。1927年8月塞西尔辞去政府职位后,他们不再顾忌与保守党政府正面冲突了。

二、批评政府

国联协会与自由党的合作在1927年9月中旬结出了果实。格雷、塞缪尔和劳合·乔治都同意支持国联协会在裁军和仲裁方面的活动。塞西尔认为《任择条款》促进国际裁军只是第一步。与《日内瓦议定书》不同,《任择条款》的争议较少,只要求对司法方面的纷争进行仲裁。全国自由党人联盟、妇

---

① Lorna Lloyd, *Peace through Law : Britain and the International Court in the 1920s*, Suffolk : The Boydell Press, 1997, p.63.

② BDFA, Part II, Series J, Volume 1, Frederick, Md. : University Publications of America, 1992, p.32.

③ BDFA, Part II, Series J, Volume 1, Frederick, Md. : University Publications of America, 1992, p.34.

④ BDFA, Part II, Series J, Volume 1, Frederick, Md. : University Publications of America, 1992, p.34.

女联盟(Women's Federation)和青年自由党人(Young Liberals)在10月份发表联合声明,提出了四项和平措施:一是把所有司法纷争提交海牙法庭;二是签署仲裁条约;三是削减超出目前形势需要的军备;四是明确谴责与美国的军备竞赛。在仲裁问题上,自由党总理事会执委会通过了类似决议。尽管自己也有疑虑,但劳合·乔治批评奥斯汀·张伯伦"像一只鹳那样单足站在马乔雷湖边的沙滩上,显得异常睿智,又因刚刚吞下一条鳟鱼而显得心满意足,但这样做是没用的……仲裁带来的只有和平,裁军的唯一基石"①。

　　1927年10月21日,国联协会总理事会召开特别会议,部署未来6个月"裁军和仲裁运动"的具体事宜。按照"以仲裁促进安全,再以安全促进裁军"的逻辑,推动英国签署《任择条款》、以仲裁取代战争是此次运动的直接目标。② 总理事会的决议明确要求保守党政府"尽力推动国际争端以和平方式解决,尤其要在《任择条款》上签字,可根据英国的特殊需要做必要的保留;宣布愿与其他国家按照国联的式样缔结一项开放性的仲裁协定"③。这些支持《任择条款》的人认为,仲裁能够便捷地指认那些"拒绝仲裁而且发动战争"的国家为侵略者;为了遏制英国政府的优柔寡断,应该把仲裁者的决定直接施加于英国。④ 不过,诺埃尔—贝克认为,拒绝仲裁而被动卷入战争的国家不应被视作侵略者。⑤ 更宽泛地讲,扩展法治的范围对于利益遍布全球的英国而言尤为重要。只要国际争端易于用司法解决,那么国际正义常设法庭就将催生一部国际判例法。⑥ 总之,《任择条款》将弥补《国联盟约》中的裂痕。

　　总理事会支持《任择条款》"带有那些必要保留意见,以便维护我国的特

---

① *Manchester Guardian*, 8 November 1927, p.6.

② *Headway*, vol.9, no.11, Nov., 1927, Supplement., p.ii.

③ *Headway*, vol.9, no.11, Nov., 1927, p.204.

④ *Headway*, vol.10, no.3, Mar., 1928, p.52.

⑤ Philip Noel Baker, *The Geneva Protocol*, London: King & Son, 1925, p.118.

⑥ *Headway*, vol.10, no.9, Sep., 1928, p.165.

殊地位"①。英国政府的立场并非不可改变。当年起草《国联盟约》时,塞
西尔曾反对仲裁,认为英国应有为自己视作正确的东西奋战的自由。
1927 年初,作为帝国防务委员会的成员,塞西尔曾负责监管针对中国民族
主义者的封锁。20 世纪 20 年代末,他仍坚持例外主义:"我很乐意看到英
国接受带有保留意见的《任择条款》,以便我们应对任何特殊争端和摆脱不
利地位。"

　　1927 年 11 月,签署《任择条款》问题被推到了英国政党斗争的前沿。16
日,上院首开辩论。工党政要帕尔默勋爵提议政府重新考虑《日内瓦议定
书》。柯兴登勋爵喋喋不休地解释保守党政府为什么不签署《任择条款》。愤
怒的塞西尔一改 8 月份递交辞职信时的温和态度,严词批评本党政府在国联
和国际裁军上的政策。除了日内瓦三国海军会议的破裂,他强调自己辞职原
因还在于内阁多数同僚不支持签署《任择条款》。② 24 日,战火又烧到下院。③
工党领袖麦克唐纳抨击保守党政府在日内瓦海军会议上的笨拙表现,要求立
即签署《任择条款》,努力推动各国缔结一项全面的、开放性的仲裁协定。奥
斯汀·张伯伦重弹老调:"在各自治领政府充分交换意见之前不采取任何新
的行动"④,"即便签署《任择条款》,也应有所保留"⑤。英国政府诡辩说自治
领反对签署《任择条款》,但事实是加拿大和爱尔兰自治邦都愿签字,新西兰
完全将外交政策制定权交给了英国,只有澳大利亚反对签字。

　　国联协会与工党一唱一和,让保守党政要颇为反感。他们普遍认为塞西

　　① *The Times*,16 October 1929,p.10.

　　② Lord Parmoor,Lord Cushendun,Lord Cecil,Speech,*House of Lords Debates*,vol.69,16 Nov.,
1927,pp.77-94.

　　③ Ramsay MacDonald, etc., Speech, *House of Commons Debates*, vol. 210, 24 Nov., 1927,
pp.2090-2111.

　　④ BDFA,Part II,Series J,Volume 1,Frederick,Md.:University Publications of America,1992,
p.51.

　　⑤ BDFA,Part II,Series J,Volume 1,Frederick,Md.:University Publications of America,1992,
p.52.

尔"根本意识不到国联协会的活动中已充满了与政府敌对的偏见"①。1928
年1月11日,奥斯汀·张伯伦私信莫雷,试图说服后者停止活动。两天后莫
雷回复说,公众舆论是国联的力量源泉;国联协会无法放弃使命,只能继续活
动。②《前进》公布了1月16日保守党政府拒签的照会。③ 国联协会很快出
版了有43页的小册子《任择条款》,用其3/4的篇幅把反对意见分为9类,逐
一批驳。④

　　1928年2月15日,柯兴登勋爵再在上院与塞西尔交锋。⑤ 他批评塞西尔
把国联协会变成了推行自己政策的工具。而塞西尔反驳道:柯兴登勋爵所说
的决议是由国联协会总理事会一致通过的;在各地集会上,柯兴登勋爵的朋友
们也支持政府签署《任择条款》;国联协会有权评论政府在国联事务上的表
现。接下来,巴克马斯特(Buckmaster)勋爵、阿斯特勋爵、费立摩尔勋爵等人
相继发言,都支持英国政府签署《任择条款》。只有索尔兹伯里勋爵一人支持
柯兴登勋爵。尽管塞西尔等人占了上风,但没有打动顽固的鲍德温内阁。此
外,这次辩论把国联协会拖到了《任择条款》之外的"战场"上,即国联协会的
政治角色问题。《泰晤士报》在2月18日、2月27日和3月1日连续指责国
联协会的党派言行。《任择条款》的优缺点没有成为公共话题,国联协会反而
要为自己的角色辩护了。

　　1928年3月份的《前进》集中力量反驳柯兴登勋爵和《泰晤士报》的指
责。国联协会不可能在"真空"中活动,除非与实际政治相连,推动国联发展,

---

　　①　Lorna Lloyd, *Peace through Law: Britain and the International Court in the 1920s*, Suffolk: The Boydell Press, 1997, p.78.

　　②　Lorna Lloyd, *Peace through Law: Britain and the International Court in the 1920s*, Suffolk: The Boydell Press, 1997, p.78.

　　③　*Headway*, vol.10, no.2, Feb., 1928, p.33.

　　④　LNU pamphlet, *The Optional Clause*, 1928, pp.10-42.

　　⑤　Lord Cecil, Lord Cushendun, etc., Speech, *House of Lords Debates*, vol.70, 15 Feb., 1928, pp.104-154.

它发布的信息不会产生效果。①《这是政党政治吗?》把国联协会与政府之间的对抗上升到了"民主与专制"以及"言论自由"的高度。② 与此同时,柯兴登勋爵和塞西尔之间信函往复不断。1928 年 4 月 14 日,柯兴登勋爵扬言要退出国联协会。3 天后,塞西尔回信说,如果他在这个问题上退会的话,那将让人深感遗憾。于是,柯兴登勋爵又在《泰晤士报》上指责国联协会参与政党政治。对此,《前进》反驳道,国联协会不顾政府的态度而坚持自己的立场,这很正常;英国历史上有很多这样光辉的先例可循。③

国联协会用很多精力来应付柯兴登勋爵和《泰晤士报》。当它想重新把话题扭转到《任择条款》上时,财力和人力已被消耗殆尽。连锁反应导致"1928 年 9 月份的透支金额将比 1927 年同期多出 2000 英镑"④。

1928 年 4 月 21 日,这场为期 6 个月的裁军和仲裁运动结束。国联协会主动缓和与保守党的关系。6 月 29 日,鲍德温和奥斯汀·张伯伦接见了塞西尔和莫雷率领的代表团。奥斯汀·张伯伦重述了政府在《任择条款》上的立场,鲍德温则承诺尽力使国联免遭政党政治之害。⑤ 11 月,鲍德温应邀出席国联协会成立 10 周年庆祝活动时说:"若想成为爱国者,没有比加入国联协会更合适的方式了。"⑥至此,国联协会与保守党政府的公开对抗正式结束。

1928 年 8 月 27 日,15 个国家的代表在巴黎签订了《非战公约》,相约用和平方式来解决国际纠纷,废弃战争作为国家政策的工具。"它对废弃战争、维护和平没能规定任何明确的责任,也不要求各国为此而作出任何实际的牺牲;它既未涉及世人瞩目的裁军问题,也未能制定实施公约的办法和制裁违约国

---

① *Headway*, vol.10, no.3, Mar., 1928, Supplement, p.i.

② *Headway*, vol.10, no.3, Mar., 1928, p.51.

③ *Headway*, vol.10, no.5, May, 1928, p.91.

④ LNU Pamphlet, *Minutes of the Ninth Annual Meeting of the General Council*, 1928, p.7.

⑤ Lorna Lloyd, *Peace through Law: Britain and the International Court in the 1920s*, Suffolk: The Boydell Press, 1997, p.84.

⑥ *Headway*, vol.10, no.12, Dec., 1928, Supplement, p.i.

的措施。"①尽管如此，《非战公约》仍让国联协会欢欣鼓舞。签署前，莫雷曾公开批评英国保守党政府的迟疑态度；②签署后，《非战公约》恰可被国联协会用来动员民众，且无会员分裂之虞。

三、影响大选

1928 年 12 月 7 日，国联协会总理事会召开年会，批准 1929 年活动经费为 3.6 万英镑。执委会强调："作为解决国际争端的手段，战争已被摒弃。这使得找到替代手段的任务变得非常迫切。《任择条款》应当被立即签署。"③总理事会决定将执委会撰写的《国际政策备忘录》呈递给三党领袖，要求各地分会在每个选区里，邀请有影响力的选民向现任议员和候选人转达国联协会的立场，并询问他们的看法。

1929 年 5 月初，议会解散。塞西尔给广大选民的公开信没有鼓动他们投保守党的票，而是建议在考察个人品质之外，打破政党界限，按照下述标准筛选候选人：

> 他是否毫无保留地接受了国联协会的政策建议？他是否全心拥护国际仲裁和国际裁军？他会不会有力地支持国联和国际劳工组织，会不会抵制那些限制其发挥作用的企图，比如切断其财政来源？他是否会像我们的同胞反对战争时所作的那样，对和平事业坚信不疑、努力奉献？最后，经过这轮筛选，如果还有多个候选人让你难以选择，那我建议比较一下他们所属政党的施政纲领及其领导人的政治阅历、职业和性格。④

发出公开信后，塞西尔便于 1929 年 5 月 16 日前往马德里和柏林游历去

---

① 吴于廑、齐世荣主编：《世界史·现代史编》上卷，高等教育出版社 1994 年版，第 174 页。

② Duncan Wilson, *Gilbert Murray, OM, 1866–1957*, Oxford：Clarendon, 1987, p.308.

③ *Headway*, vol.11, no.1, Jan., 1929, Supplement, p.ii.

④ *Headway*, vol.11, no.5, May, 1929, p.85.

了。国联协会的国际仲裁和安全委员会负责在各选区中施压。针对各地分会和议会候选人，它散发问卷和说明性的备忘录；回答关于《国际政策备忘录》的重要问题，为此撰写并提供了996篇文章和社论给地方和自治领的报纸；澄清伦敦报纸和地方小报对国联协会的误解；向1077场集会和会议提供演讲者或发言人，并及时通报国联协会与议会候选人的接触情况。①

1929年5月17日，国联协会爱丁堡分会举行集会，邀请三大党候选人公开对裁军、《任择条款》和全面仲裁条约等表态。② 最终，英格兰1387位被提名的候选人中，有1304位看到了国联协会的政策声明和基于声明设计的调查问卷；北爱尔兰的22位候选人则全部看到了。威尔士的106位候选人收到了问卷。③ 许多候选人的回应被刊登在报纸上，多数赞成国联协会的倡议。三大党领袖对《国际政策备忘录》的评论也见报了。鲍德温的评论被全文刊登在《泰晤士报》上，重复了反对签署《任择条款》的理由。④ 工党在竞选宣言里承诺执政后"将接受国联支持的仲裁、调解和司法裁决"⑤。

大选结果让国联协会感到高兴。保守党虽然多得30万张选票，下院席位却少于工党。工党得288席，首次成为议会第一大党。1929年7月份的《前进》重申国联协会的跨党派立场，但字里行间庆贺着工党再次执政带来的新希望。⑥

大选前月余，麦克唐纳邀请塞西尔到雅典娜神庙俱乐部（Athenaeum Club）共进午餐，曾询问后者是否愿意作为英国代表赴日内瓦谈判。讨论国联事务时，塞西尔发现两人的"实质看法是一致的"。午餐结束时，他"毫不含糊

---

① *Headway*, vol.11, no.7, Jul., 1929, Supplement, p.i.

② *Headway*, vol.11, no.6, Jun., 1929, Supplement, p.iv.

③ *Headway*, vol.11, no.7, Jul., 1929, Supplement, p.iv.

④ *Headway*, vol.11, no.6, Jun., 1929, p.116.

⑤ Iain Dale, *Labour Party General Election Manifestos, 1900 – 1997*, London: Routledge, 2000, p.35.

⑥ *Headway*, vol.11, no.7, Jul., 1929, p.133.

地接受了邀请"。大选后,麦克唐纳再次派人询问塞西尔是否会像此前约定的那样去日内瓦。后者表示愿意,唯一的条件是在外交部大楼里分给一间办公室。麦克唐纳指示外交大臣亨德森必须满足这个要求。①

在亨德森的热心帮助下,内阁会议室(Cabinet Room)成了塞西尔的办公室。"他临窗而坐,其父画像悬挂于旁。"②威尔·阿诺德—福斯特③被安排做塞西尔的秘书。工党政要休·达尔顿认为:"如果工党想执行自己的政策,它就会接受这个特殊的安排。当然,如果塞西尔能真正加入工党的话,那将更让人满意。"④外交部里有人不欢迎塞西尔,但贯穿第二届工党政府始终,塞西尔与亨德森的关系都很好。

1929年7月2日,亨德森接见了国联协会代表团。莫雷、塞西尔和诺曼·安吉尔陈述了国联协会的立场,尤其是关于《任择条款》的政策。亨德森高度评价了国联协会的无党派立场和对公众舆论的表达。⑤ 他重申工党政府会在近期签署《任择条款》,如果签字时必须有所保留的话(出于尊重自治领的考虑),这些保留条件不会与《任择条款》的精神和原则相悖。⑥ 亨德森之所以有这样的态度,为的是反对政府里的文官、澳大利亚政府和麦克唐纳,因为麦克唐纳认为"自由党人将发动突袭"。亨德森告诉外交部文官工党完全反对此前关于《任择条款》的所有操作。⑦

1929年9月,第十届国联大会召开。作为英国代表团主要成员之一,塞西尔随首相麦克唐纳奔赴日内瓦。塞西尔后来回忆:"内阁大臣们在日内瓦停留的时间不长。他们走后,代表团由我负责……首相的工作始于国联大会

---

① Robert Cecil, *A Great Experiment: An Autobiography*, London: Jonathan Cape Ltd., 1941, p.200.

② Hugh Dalton, *Call Back Yesterday*, 1887-1931, London: Muller, 1953, p.222.

③ 第一次世界大战期间,塞西尔任封锁大臣时,威尔·阿诺德—福斯特就是其助手。国联协会与保守党政府公开对抗的6个月里,他是国联协会"裁军运动委员会"的秘书。

④ Hugh Dalton, *Call Back Yesterday*, 1887-1931, London: Muller, 1953, p.222.

⑤ *Headway*, vol.11, no.8, Aug., 1929, p.148.

⑥ *Headway*, vol.11, no.8, Aug., 1929, p.148.

⑦ Hugh Dalton, *Call Back Yesterday*, 1887-1931, London: Muller, 1953, pp.237-239.

上还算成功的发言,最精彩的是他宣布英国将签署《任择条款》的部分。"①9月19日,外交大臣亨德森正式签字。海军部得到的安抚意见是:战争期间,敌国无法将英国送上国际正义常设法庭,而且《捕获法》将不会受到影响。英国政府最终签字时提出的3条保留意见涉及自治领之间的争端,完全归英国司法权处理的事项和应由其他机制处理的争端。这3条保留意见在很大程度上安抚了保守党人,但并不具备国联协会和自由党希望具备的那种深远意义。

议会里,奥斯汀·张伯伦在1929年9月提出了新的保留意见,涉及海战的战争法。但是,他承认议员们之间的分歧只在程度上,而非性质上。保守党人大体上对这些保留意见感到满意。奥斯汀·张伯伦虽然不断吹毛求疵,但他并未引起太多关注,甚至连国联协会的《前进》月刊都未提及他。11月,《前进》讨论了工党政府的保留条件,认为它们没有违背国际仲裁的原则。②12月20日,国联协会总理事会对工党政府签署《任择条款》表示满意。③1930年2月,下院批准《任择条款》;9月11日,第十一届国联大会第四次全体会议上,亨德森自豪地宣布《任择条款》已被英帝国所有成员批准。④ 至此,国联协会持续6年的努力终于成功。

从《任择条款》被英国政府接受的过程看,外交问题黯然失色并非仅因为世界经济大危机。1927年日内瓦海军会议破裂后,《日内瓦议定书》议题被复活了。国联协会领导人开始为仲裁争取公众的支持,并以此来反对政府。第二次执政后,在1928年的政策声明《工党和国家》(*Labour and the Nation*)中,工党表示会全心全意地加强国联。1929年大选前,这一点和国联协会几乎一样。塞西尔建议选民把票投给那些支持国联的人。私下里,他向格雷坦承:

---

① Robert Cecil,*A Great Experiment:An Autobiography*,London:Jonathan Cape Ltd.,1941,p.202.

② *Headway*,vol.11,no.11,Nov.,1929,p.212.

③ *Headway*,vol.12,no.1,Jan.,1930,Supplement,p.ii.

④ BDFA,Part II,Series J,Volume 1,Frederick,Md.:University Publications of America,1992,p.120.

"我不能违心地建议选民支持保守党人，因为他们最近在外事方面的举动让我深感不安。我认为，接下来 5 年里，如果英国政府在日内瓦的表现仍旧软绵绵，那么国联将处于严重危险中"[1]。随后，塞西尔欢呼工党大选胜利，在新政府中也担任了职务。大卫·卡尔顿认为，1929 年工党的胜利部分源于保守党1926 年后糟糕的外交表现。他特别提到了 1928 年不得人心的英法密议。[2]

第四节　因伦敦海军会议而失望

1929 年 6 月 8 日第二届工党政府组成后，多数外交官已认可国联存在的必要性。塞西尔被任命为国联事务委员会委员长。整个 1930 年，他比任何时候都忙。只要在伦敦，他"每天都到外交部，经常参加关于裁军问题的部门间讨论"[3]。在外交部朋友的帮助下，他工作得比较顺利。不过，塞西尔与首相麦克唐纳的关系依然冷淡。塞西尔"特别想和他谈谈裁军问题"。尽管碰面时麦克唐纳总是热情地表示"要谈一谈"，却从不兑现。[4] 塞西尔担心的不是外交部文官对亨德森的制约，而是内阁秘书毛瑞斯·汉基对首相的影响。汉基强硬地反对裁军，曾成功破坏塞西尔在《互助条约草案》上的努力，还曾说服鲍德温等人扼杀了《日内瓦议定书》。[5] 所以，塞西尔一直想把汉基从首相身边赶走。但是，汉基成功地维护了麦克唐纳对自己的信任，从未受到过实质性威胁。军方、财政部和贸易部门都能有力地影响外交决策。但在那里，国联协会几乎没有朋友。财政大臣菲利普·斯诺登总想把塞西尔这位"保守党的

---

①　Michael C. Pugh, *Liberal Internationalism: The Interwar Movement for Peace in Britain*, Hampshire: Palgrave Macmillan, 2012, p.40.

②　David Calton, "The Anglo-French Compromise on Arms Limitation, 1928", *The Journal of British Studies*, vol.8, no.2, May, 1969, pp.141-162.

③　Robert Cecil, *A Great Experiment: An Autobiography*, London: Jonathan Cape Ltd., 1941, p.207.

④　Robert Cecil, *A Great Experiment: An Autobiography*, London: Jonathan Cape Ltd., 1941, p.207.

⑤　Philip Noel-Baker, *The First World Disarmament Conference 1932-1933 and Why It Failed*, Oxford: Pergamon Press, 1979, p.21.

阴谋家"赶出工党政府,认为国联协会是"一个非常有害的组织"。由于塞西尔与外交大臣亨德森私交甚好,直到 1931 年工党政府垮台,斯诺登也未能如愿。

1929 年工党上台后,亨德森抓住一切机会表示要拥护国联。即便在 1931 年自由党与政府的关系出现危机时,格雷仍主张把外交政策排除在党争之外。[1] 保守党报纸承认 1929 年底的国际环境看起来对提出新裁军方案是有利的,一种新的精神已重新激活了国联裁军会议筹备委员会。美国正准备承认法国需要一支经过训练的预备役。国联大会同意协约国军队撤出莱茵河地区,因为外国军队占领莱茵河地区一直是欧洲国际关系中的一根刺。在这种环境中,《泰晤士报》评论道:"目前的和平机制可能不完美,但无论如何都是现代世界已获得的巨大进步。它唤起的和平信心足以证明限制和逐渐削减海军军备是合情合理的。"[2]工党的国际问题咨询委员会提醒内阁裁军刻不容缓,不仅仅是为了兑现大选承诺,还为了预防出现成本高昂的替代方案,因为"华盛顿会议开启的'战列舰黄金时代'到 1931 年就结束了"。如果 5 个海军强国没把战舰总吨位削减 50%,那着实说不过去。

首相麦克唐纳认为,英国摆出重新考虑海上交战权的姿态能换取美国放弃孤立主义。然而,英国如果谴责交战权,那么在未来的"国联战争"中美国可能退守中立和航行自由;而若继续反对航行自由,则会阻碍裁减海军军备。鉴于此,已加入国联协会的军官肯沃西建议区分公战和私战,让交战权只存在于"符合法律的公战"中和国联实施或监督的制裁中;做到这一点,美国就会以立法形式禁止本国与侵略者进行贸易。[3] 不过,如何界定侵略者? 如何区分私战和公战? 其他海军强国会配合吗? 有批评者说,一旦英国卷入"公战",美国对交战权的抱怨声将升至最高。格雷等人也认为只要符合自身利

①　*Liberal Magazine*, vol.39, no.451, 1931, p.159.

②　*The Times*, 24 January 1930, p.15.

③　*The Times*, 16 October 1929, p.10.

益,美国会一直主张贸易自由。①

一、充满期待

1929 年 7 月,首相麦克唐纳在下院表示英国愿意同各国重开海军谈判,要根据对等原则与美国达成谅解。随后,他和美国代表磋商了近 3 个月。9月 3 日和 13 日,英美先后宣布会谈取得成果。麦克唐纳于 9 月 28 日赴美与胡佛会谈,并于 10 月 7 日发表联合声明,强调彼此在海军问题上的妥协。同一天,英国外交大臣亨德森邀请美、法、日、意代表来伦敦商讨国际裁军。

美国总统胡佛在建造战列舰上做出了让步,并且认为其他种类舰只总吨位要服从第三方对潜水艇令人满意的限制。他希望在接受限制之前解决海上航行自由权的问题,认为只装载食品的舰船应被视作医疗船只,不应受到国联的禁止,在战时英国也能从中受益。麦克唐纳愿意限制战列舰和巡洋舰,因为它们过于昂贵。塞西尔建议将大量战列舰退役,并在 1936 年前停止替换。他引用了一条被人们普遍认可的证据,即飞机将使得战舰失去作战能力。② 此看法得到了国联协会中英国海军将领们的支持,甚至有人直接说:"无论从战略上还是战术上看,任何国家的战列舰都不应超过 6500 吨。"③

国联协会恢复支持英国政府,希望它能与各国达成大规模削减所有战舰的协定。《前进》详细报道英、美相互谅解的过程。④ 1930 年 1 月 21 日伦敦五国海军会议召开时,国联协会认为它"有可能达成 1922 年华盛顿会议后影响最深远的协定"⑤。《前进》号召各地分会争取到 1930 年底使会员总数超过

① Edward Grey,"Freedom of the Seas",*Foreign Affairs*,vol.8,no.3,Apr.,1930,p.327.

② *Liberal Magazine*,vol.38,no.439,1930,p.189.

③ Robin Higham,*The Military Intellectuals in Britain:1918-1839*,New Brunswick:Rutgers University Press,1960,pp.33-34.

④ *Headway*,vol.11,no.11,Nov.,1929,p.211.

⑤ *Headway*,vol.12,no.1,Jan.,1930,p.12.

百万①。同时,执委会声明《非战公约》和《国联盟约》已使大规模、同时裁减军备有了条件②,此次会议得到了国联裁军会议筹备委员会的赞许③。其他和平组织也持类似看法。"不再有战运动"曾谴责 1927 年日内瓦海军会议是可耻的,如今也对伦敦海军会议表现出了极大的热忱。④ 刚在 1928 年 7 月获得选举权的 475 万英国妇女显示了政治影响力。18 个妇女团体参与的"英国和平进军"(British Peace Crusade)宣称代表 200 万妇女,声援伦敦海军会议。2 月,各国外交大臣(部长)和防务官员接见了她们。⑤

二、颇感失望

早在 1929 年 12 月,法国就有意缔结地中海地区的"海上洛迦诺公约",但英国报纸认为本国公众不会支持法国和意大利相互敌对。一项地中海协定可能直接诱发战争。⑥ 法国一直担心自身安全,而安全有赖于裁军。但在军备上,法国不愿和意大利对等。1930 年 1 月 21 日,伦敦海军会议开幕。4 月22 日,《伦敦海军条约》得以签署。但只有英、美、日三国间达成了覆盖所有类别战舰的条约。在限制非主力舰吨位上,法国和意大利不接受条约第三部分。塞西尔表示,国联协会将支持一项地中海方面的《洛迦诺公约》,只要它意味着法国裁军。⑦ 然而,所有解决英法分歧的后续努力也都失败了。

根据《伦敦海军条约》,英、美、日三国相约将主力舰的替换期限由 1931年延迟到 1936 年,英国废弃 5 艘主力舰,美国废弃 3 艘主力舰,日本废弃 1 艘

---

① *Headway*, vol.12, no.1, Jan., 1930, Supplement, p.i.

② *Headway*, vol.12, no.2, Feb., 1930, p.38.

③ *Headway*, vol.12, no.1, Jan., 1930, p.12.

④ Cecelia Lynch, *Beyond Appeasement : Interpreting Interwar Peace Movements in World Politics*, New York : Cornell University Press, 1999, p.97.

⑤ Keith Middlemas and John Barnes, *Baldwin : A Biography*, London : Macmillan, 1969, p.509.

⑥ *Manchester Guardian*, 12 April 1930, p.9.

⑦ David Carlton, *MacDonald versus Henderson : The Foreign Policy of the Second Labour Government*, London : Macmillan, 1970, p.129.

主力舰;主力舰的数目,英、美各 15 艘,日本 9 艘;法、意两国可新增主力舰各 7 万吨;航空母舰方面,维持华盛顿会议的规定,英、美各 13.5 万吨,日本 8.1 万吨;五国今后建造潜艇不得超过 2000 吨,舰炮口径不能超过 5.1 英寸。英国虽然在非主力舰上对美国让步,但不肯在限制舰只总数上松动;在非主力舰总吨位上,仍比美国略胜一筹。① 之所以这样,是因为第二届工党政府的裁军计划以鲍德温内阁的方案为基础,都以维护英国海上优势为目的。② 《伦敦海军条约》限制了英国、美国和日本,将华盛顿会议上的《五国海军军备条约》的条款扩展到了巡洋舰、驱逐舰和潜水艇,有可能带来经济上的好处和减缓海军军备竞赛。虽然法国和意大利没有签署,但《泰晤士报》评论道:"数百万本可能用来落实破坏命令的资金将继续留在纳税人的口袋里或者用于其他目的。"③

国联协会希望废弃潜艇,封存现有主力舰,禁止再建超过万吨的新战舰。它认为,废弃的军舰数量(英国 5 艘,美国 3 艘,日本 1 艘)应该更多一些,而且协定只对扩张做出了限制。④ 法、意并未停止海军军备竞赛,英、法分歧也未解决。战争有可能爆发,只能依靠本国军备保护自身安全的老观念依然流行。这表明 1930 年 3 月 6 日国联协会呈递给麦克唐纳的决议没有产生效力,即不要忘记《国联盟约》和《非战公约》中的安全措施,尽快恢复人们的信心。⑤ 5 月 15 日,麦克唐纳在下院汇报此次海军会议成果时的演讲可被视作对国联协会的答复:

> 大战后我们组建了国联……我们签署了涵盖范围很广的仲裁条

---

① 王绳祖主编:《国际关系史》第四卷,世界知识出版社 1995 年版,第 460—461 页。

② Gregory C. Kennedy, "Britain's Policy-Making Elite, The Naval Disarmament Puzzle, And Public Opinion, 1927-1932", *Albion: A Quarterly Journal Concerned with British Studies*, vol.26, no.4, Winter, 1994, pp.639-640.

③ *The Times*, 3 July 1930, p.15.

④ *Headway*, vol.12, no.5, May., 1930, p.86.

⑤ *Headway*, vol.12, no.4, Apr., 1930, Supplement, p.i.

约,签署了诸如《非战公约》之类的和平条约。不过,相当奇怪的是,当触及裁军问题和军备条款时,涉及如何避免战争和维护国家安全时,人们的观念和假设几乎不相信上述维护和平的条约和机构。这着实让人感到可悲可叹。①

持此观点的不止麦克唐纳一人。外交部的亚历山大·卡多根在1929年3月15日曾言:"裁军问题上,我们似乎过着双面人的生活。在公开场合,在日内瓦,我们宣扬裁军,满意地从《国联盟约》《洛迦诺公约》和《非战公约》中援引和平保证。但是,在国内,在私下,我们的言辞听起来却像1913年大战爆发前的话。"②

国联协会认为伦敦会议的"成功不仅取决于不同国家的公众舆论在多大程度上显示出自身的力量,还取决于与会代表在多大程度上认识到公众舆论的要求"。麦克唐纳在开幕演讲中曾说:"整个世界都在看着我们今天的表现……它要求我们给公众舆论一个机会。"对此,《前进》评论说:"这对会议成功是个吉兆。"③但是,会议期间,麦克唐纳没有给公众舆论多少机会。作为计划的一部分,在私下接触取得成果之前,他希望限制公众对此次会议的讨论。本国报纸和美国报纸都让他感到厌烦。麦克唐纳认为它们根本不了解事情的复杂性。5月13日,他演讲说:"有一个庞大的群体,即所谓的公众舆论。他们对国际事务了解不多,带着很大的情绪发表意见。毋庸赘言,他们无法把国际社会从任何一种灾难中拯救出来。"④他否认伦敦海军会议是秘密外交,认为那些能取悦公众的东西并不能让负责处理实务的政治家感到满意。⑤ 英国

---

① John W.Wheeler-Bennett, *Documents on International Affairs*, 1930, Oxford: Oxford University Press, 1931, p.24.

② DBFP, 1919-1939, Series Ia, vol.VI, no.379, London: H.M.S.O., 1973, pp.677-678.

③ *Headway*, vol.12, no.2, Feb., 1930, p.24.

④ Ramsay MacDonald, "The London Naval Conference, 1930", *Journal of the Royal Institute of International Affairs*, vol.9, no.4, Jul., 1930, p.429.

⑤ Ramsay MacDonald, "The London Naval Conference, 1930", *Journal of the Royal Institute of International Affairs*, vol.9, no.4, Jul., 1930, p.435.

公众禁不住怀疑制裁和集体安全还是不是国联事业的一部分。内部会议上，国联协会不少会员都很悲观地认为在这个时候开展工作将会非常困难。①

1930 年 6 月 27 日，国联协会总理事会召开年会，亨德森应邀参加了威斯敏斯特分会的午宴。席间致辞时，他热情洋溢地说："关于英国政府应当采取的外交政策，我非常乐意听到你们的建议。请你们放心，我不仅会认真考虑你们的建议，也会思考这些建议所体现的精神。具体政策上，我们的观点不可能总是一致。但我们的目的是一样的"②。另外，1930 年的国联大会上，亨德森明确表示不会放弃国际裁军事业。他希望 11 月份裁军会议筹备委员会再次开会时能完成准备工作，希望来年行政院能召集世界裁军大会。③ 然而，1930 年 11 月，《前进》哀叹："和平运动的速度已经放缓了。伟大事业的创新不再能够照亮国联大会上的辩论。严峻的经济危机，加上某些国家里极端民族主义的快速增长，让太多国联成员国的公众舆论远远落在了本国驻日内瓦代表和专家一致认可的进步标准之后"④。

三、内部分歧

对于《伦敦海军条约》，和平运动中的左派和右派都不满意。民主控制联盟曾经倡议完全废弃战列舰和潜水艇。1930 年 10 月，在工党会议上，芬纳·布罗威用独立工党的一份决议掀起了辩论。这份决议呼吁政府尽快开启单边裁军。但是，多数与会者支持亨德森的渐进主义。⑤ 在右派方面，海军联盟（Navy League）指出了英国遭受攻击和饥馑的可能性。在皇家国际事务研究所，愤怒的海军上将弗里曼特尔（Admiral Fremantle）称首相麦克唐纳为英国的叛徒。约 80 名议员反对《伦敦海军条约》，认为它损害了帝国利益，而支持

---

① *Headway*, vol.12, no.8, Aug., 1930, Supplement, p.i.

② *Headway*, vol.12, no.8, Aug., 1930, p.147.

③ *Headway*, vol.12, no.10, Oct., 1930, p.188.

④ *Headway*, vol.12, no.11, Nov., 1930, p.17.

⑤ *Foreign Affairs*, July 1929, p.151.

条约的丘吉尔在下院中几乎没有同情者。①

当裁军的前景还算光明时,和平运动里只出现了一些模糊的评论,如提倡温和的方案,强调限制军费和创建军备监控机制。"将国家军事力量削减至维护国际秩序所需的最低水平,但可保留一小部分军事力量用于给国联作贡献"②,但如何界定和实现这个目标,大部分倡议者仍旧不清楚。在1930年的国联大会上,塞西尔警告道,如果没有就程序性问题达成一致,匆忙召集全面裁军大会是不妥的。这和保守党避免主动提出裁军方案的立场高度一致。1930年12月9日,国联裁军会议筹备委员会提出的草案概述了裁军的原则,包括军费限制,但是没有提出各类武器应削减的精确数量。工党的国际问题咨询委员会直到1931年2月才开始研究裁军方案。

客观讲,直到1931年,英国国内要求全面裁军的舆论压力都较小。和平主义者常引用《凡尔赛条约》对德国裁军的规定,但很少有人提议将军备削减到德国的水平。诺埃尔—贝克赞同国家间的谈判,而非捏造出一个普适性的公式。在既定的预算范围内保持灵活性对他颇具吸引力。③ 国联协会以同样的口吻建议:"当今政府接受削减军备的精确数字不应由公众集会上的演讲者提出来。说到底,这是政府自己的事情。只有在与其他国家的政府讨论后,我国政府才能制定出最终的政策。"④受经济危机影响,人们更为关心就业问题。许多人认为裁军(尤其是裁减海军军备)会额外增加失业工人的数量。《前进》指出这种顾虑没有根据。即便英国履行国际裁军协议而使不少人失业,但这些人是少数。此外,裁军分步推进,他们有时间转移到其他行业。裁军省下的钱可用来发展民用工业,从而吸纳更多工人。⑤

---

① Winston Churchill, Speech, House of Commons Debates, vol.238, 15 May 1930, p.2096.

② *Headway*, vol.8, no.2, Feb., 1926, p.31.

③ Philip Noel Baker, "Disarmament", *Journal of Royal Institute of International Affairs*, vol.13, no.1, Jan., 1934, pp.67, 129.

④ *Headway*, vol.9, no.11, Nov., p.211.

⑤ *Headway*, vol.12, no.1, Jan., 1930, p.14.

只有打消公众对裁军的顾虑,国联协会才会有更多资金和会员。1930年的总部开支预算只有3.52万英镑,《前进》全年定价也由3先令6便士提高到了5先令。1930年6月的总理事会年会上,执委会提出10万基础会员的招募计划,并分摊给各地分会。该计划在11月1日正式启动。①

1930年秋,应在多大程度上投身于裁军事业引发了国联协会领导层的分歧。执委会委员长莫雷怀疑经数年宣传鼓动后,公众兴趣是否还能被唤起。他试图说服塞西尔调整国联协会工作的重点,就国际经济合作问题开展大规模宣传活动。塞西尔虽是自由贸易的旗手,却认为自己作为保守党人去宣传"国联的经济政策"是很危险的。② 他和诺埃尔—贝克共同努力,说服莫雷仍把国际裁军作为国联协会的首要工作。即便这样,塞西尔仍向莫雷抱怨会员未能以足够热情投入进来。有意思的是,塞西尔却在1941年的自传里认为,"伦敦海军会议相当成功,至少扫除了1927年日内瓦海军会议失败后的阴霾,并在巡洋舰上达成了三国协议。确实,法国和意大利未能解决彼此间的争执,以致伦敦海军条约的有效期只有几年。但英、美两国间有害的、毫无意义的海军军备竞赛被终止了"③。这些话对时局无益,充其量只是后见之明罢了。

①　*Headway*,vol.12,no.10,Oct.,1930,Supplement,p.ii.

②　Duncan Wilson,*Gilbert Murray*,*OM*,*1866-1957*,Oxford:Clarendon,1987,p.310.

③　Robert Cecil,*A Great Experiment*:*An Autobiography*,London:Jonathan Cape Ltd.,1941,pp.207-208.

第四章　两次世界大战之间英国裁军运动的高潮与衰落

进入 20 世纪 30 年代,英国裁军运动吸引了更多民众。迟来的世界裁军大会(1932—1934)开开停停,波折不断。国联协会以空前的热情推动国际裁军。世界裁军大会结束后,国联协会着重宣扬"集体安全"。1934 年 11 月至 1935 年 6 月,国联协会联合 38 个社团发起"和平投票"活动,迫使英国政府暂时改变了立场。20 世纪 30 年代末,国际局势加速恶化,继续宣扬国际裁军已不合时宜。此时,国联协会内酝积已久的分歧开始表面化,会员数量持续减少。英国裁军运动慢慢衰落下去。

第一节　为裁军大会而奔走

一、积极营造声势

1930 年 10 月 25 日,塞西尔翻阅当天的《泰晤士报》时,"满是惊奇""极度喜悦"。因为他读到了三大政党领导人联名写给主编的信:为了感谢他对国联事业的贡献,专门委员会准备的塞西尔画像有望成为国家肖像艺术馆(National Portrait Gallery)的藏品。① 画像由因创作王室肖像而闻名的菲利

---

① Robert Cecil, *A Great Experiment: An Autobiography*, London: Jonathan Cape Ltd., 1941, p.212.

普·德·拉兹罗(Philip de Laszlo)执笔,最终在 1932 年 12 月 5 日由鲍德温亲手赠予塞西尔。仪式上,麦克唐纳、劳合·乔治、格雷、埃瑞克·德乐蒙和本奈斯(Benes)等发来贺信或贺电。坎特伯雷大主教称赞塞西尔为和平的传道者。[1] 除了国家肖像艺术馆[2]收藏外,日内瓦万国宫挂有画像副本。这份礼物增添了塞西尔的荣誉、鼓舞了他的斗志。尽管经济危机在充实着德国的秘密部队,法国也不打算真正裁减军备,欧洲到处可见人们对战争的忧虑,但一向乐观的塞西尔仍对"圣诞节前完成裁军公约的起草抱有很大的希望"[3]。在塞西尔的推动下,1930 年 12 月 9 日,裁军筹备委员会通过了《裁军公约草案》。[4]

1930 年 12 月 11 日和 12 日,总理事会满意地做年终总结:"在生活拮据的年头……319684 名会员再次按时交费。我们共收到 394357 份会员费,比1929 年多了 1.6 万份。"[5]1930 年新招募到 74673 人,使曾经入会的人数达到了 88.95 万。[6] 总理事会将 1931 年总部的开支预算提高了 1300 英镑,达到3.65 万英镑;[7]并且对塞西尔的工作表示赞赏。

1931 年 1 月,国联行政院会议确定世界裁军大会于 1932 年 2 月 2 日召

---

[1]　*Headway*,vol.15,no.1,1933,p.15.

[2]　国家肖像艺术馆位于伦敦,1896 年开放,内藏大量英国历史名人的肖像画和照片。

[3]　Duncan Wilson,*Gilbert Murray, OM, 1866-1957*,Oxford:Clarendon,1987,p.310.

[4]　裁军筹备委员会试图把《裁军公约草案》作为世界裁军大会上各国谈判的基础,但《裁军公约草案》并没有消除列强之间的分歧。关于预备役部队的问题仍悬而未决,实行义务兵役制的法国反对英、美等自愿兵役制的国家提出的办法,于是后者试图通过缩短服役期来削弱其军队的战斗力。德国和意大利非常赞同直接对战备物资施加限制,但法国反对。塞西尔勋爵代表英国提出了一项限制军用物资经费的计划,却遭到了美、苏、日、德四国的反对。与此同时,英国空军大臣对限制军用飞机马力和数量的做法非常不满。《裁军公约草案》是个拼凑起来的方案,内容含糊,更像列强们做出的姿态。时评家约翰·惠勒—贝内特(John Wheeler-Bennett)指出:"《裁军公约草案》让疲惫不堪却又望眼欲穿的人们得到了很大的满足,就像爱丽丝在仙境里又渴又累时,得到了红心皇后送来的酥脆饼干。"引自 John Wheeler-Bennett,*The Pipe Dream of Peace*,New York:Howard Fertig Inc.,1971,p.6。

[5]　*Headway*,vol.13,no.2,Feb.,1931,Supplement,p.ii.

[6]　*Headway*,vol.13,no.2,Feb.,1931,Supplement,p.ii.

[7]　*Headway*,vol.13,no.2,Feb.,1931,Supplement,p.ii.

开。1931 年 2 月 9 日，伦敦皇后大厅举行集会。"如果民众渴望裁军,他们就会得到裁军。如果民众施加自己的意志,他们就能影响结果",外交大臣亨德森在演讲时说道,"我希望你们能向政府表明无论它准备走多远,你们都会紧随其后"。①

国联协会积极响应亨德森的号召。总部不断给各地分会提供精悍有力的宣传材料,主动向英国本土 300 多家报纸提供新闻素材。在数以百计的公众集会上,演讲者多有全国性声望。诺埃尔—贝克回忆道:"现场提问时,听众的热忱让我记忆犹新,有时还会碰撞出激烈的辩论。"②地方性和全国性报纸大量报道,且常乐于刊登众多读者来信。

国联协会得到国内大量社团的支持。塞西尔组建了全国性的裁军委员会,把众多社团领导人团结到一起,包括英国工会的很多领导人。工会纷纷捐资,并在各自的出版物上刊登专题文章。数百万英国工人因此受到影响。早在牛津大学读书时,塞西尔就与科兹莫·朗（Cosmo Lang）成了密友。担任坎特伯雷大主教后,朗提供了教会方面强大的支持。在英国国教徒的带领下,罗马天主教徒、卫理公会教徒、长老派教徒、教友派信徒和其他派别的教徒纷纷担任当地合作组织的领导人,并在自己教派中为国联协会募得大量支持者。1931 年 6 月 15 日晚上 8 点,约克大主教和教会其他领导人向威斯敏斯特中央大厅里拥挤的人群发出了推动裁军的号召。塞西尔也受邀发表演讲。

国联协会还得到了国际非政府组织的配合。1930 年,塞西尔当选为"国联社团国际联合会"（International Federation of League of Nations Societies）主席。1931 年 2 月 13 日至 16 日,国联社团国际联合会在布鲁塞尔开会。塞西尔提醒各国代表应充分认识动员公众的重要性。他要求联合会秘书处每月刊印一份简报,报道各国社团的相关工作。塞西尔组建了国际裁军委员会,其主

---

① *Headway*, vol.13, no.3, Mar., 1931, Supplement, p.i.

② Philip Noel-Baker, *The First World Disarmament Conference 1932—1933 and Why It Failed*, Oxford: Pergamon Press, 1979, p.65.

要工作是在 5 月底之前起草各国社团都同意的裁军草案,供联合会 6 月份在布达佩斯开会时讨论。

1931 年 6 月底,国联协会总理事会讨论了国联社团国际联合会的布达佩斯决议。它认为此决议非常全面,几乎无须改动,并且企盼:

> 1932 年世界裁军大会应取得积极成果,缔结一项能限制和削减军备的公约;如果可能,全球军备开支全面削减 25%;国联正式认可战胜国和战败国在裁军问题上的平等地位;实现这一点的方式不是增加目前受到限制的军备,而是削减目前尚未受到限制的军备;最终,这种限制和削减将平等地施于所有国家。①

国联协会于 1931 年 7 月 11 日在伦敦阿尔伯特大厅举行集会。威廉·罗伯逊(William Robertson)爵士②担任大会主席。这是阿尔伯特大厅里听众最多的一次,约有 1.2 万人。"妇女国际联盟"(Women's International League)的英国分会大力协助,在伦敦组织了以阿尔伯特大厅为目的地的大游行,吸引了 3 万多人聚在大厅外。《每日先驱报》称这是"史上最大的裁军集会",标志着国联协会 1931 年的活动达到了高潮。它"热烈欢迎即将召开的世界裁军大会,诚盼政府尽力促成世界范围内陆海空军备的真正缩减",其决议最终体现在了 10 月份英国政府的裁军政策声明草稿中。③

会前,国联协会曾扬言,若三大党领导人不能齐聚,将取消集会。因此,外交部常务次官罗伯特·范西塔特(Robert Vansittart)提醒保守党领袖鲍德温注意观瞻。④ 尽管私下称此次集会"非常差劲"⑤,鲍德温还是按时到场了。由

---

① *Headway*, vol.13, no.8, Aug., 1931, p.157.

② 威廉·罗伯逊,在英国陆军史上,除了他,没有人从普通士兵晋升为陆军最高指挥官。

③ Thomas Richard Davies, *The Possibilities of Transnational Activism: The Campaign for Disarmament between the Two World Wars*, Boston: Martinus Nijhoff Publishers, 2007, p.106.

④ Martin Ceadel, *Semi-Detached Idealists: The British Peace Movements and International Relations, 1854–1945*, Oxford: Oxford University Press, 2000, p.279.

⑤ Martin Ceadel, *Semi-Detached Idealists: The British Peace Movements and International Relations, 1854–1945*, Oxford: Oxford University Press, 2000, p.279.

于安排了英国广播公司的直播,国联协会地方分会组织了 86 场收听集会。电波还传到了美国。"英国影音新闻"(British Movietone News)公司将集会做成有声电影。"第一个星期里,它成了英国数千家电影院的常备影片。第二个星期里,美国数千个电影院也开始放映。"① 另外,三大党领导人的演讲全文出现在了英国和其他国家的报纸上。

二、形势由喜转忧

1931 年 3 月至 6 月,英国内阁帝国防务委员会下属的三党委员会达成了审查裁军政策的共识。三党委员会中不仅有工党大臣,还有保守党的塞西尔、奥斯汀·张伯伦、安东尼·艾登、托马斯·英斯基普(Thomas Inskip)和塞缪尔·霍尔,自由党的劳合·乔治、洛西恩勋爵和塞缪尔勋爵。帝国防务委员会认为只有在其他国家也裁军时,英国再进一步裁军。下院中,首相麦克唐纳宣称英国的单边裁军已走得尽可能远了,还对法国的军事需要表示理解。自由党人、保守党人和很多报纸都支持麦克唐纳的立场。② 他们开始怀疑德国而非法国是对和平的潜在威胁。亚瑟·亨德森对德国逃避《凡尔赛和约》军事条款了如指掌。塞西尔写道,如果反动趋势在德国国内持续下去的话,"进步国家不可避免地要展开反击"③。他们越来越厌恶"欧洲大陆上纠缠不休"的法、德矛盾,洛西恩勋爵甚至认为世界裁军大会将来一旦破裂,英国就应从集体安全制度中抽身而出。

国际裁军的推进与国内政局变动密切相关。法国和日本的大选曾让 1930 年伦敦海军会议中断了一星期,而 1931 年秋英国的选举也影响了世界裁军大会的前景。国联协会当时指出了这一点。④ 经济危机在 1931 年给工

---

① *Headway*, vol.13, no.8, Aug., 1931, p.154.

② *The Times*, 30 June 1931, p.15.

③ David Carlton, *MacDonald versus Henderson: The Foreign Policy of the Second Labour Government*, London: Macmillan, 1970, p.72.

④ *Headway*, vol.12, no.3, Mar., 1930, p.46; *Headway*, vol.12, no.4, Apr., 1930, p.66.

党政府带来严峻挑战。工党内部分化加剧。独立工党号召议员不服从政府决议。麦克唐纳束手无策，便在保守党和自由党的协助下，谋求出路。8 月 24 日，全民政府成立。1 个月后，麦克唐纳脱离工党。待到 10 月大选结束，麦克唐纳虽仍是首相，但只有 13 名议员追随。由于保守党有绝对多数议席，政府决策权实际握在枢密大臣鲍德温手里。塞西尔认为这对外交事务是灾难性的。[1] 亨德森虽仍是来年 2 月份世界裁军大会的主席，但"更像一位国际人士而不用为英国政府的外交政策负任何责任了"[2]，其外交大臣一职由约翰·西蒙继任。这被诺埃尔—贝克视作诸多不幸中"最严重的灾难"[3]。为了获得政府职位，作为自由党人，他既然能接受关税保护这种自己以前坚决反对的政策，那还有什么是他不能接受的呢？"到日内瓦后的一个星期里，亨德森就赢得了所有人的信任，但再也没有人相信西蒙说的一个字"。西蒙看起来"若真有什么原则的话，那就是不讲任何原则"。[4]

　　1931 年秋，英国外交部询问塞西尔是否愿意参加来年赴世界裁军大会的英国代表团。塞西尔写信答复后，外交部便再无回音。回到伦敦后，塞西尔和西蒙面谈 3 次后失望地认识到，英国政府将不会主动提出任何裁军方案。于是，他拒绝参加代表团。[5]《前进》试做积极评论："很明显，与加入英国代表团相比，塞西尔保留宣扬自己方案的自由，显得更明智和诚实。"[6]国联协会忧虑道，英国信誓旦旦地保证履行《国联盟约》，"但我们不清楚它将在何种程度

---

①　Robert Cecil，*A Great Experiment：An Autobiography*，London：Jonathan Cape Ltd.，1941，p.218.

②　Hugh Dalton，*The Fateful Years，Memoirs 1931-1945*，London：Frederick Muller Ltd.，1957，p.37.

③　Philip Noel-Baker，*The First World Disarmament Conference 1932-1933 and Why It Failed*，Oxford：Pergamon Press，1979，p.72.

④　Philip Noel-Baker，*The First World Disarmament Conference 1932-1933 and Why It Failed*，Oxford：Pergamon Press，1979，p.77.

⑤　Robert Cecil，*A Great Experiment：An Autobiography*，London：Jonathan Cape Ltd.，1941，pp.237-238.

⑥　*Headway*，vol.14，no.3，Mar.，1932，p.42.

上兑现这些承诺"①。

1931 年,日军制造了震惊中外的九一八事变。当听到冲突的消息时,国联大会是"麻木的和完全不相信的"②。关于英国绥靖日本的详细过程和深层原因,有学者已作出精辟的分析。③ 笔者要补充的是七七事变前紧张的东亚形势(1931—1933)对国联协会社会动员的影响。

首先,七七事变前紧张的东亚形势加深了英国民众对国联维和能力的怀疑。国联协会认为,对国联的未来而言,七七事变前紧张的东亚形势关系重大。④ 在危机发生后的头 3 个月,国联就已丧失了威望和公众信任。⑤ 丘吉尔后来也讲:"正当世界局势非常需要国联的活动和力量时,国联在道义上的权威却显出缺乏任何实质上的支持。"⑥因此,国联的表现加大了国联协会动员民众的难度。

其次,七七事变前紧张的东亚形势给世界裁军大会笼上了浓重的阴影。日本对中国的侵略没有受到国联、《非战公约》的制止和约束。这明白无误地宣布集体安全制度是虚幻的,维护国家主权、领土完整和利益要以自身力量(尤其是军事力量)为后盾。英国深切地感觉到日本已成为潜在敌人。"十年规则"在 1932 年 2 月受到英国三军参谋长公开指责,最终在 1933 年 11 月被内阁废除。在游说英国政府推动国际裁军时,国联协会将遇到更多困难。

再次,七七事变前紧张的东亚形势期间,英国内阁和外交部的决策很少考虑国内舆论。⑦ 1932 年 2 月 11 日,国联协会执委会通过决议,敦促英国政府

---

① *Headway*, vol.13, no.11, Nov., 1931, p.211.
② 徐蓝:《英国与中日战争(1931—1941)》,北京师范学院出版社 1991 年版,第 32 页。
③ 徐蓝:《英国与中日战争(1931—1941)》,北京师范学院出版社 1991 年版,第 32—54 页。
④ *Headway*, vol.13, no.11, Nov., 1931, Supplement, p.iii.
⑤ 华尔脱斯:《国际联盟史》下卷,封振声译,商务印书馆 1964 年版,第 26 页。
⑥ 丘吉尔:《第二次世界大战回忆录》第一卷上部第一分册,吴万沈译,商务印书馆 1974 年版,第 130 页。
⑦ Christopher Thorne, *The Limits of Foreign Policy：The West, The League and the Far Eastern Crisis of 1931-1933*, London：Hamilton, 1972, p.141.

与美国政府合作,落实美国国务卿史汀生2月2日提出的5点建议。① 这项决议被广泛刊登在报纸上。史汀生建议中的第5点涉及九国公约,但英国政府认为"日本接受前四点已'相当令人满意',让日本控制'满洲'对英国或许更有利"②。2月16日,国联协会派出代表团,专程等候从日内瓦回国的西蒙,当面陈述执委会的观点。但在同一天,通过国联行政院向日本呼吁时,英国政府却只字不提"满洲"问题。

最后,七七事变前紧张的东亚形势加深国联协会内部分歧,直接削弱了它塑造公众舆论的能力。一开始,塞西尔弄不清到底发生了什么。日本释放出"自卫""不扩大"和"维护条约权益"的烟雾后,塞西尔在1931年9月25日给友人的信中居然认为中国夸大了事态。③ 他认为国联机制足以解决"满洲"争端。除了不少报纸对塞西尔批评外,国联协会执委会中的诺埃尔—贝克和阿尔弗雷德·齐默恩等人也不同意他的判断,要求抓紧动员公众。

1932年"一·二八事变"后,塞西尔才认为日本是"侵略者",才在国联协会决策中给予"满洲"争端和裁军问题同样的优先权。莫雷主张联合抵制日货,却遭塞西尔反对。李顿调查团出发后,塞西尔便想撤销七七事变前紧张的东亚形势在决策中的优先权,因为李顿勋爵(Lord Lytton)是国联协会执委会成员。但此时不少会员写信给莫雷,要求国联协会向英国政府施压,寻找制裁日本的办法。大卫·戴维斯曾在1930年的专著《二十世纪的问题》④中讨论制裁问题,但其主张并不被国联协会全部领导人认同。

奥斯汀·张伯伦加入国联协会执委会本来就是别有用心。⑤ 1932年5月

---

① *Headway*, vol.14, no.3, Mar., 1932, p.50.

② 徐蓝:《英国与中日战争(1931—1941)》,北京师范学院出版社1991年版,第41页。

③ 徐蓝:《英国与中日战争(1931—1941)》,北京师范学院出版社1991年版,第33页。

④ David Davies, *The Problem of the Twentieth Century*, London: Benn, 1930.

⑤ Robert C. Self ed., *The Austen Chamberlain Diary Letters: The Correspondence of Sir Austen Chamberlain with His Sisters Hilda and Ida, 1916-1937*, Cambridge: Cambridge University Press, 1995, p.408.

23 日,他在信中写道:"我投身于国联协会执委会里的一场激战,以阻止他们通过一项决议,即建立一支国际轰炸机部队并受国联指挥。喔!这些和平爱好者!他们比穷兵黩武者更恐怖!"①执委会成员迪金森勋爵和帕尔默(Parmoor)女士也支持张伯伦。5 月底,国联协会裁减空军委员会讨论组建国际空军部队的可能性,其研究报告并未得到国联协会领导层一致认可。②

在一年多的时间里,国联协会都未能给予公众明确和有力的引导。总部在武器禁运问题上争论不休。大卫·戴维斯反对不区分侵略和反侵略的禁运,批评李顿报告书的愚钝。尽管塞西尔担心中国受到的伤害会更大,但仍和莫雷一道认为武器禁运应同时施加给中日两国。③ 最终,执委会对李顿报告书表示欢迎。《前进》还将李顿勋爵的建议刊登出来:"我要建议国联协会地方分会,在集会上通过决议时,决议的内容应当限制在支持调查团报告的范围之内,并在调查团报告的基础上提出行动方案。"④不过,很多会员认为,若按李顿勋爵的主张去办,在国联干预之前侵略者可能就已经如愿了;日本一开始就是侵略者,早已破坏《国联盟约》,这再清楚不过了。⑤ 公众开始质疑国联协会代表舆论的广泛性和正确性,以致《前进》不得不费力辩解。⑥

争论之所以层出不穷,是因为国联本身就是妥协的产物。它试图在超级政府和无政府状态之间寻找一条中间道路。换言之,它准备不靠武力而靠舆论来制裁。1931 年,向日本施加物质性制裁的可能性和可行性并不大。当时,塞西尔是英国派往日内瓦代表团的负责人。英国政策的力量源于其在各

---

① Robert C. Self ed., *The Austen Chamberlain Diary Letters: The Correspondence of Sir Austen Chamberlain with His Sisters Hilda and Ida, 1916-1937*, Cambridge: Cambridge University Press, 1995, p.410.

② *Headway*, vol.14, no.6, Jun., 1932, Supplement, p.ii.

③ Reginald Bassett, *Democracy and Foreign Policy: A Case History, The Sino-Japanese Dispute, 1931-1933*, New York: Longmans, 1952, p.469.

④ *Headway*, vol.14, no.11, Nov., 1932, p.205.

⑤ *Headway*, vol.15, no.5, May, 1933, p.98.

⑥ *Headway*, vol.14, no.4, Apr., 1932, p.71.

种环境中的灵活性,但缺点在于那些环境(通常是困难)本可以依靠远见卓识推测出来。国联协会里的冲突和争论既源自各派策略上的不同,也源自理念的根本分歧。一遇到国际危机,国联支持者就将很多精力用在维持内部团结和会员忠诚上。慢慢地,他们逐渐改变了自己对集体安全的认知。

1931 年,英国多数民众对经济危机、麦克唐纳全民政府的组建、新国民经济运动和放弃金本位之外的问题都不感兴趣。教师工资被削减 15% 后,一群声望卓著的知识分子包括埃德蒙·布朗顿(Edmund Blunden)、科尔(G.D.H. Cole)、古奇、奥尔德斯·赫胥黎(Aldous Huxley)、伯特兰·罗素(Bertrand Russell)、韦尔斯和奥斯波特·西特威尔(Osbert Sitwell)都支持国防开支削减 25%。"没有哪个人疯狂到宁愿支持削减那些负责培养下一代英国人和维持国民健康的人的工资,也不愿削减坦克方面的开支。"①国联协会强调世界裁军大会的成功有助于化解经济危机,揭示它与战争债务、赔偿和军备之间的内在联系。1932 年 1 月,在政策声明②里,国联协会把金融和经济上的合作列为与裁军同等重要的问题。

1931 年 10 月和 11 月,国联协会组织的集会次数同比上升了 25%;尽管受到英国大选影响,这两个月里,国联协会演讲者组织了 1655 次集会,仅停战纪念周里就有 500 多次。停战纪念日前后两个星期里,总部寄出 6500 封信;在铁路上发出 623 个包裹,发货单共计 2250 张,价值约 1200 英镑。③ 工作量如此大,但效果似乎仍不理想。地方分会的一名书记在给《前进》编辑部的信里写道:"我强烈地感觉到,国联协会必须采取尽可能多的措施,以改变数百万人冷淡的态度。"④有会员甚至主张:"劝说他人入会时,最好不用'裁军'这个词,应循序渐进地让他人熟悉这个主题,而非一开始就把人吓跑。"⑤1931

---

① *Headway*, vol.13, no.10, Oct., 1931, p.200.

② *Headway*, vol.14, no.1, Jan., 1932, Supplement, p.i.

③ *Headway*, vol.13, no.12, Dec., 1931, Supplement, p.ii.

④ *Headway*, vol.14, no.1, Jan., 1932, p.18.

⑤ *Headway*, vol.14, no.2, Feb., 1932, p.37.

年,有7.3万人加入国联协会,分会总数达到了2982个,总部共收到了40.6万份会员费。① 但1932年总部的开支预算只有3.4440万英镑,②比上年少了0.2060万英镑。

1932年初,国联协会把英国王室和政要的语录印成明信片,单套售价3便士。③ 英国内阁警觉道:"我们必须极端小心,以免公众舆论谴责我们处心积虑地阻止裁军会谈。"④赴日内瓦之前,英国代表团成员被首相麦克唐纳告诫:"应该强调我们在世界裁军大会召开前一直在裁军,并说明我们已经取得的裁军成果。在这方面,我们有足够有力的论据。其他国家是否相信不重要,只要能让我国公众了解政府过去的努力和成绩就行了"⑤。这是一种被诺埃尔—贝克严厉批评的消极态度:"如果我们列出一大堆数字,证明自己已无军可裁,要其他国家赶紧跟上,那么一开始我们就会毁掉整个裁军大会,因为其他国家也能证明自己无军可裁。"⑥塞西尔向西蒙提出很多建议,却未得到积极回应。因此,莫雷对全面削减军备已不抱希望,对世界裁军大会的期望降低为阻止空战和满足德国的军备平等要求。

三、在逆境中动员

世界裁军大会在1932年2月2日开幕。在2月6日举行的特别大会上,大会主席亨德森帮助非政府组织表达呼声。作为"国联社团国际联合会"和国联协会的主席,塞西尔代表各国和平组织发言:"联合会"1931年6月的布达佩斯决议是各国和平团体的共同要求。这份方案展示了各国不同的裁军考

① *Headway*, vol.14, no.2, Feb., 1932, Supplement, p.ii.

② *Headway*, vol.14, no.1, Jan., 1932, Supplement, p.ii.

③ *Headway*, vol.14, no.2, Feb., 1932, Supplement, p.ii.

④ Thomas Richard Davies, *The Possibilities of Transnational Activism: The Campaign for Disarmament between the Two World Wars*, Boston: Martinus Nijhoff Publishers, 2007, p.107.

⑤ Carolyn Kitching, *Britain and the Geneva Disarmament Conference: A Study in International History*, New York: Palgrave Macmillan, 2003, pp.139–140.

⑥ *Headway*, vol.14, no.1, Jan., 1932, p.5.

虑是如何被协调到一起的……全世界军备开支削减 25% 不会削弱英、美的安全；未来的国际空军部队和互助条约等安全条款可以满足法国的安全需求；德国应当获得军备上的平等地位；德国不能有的进攻性武器也不得为他国家拥有。发言过后，掌声雷动，但英国代表团成员无动于衷。① 随后，几乎每个国家的代表都会提到塞西尔的发言。尽管他们都声称要以《裁军公约草案》为谈判基础，但都想把本国的特殊要求塞进最后的决议案。

开幕式发言于 2 月 25 日结束。不久后，国联协会执委会强调自己将坚持布达佩斯决议的立场和要求。在伦敦市长官邸，来自英格兰、威尔士和苏格兰的多位市长参加了由伦敦市长主持的集会。作为集会演讲人之一，塞西尔又详细介绍了布达佩斯决议。执委会组建专家委员会来研究各国裁军提案，成员包括格罗夫斯（Groves）将军和利德尔·哈特上尉等人。

世界裁军大会进展缓慢。3 月 3 日召开的特别大会用了 9 天讨论中日冲突。德国大选和法国大选使两国代表心不在焉。复活节到来，世界裁军大会休会，直到 4 月 11 日后才复会。此间，利德尔·哈特提出了"质量裁军"的主张，包括禁止重型坦克和重炮，从而使得力量对比有利于进行防御的国家，法国新的防御就会变得牢不可破。控制军用飞行器方面也有类似的方案，使英国较难遭到空中攻击。利德尔·哈特倡议坦克应该限制在 10 吨以下。② 区分进攻性和防御性武器的做法很快产生了巨大影响，也引发了语义上的纷争。对全国自由党人联盟来说，质量裁军意味着废除排水量超过万吨的战列舰、坦克、毒气、军用飞行器、国际管控民用航空和军费限制。③ 对英国政府来说，它意味着限制那些英国多少用不着的武器，但不包括 16 吨以下的坦克和用于镇压帝国内叛乱的轰炸机。在悲观主义者看来，即便质量裁军能够落实，

---

① Thomas Richard Davies, *The Possibilities of Transnational Activism: The Campaign for Disarmament between the Two World Wars*, Boston: Martinus Nijhoff Publishers, 2007, p.116.

② B.H. Liddell Hart, *The Memoirs of Captain Liddell Hart*, vol.I, London: Cassell, 1965, pp.183−189.

③ *Liberal Magazine*, vol.40, no.464, 1932, p.238.

也不能消除战争。

无论怎样，与会各国还是接受了"质量裁军"的原则，即淘汰那些禁止一国拥有或各国共有的某些等级和种类的武器。4月22日下午，西蒙慷慨呼吁"让我们把防御的力量建设得压倒进攻的力量"①后，就立即飞回伦敦，6个星期后才返回日内瓦。4月25日，接替西蒙的是技术专家庞德（Pound）上将。由于没有（事实上也不可能）得到明确而权威的指示，各国专家们陷入无休止的细节争论，6个星期被浪费。他们都想让"进攻性武器"的定义有利于本国。

1932年6月3日，国联协会执委会委托奥斯汀·张伯伦给《泰晤士报》写信，②敦促英国政府推动全面废弃那些利于发动突然袭击的和不允许德国拥有的武器。这封信在议会里产生很大影响。③ 但麦克唐纳坚持认为世界裁军大会成功的关键在于劝说法国、意大利和其他小国在伦敦海军条约上签字。④ 6月22日，美国总统胡佛提出新方案：废除进攻性武器，包括坦克、大机动炮、轰炸机和一切化学武器；其他武器裁减1/3；所有陆军力量削减1/3；战斗舰在总吨位（不是单舰吨位）和数量上都裁减1/3，其他军舰裁减1/4；每个国家最多拥有潜艇40艘，总吨位为3.5万吨；无条件禁止一切空中轰炸。⑤ 塞西尔希望胡佛方案"简单明确的性质"能重新唤起民众的信心。6月28日，他主持的国联协会总理事会呼吁各地分会在未来几个月里唤起公众舆论，支持胡佛方案。⑥

胡佛方案比较温和，但英国政府不愿接受。7月7日，鲍德温在下院重弹"英国已经做的够多了"的老调。⑦ 他纠缠于胡佛方案的细节，反对废除20吨

---

① LNU pamphlet, *Disarmament*, 1934, p.4.

② 张伯伦在1932年初成为国联协会执委会成员。

③ *Headway*, vol.14, no.7, Jul., 1932, Supplement, p.ii.

④ 华尔脱斯：《国际联盟史》下卷，封振声译，商务印书馆1964年版，第54页。

⑤ John W. Wheeler-Bennett, *Documents on International Affairs 1932*, Oxford: Oxford University Press, 1933, p.170.

⑥ *Headway*, vol.14, no.8, Aug., 1932, Supplement, p.ii.

⑦ BDFA, Part II, Series J, Volume 4, Frederick, Md.: University Publications of America, 1992, pp.27-31.

以下的坦克；又以英帝国防务为由，反对禁止空中轰炸。他主张削减主力舰和巡洋舰的体积，但反对将其施加到已服役的军舰上。为了英国舰队的安全，他支持废除潜艇。7 月 14 日，国联协会执委会重申对世界裁军大会的期望，认为鲍德温的办法既不能立即大幅减少军备开支，又背弃了《凡尔赛条约》。①

虽然意大利全盘接受胡佛方案，但法国部分反对，日本则完全反对。关于胡佛方案的讨论一直持续到 7 月 20 日西蒙提出决议草案。这份明确内容少之又少的草案震惊了各国代表，但两天后仍被世界裁军大会通过了。于是，德国宣布，除非确认军备平等原则，否则不再参会。7 月 22 日裁军大会休会前，国联协会各地分会给大臣和议员写了几千封信，反复要求英国政府推动世界裁军大会，立即削减军备开支，给予德国军备平等地位，增强法国的安全感，消除人们对空袭的恐惧。② 裁军大会休会后，717 个地方分会仍在给英国与会代表和本地议员写信，希望他们采纳上述主张。③ 世界裁军大会开幕前，塞西尔和亨德森曾说，日内瓦将要发生什么取决于公众舆论的支持力度，取决于遇到挫折时支持力量还有多大；大会召开初期公众冷漠不可怕，怕的是大会久无成果带来的幻灭感和失败主义。④ 7 月份的《前进》甚至认为"当前，重新唤起对国联失望已久的人士的兴趣比任何事情都重要"⑤。

国联协会内部关系变得紧张起来。7 月 4 日，领导层放弃那些实现不了的目标，但遭到普通会员反对。伦敦地区联合会要求莫雷召集总理事会在 9 月份召开特别会议，以指明未来裁军活动到底怎么做。此要求被执委会拒绝。此时，名誉主席，劳合·乔治要求国联协会严厉谴责英国政府，但多数执委会成员不愿去做。多次讨论后拟出的声明含混不清，没人感到满意。8 月，有会

---

①　*Headway*, vol.14, no.8, Aug., 1932, Supplement, p.ii.

②　*Headway*, vol.14, no.8, Aug., 1932, Supplement, p.i.

③　*Headway*, vol.14, no.8, Aug., 1932, Supplement, p.ii.

④　Philip Noel-Baker, *The First World Disarmament Conference 1932—1933 and Why It Failed*, Oxford: Pergamon Press, 1979, p.71.

⑤　*Headway*, vol.14, no.7, Jul., 1932, p.131.

员在给《前进》的信中说,除非与会大国采取步骤建立国际部队来维护和平,否则世界裁军大会必将失败。① 布达佩斯决议也要求建立国际警察部队,以增强法国的安全感,并在必要时候用于国联的制裁行动。于是,大卫·戴维斯在 10 月组建了"新联盟"(New Commonwealth),其宗旨为:推动建立国际法庭,处理一切危害世界和平的争端;推动建立国际警察部队,执行国际法、保证安全和制止侵略。② "新联盟"的会徽中央是正义女神,左手持天平,右手举利剑,传神地概括了两点宗旨,即法律仲裁和武力制裁。③ 尽管国联协会执委会欢迎其组建,但《前进》怀疑其宗旨能否实现。④ 客观讲,"新联盟"更像国联协会体内的压力集团。

与大卫·戴维斯不同,塞西尔和诺埃尔—贝克认为,满足德国的要求是重启世界裁军大会的关键。"每一次延误、迟疑和推迟都让德国感觉到了我们的优柔寡断,都让它感觉到了自身力量,都提高了使它让步的代价。"⑤塞西尔敦促首相麦克唐纳推动全世界废除那些禁止德国拥有的武器。由于没得到回应,塞西尔愈加公开地指责英国政府没有带头废除进攻型武器。"我们已经对英国代表团失去了大部分信心。"⑥9 月 30 日,英国内阁同意召开会议,以商讨如何使德国重返世界裁军大会。⑦ 由于分歧严重,国联协会总理事会在 12 月虽重申了布达佩斯决议,却没有向英国政府提出建立国际警察部队的要求。⑧

1932 年秋,国联协会宣传裁军的环境越加不利,向议员散发的问卷只得

---

① *Headway*, vol.14, no.9, Sep., 1932, p.180.

② *New Commonwealth*, October 1932, p.4.

③ *New Commonwealth*, November 1932, p.5.

④ *Headway*, vol.14, no.11, Nov., 1932, p.201.

⑤ LNU pamphlet, *Disarmament*, 1934, p.8.

⑥ *Headway*, vol.14, no.9, Sep., 1932, p.164.

⑦ 当时,汉基曾说,英国政府感到害怕,很大程度上是由于和平主义者和教会领袖的批评;他们认为英国政府要为世界裁军大会的失败负责,若失败不可避免的话。Stephen Roskill, *Hankey: Man of Secrets*, vol.3, London: Collins, 1974, p.60。

⑧ *Headway*, vol.15, no.1, 1933, Supplement, p.ii.

到了不足 1/3 的积极回复。人们怀疑推动裁军是否明智。不少分会向总部抱怨裁军宣传影响了正常工作。面对地方报纸对国联的批评和怀疑，拥有 1000 名成员的格里姆斯比(Grimsby)分会竟一言不发。"这种沉默是奇怪和极其令人失望的……但这种无所作为的情况在各地分会中是很典型的。"①经济学家贝勒贝(J.R.Bellerby)创建了"英国和平投票联盟"(Association of the Peace Ballot of Great Britian)，散发了 3.4 万份问卷，收回了一半。统计后，他宣布 57% 的受访者赞成单边裁军，43% 的受访者反对。② 虽然其客观性值得怀疑，但多少反映了民众心态。

1932 年 11 月 10 日，鲍德温在下院说："裁军无法制止战争的爆发"③，世界裁军大会的讨论纯属浪费时间，因为"经验表明任何条约都无法制止决心一战的冲动"④。"新联盟"主张所有国家废除空军，国际监管民用航空。但鲍德温认为民用飞机仍可改成军用，"你们都在说'国际监管'，但没有人知道确切内容"⑤。同一天，西蒙在下院宣布英国政府接受德国军备平等的要求，条件是德国不能重新武装，并重申不用武力解决争端。⑥ 但德国仍不参加裁军谈判。12 月 11 日，在美国参与下，英法德意取得一致：未来任何裁军公约中，"在将为一切国家提供安全的体系中德国享有平等权利"⑦，所有欧洲国家重申绝不使用武力解决争端。德国看到了《凡尔赛和约》被取代的可能性，便

---

① *Headway*, vol.14, no.10, Oct., 1932, p.198.

② Martin Ceadel, *Semi-Detached Idealists: The British Peace Movements and International Relations*, 1854—1945, Oxford: Oxford University Press, 2000, p.286.

③ BDFA, Part II, Series J, Volume 1, Frederick, Md.: University Publications of America, 1992, p.138.

④ BDFA, Part II, Series J, Volume 1, Frederick, Md.: University Publications of America, 1992, p.140.

⑤ BDFA, Part II, Series J, Volume 1, Frederick, Md.: University Publications of America, 1992, p.141.

⑥ BDFA, Part II, Series J, Volume 1, Frederick, Md.: University Publications of America, 1992, p.137.

⑦ 华尔脱斯：《国际联盟史》下卷，封振声译，商务印书馆 1964 年版，第 63 页。

同意重返世界裁军大会。12月7日和8日的年会上，国联协会总理事会对此表示欢迎和满意，希望英国政府不要采纳任何中止或结束裁军谈判的提议。①

1933年1月9日，塞西尔在给《泰晤士报》的信中说，"既满足德国及其盟友的合理要求，又不损害法国及其盟友的安全保障"，此核心问题的解决办法是全面废止"进攻性武器"，澄清和重申《国联盟约》中的联防互保义务。②1月23日，在致国联协会普通会员的公开信中，塞西尔指出，"最有效也最合法的途径是接触分会所在选区的议员……拜会和写信给议员时，最好的办法是拉上这位议员自己党内的贤达之士，避免卷入政党政治"③。尽管民众普遍对国际新闻不感兴趣，但国联协会仍能组织起听众数量可观的集会。④ 塞西尔希望鲍德温能在集会上演讲，便请奥斯汀·张伯伦转达对他的邀请。2月17日，鲍德温拒绝了邀请，因为他"非常讨厌国联协会的宣传"⑤。

希特勒当选德国总理给世界裁军大会带来更多困难。3月12日，在给塞西尔的回信中，鲍德温认为，"即便天使降临日内瓦，也无能为力了"⑥。国联协会反驳道，如果10个月前就给予德国军备平等地位，德国或许就不是纳粹的天下了。⑦ 塞西尔在3月23日再次给《泰晤士报》写信，指出英国不应对纳粹暴力妥协，应让它明白现存条约的有效性没有消失；⑧英国当前任务仍旧是一字不差地执行《国联盟约》。⑨

1933年3月初，西蒙预测世界裁军大会可能在10天或半个月内破裂。

---

① *Headway*, vol.15, no.1, 1933, Supplement, p.ii.

② *Headway*, vol.15, no.2, Feb., 1933, Supplement, p.i.

③ *Headway*, vol.15, no.2, Feb., 1933, Supplement, p.i.

④ Thomas Jones, *A Diary with Letters*, 1931-1950, London: Oxford University Press, 1954, p.82.

⑤ Philip Williamson and Edward Baldwin, *Baldwain Papers, A Conservative Statesman*, 1908-1947, Cambridge: Cambridge University Press, 2004, p.305.

⑥ Philip Williamson and Edward Baldwin, *Baldwain Papers, A Conservative Statesman*, 1908-1947, Cambridge: Cambridge University Press, 2004, p.307.

⑦ *Headway*, vol.15, no.4, Apr., 1933, Supplement, p.i.

⑧ *Headway*, vol.15, no.4, Apr., 1933, Supplement, p.ii.

⑨ *Headway*, vol.15, no.5, May, 1933, p.98.

为防止舆论归咎于自己,3 月 16 日,麦克唐纳在日内瓦"以相当惊人的热情"①亲自提出了一项裁军计划。可是,第二天他和西蒙便匆忙奔赴罗马了。墨索里尼正等着和他们讨论如何与德法缔结《四国公约》。《前进》批评麦克唐纳计划"没有提供新东西,只是重新组合了此前的裁军议程";"没有显示出成功裁减任何一类舰只的可能性。唯一的创新在于对议程的简化"。② 塞西尔也认为此计划"聊胜于无"③。但国联协会认为,"各国若能够接受,总比世界裁军大会破裂要好得多"④。事实上,麦克唐纳计划并非各国裁军要求的简单拼凑。⑤ 它打算让德法相互让步,以达到最大限度的裁军,而英国的利益不但未被损害,反而在空军装备上有所增强。莫雷辛辣地评论说,英国不做一点儿牺牲,却要求他国掉皮掉肉。⑥ 因此,除了意大利全盘接受外,其他大国都坚持自己的意见。虽然与会国都同意把麦克唐纳计划作为继续谈判的基础,但德法互不相让,致使世界裁军大会在 4 月底 5 月初再次陷入僵局。麦克唐纳积极斡旋于德法之间,竭力劝说两国参与《四国公约》。⑦ 希特勒于 5 月 17日虚假地表示愿意接受麦克唐纳计划作为未来谈判的基础,并再次对《四国公约》表示欢迎。《前进》非常怀疑他的动机。⑧ 英国政府在 5 月 26 日对态度强硬的法国政府让步,僵局得以打破。⑨

---

① 华尔脱斯:《国际联盟史》下卷,封振声译,商务印书馆 1964 年版,第 95 页。

② *Headway*, vol.15, no.3, Mar., 1933, p.44.

③ Thomas Richard Davies, *The Possibilities of Transnational Activism: The Campaign for Disarmament between the Two World Wars*, Boston: Martinus Nijhoff Publishers, 2007, p.141.

④ *Headway*, vol.15, no.4, Apr., 1933, p.75.

⑤ Carolyn Kitching, *Britain and the Geneva Disarmament Conference: A Study in International History*, New York: Palgrave Macmillan, 2003, pp.108−129.

⑥ Thomas Richard Davies, *The Possibilities of Transnational Activism: The Campaign for Disarmament between the Two World Wars*, Boston: Martinus Nijhoff Publishers, 2007, p.141.

⑦ 梁占军:《英国与"四国公约"(1933.3—7)》,《历史教学》2006 年第 5 期。

⑧ *Headway*, vol.15, no.6, Jun., 1933, p.115.

⑨ 《四国公约》最终在 1933 年 7 月 15 日正式缔结。后来,虽然意大利和英国分别于 1933年 8 月 31 日和 9 月 16 日批准了它,但由于希特勒本无诚意和法国政府的更迭,《四国条约》还是流产了。

为了维护殖民地统治和所谓的"履行国联成员国义务"，英国政府在日内瓦坚持麦克唐纳计划第五部分第 34 款，不放弃"警察性轰炸"的权利。作为麦克唐纳计划的主要起草人和英国代表团的主要成员，安东尼·艾登（Anthony Eden）坦承对他国代表团的批评丝毫不感到吃惊。① 他在私下也认为应当放弃这种"例外权利"，否则英国将陷入孤立。② 同时，德国代表团遵循希特勒训令，不断变换"军备平等"的定义；法国则特别要求加强监管和调查航空器的条款；而日本又在海军方面提出新异议。由于无法取得一致，世界裁军大会在 6 月 29 日休会。为了维持民众对世界裁军大会的关注，国联协会执委会迅即声明："世界裁军大会休会并不表示它失败了，或者裁军条约的制定不再紧迫了。相反，德国局势使得削减和限制军备比以前更重要了。"③然而，"混乱的和沮丧的舆论不再被感到是对进退失据的代表团的压力……到 1933 年夏，他们的热望已变成公开的轻蔑"④。为此，6 月 8 日，以塞西尔为首的代表团拜会了世界裁军大会主席亨德森和国联秘书长埃里克·德乐蒙。

国联协会总理事会于 6 月 20 日至 23 日召开年会，优先讨论国际监管轰炸机和德国局势。奥斯汀·张伯伦支持总理事会敦促英国政府放弃对边远地区实施"警察性轰炸"的权利。7 月 5 日，他又在下院重申了国联协会的要求，和反对党发言人一起迫使艾登在下院保证此事绝无可能发生。⑤ 此事被《前进》带着"对英国政治生活的感激之情"详细报道了。⑥ 但奥斯汀·张伯伦对

---

① BDFA, Part II, Series J, Volume 4, Frederick, Md.: University Publications of America, 1992, p.236.

② BDFA, Part II, Series J, Volume 4, Frederick, Md.: University Publications of America, 1992, p.241.

③ *Headway*, vol.15, no.8, Aug., 1933, p.157.

④ 华尔脱斯：《国际联盟史》下卷，封振声译，商务印书馆 1964 年版，第 100 页。

⑤ BDFA, Part II, Series J, Volume 1, Frederick, Md.: University Publications of America, 1992, p.155.

⑥ *Headway*, vol.15, no.8, Aug., 1933, p.162.

国联协会的支持生疑①。早在4月1日,他曾激烈反对国联协会执委会要求建立国际空军部队的决议;而此时,他又反对英国保留"警察性轰炸"的权利。换言之,他既反对把英国空军交给国联,又反对英国拥有轰炸机。

同样吊诡的是,艾登在日内瓦反复申述英国保留"警察性轰炸"的必要性,却又在私下里认为这种条款在国际上根本站不住脚。② 与国联协会的政治和议会委员会成员会晤时,他说自己正在力劝英国政府重新考虑保留警察性轰炸的权利。③ 国联协会大受鼓舞。④ 7月19日,在政治和议会委员会举行的特别会议上,艾登发言并回答了关于世界裁军大会的问题。同时,数十个分会给当地议员写信,呼吁英国政府废弃"警务所需"的轰炸机。

之所以有这种矛盾现象,首先,希特勒上台后,奥斯汀·张伯伦一直认为英国对德政策不够坚定和明确。他对西蒙越来越不满。1933年7月3日,在家书中,他认为外交大臣一职由艾登取代西蒙会好得多。⑤ 后来,他写信给弟弟尼维尔·张伯伦,请后者和他一起把西蒙从外交部赶走。其次,奥斯汀·张伯伦加入国联协会执委会,要实现两个目标:一是"慢慢说服它只做那些符合自己身份的事,不要越俎代庖,总想承担国联或英国政府的责任"⑥;二是消除保守党在选民眼中的"国联反对者"形象。再次,在下院批评全民政府的外交政策时,他是保守党的后座议员,可为本党谋取利益;而在议会外批评自由党

①　Robert C.Self ed.,*The Austen Chamberlain Diary Letters:The Correspondence of Sir Austen Chamberlain with His Sisters Hilda and Ida,1916-1937*,Cambridge:Cambridge University Press,1995,p.444.

②　安东尼·艾登:《艾登回忆录:面对独裁者》上卷,武雄等译,商务印书馆1977年版,第81页。

③　安东尼·艾登:《艾登回忆录:面对独裁者》上卷,武雄等译,商务印书馆1977年版,第81页。

④　*Headway*,vol.15,no.8,Aug.,1933,p.160.

⑤　Robert C.Self ed.,*The Austen Chamberlain Diary Letters:The Correspondence of Sir Austen Chamberlain with His Sisters Hilda and Ida,1916-1937*,Cambridge:Cambridge University Press,1995,p.445.

⑥　Robert C.Self ed.,*The Austen Chamberlain Diary Letters:The Correspondence of Sir Austen Chamberlain with His Sisters Hilda and Ida,1916-1937*,Cambridge:Cambridge University Press,1995,p.408.

人西蒙时，他又变成了国联协会领导层成员，使对方可能有的反击落在国联协会身上。

国联协会内部的分裂在加深。署名为李立（G.E.Lillie）的会员和执委会的多次通信刊登在了1933年8月和9月的《前进》上。他认为，国联协会不应参与关于"警察性轰炸"的辩论，卷入党争的影响是致命的：

> 会员发现自己卷入了一场强迫当地议员接受国联协会政策的活动，而他可能根本就不赞同这些政策。无论怎么看，这些政策都与国联协会的宗旨不相符。因此，他们放弃了自己的会员身份。事实上，这种情况正在全国范围内发生。①

的确，国联协会付费会员在减少。1932年地方分会上缴给总部的资金比1931年少了2000英镑。1932年只收到了388255份会员费②，比1931年少了1.8万份③。1933年3月17日，曾经加入过国联协会的人数达到100万，尚不足英国总人口的2.5%。莫雷写给会员的公开信道出了真正原因："事情之所以变得糟糕，是因为国联不够强大。"④尽管如此，财务主管昆博朗勋爵还是将总部开支预算从1932年的34740英镑提高到了1933年的35740英镑。⑤ 地方分会更激烈地抱怨总部收走的太多、回馈的太少。1933年下半年，总部加强地方组织建设，但效果不佳。⑥

从1933年夏秋，德国重新武装的迹象愈加明显。英法等国在世界裁军大会之外加紧裁军磋商。法国极度不安，试图通过加强对各国军备的监管来增加自己的安全。英国逐渐认可了法国建立监管体系和试验期的要求，但只愿意在不增加义务的前提下讨论法国对麦克唐纳计划的修改。8月，国联协会

---

① *Headway*, vol.15, no.9, Sep., 1933, p.185.
② *Headway*, vol.15, no.4, Apr., 1933, Supplement, p.i.
③ *Headway*, vol.15, no.8, Aug., 1933, p.160.
④ *Headway*, vol.15, no.4, Apr., 1933, Supplement, p.i.
⑤ *Headway*, vol.15, no.1, Jan., 1933, Supplement, p.ii.
⑥ *Headway*, vol.15, no.10, Oct., 1933, p.196.

提出新裁军方案,①希望 10 月复会后各国按下述 6 点建议谈判:所有国家在一定期限内废弃所有不允许德国拥有的武器,包括军用飞行器;任何国家不得重整军备;重申联防互保原则,以增强安全感;限制军备开支;对现有军备、武器制造和贸易、民用航空实施有效国际监管;对任何不履行削减和限制军备义务的国家实施经济制裁。这项方案与修正后的麦克唐纳计划大体一致,但与国联协会 1932 年的主张相比,变得模糊了,标准也已降低了。例如,它已不再要求 5 年内各国军备开支削减 25%。

　　9 月 24 日,英法意美四国正式将修改文本交给德国外长。修改后的麦克唐纳计划规定裁军分两个阶段实施,每个阶段 3 年至 4 年。第一阶段里,德国军备既不裁减也不增加,用短期服役制取代国防军;同时,由常设裁军委员会监察包括德国在内的一切缔约国现有的军队和物资。若第一阶段的效果让人满意,那么第二阶段里各缔约国按照麦克唐纳计划进行裁军。德国认为这种安排对自己更不利,拒绝接受。10 月 14 日,德国代表团宣布退出世界裁军大会和国联。但国联协会不愿承认挫折。《前进》告诉读者“德国的行为没有破坏世界裁军大会,也没有破坏国联。下一步是冷静地起草一份对各方都公平的条约。切记,没有哪扇门会迅速关闭”②。

　　1934 年初,国联协会仍关注世界裁军大会的任何细微动静,执委会成员诺埃尔—贝克认为“在某些条件下世界裁军大会能够起死回生”③。这显然是自欺欺人。塞西尔、安吉尔、亨德森、达尔顿曾强调过较少引起争议的仲裁机制。如今,他们都认识到若要依靠集体安全来维护和平,就必须有军事力量;还希望军事力量的国际化能突破僵局。于是,曾相对温和的社会运动迅速滑向了激烈的政治化。

---

①　*Headway*,vol.15,no.9,Sep.,1933,p.181.

②　*Headway*,vol.15,no.11,Nov.,1933,p.213.

③　LNU Pamphlet,*Disarmament*,1934,p.2.

第二节　为世界和平而投票

20世纪30年代初,七七事变前紧张的东亚形势和德日退出国联和世界裁军大会失败先后打击了国联的声望。1933年12月,在国联协会总理事会的决议中,"国联"和"集体安全"被放到了首要位置。① 1934年初,国联协会认为"只要能让英国政府感觉到支持国联的强大舆论,只要舆论支持它参与集体行动去制止战争,就可预期最终的胜利"②。但是,付费会员从1932年开始减少,1933年又比1932年少了3.7%。国联协会收入也从1932年的39931英镑降至1933年的29975英镑。③ 因此,招募更多会员变得空前急迫了。④ "会员数量增加10倍意味着没有哪个选区敢把国联的敌人送进议会。英国就会时刻准备加入集体行动以对抗侵略者,其他国家就有了依靠。"⑤

1933年底,在致分会的新年贺信里,塞西尔认为,如果其他国家相信英国政府、国联、真正裁军和集体抵抗侵略,那么和平就能长存。⑥ "英国选择国联还是战争"的询问出现在了挨家挨户的游说中。国联协会秘书长麦克斯韦尔·加内特告诉《前进》读者,以"联防互保还是袖手旁观"为主题教育公众是一个大胆的想法;英国承担联防互保的义务会让法国感到安全,进而带来全面裁军。⑦ 1934年2月6日,约7000人参加了国联协会在伦敦阿尔伯特大厅的集会。他们"坚信只有依靠国联的集体制度,才能避免战争和拯救文明;支持英王陛下政府为达成全面裁军协定所作的一切努力;为私利而制贩武器与公

---

① *Headway*, vol.16, no.1, Jan., 1934, p.12.

② *Headway*, vol.16, no.1, Jan., 1934, p.4.

③ J. A. Thompson, "The 'Peace Ballot' and the 'Rainbow' Controversy", *The Journal of British Studies*, vol.20, no.2, Spring, 1981, p.151.

④ *Headway*, vol.16, no.3, Mar., 1934, p.53.

⑤ *Headway*, vol.16, no.1, Jan., 1934, p.4.

⑥ *Headway*, vol.16, no.2, Feb., 1934, p.24.

⑦ *Headway*, vol.16, no.4, Apr., 1934, p.64.

众利益相悖"①。4 月 12 日至 13 日,国联协会召开全国性集会,又通过类似决议。②

伊尔福德(Ilford)地区分会领导人布尔曼(C. J. A. Boorman),从 1933 年 11 月底到 1934 年 2 月初,调查了当地 16 岁以上成年人的态度。2.6 万人参与,结果见表 3。③

表 3   1933 年至 1934 年伊尔福德地区问卷调查结果

问　题	是	否
1. 英国应该留在国联里吗?	21,532	3,954
2. 世界裁军大会应当继续进行下去吗?	20,472	4,960
3. 根据《洛迦诺公约》的规定,当德法两国发生战事时,英国应当帮助受侵略的一方。你同意这样做吗?	5,898	18,498
4. 是否应当禁止私人公司制造武器?	20,415	4,819

从结果看,大多数受访者支持国联,认为世界裁军大会应当进行下去。但在是否帮助受侵略国上,大多数持否定态度。这让布尔曼颇感不解。④ 国联协会领导人虽受鼓舞,却也看到了教育民众接受集体安全的必要性。

1934 年 2 月 8 日,伊尔福德分会公布投票结果时,塞西尔作为嘉宾出席。3 月 1 日,塞西尔向执委会提出发起全国投票的想法,并建议把它和招募会员的活动捆绑起来。执委会因担心投票结果不理想而反对。3 月 8 日,塞西尔又建议和其他和平团体一起行动,执委会这才同意。3 月 27 日,38 个社团在国联协会总部开会,组建全民宣言委员会。塞西尔任委员长,利文斯顿(D. A. Livingstion)女士任秘书。投票活动被正式命名为"关于国联与军备的全民宣言"。4 月 11 日,全民宣言委员会制定活动方案。利文斯顿女士及其助手的

---

① *Headway*, vol. 16, no. 3, Mar., 1934, p. 45.

② *Headway*, vol. 16, no. 5, May, 1934, p. 91.

③ *Headway*, vol. 16, no. 4, Apr., 1934, p. 74.

④ *Headway*, vol. 16, no. 4, Apr., 1934, p. 75.

薪金为 4000 英镑，由国联协会提供。5 月 17 日，塞西尔在执委会上列出投票要问的 5 个问题。

一、小范围先期试投

1934 年 5 月 24 日，卢顿（Luton）分会组织当地民众开始投票，8 月中旬公布了投票结果。7 月 7 日，诺丁汉（Nottingham）地区约 9 万户居民开始投票，其投票结果和卢顿地区的投票结果一起刊登在 9 月份的《前进》上。结果见表 4。①

表 4　1934 年卢顿和诺丁汉问卷调查结果

问　　题	地区	是	否
1. 英国是否应该仍为国联的会员国？	卢顿 诺丁汉	214,99 8,580	574, 159
2. 你是否赞成用国际协定来实现全面裁军？	卢顿 诺丁汉	213,74 8,570	366, 169
3. 你是否赞成用国际协定来实现全面废除各国陆军和海军航空兵部队？	卢顿 诺丁汉	201,81 8,273	1,531, 271
4. 国际协定是否应该禁止为私人谋利的军火制造和贩卖？	卢顿 诺丁汉	209,73 8,417	893, 164
5. 假使一个国家坚持进攻另一个国家，那么你认为其他国家是否应该联合起来采用：（a）经济及非军事的手段？（b）必要时的军事手段？	卢顿 诺丁汉	202,02 8,252	749, 171
	卢顿 诺丁汉	136,14 5,887	35,86 1,599

虽然明显受到了国联协会宣传活动的影响，但结果依然让协会领导人感到振奋。

1934 年 5 月，全民宣言委员会增设下属委员会，由贝尔福的侄女布兰奇·达格戴尔（Blanche E.C.Dugdale）负责，专门为"和平投票"撰写宣传材料。它印发了一张绿色传单，引导民众如何作答。关于第五个问题，它没有提示集体行动会给英国带来战争风险。"近来事件表明，集体行动是维护国际法和

---

① *Headway*, vol.16, no.9, Sep., 1934, p.162.

全面裁军的唯一途径。时刻准备好采取集体行动是和平与裁军的代价。要求你填完这张问卷的所有组织都相信,贸易和金融上的联合抵制在现实中几乎足以制止任何一个国家挑起战争。"①正是这张绿色传单引发了"彩页论争"(Rainbow Controversy)。

二、政党间彩页论争

对于"和平投票",保守党一开始就不愿合作,它只向全民宣言委员会派出了观察员。保守党很多人认为,问卷的前两个问题没有多少意义,因为答案显而易见;但其余问题涉及很多复杂的知识,要求民众仅用"是"或"否"来回答,未免过于简单化了。保守党中央办公室的乔治·赫伯特(George Herbert)上尉更明确地反对:第三个问题没有提到民用航空问题;第五个问题没有指明如何从"经济的和非武力的制裁措施"升级到"必要情况下的武力制裁"。②

1934年7月中旬,奥斯汀·张伯伦利用这张绿色传单,挑起了论争。当时,张伯伦已有1年多不参加国联协会执委会会议了,但他不断收到总部的文件和备忘录。他承认"对于国联协会发来的那些重要的、不重要的或不相关的信件,我不可能抽出时间去读"③。执委会中的保守党人以为他已经知道相关情况,便没有告知绿色传单的事情。待到张伯伦想制止投票时,为时已晚,只好利用绿色传单来阻止"狂热的"和"一直处于歇斯底里边缘"④的塞西尔。

奥斯汀·张伯伦提出反对意见时,绿色传单已被散发出去了。这让塞西尔和全民宣言委员会强烈不满。达格戴尔女士更是怒不可遏。于是,张伯伦

---

① J.A.Thompson,"The 'Peace Ballot' and the 'Rainbow' Controversy", *The Journal of British Studies*, vol.20, no.2, Spring, 1981, p.156.

② Donald S.Birn, *The League of Nations Union*, 1918–1945, Oxford: Clarendon Press, 1981, p.145.

③ Robert C.Self ed., *The Austen Chamberlain Diary Letters: The Correspondence of Sir Austen Chamberlain with His Sisters Hilda and Ida*, 1916–1937, Cambridge: Cambridge University Press, 1995, p.465.

④ 1934年7月21日,张伯伦给希尔达信中的用语。

拉拢执委会里的保守党人，以集体辞职相威胁，赢回一些主动。7 月 27 日，他得意扬扬地在家书里写道："国联协会乱成了一团。当意识到执委会中可能有 6 位成员辞职，他们被吓坏了。"全民宣言委员会拒绝撤回绿色传单，但同意由保守党人准备一份观察报告，用蓝色传单散发出去。对此，张伯伦又写道："他们的姿态让我没有什么好理由去决裂了。我们的代表正在抱怨没有早一点儿动手。我觉着，彻底决裂可能要推迟了，但只是推迟了。当时机来临时，我们还会在另一个问题上发难。"①

关于调查问卷的前两个问题，蓝色传单并无异议。分歧主要在后三个问题上。奥斯汀·张伯伦等人提出了大量批评意见。针对第五个问题，他们说：

> 这也是一个不能只用"是"或"否"草率做出回答的问题。采取何种行动，在很大程度上，要取决于具体环境、已经发生的挑衅、可获得支持的程度和普遍性，以及经济联合抵制的有效性。实施经济封锁面临的困难是巨大的，其结果是难以预见的。但是，有一点是肯定的：没有人应该投票支持经济性和非武力的措施，除非他准备支持在必要情况下以武力保证其实施。②

全民宣言委员会努力削弱保守党人反对意见的影响，便在蓝色传单里加上一段前言：该传单是应执委会里某些委员的要求而印制的，但它并不意味着绿色传单的解释性文字是错误的。③ 它还暗示说，关于第三个和第五个问题，蓝绿传单的差别只在于重点不同；关于第四个问题，蓝色传单指出的困难在现实中可以被克服。显然，蓝色传单无法让张伯伦等人满意。不过，为了平息争执，全民宣言委员会后来又同意给蓝色传单加上注解，告诉工作人员这两张传

---

① Robert C. Self ed., *The Austen Chamberlain Diary Letters：The Correspondence of Sir Austen Chamberlain with His Sisters Hilda and Ida*, 1916-1937, Cambridge：Cambridge University Press, 1995, p.466.

② J. A. Thompson, "The ' Peace Ballot ' and the ' Rainbow ' Controversy", *The Journal of British Studies*, vol.20, no.2, Spring, 1981, p.160.

③ *Headway*, vol.16, no.11, Nov., 1934, p.213.

单是不可分的。

1934年秋,奥斯汀·张伯伦发现国联协会又散发了一张黄色传单,仍旧使用了"和平还是战争"的红色标题,"在这次'和平投票'中,我们只要求你在战争与和平两个问题上做出选择:你是否支持国联和国际裁军? 如果你投票支持国联,那你帮助的就不仅仅是我们国家,还有其他国家,去维护和平、消除战争以及战争带来的恐惧"。背面印着塞西尔的一段话:"7月底,有些人(大部分时候是保守党人)制造了不少麻烦。与他们达成一致的措施被实施了,并取得了一定的成功。能想到的办法正被用来阻止'和平投票'变成政党争论的问题。"①但是,张伯伦认为7月份的协定未被执行。他"越想越生气,血液都快沸腾了",在家书中骂道:"他们试图诱骗民众,真是痴心妄想……盛名之下掩盖着如此肮脏的事,真是让我开眼了"②。

11月8日,下院里,西蒙以蓝色传单上保守党人的反对意见为据,断章取义地引用《前进》1934年第9期和第11期上的文章,攻击国联协会刊登党派性的言论。③ 他说道:"全民宣言委员会不择手段,只是为了获得某种特别的回答。"④随后,奥斯汀·张伯伦为自己未能阻止国联协会而假惺惺道歉,谎称自己事先对绿色传单毫不知情,⑤指责它正"试图在这些复杂的问题上对国民进行诱供"⑥。两人的指责将"彩页论争"扩大化了。

自由党政要阿奇拜德·辛克莱尔(Archibald Sinclair)市长澄清了事实:西蒙指的文章只是系列文章中的一篇,作者是工党的诺埃尔—贝克;另两篇是保

① J.A.Thompson,"The'Peace Ballot'and the'Rainbow'Controversy",*The Journal of British Studies*,vol.20,no.2,Spring,1981,pp.163-164.

② Robert C.Self ed.,*The Austen Chamberlain Diary Letters:The Correspondence of Sir Austen Chamberlain with His Sisters Hilda and Ida,1916-1937*,Cambridge:Cambridge University Press,1995,p.468.

③ John Simon,Speech,House of Commons Debates,vol.293,8 Nov.,1934,pp.1316-1318.

④ John Simon,Speech,House of Commons Debates,vol.293,8 Nov.,1934,p.1316.

⑤ Austen Chamberlain,Speech,House of Commons Debates,vol.293,8 Nov.,1934,p.1346.

⑥ Austen Chamberlain,Speech,House of Commons Debates,vol.293,8 Nov.,1934,p.1347.

守党塞西尔和自由党莫雷所写。《前进》同时刊登三党人士的言论怎能被视为有党派偏见呢？① 国联协会执委会成员杰弗里·曼德针锋相对地指出，奥斯汀·张伯伦事先知道印发绿色传单的事情；地方分会可自行决定是否使用绿蓝传单；黄色传单没有提及绿蓝传单上的意见，只是提供了填表建议。② 曼德很激动，反击道："在今天下午的发言中，外交大臣第一次撕下了面具。我认为他代表政府向我国整个和平运动宣战了！"③

11 月 12 日，奥斯汀·张伯伦在《泰晤士报》上继续指责黄色传单"试图用不诚实的说明骗取会员费"；"在激烈的竞选中，最无羞耻的政客也没有说过如此误导人的话"。④ 他呼吁社会贤达不要再支持"和平投票"。同日，塞西尔收到侄子克兰伯恩勋爵的来信："这些带颜色的传单比带颜色的衣衫还要危险"⑤。11 月 15 日，张伯伦和执委会中其他四名保守党人拒绝就全民宣言委员会的可信度进行投票。⑥

事实上，关于黄色传单，克兰伯恩勋爵收到过相关决定，而且保守党中央办公室的观察员还看过传单的内容。塞西尔在《泰晤士报》上解释"和平投票"为何要提出战争与和平的问题，坚称印刷新传单一事早就通知了克兰伯恩勋爵；如果奥斯汀·张伯伦认为国联协会领导人都是骗子，那么他退出协会绝不会遭到阻拦。在克兰伯恩勋爵声明为双方的误会负责后，张伯伦不再言语。

议会里的唇枪舌战和《泰晤士报》上的论争使"和平投票"成了街谈巷议的话题。1934 年 11 月 15 日，《泰晤士报》信箱被读者来信塞满了。自由党和

① Archibald Sinclair, Speech, House of Commons Debates, vol.293, 8 Nov., 1934, p.1325.
② Geoffrey Mander, Speech, House of Commons Debates, vol.293, 8 Nov., 1934, pp.1367-1368.
③ Geoffrey Mander, Speech, House of Commons Debates, vol.293, 8 Nov., 1934, p.1369.
④ *The Times*, 12 Nov., 1934, p.27.
⑤ "带颜色的衣衫"指的是法西斯分子。详见 J. A. Thompson, "The 'Peace Ballot' and the 'Rainbow' Controversy", *The Journal of British Studies*, vol.20, no.2, Spring, 1981, p.164。
⑥ Robert C. Self ed., *The Austen Chamberlain Diary Letters: The Correspondence of Sir Austen Chamberlain with His Sisters Hilda and Ida, 1916-1937*, Cambridge: Cambridge University Press, 1995, p.468.

工党的报纸也在头版报道"彩页论争"。11 月 10 日的《曼彻斯特卫报》把绿色、蓝色和黄色 3 种传单都刊登了出来。11 月 23 日,在格拉斯哥的演讲中,鲍德温抱怨"和平投票"被工党利用来获取党派利益。[①] 3 天后,他应邀会见塞西尔,被后者说服,承认"和平投票"不是出于党派之争。塞西尔在自传里说,反对意见被公开,这使"和平投票"在起步阶段激发了民众的兴趣和参与。[②] 热心的保守党人李顿勋爵在 11 月份的《前进》上为问卷第三和第四两个问题辩护。[③] 11 月 24 日,他在午餐上告诉朋友:"比弗布鲁克勋爵的报纸危言耸听,说这是'血腥投票',却让我们的志愿者更引人瞩目了。"[④]

　　保守党处境艰难,对"和平投票"的指责遭到工党和自由党联合反击。世界裁军大会失败后,工党认为保守党对待和平的态度是三心二意的。11 月 26 日,有工党议员在下院说:"工党一直致力于在国际合作的基础上建立集体和平制度……我相信投票结果能受人欢迎地反映出民众的想法……我的看法和其他数百万人的一样,我国现任外交大臣对全世界和平构成了最大威胁。"[⑤] 1934 年 11 月的普特尼地区补缺选举中,工党议员伊迪斯·萨默斯吉尔(Edith Summerskill)充分利用保守党对"和平投票"的批评,把对手马库斯·塞缪尔(Marcus Samuel)逼到崩溃边缘。保守党最终大败,得票从 1931 年的 21146 张骤降至 2663 张。

三、嘈杂中全面展开

　　全民宣言委员会依托国联协会地方分会,分身成 1000 多个小组织。[⑥] 它

---

① A.W. Baldwin, *My Father: The True Story*, London: George Allen & Uniwn Ltd., 1956, pp.218-219.

② Robert Cecil, *A Great Experiment: An Autobiography*, London: Jonathan Cape Ltd., 1941, p.259.

③ *Headway*, vol.16, no.11, Nov., 1934, pp.208-209.

④ Martin Ceadel, "The First British Referendum: The Peace Ballot, 1934-1935", *The English Historical Review*, vol.95, no.377, Oct., 1980, p.827.

⑤ Mr.Lunn, Speech, House of Commons Debates, vol.295, 26 Nov., 1934, p.524.

⑥ *Headway*, vol.17, no.6, Jun., 1935, p.105.

们各自负责的区域大致和议员选区重合①,多由当地政党、教会和其他团体的领导人担纲。一个议员选区为一个投票单位,几个选区也可联合,自行决定何时开始投票。国联协会起初认为,从 1934 年秋天到 1935 年春天,英格兰、苏格兰和威尔士若有 25 万人参与投票就算成功了。② 投票截止日期先是定在 1935 年的复活节③,后又延至 6 月份,以期尽可能影响秋天的英国大选。

约 50 万志愿者在统一安排下,挨家挨户游说。④ 他们定期聆听国联协会演讲者的建议,学会如何应对反对者。散发和收回问卷的工作耗时耗力,初次只能按时收回 10% 左右,反复几次才能再收回 50% 到 60%。⑤ 伦敦郊外的一名志愿者告诉《前进》:"这种情况不是源自被访者的敌对,而是因为他们不像商业人士那样追求效率。"⑥无论结果如何,能动员起这么多志愿者已是了不起的成就了。塞西尔称他们是"受人尊敬的爱国者"。

国联协会领导人诺埃尔—贝克承认"和平投票"是宣传活动,而非科学的民意测验。⑦ 1934 年,现代民意测验技术还处于萌芽阶段,乔治·盖勒普(George Gallup)在美国的抽样调查才刚刚起步。直到 1937 年盖勒普才第一次在英国进行抽样调查。全民宣言委员会没有考虑抽样。填写问卷并及时交回的都是那些愿意合作的民众。反对国联的人没有收到问卷,或者拒绝作答。因此,投票活动反映出来的是那些具有特殊偏好的民众态度。

事实上,活动组织者的宣传严重影响了投票结果的客观准确性。"为了向我国政府和全世界表明自己对和平及其代价的看法,请您在回答问题时,牢

---

① Headway, vol.16, no.11, Nov., 1934, p.202.

② Headway, vol.16, no.9, Sep., 1934, p.162.

③ Headway, vol.16, no.11, Nov., 1934, p.203.

④ Headway, vol.17, no.6, Jun., 1935, p.105.

⑤ Martin Ceadel, "The First British Referendum: The Peace Ballot, 1934-1935", The English Historical Review, vol.95, no.377, Oct., 1980, p.818.

⑥ Headway, vol.17, no.4, Apr., 1935, p.72.

⑦ Philip Noel-Baker, The First World Disarmament Conference 1932-1933 and Why It Failed, Oxford: Pergamon Press, 1979, p.138.

记传单提供的指导性意见"①；"您无须高深的知识和缜密的推理,仅凭常识就够了"②。志愿者虽也知道"合理解释"与"无理劝说"之间的区别,但"收发问卷的志愿者最好是那些说服力强的人"。③ 为了打消民众的疑虑,《前进》刊登了西蒙在 1934 年 12 月 11 日给吉尔德瑟姆(Gildersome)分会书记的回信。西蒙改口说自己不反对"和平投票"。④ 不仅如此,《前进》还征引了 1933 年10 月 6 日鲍德温在伯明翰的讲话,⑤而不提 1934 年 11 月 23 日他在格拉斯哥对"和平投票"的反对。

　　1934 年 11 月,"和平投票"正式开始;当月 22 日,第一批结果公布。民众的反应主要取决于国联协会地方分会的力量和态度。"在任何一个开展投票活动的地区,能否获取被访者的回答主要取决于分发、解释和回收问卷的志愿者的数量。"⑥投票刚开始时,威尔士和英格兰北部地区的参与人数最多;临近结束时,排名前八位的地区全部在威尔士;英格兰地区的前两名则是兰开夏郡和约克郡。但在苏格兰地区,困难比较大,主因是格拉斯哥和邓迪(Dundee)的地方分会不愿合作。活动结束后,莫雷解除了苏格兰西部地区分会书记的职务,解散了当地分会。一些反对者以协会正在背离其宗旨为由,辞去分会书记职务,包括阿诺德·维特克(Arnold Whitaker)、马丁·哈维(Martin Harvey)、梅尔德瑞德·裴琳(Mildred Perrin)和肯因(E.R.Kenyon)。⑦ 尽管有少数反对者,但"和平投票"激发了公众对国联的关注和讨论。受邻区影响,一些不太积极的分会也开始组织投票了。

　　1934 年 11 月底,只有 6 万人参与投票;12 月 7 日,也只有 17.2 万人参

①　*Headway*, vol.16, no.8, Aug., 1934, p.160.

②　*Headway*, vol.16, no.9, Sep., 1934, p.164.

③　Martin Ceadel, "The First British Referendum: The Peace Ballot, 1934–1935", *The English Historical Review*, vol.95, no.377, Oct., 1980, p.831.

④　*Headway*, vol.17, no.1, Jan., 1935, p.13.

⑤　*Headway*, vol.17, no.1, Jan., 1935, p.9.

⑥　*Headway*, vol.17, no.7, Jul., 1935, p.131.

⑦　*Headway*, vol.17, no.2, Feb., 1935, pp.25–26; *Headway*, vol.17, no.3, Mar., 1935, pp.50–51.

与。但 1934 年圣诞节后,总人数开始加速攀升。1935 年 1 月 24 日,已突破 100 万人;①2 月份,每星期都有近 25 万人;②到 3 月底,增速又翻了一番,投票人数已超过 400 万人;③4 月份,每周都有 75 万人投票。这种情况一直持续到 5 月底,半个月内投票民众竟有 200 多万人。显然,这已远超国联协会领导人的预期。

"和平投票"之所以能取得成功,原因不仅在于国联协会的领导人大部分是社会名流,能把国内众多和平组织团结到一起,还在于志愿者是来自英国政坛上的左右两派,还吸引了处于中间地带的自由派和大量教会人士。很多大报都在头版详细介绍投票活动。

1935 年 6 月 27 日,伦敦阿尔伯特大厅里,有坎特伯雷大主教和英国工会领导见证,塞西尔向 1 万多名听众宣布结果。参加投票的共有 1160 多万人,约占当时英国成年人的 38.2%。赞成使用"经济及非军事手段"和"必要时采用军事手段"进行制裁的受访者分别占到了 86.8% 和 58.7%。这有力反驳了"和平投票"表明英国人不愿抵抗侵略者的论断。不过,反对和怀疑用军事手段实施制裁的受访者分别达到了 20.3% 和 20.4%。

"和平投票"反映并助长了英国民众的模糊认识。集体安全制度是战争之外的选择,它能动员所有遵守国际法的国家的力量,进而推动国际裁军。塞西尔曾言,只要国联成员中的大国是认真的和热心的,"制裁就很少会被用到",采取集体行动的承诺能将战争爆发的风险降到最低。④ 艾登曾批评说,第五个问题把经济制裁和军事制裁分开,暗示人们经济制裁没有战争风险。

---

① *Headway*, vol.17, no.2, Feb., 1935, p.26.

② *Headway*, vol.17, no.3, Mar., 1935, p.43.

③ *Headway*, vol.17, no.4, Apr., 1935, p.63.

④ J.A.Thompson, "The Peace Ballot and the Public", *A Quarterly Journal Concerned with British Studies*, vol.13, no.4, Winter, 1981, p.387.

他怀疑那些呼吁制裁墨索里尼的人们是否清楚这个任务将主要由英国承担。① 丘吉尔评论道:"它的名称掩盖了目的,显然把裁减军备和抵抗侵略这两个相互矛盾的命题连在了一起。"②1935 年秋天大选时,国联协会会员哈罗德·尼科尔森收到选民来信:"亲爱的先生,你能向我保证你支持国联和集体安全而反对英国卷入欧洲任何事端吗?"在多次集会上,尼科尔森都把这封信大声读了出来,却发现"只在少数和孤立的情况下",听众才意识到这个问题是自相矛盾的。③

客观上,"和平投票"鼓舞了国联协会的士气,付费会员的数量从 1933 年的 373912 回升到了 1934 年底的 396064 人。④ 通过这场活动,塞西尔压服了协会里持反对意见的同事,驳斥了"无条件反对和拒绝一切战争"的和平主义者,回击了保守党,还让批评国联的报纸暂时安静了下来。1935 年 6 月 27 日,在阿尔伯特大厅的集会上,他兴奋地说:"我希望投票结果能够表明:无论那些聒噪的报纸说什么,全世界可以放心地依靠英国对集体安全的支持",但"第一件事是让英国政府理解发生的一切"。⑤

表5 1935 年英国"和平投票"活动结果

问 题	是	否	不知道	未回答
1.英国是否应该仍为国联的会员国?	11,157,040 (95.9%)	357,460 (3.1%)	10,505 (0.1%)	102,760 (0.9%)
2.你是否赞成用国际协定来实现全面裁军?	10,533,826 (90.6%)	867,227 (7.5%)	12,109 (0.1%)	214,603 (1.8%)

① 安东尼·艾登:《艾登回忆录:面对独裁者》上卷,武雄等译,商务印书馆 1977 年版,第430 页。

② 丘吉尔:《第二次世界大战回忆录》第一卷上部第一分册,吴万沈译,商务印书馆 1974 年版,第 248 页。

③ Harold Nicolson, "British Public Opinion and Foreign Policy", *The Public Opinion Quarterly*, vol.1, no.1, Jan., 1937, p.59.

④ *Headway*, vol.17, no.2, Feb., 1935, p.23.

⑤ *Headway*, vol.17, no.7, Jul., 1935, p.130.

续表

问　题	是	否	不知道	未回答
3. 你是否赞成用国际协定来实现全面废除各国陆军和海军航空兵部队？	9,592,573（82.5%）	1,697,977（14.6%）	17,032（0.1%）	320,183（2.8%）
4. 国际协定是否应该禁止为私人谋利的军火制造和贩卖？	10,480,002（90.1%）	779,513（6.7%）	15,127（0.1%）	353,123（3.1%）
5. 假使一个国家坚持进攻另一个国家，那么你认为其他国家是否应该联合起来采用：	10,088,312（86.8%）	638,211（5.5%）	27,325（0.2%）	859,754（7.4%）
（a）经济及非军事手段？	6,827,699（58.7%）	2,364,279（20.3%）	40,969（0.4%）	2,377,292（20.4%）
（b）必要时的军事手段？				

注：截至1935年6月27日，参加投票的人数总计为11,627,765人。

四、温和地施加压力

"和平投票"开始后不久，1934年12月5日，意大利与埃塞俄比亚在瓦尔瓦尔绿洲发生冲突，直接挑战了集体安全制度。1935年6月20日，国联协会执委会强调，制止意大利侵略对国联的未来极为重要。6月26日，塞西尔拜会外交大臣塞缪尔·霍尔①时说，墨索里尼无力抵抗国联成员国的集体警告，也无法承受英意关系的破裂；不希望国联重蹈处理七七事变前紧张的东亚形势时的覆辙。6月27日，在阿尔伯特大厅的集会上，他又说："无论怎样解释，七七事变前紧张的东亚形势都是对集体安全制度的沉重打击。我认为几乎所有人都会同意这一点。再遭受一次类似的打击，集体安全制度就被完全毁掉了。参与'和平投票'的每个人都应该努力防止这种情况发生。"②

1935年7月11日，霍尔在下院先大谈国联和集体安全的重要性，但随后就向意大利示好。这种"既同意大利协商又忠于国联"的"双重政策"，其实质是谋求与意大利协商，而"忠于国联"则是迫不得已的策略。③ 于是，为了让英

---

① 霍尔于1935年6月7日继西蒙出任外交大臣，12月18日辞职。
② *Headway*, vol.17, no.7, Jul., 1935, p.130.
③ 齐世荣：《齐世荣史学文集》，人民出版社2002年版，第28、29页。

国政府"明白发生的一切",7月23日,塞西尔率团拜访首相鲍德温,①呈递投票结果。鲍德温对国联协会无意攻击政府感到宽心,虚情假意地赞赏集体安全制度,称"国联仍旧是英国政策的最后依靠"②。

口头承诺无法让国联协会放心。1935年8月,国联协会秘书长加内特和执委会的诺埃尔—贝克奔赴日内瓦,带着总理事会7月份的决议,敦促英国代表告诉行政院"英国人民准备参与任何行动,无论多么激烈,只要它是解决问题所必需的"③。国联秘书华尔脱斯写信给塞西尔:如果英国人民真这样做,霍尔和艾登的声明就会引发疑问。塞西尔的回信道出了初衷:这份决议意在引导国内舆论;如果国联协会每个分会都向当地议员施压,那么艾登就有底气了;毕竟,1935年要举行大选。④ 8月21日,外交大臣霍尔约见塞西尔,拒绝了国联协会的建议,理由是英国应协调自己与法国的政策,单方面的宣言会让两国感到尴尬。塞西尔又找到艾登,询问是否有让国联协会去做的事情。艾登说没有。

1935年8月29日,执委会集中精力研究制裁问题。亚瑟·索尔特(Arthur Salter)强调,除非侵略者认识到实施制裁的国家必要时会采取更多集体行动,单纯的外交和经济制裁不会产生效果。诺曼·安吉尔为执委会准备的政策声明,也强调英国海军要在最后关头推动经济制裁的实施。《前进》把时局与1914年英国"为了维护国际秩序而勇敢参战"⑤做对比,认为"拒绝履行条约义务是当前更让人厌恶的做法"⑥。9月,除了鼓励公众讨论各种应对措施,执委会主张一旦意大利入侵埃塞俄比亚,英国政府就应根据《国联盟

---

① 1935年6月7日,首相麦克唐纳借口健康不佳,与鲍德温对调官职,改任枢密大臣。
② *Headway*, vol.17, no.8, Aug., 1935, p.148.
③ *Headway*, vol.17, no.8, Aug., 1935, p.148.
④ Donald S. Birn, *The League of Nations Union, 1918–1945*, Oxford: Clarendon Press, 1981, p.158.
⑤ *Headway*, vol.17, no.9, Sep., 1935, p.162.
⑥ *Headway*, vol.17, no.9, Sep., 1935, p.164.

约》第 16 款向行政院提出建议,撤回外交官,全面抵制意大利出口货物;如果这些措施不够,那就封锁苏伊士运河。

但英国政府无意这么做,却想卸责于国联。8 月 24 日霍尔在致英国驻法国大使克拉克的密信中讲得最为露骨:"宣布制裁不能实行的,必须由国联而不是英国政府,并且英国政府一定不可蒙受我们没有竭力使之可行的指责。"①9 月 11 日,霍尔在国联大会上演讲,表示英国拥护集体安全制度,极力强调英国捍卫国联的决心。② 次日,英国本土舰队的 2 艘战列巡洋舰、3 艘巡洋舰和 6 艘驱逐舰增援地中海舰队,于 9 月 17 日到达直布罗陀。这让人以为英国决心以武力维护国联原则,但实际上这是为了防止意大利突袭英国地中海舰队和基地。《前进》告诉会员:"英国已经把手放在盟约上宣誓了,准备承担全部义务。它已经在实践国联的理想了。"③国联协会打算邀请霍尔在 9 月 24 日的集会上演讲,但霍尔拒绝了。

1935 年 10 月 3 日,意埃战争爆发。塞西尔立即和艾登的次官克兰伯恩勋爵商议封锁苏伊士运河和切断意大利的补给线。同日,外交大臣霍尔询问国联协会关于经济制裁的看法。10 月 10 日,国联行政院宣布意大利为侵略者。从 10 月 12 日到 19 日,国联制裁委员会通过 5 项建议,对意大利实施制裁,包括武器禁运、财政制裁,抵制意大利商品和禁止向意大利输出某些货物。10 月 31 日,国联协会举行大规模集会,以彰显英国"公众普遍支持国联充分行使集体安全的权威,切断意大利与埃塞俄比亚殖民地之间的联系"。④

奉行"双重政策"的英国政府受到公众舆论制约,不敢明目张胆地讨好意

---

① 齐世荣:《齐世荣史学文集》,人民出版社 2002 年版,第 38 页。

② BDFA,Part II,Series J,Volume 1,Frederick,Md.:University Publications of America,1992,p.229.

③ *Headway*,vol.17,no.10,Oct.,1935,p.184.

④ Donald S.Birn,*The League of Nations Union*,*1918-1945*,Oxford:Clarendon Press,1981,p.160.

大利。鲍德温深谙选举之道,决定提前大选。① 1935年10月25日,应鲍德温请求,乔治五世解散了议会。为了争取选票,保守党高举拥护国联的旗帜,以致保守党议员艾默里讽刺说:"调子喊得比联合到一起的反对派都高,扮演集体安全的真正战士在一阵正直的义愤浪潮中重新执政。这种诱惑是无法抵抗的。"②保守党在大选宣言里说道:"一如既往,国联仍然是英国外交政策的基石……我们要继续尽我们的力量来维护国联,保持和提高国联的效能。"③11月14日,以保守党为主体的全民政府赢得53.7%的选票和70%(432个)的席位。④ 一年后,鲍德温不无得意地回顾道:"与其他大选日期相比,我选择的日期不会带来较多不幸。我们以较大优势赢得了选举。这就是我所做的一切。"⑤

赢得大选后,保守党便将诺言抛到九霄云外了。对意大利的禁运物资不包括石油、钢和铁的制成品、铜、铅、锌、煤等重要战略物资,并且直到1935年11月18日才开始实行。但软弱的经济制裁仍让英国政府惶惶不安。11月25日,塞西尔和李顿勋爵代表国联协会再次向霍尔和艾登提出禁运石油的建议,未被采纳。《前进》呼吁"必须制止意大利"⑥,在12月继续批评英法等国没有把石油列入禁运名单。⑦ 然而,英国政府一拖再拖,直到埃塞俄比亚灭亡,也未禁运石油。后来,墨索里尼曾说:"如果国联……把经济制裁扩大到包括石油在内,我就不得不在一个星期内撤出阿比西尼亚。这对我将是个无

① Philip Williamson and Edward Baldwin, *Baldwain Papers, A Conservative Statesman, 1908-1947*, Cambridge: Cambridge University Press, 2004, p.351.
② 麦克米伦:《麦克米伦回忆录:风云变幻,1914—1939》,山东大学外文系翻译组译,商务印书馆1983年版,第441页。
③ 丘吉尔:《第二次世界大战回忆录》第一卷上部第一分册,吴万沈译,商务印书馆1974年版,第261页。
④ 阎照祥:《英国史》,人民出版社2003年版,第362页。
⑤ James C.Robertson, "The British General Election of 1935", *Journal of Contemporary History*, vol.9, no.1, Jan., 1974, p.164.
⑥ *Headway*, vol.17, no.11, Nov., 1935, p.204.
⑦ *Headway*, vol.17, no.12, Dec., 1935, p.222.

可估量的灾难。"①12月7日至8日，霍尔与法国外长赖伐尔密谈，准备对意大利做出巨大让步：埃塞俄比亚把欧加登省和提格雷省的一部分土地割让给意大利，还要将南部划为意大利经济发展和居留的地区；作为补偿，埃塞俄比亚要接受意属厄里特里亚的一条狭小沿海地带及一个出海口阿萨布港。对此，范西塔特说："侵略者得到的东西将超过他已得到的东西了，虽然比他希望的少一些。"②消息走漏，舆论哗然。

国联协会立即要求每个分会都去拜会当地议员，并举行民众抗议集会。议员们收到大量愤怒的信函。1935年12月13日，鲍德温接见了由塞西尔、莫雷、奥斯汀·张伯伦、诺埃尔—贝克和李顿勋爵组成的代表团。鲍德温为自己辩护，说不希望英国遭到攻击和英法关系破裂。不过，他同意继续制裁意大利，还同意研究禁运石油的可行性。③私下里，张伯伦认为整件事是一出"悲剧"，霍尔摔了大跟头。④这时，工党提出严厉批评，英国政府在日内瓦也受到普遍指责。12月18日，英国内阁决定抛弃霍尔。同日，霍尔辞职。⑤艾登在日内瓦声明撤销《霍尔—赖伐尔协定》，并于12月22日继任外交大臣。

《前进》评论道，这个插曲给了国联支持者新的信心，"英国政府尽可如此，国民却不答应"⑥。丘吉尔做出相似判断，开始考虑用国联制约希特勒的可能性。⑦然而，由于赢得大选后保守党地位稳固，鲍德温应对自如。他不仅

---

① 吴于廑、齐世荣主编：《世界史·现代史编》上卷，高等教育出版社1994年版，第305页。

② Keith Middlemas and John Barnes, *Baldwin: A Biography*, London: Weidenfeld and Nicolson, 1969, p.885.

③ Philip Williamson and Edward Baldwin, *Baldwain Papers, A Conservative Statesman, 1908-1947*, Cambridge: Cambridge University Press, 2004, pp.357-359.

④ Robert C. Self ed., *The Austen Chamberlain Diary Letters: The Correspondence of Sir Austen Chamberlain with His Sisters Hilda and Ida, 1916-1937*, Cambridge: Cambridge University Press, 1995, p.487.

⑤ 1936年6月，霍尔重返英国内阁，任海军大臣。

⑥ *Headway*, vol.18, no.1, Jan., 1936, p.2.

⑦ Robert Rhodes James, *Churchill: A Study in Failure, 1900-1939*, London: Weidenfeld and Nicoson, 1970, pp.286-287.

没走国联路线,反而认为英国更应该"自扫门前雪",决不能因制裁引火烧身。反对意大利的言论着实让他感到很吃惊。[1] 随着舆论压力的退却,他更不愿加强制裁了。

1936 年初,艾登在日内瓦的多次演讲让国联的很多支持者心满意足。国联协会领导层仍盼着对意大利禁运石油。2 月初的第一个星期里,国联协会的请愿书就征集到了 4000 多个签名。3 月 2 日,艾登宣布支持石油禁运,如果其他国家也这么做的话。国联协会大受鼓舞。但这不过是艾登的姿态。随后迫于法国要求,艾登宣布无限期推迟石油禁运。

1936 年 3 月 7 日,德军占领莱茵兰非军事区。英法抓紧拉拢意大利。当国联协会执委会讨论局势时,诺埃尔—贝克指出,很多人认为德国有权获得平等地位,以致看不到国际法已被德国破坏了。塞西尔呼吁法国加入英国制止意大利的行动,以换取英国的帮助来对抗德国,但此建议未被执委会采纳。国联协会在 1935 年 11 月创办的周报《阿比西尼亚》(此时改名为《危机》),同时讨论"一个挑战的两个方面:莱茵兰和阿比西尼亚"[2]。1936 年 5 月 5 日,意军攻占埃塞俄比亚首都。以"扑灭阿比西尼亚的战火,预防欧洲西部的战争"为主题,国联协会于 5 月 8 日在伦敦举行公众集会。总部要求各地分会提醒当地议员:当所有人的注意力集中到莱茵兰时,切不可放任墨索里尼。但 5 月 9 日意大利国王自封为埃塞俄比亚皇帝时,英国政府没有强烈反应。1936 年 5 月 5 日,奥斯汀·张伯伦宣布不再支持国联协会的对意制裁政策,在莫雷劝说下,他又在国联协会里待了几星期,最终于 6 月份退出。7 月 1 日,艾登建议国联取消对意大利的制裁。3 天后,国联大会终止了制裁。

"和平投票"让国联协会的财政捉襟见肘,它花去大约 1.2 万英镑。[3]

---

[1]　Thomas Jones, *A Diary with Letters, 1931—1950*, London: Oxford University Press, 1954, p.160.

[2]　*Headway*, vol.18, no.1, Jan., 1936。《危机》在 1936 年 5 月之后便不再出版。

[3]　Donald S. Birn, *The League of Nations Union, 1918—1945*, Oxford: Clarendon Press, 1981, p.153.

1935年3月,协会领导人联名发出呼吁:"我们急需1万英镑!"[1]幸运的是,一个月内,收到捐款共计7000多英镑,[2]解了燃眉之急。国联协会视"和平投票"为自己开展的所有活动中最成功的一个,[3]所耗资金与"建立上千个地方委员会,调动50多万志愿者,分发、解释、回收和统计数百万问卷"的工作量相比不算什么。[4]

招募会员是"和平投票"的初衷之一,但宣扬集体安全的工作导致不少分会书记和会员退出了国联协会。从1933年7月份开始,《前进》不再刊登国联协会会员数量逐月增长的情况;从8月份开始,原来的版面改为介绍入会资格。这反映出国联协会会员严重的流失。1935年4月份和5月份的《前进》连续刊登招募新会员的注意事项。不过,"无论组织者多么活跃和能干,进展依然不大"[5]。1935年国联协会的付费会员比1934年的付费会员少了3.3%,只有377824人。[6] 1936年的付费会员总数为353769人,比上一年下降了6.4%,而1937年的负增长竟然突破了10%。[7] 1936年后,无论是向英国政府施压,还是为了唤起英国民众对国联的支持,国联协会已力不从心了。

第三节　为武装国联而谋划

在长期的社会动员中,国际裁军、集体安全、仲裁和制裁一直是国联协会的主要工作内容。在世界裁军大会上,法国的安全需求引发多方的反应,国际

---

[1]　*Headway*,vol.17,no.3,Mar.,1935,p.49.

[2]　*Headway*,vol.17,no.4,Apr.,1935,p.63.

[3]　*Headway*,vol.18,no.1,Jan.,1936,p.8.

[4]　*Headway*,vol.17,no.6,Jun.,1935,p.105.

[5]　*Headway*,vol.17,no.6,Jun.,1935,p.70.

[6]　Martin Ceadel,*Semi-Detached Idealists:The British Peace Movements and International Relations,1854-1945*,Oxford:Oxford University Press,2000,p.286,note 21.

[7]　Martin Ceadel,*Semi-Detached Idealists:The British Peace Movements and International Relations,1854-1945*,Oxford:Oxford University Press,2000,p.286,note 21.

空军警察部队的概念也与此相关。"和平投票"助长了英国民众对集体安全和制裁的模糊认识,但随即发生的意埃战争、国联的软弱表现和英法等国的姑息纵容让很多人清醒了。意埃战争中,由于丧失制空权,埃塞俄比亚遭受重创,战局逆转。空军的物质破坏力所造成的心理冲击力是灾难性的。让人沮丧的国际局势促使不少自由国际主义者开始思考更为激进的或更有新意的解决方案。有些人主张更有效的国际干预。早已出现的国际警察部队议题再次甚嚣尘上,甚至第二次世界大战后才出现的联合国维和部队也开始被构想。

20世纪30年代初,自由国际主义者主张依靠国际空军警察部队(International Air Police Force)来建立某种形式的集体防空机制,认为组建国际空军警察部队有望解开国际裁军的死结;国际空军警察部队不仅能促进民族国家废弃空军,成为全面裁军的前奏,还能为法国提供军事保证。这些主张开始得到更多同情,也赢得了英国不同党派的支持。1933年,英国工党接受了这种理念。1934年,财政大臣尼维尔·张伯伦在内阁中宣扬国际警察部队计划。1934年9月,在苏联加入国联后,英国共产党的观点向丘吉尔的靠近,即国际警察部队有可能成为对抗德国的武器。

20世纪30年代中期,在英国人的讨论中,国际空军警察部队与国联制裁联系在了一起。1935年,英国自由党也认可"和平意味着军事上的安全"。从英国退伍军人协会到新费边研究局(New Fabian Research Bureau),很多团体都认识到了组建国际警察部队的必要性。[1] 组建国际警察部队的理念经常是国联协会有奖作文的主题和专门会议的话题。空军大臣和众多学者被国联协会邀请到一起进行探讨。皇家国际事务研究所也组织了关于制裁问题的研究。

一、过分的空袭恐慌

英国公众早就在空袭的严重性上达成了共识,但过分的恐慌是英国空军

---

[1]　*New Commonwealth*,July 1935,p.371.

将领和专家们的夸张预测引发的。第一次世界大战末期,英国皇家空军的缔造者之一弗雷德里克·赛克斯(Frederick Sykes)提出"一击致命"(Knock-Out blow)理论。在特伦查德勋爵(Lord Trenchard)的影响下,一击致命理论成了英国官方的战略指导思想。战争中,空军的首要目标是恐吓敌方民众,这种观念被格洛夫斯等人广泛宣扬。1918年,格洛夫斯是空军指挥官,还是空军联盟(Air League)的忠实支持者。格洛夫斯认为,伦敦很难守得住,"在不长的时间里,伦敦的重要枢纽都将变成废墟,其余部分笼罩在毒气中,难有人活在那里"①。

根据1917年和1918年德国在白天轰炸英国的情况,1924年英国空军将领和专家们预测每吨航空炸弹能造成50人死伤;到30年代中期,该数字上升到72人。空袭恐慌有助于皇家空军成为独立军种,有助于它争取到更多资金。但实际上,在第二次世界大战中,每吨航空炸弹造成的死伤只有15人到20人。② 当集体安全变得更加重要时,空袭恐慌几乎不需要新的刺激了。人们相信飞行器对伦敦的灾难性破坏正如马克沁重机枪在弗兰德斯战场上的表现。对1927年的空中表演,一位编辑简洁的评论让读者看起来更像真实发生的事情:"伦敦的心脏昨天被轰炸了。攻击者肆意妄为,这一点无论怎样被重复地说都不嫌多。"③1928年,英国空军大臣分析道,在57次白天模拟空袭中,只有9次能突破防御。然而,人们认为,哪怕只有一次突破防御,难以预料的浩劫都会出现。阴郁的空战前景影响了英国政府和民众的行为。到1931年,英国政府已经在审查疏散大城市民众的计划了。1932年11月,鲍德温在下院中说的一句"轰炸机总能突破防线"更是广为流传。到30年代中期,人们对空战的预期达到了糟糕的顶点。1935年,英国政府组建"空袭预防部"(Air

---

① *Manchester Guardian*, 18 August 1928, p.11.

② F.C.Iklé, *The Social Impact of Bomb Destruction*, Norman:Oklahoma University Press, 1958, p.17.

③ *Westminster Gazette*, 27 July 1927, p.6.

Raid Precautions Department），预订了大量棺材和丧葬用品，严肃认真地执行民防措施。

虽然人们都同意空袭的严重性，但是反应却各不相同。相信一击致命理论的专家认为，冲突中生存下来的唯一希望在于先发制人，炸毁敌方的机场。幸运的话，存活下来的英国皇家空军将遏止潜在的侵略者。保守党人视空军为落实遏止理论的主要力量，将它与其他军种的裁减区分开来，其理由是如果英国空军弱小，那么"其他国家将动用自己的财富与资源，前来征服我国"[1]。英国空军部官员斯佩特（J.M.Spaight）也认为国联肯定无法及时拯救被侵略者，因为国联的武装力量缺乏"健康压力背后的仇恨"[2]。另外，对英国而言，空军的发展强化了帝国内部的联系，能为帝国提供空中资源。所以，第二届鲍德温内阁决心掌握"在数小时之内粉碎对方文明的技术"。它准备组建23个飞行中队（主要是轰炸机中队），虽然该计划到1927年只完成了一半。

然而，国联的热心支持者倡议将空军变成集体使用的力量，成为国际仲裁和制裁的特殊手段，使国联能够迅速帮助被侵略者。工党议员伦尼·史密斯（Rennie Smith）说："与陆军和海军相比，空军的不同之处在于：从技术观点看，全世界所有国家都有必要交出空军，因为空军的发展目前尚处于起步阶段。我们有充分的理由要求在一开始的时候就对空军实行复杂的国际管控。"[3]工党的亨德森、达尔顿、艾德礼、诺埃尔—贝克、阿诺德—福斯特将集体安全视作世界秩序的先决条件。他们倡议国际管控航空，引领工党接受一个强有力的国联。艾德礼曾建议道，民用航空业应该"从全世界各国招募机组人员。在国际化的机组里，他们将感受到自己属于国际团体"[4]。不过，国内问题占据了优先地位。直到世界裁军大会行将破裂之时，工党才开始充分讨

[1]　Vernon Davies,Speech,House of Commons Debates,vol.214,12 March 1928,p.1630.

[2]　J.M.Spaight,*Pseudo-Security*,London:Longmans,1928,p.58.

[3]　Rennie Smith,Speech,House of Commons Debates,vol.214,12 March 1928,p.1635.

[4]　Clement Attlee,Speech,House of Commons Debates,vol.192,8 March 1926,p.192.

论国际警察部队。

1929 年至 1931 年的工党政府继续奉行遏止理论。英国空军大臣汤姆森勋爵私底下支持报复性轰炸,承认组建一支高质量(如果规模不大的话)空军的必要性。[1] 但工党普通党员和多数领导人没有接受这种遏止加报复的理论。自由国际主义者认为,既然人类面对空袭时是无助的,那么达成国际空军条约变得更为重要了;遏止理论是无效的,因为它意味着英国"必须着手防范,但防范永远不够用"[2]。航空技术在快速进步,但空军方面没有类似于华盛顿会议式的约束性安排。1929 年后,其他国家根本无意在空军方面妥协。到 1933 年,英国空军实力已降至全球第 5 位了。此外,英国民众担心民用航空被转为军用,甚至想象德国能够在一两个小时内完成这种转化。因此,符合逻辑的解决办法就是让国联控制民用航空,且客观上英国比其他大国更能从中受益。

二、超前的武装方案

在关于集体安全的争论中,民主控制联盟衰落了。它成立于第一次世界大战中,曾拥有近 50 万会员和附属组织,得到过伯特兰·罗素、霍布森、拉斯基(H.J.Laski)、布雷斯福德和伦纳德·沃尔夫等人的支持,针对秘密外交展示过强大的活动能力。它曾视国联为"战胜国俱乐部",但也维护国联,以此反对奥斯汀·张伯伦的外交政策。大多数成员坚信民意的力量,不相信将国联军事化的好处。

1927 年,民主控制联盟总理事会通过了工党议员亚瑟·庞森比提出的决议:"只要《国联盟约》保留制裁力量,那么以废弃战争为目的的任何努力都不会取得实质性的进展。因此,英国应该带头宣布支持无论在何种情况下都要彻底废弃战争工具。我们倡议修改《国联盟约》中的制裁条款,邀请其他国家

---

① Margaret Cole, *Beatrice Webb's Diaries 1924-1932*, London:Longmans, 1956, pp.221-222.

② *Manchester Guardian*, 16 August 1928, p.8.

在使战争非法化方面做出表率。"①这个决议激怒了诺曼·安吉尔等人,因为他们希望集体安全制度更有效。1928年3月,该决议以12票对11票的微弱优势重新被确认。② 以海伦娜·斯旺威克为代表的反战派宣称制裁会导致结盟,以阿诺德—福斯特为代表的主战派认为没有制裁的话,侵略者将为所欲为。在不断的争吵中,特里威廉辞去了民主控制联盟的财务官一职;海伦娜·斯旺威克离开了执委会,并将《外交事务》的主编一职交给了诺曼·安吉尔。到1928年秋,《外交事务》的定价和质量都下降了,最终与另一份杂志合并了。此间,民主控制联盟会员四处流散,被其他组织吸收了。

民主控制联盟的覆辙早就被有意识地避免重蹈。塞西尔是国际武装力量的早期倡导者之一,但他一直努力避免国联协会因制裁问题而分裂。国联协会执委会避免任何修改《国联盟约》的提法。国际裁军迟迟没有进展,使得向国联让渡武装力量比合并《非战公约》与《国联盟约》更为急迫了。

1932年10月,"新联盟"组建起来。这群精英分子准备把集体安全落到实处。它的规模很小,组建起来4年后,会员人数才有1772人,包括70名议员。③ "新联盟"的创始人是大卫·戴维斯。他是蒙哥马利郡的富有地主,还是国联协会在威尔士地区的负责人。第一次世界大战期间,大卫·戴维斯统率英国皇家威尔士步枪第14营。在1916年,他离开战场,成了对财富有敏锐嗅觉的劳合·乔治的议会私人秘书。从1906年到1929年,大卫·戴维斯是蒙哥马利郡的自由党议员。他的主要兴趣是威尔士地区的教育和体育事业。1923年,在国联社团国际联合会的会议上与法国代表们交谈后,他发起了国际警察部队的倡议活动。出于政治和哲学上而非情感上的理由,他坚定地维护法国人的方案。事实上,包括奥斯汀·张伯伦和杰克·希尔斯市长在内的亲法派,在满足法国人要求上,都没有大卫·戴维斯走得远。

---

① *Foreign Affairs*, December 1927, p.190.

② *Foreign Affairs*, April 1928, p.317.

③ *New Commonwealth*, March 1936, pp.504–505.

　　大卫·戴维斯投身于集体安全和"新联盟",其热忱部分源自对世界裁军大会的担忧。他曾给莫雷写信:"德国人正在玩一种很狡猾的诡计,这种感觉天天萦绕在心头。没有什么事情比这更让人难受了。德国人的唯一目标就是为自己在日内瓦程序之外争取更好的地位,根本不考虑和平或正义。"① 大卫·戴维斯对依靠裁军来实现和平的办法越来越没有耐心。"新联盟"充分利用满洲危机来推进国际部队事业。不过,大卫·戴维斯和其他倡议者并没有充分理解满洲危机的含义。1930年,他出版了《20世纪的问题》一书,且有两个版本,后来还出版了《自杀还是头脑清醒?》(1932年)、《武力》(1934年)和《临近深渊》(1936年)。英国第一个国际关系讲席由他设立,地点在威尔士大学里。

　　大卫·戴维斯反对竞争性的民族主义和帝国主义,认为英帝国不能满足自身的安全需要。鉴于民主的稳定和正义已经受到了民族主义者的威胁,处理国际关系的联邦式办法更加符合维系自身存在的本能要求。② 他反对用"唤起羞耻感"的办法来反对战争。③ 大卫·戴维斯对美国的孤立主义没有好感,认为它将国联扼杀在了摇篮里;由于国际制裁机制和手段的缺失,仲裁者和法官的裁决就难以执行。④

　　在大卫·戴维斯构想的国家联盟里,民族国家在国际法及其执行上让渡出主权。国家联盟由国家大会、国际公平法庭(International Equity Tribunal)和国际警察部队组成。在类似于国际正义法庭(International Court of Justice)的国际公平法庭里,公正的高龄政治家可以向国家大会推荐条约的修改文本。国际警察部队的执法对象是那些藐视国家大会决定的国家。安全事务上的决策没有层级制。国际警察部队拥有胜过侵略者的武器装备,行动迅速,其司令

---

① *New Commonwealth*, November 1932, p.3.

② *New Commonwealth*, November 1932, p.1.

③ *New Commonwealth*, October 1932, p.1.

④ David Davies, *The Problem of the Twentieth Century*, London: Benn, 1930, p.12.

部由陆军、海军和空军方面的高级指挥官组成,地点设在巴勒斯坦,便于维护英国在地中海东部地区的战略利益。① 他还列出了国际警察部队要遵守的行为准则,强调威慑,但不排除对城市的轰炸和不可避免的无辜平民死伤。大卫·戴维斯希望它投入实战,起草了应付意外战争的紧急方案,并把它列为《20 世纪的问题》的附录。他承认在特殊情况下是否参与行动的最终决策权仍在民族国家手里,②但认为对于民族国家的忠诚会逐渐消失。"如果通过强大的宣传和教育,进而培养出一种精神的话,各个政党都会行动起来,并准备在自己的旗帜上绣上国际警察部队的字样。"③

"新联盟"为各种政治背景的参与者提供了讲坛。1934 年时,副主席的名单上有艾德礼、达夫·库珀、埃塞尔·斯诺登(Ethel Snowden)、罗伯特·霍恩(Robert Horne)和莫迪斯通勋爵(Lord Mottistione)。"新联盟"和国联协会的领导层有很多重合。国联协会威尔士地区分会的领导人也有很多加入了"新联盟"。在国际警察部队问题上,"新联盟"花了很多精力,试图将国联协会拉到自己的政策轨道上。在"新联盟"成立后的第一年里,它的成员在国联协会地方分会组织的半数会议上发表演讲。1934 年,国联协会的威尔士总理事会以 86 票对 8 票的结果通过了支持国际警察部队的决议。④

塞西尔持赞同立场,追随者中也有很多人支持国际警察部队。克雷福德·艾伦在 1933 年 6 月成了国联协会执委会成员,其加入的目的就是为了宣扬"新联盟"的观念。在他的影响下,国联协会总理事会在 1934 年通过了一系列关于国际部队的决议。然而,奥斯汀·张伯伦、珀西勋爵(Lord Percy)和杰克·希尔斯市长坚决抵制这些决议。珀西勋爵反对"将主权国家最神圣的

① David Davies, *The Problem of the Twentieth Century*, London: Benn, 1930, pp.456-465.

② David Davies, *The Problem of the Twentieth Century*, London: Benn, 1930, p.387.

③ David Davies, *The Problem of the Twentieth Century*, London: Benn, 1930, p.533.

④ *New Commonwealth*, June 1934, p.135.

权利之一，即杀戮的权利，转交给一个国际议会组织"①。莫雷颇感忧虑："关于和平主义和国际部队的争吵……如今看起来要弥漫到所有事情上了。"为了维持团结，在接下来的 4 年中，克雷福德·艾伦做了很多让步。1938 年 6 月，国联协会最终通过了一项关于国际警察部队的政策。但此时的欧洲已战云密布。

国联的支持者越来越多地把制裁和裁军放到一起讨论。1930 年 5 月的《前进》宣称："国联组织的武装行动不是常规意义上的战争。"②1931 年的裁军运动中，国联协会认为全面裁军将使潜在的侵略者失去武器，这样一来国联就无须征募大量军队或者要求忠诚的成员国提供军队了。③ 3 月，在关于集体安全的研讨班上，它提出："世界总司令的职责将会是制定战略方案，以确保及时的帮助落到实处；它还要专门拨出一部分军队，在国联下达命令后立即做出响应。"④但这个想法超出了国联协会大多数会员的想象。在 1931 年前，几乎没有英国人认为在遭到攻击的情况下，法国应得到立即和有效的军事援助。

事实上，法国外长白里安曾在 1929 年 7 月和 1930 年 5 月两次提出激进的欧洲合众国（United States of Europe）方案。在英国人眼中，这是白里安再次加强法国安全的尝试。国联协会虽认为这个方案可以拿到国联大会上讨论，但它可能激起大洲间的竞争，尤其是它会挑战国联的权威。⑤ 南希·阿斯特（Nancy Astor）女士认为所有的拉丁人都"没有原则，嗜酒如命，没有道德"，都是不可被原谅的罗马天主教徒。⑥ 她与洛西恩勋爵及《泰晤士报》和《观察家报》编辑们的看法一样，即法国的政策正鼓励德国重新武装起来，甚至连奥斯

---

① Michael C. Pugh, *Liberal Internationalism*：*The Interwar Movement for Peace in Britain*, Hampshire：Palgrave Macmillan，2012，p.87.

② *Headway*，vol.12，no.5，May，1930，p.43.

③ *Headway*，vol.13，no.3，Mar.，1931，p.54.

④ *Manchester Guardian*，25 March 1931，p.10.

⑤ *Headway*，vol.12，no.7，July 1930，p.133.

⑥ Michael Astor，*Tribal Feeling*，London：John Murray，1964，p.144.

汀·张伯伦和达夫·库珀这样的亲法派也反对将英国的保证扩展到《洛迦诺公约》之外。

出于对空战破坏力的恐惧,大卫·戴维斯等亲法人士更为坚信武装国联的必要性,而将国际裁军视为歧途。但他们很少将武装国联与欧洲以外的事件联系在一起。此外,保守党掌握实权的英国全民政府提议将民用航空国际化,以便满足自己控制所谓的"进攻性"武器的愿望。在 1932 年"恐怖的轰炸"演讲中,鲍德温唯一积极的建议是将民用航空国际化,[1]仍拒绝将《国联盟约》第 16 款中的现存义务明确化。1932 年 3 月,《前进》欢迎法国总理的提议,即法国遭到侵略时,法国愿意将军队交给国联调遣。由于担心世界裁军大会破裂,塞西尔认为法国的安全需求必须得到满足,其方式要么是加强《国联盟约》第 16 款,要么是组建国际警察部队。牛津大学的国际关系专家阿尔弗雷德·齐默恩和威廉·霍思福·卡特(William Horsfall Carter)也赞扬法国总理的努力。[2]

三、分裂的和平运动

由于对世界裁军大会越来越失望,国际警察部队支持者的队伍更为壮大。军事理论家利德尔·哈特的表现最为典型。他认为集体性的武装力量有助于废弃进攻性武器;给被侵略者提供占优势的防御性武器(比如机关枪),就能够制止侵略者。1932 年底,皇家国际事务研究所委托利德尔·哈特探讨国际警察部队的理念。随后,他进入国联协会下属的一个分委员会研究这个问题。利德尔·哈特倡议在战争初始阶段,国际警察部队飞抵侵略国上空,"其规模要大到足以遏止突袭,随后撒下数吨警告性传单而非炸弹"[3]。他后来成了

---

① Stanley Baldwin, Speech, House of Commons Debates, vol. 270, 10 November 1932, pp.632-636.

② *Headway*, vol.14, no.4, Apr., 1932, p.68; *Manchester Guardian*, 11 June 1932, p.15.

③ Michael C. Pugh, *Liberal Internationalism: The Interwar Movement for Peace in Britain*, Hampshire: Palgrave Macmillan, 2012, p.80.

"新联盟"的成员。受大卫·戴维斯的《20世纪的问题》的影响,利德尔·哈特接受了在政治上超越民族主义的观念,也将国际警察部队视作推进国际裁军的变通办法。

不过,对战争的恐惧、对凡尔赛体系的不信任、对大陆义务的憎恶和忠诚于英帝国的情绪仍主导着英国公众。国际警察部队的倡议者们普遍认可一个前提,即在集体安全制度中,英国的负担只是被减轻了,并没有被完全卸去。英国和平运动的分裂不是因为和平团体数量越来越多,而是因为现有团体之间的冲突越来越多。彼此之间的观念都走向了极端。

在国际警察部队问题上,国联协会内部出现了严重的分歧。1932年5月,威尔士理事会表示支持国际警察部队作为促进安全的因素之一,而非仅仅作为国际裁军的前奏。莫雷、塞西尔、大卫·戴维斯和协会秘书长加内特都接受了国际警察部队的理念。奥斯汀·张伯伦在帕尔默和狄金森的支持下,反对任何削弱英国国防主权的举动。1932年5月,奥斯汀·张伯伦等人迫使国联协会总理事会放弃了国际警察部队方面的提议。在接下来的几次会议上,这些深刻的裂痕时不时浮现出来。一派是和平主义者和保守党人的联盟,另一派是国际警察部队的倡导者。两边都批评莫雷和塞西尔。不过,关于国际警察部队的争议对国联协会的伤害不应被夸大。它没有瘫痪,而是以国际警察部队问题尚未得到充分讨论为由,拖着不做最终表态。但是,无休止的调解和安抚工作损耗着莫雷和塞西尔的精力,进而使国联协会的政策呈现出意料之中的朦胧不清。

1933年的工党大会后,布雷斯福德认为制裁和国际部队会成为资本主义发动帝国主义战争的工具,"今天的国联部队会在明天变成资本主义集团的警察部队"①。国联未能制止日本侵略中国。这让特里威廉认为虚弱的国联应该被放弃了。艾德礼在继续抨击英国政府的外交政策之外,却认为工党应

---

① C. Addison, *Problem of a Socialist Government*, London: Gollancz, 1933, p.253.

该支持国际警察部队,团结起来的工人应该抵抗帝国主义战争。

国际警察部队议题也使保守党内出现了混乱。1933年德国希特勒上台后,集体安全制度有可能成为英国对抗德国的有用工具。一些报纸开始鼓吹英法结盟。普通保守党人躁动不安,既忧惧德国国内形势的变化,又担心英国的国防状态。从1933年春天开始,保守党中央办公室就不断被地方分会重整军备的要求所骚扰。5月,保守党报纸上时常出现阐述国际部队理念的文章。10月5日至6日的保守党年会先是拒绝支持政府提出的裁军公约草案,又在几个小时后给鲍德温在日内瓦所做努力以压倒性的支持。尼维尔·张伯伦在1934年初向内阁建议组建国际警察部队。在他构想的欧洲主要大国结成的相互保证体系中,每个参与者的责任都是有限的。军队将领则坚决反对此构想。前殖民地事务总管爱德华·格里格(Edward Grigg)提议给法国人以保证,但洛西恩勋爵、柯蒂斯、约翰·多弗仍对欧洲大陆维持着孤立主义的立场。

客观上,和平运动的分裂为跨界合作提供了机遇。1933年12月,自由党议员杰弗里·曼德在下院里提起私人议案,要求政府考虑支持国际警察部队,得到了一些保守党议员和工党议员的支持。曼德认为国际警察部队能够防止民用航空器被改造为军用航空器。艾德礼则认为国际警察部队是通向国际政府的实质性步骤。虽然在国际警察部队的性质上有分歧,但他们都表达了加强集体安全制度、阻止国际形势恶化的愿望。①

其实,关于集体安全制度的共识一直存在,原因在于集体安全制度的内涵长时间不明确。将之明晰化的努力分裂了和平运动。"新联盟"进行了跨党派活动,但只是建立了松散的阵线。为了选举上的好处,工党不愿意放弃国际裁军议题。它既认可国际警察部队的观念,又承诺抵制战争。虽然尼维尔·张伯伦和丘吉尔都支持国际警察部队概念,但保守党人整体上更喜欢英国重整军备。

———————————

① Clement Attlee, Speech, House of Commons Debates, vol.284, 13 December 1933, p.445.

　　不过，丘吉尔是保守党中的例外。他在 1936 年 6 月成了"新联盟"的主席，带动约翰·巴罕和卡尔文（J.L.Garvin）等人加入进来。他没有把"新联盟"仅仅当作备战的讲坛。1936 年 11 月，丘吉尔提醒听众注意"新的空军强国和独裁政权之间的联合是不祥之兆"。他认为"新联盟"的目标是向对手宣布自己会尽快给民主国家一个"足够坚实的物质力量和精神力量的基石"。①

　　后来，丘吉尔自己道出了加入"新联盟"的原因：它是"少数几个倡导使用武力去支持国际法的和平组织"②。丘吉尔的大名在"新联盟"信笺纸头上印着，正如国联协会秘书长加内特向大卫·戴维斯承认的那样，这是"新联盟"一笔宝贵的财富。例如，"新联盟"会员数量在 1936 年底超过了 2000 人。③不过，这使得国联协会宣扬重整军备的必要性时少了一股东风。在英国内阁里，主战派居于劣势，但丘吉尔是领袖。此外，他已与反纳粹委员会（Anti-Nazi Council）合作了很长时间。反纳粹委员会是一个主要由犹太商人资助的隐秘幕后组织。1936 年 10 月，丘吉尔帮助它发起了一场主题为"保卫自由与和平"的运动。

　　"新联盟"提议组建国际警察部队，以便重建集体安全制度。对此，国联协会并未做出积极回应。在 1936 年 12 月的国联协会总理事会上，塞西尔表示除非把禁止滥用民用航空列为裁军条款的一部分，他拒绝接受国际警察部队这样的武装力量。保守党人的领头羊李顿勋爵成功地将此议题的表决时间延迟到 1937 年 6 月，因为届时"新联盟"和国联协会将为此举行会谈。但到会谈时，"新联盟"却撤回了提议。在 1937 年 12 月的国联协会总理事会上，国际警察部队的提倡者们很不情愿地接受了延迟讨论的安排。"新联盟"的杂志抱怨国联协会"今天仍站在 1934 年的位置，并且拒绝下定决心"④。1938

---

　　① *New Commonwealth*, December, 1936, pp.39-40.

　　② *New Commonwealth*, June, 1937, p.146.

　　③ *New Commonwealth*, December, 1937, p.17.

　　④ Martin Ceadel, *Semi-Detached Idealists：The British Peace Movements and International Relations，1854-1945*, Oxford：Oxford University Press, 2000, p.371.

年 3 月,在希特勒吞并了奥地利后,组建国际警察部队的议题比任何时候都显得脱离实际。因此,到 1938 年 6 月国联协会总理事会召开年会时,大卫·戴维斯等人只得继续延迟讨论组建国际警察部队。可见,为了避免组织分裂,国联协会领导层常躲避在较少引起纷争的政策领域里,倡导非军事性的制裁。

第四节　为集体安全而争吵

受"和平投票"的影响,公众普遍认识不到集体安全制度会给英国带来战争风险,也没有把它视为英国国防的基石。相反,他们把集体安全制度当作战争之外的选择,当作能使国家无须维持大量军备的政策。因为它若真能被落实的话,遵守国际法和爱好和平的国家所拥有的压倒性力量将被动员起来,从而使潜在的侵略者不敢肆意妄为,冲突和战争也将被消弭在萌芽状态。关键在于,无论违反国际法的国家是强还是弱,国际法都必须能够被付诸实施。不过,在英国政府的主导下,国联对意大利的侵略行为实施了隔靴搔痒式的经济制裁,并没有根据《国联盟约》第 16 款的规定去履行"向各有关政府建议之责任,俾使联盟会员国严格地派遣陆海空军,组织军队以维护联盟盟约"①。在轻微的制裁措施都无法落实时,集体安全制度的有效性自然会被民众怀疑。

一、是否要重整军备

集体安全制度若要为民众信任,必须也能够运用于德国侵略他国的情况,而德国要比意大利强大得多。1935 年时,重整军备虽不是英国外交政策的全部内容,但若未来准备执行强有力的集体安全政策,它就必须重整军备。霍尔的评论道出了某种事实:"和平投票"真正应该提出的问题是"你支持英国为

---

① E.H.卡尔:《两次世界大战之间的国际关系(1919—1939)》,徐蓝译,商务印书馆 2010 年版,第 231 页。

了和平的利益重整军备吗？"①

不过，当国联协会领导层倡导动用"国联的所有力量"来制止意大利时，很多会员却对重整军备感到不安。国联协会的伦敦地区联合会拥有6万名付费成员，大约占国联协会会员总数的1/5。它的出版物《伦敦公报》(The London Bulletin)很少提到共同防御或制裁措施。1935年3月的英国国防政策白皮书发布后，它在5月28日通过决议，对英国政府增加空军力量表示严重关切，仍旧要求英国政府把军备削减至德国的水平，还要求国联协会继续宣传彻底废除军用飞机的方案。

增加军备是不是为了增强国联的集体安全制度？对此，英国政府暧昧不清。1936年2月26日，自由党议员和国联协会执委会成员杰弗里·曼德在下院问外交大臣艾登是否会考虑"国联召开一次关于集体安全制度的会议，以确保任何军备的增加都将有效加强集体安全制度；或者，在那些关注此议题的主要国家之间展开磋商"。艾登答道："民族国家的军备应该用来加强《国联盟约》的集体安全制度，而且在当前局势下集体安全制度必须被尽可能有效地运转起来。我国政府完全同意这个主张。然而，我认为这位尊敬的先生的建议目前没有可行性。"曼德又问："在重整军备的计划中，我国政府根本没有考虑将为集体安全作出何种贡献。我能这样理解你的话吗？"艾登则答道："我尊敬的朋友，你将回忆起裁军大会有某种类似的目标。我认为自己不能告诉你到底会采取哪些具体的措施。"②

1936年，国际局势更为动荡。3月，德国重新占领莱茵河非武装区；5月，意大利吞并了埃塞俄比亚；7月，西班牙内战爆发。和平组织和公众舆论开始两极分化。有人主张和平变革，有人支持绥靖政策。不少人加入了1936年5

---

① Donald S. Birn, *The League of Nations Union, 1918–1945*, Oxford: Clarendon Press, 1981, p.153.

② Geoffrey Mander, Anthony Eden, Speech, House of Commons Debates, vol.309, 26 Feb., 1936, pp.425–426.

月成立的和平誓约联盟(Peace Pledge Union),但也有很多人提倡用战争手段反击侵略者。国联协会领导人仍旧支持集体安全制度,尽管他们已认识到这可能意味着重整军备。社会主义者则倡导由进步国家组成和平阵线来抗击法西斯国家。

国联协会在 1936 年 1 月发行的小册子也强调意大利、德国和日本的需求,所用的形容词多种多样,如"不满的""粗暴的""不厌的"或者"一无所有的",尽管文中的免责声明暗示国联协会执委会不支持此类建议。① 曾经担任过英国前首相劳合·乔治私人秘书的洛锡安侯爵(Marquess of Lothian)一直提倡删除《国联盟约》中的制裁条款。1936 年 2 月 11 日,他在《泰晤士报》的文章中认为,除非消除那些无法获得足够自然资源的国家所面临的经济窒息,国联最终将会变成新的均势集团。②

1936 年 3 月 7 日,德国重新占领莱茵河非武装区。对此,英国政府发出了有气无力的抗议,而公众多数主张不要采取行动,其动机是不要去招惹一个处于对方轰炸机作战半径之内的欧洲大国。全国和平理事会在 3 月 19 日发表声明,不愿意批评德国的军事行动。受 6 月英国北部城市利兹(Leeds)全国和平大会的鼓励,全国和平理事会强调必须满足"一无所有"国家的经济和殖民地需求。

可见,一旦含义变得清晰,集体安全机制就迅速失去了那些害怕战争的人的支持。英国内阁终究没有关闭苏伊士运河和禁运石油,默许墨索里尼在 1936 年 5 月吞并了埃塞俄比亚。有些英国人意识到了战争危险,便希望在 1936 年缔结新的和约来取代 1919 年的和约。还有些人认为,新战争应该是德国和苏联之间的,英国要置身事外。1936 年 7 月 28 日,英国首相鲍德温接

---

① LNU pamphlet, *The Demand for Colonies: Territorial Expansion, Over-Population and Raw Materials*, no.346, Jan., 1936, p.3.

② Martin Ceadel, *Semi-Detached Idealists: The British Peace Movements and International Relations, 1854-1945*, Oxford: Oxford University Press, 2000, p.332.

见保守党后座议员代表团时保证："如果欧洲有战事发生,我希望看到是布尔什维克和纳粹之间的战争。"①著名哲学家、数学家和历史学家伯特兰·罗素在《哪条路通向和平》里不再相信国联的合法性,也不认为它能赢得小型战争。②

国联协会获得的捐赠剧减。1936年5月后,国联协会不得不削减雇员薪水10%,并减少雇员数量。6月,国联协会财政委员会委员长赫伯特·塞雷特(Herbert Syrett)提醒总理事会大笔花钱的日子已经过去了。国联协会会员数量也开始加速下跌。1936年减少了6.4%,几乎是1935年的两倍。1937年下跌数量达到了11.0%。③ 主因在于很多来自商贸公司的会员和富人都抱怨国联非但没有促进国际友善和消除贸易壁垒,反而在制造新的障碍。④

保守党人抓住民心动摇的有利时机,谴责国联。奥斯汀·张伯伦在1936年6月辞去了国联协会执行委员的工作,其借口是国联协会不赞成取消对意大利的温和制裁。

二、是否要改造国联

自国联成立以来,英国就有很多人批评它是一个不公正的、有严重缺陷的、建立在不平等基础上的、不断造成国际关系紧张的"胜利者的联盟"。他们主张修改《国联盟约》,以便消除战败国的不满。20世纪30年代中期,绥靖分子加入这场大合唱。阿斯特勋爵曾向莫雷表示,只有不合理的凡尔赛体系被修正后,他才会支持集体安全制度。⑤

---

① Martin Ceadel, *Semi-Detached Idealists: The British Peace Movements and International Relations, 1854-1945*, Oxford: Oxford University Press, 2000, p.333.

② Bertrand Russell, *Which Way to Peace?* London: M.Joseph Ltd., 1937, p.151.

③ Martin Ceadel, *Semi-Detached Idealists: The British Peace Movements and International Relations, 1854-1945*, Oxford: Oxford University Press, 2000, p.344.

④ *Headway*, vol.18, no.6, Jun., 1936, p.140.

⑤ Donald S.Birn, "The League of Nations Union and Collective Security", *Journal of Contemporary History*, vol.9, no.3, Jul., 1974, p.155.

随着国联终止对意大利的制裁,对国联进行改革的呼声变得更响亮了。大卫·戴维斯希望用国际警察部队和衡平法院来武装国联,但多数情况下英国保守党真正想做的是剥夺国联施加制裁的权力,把它变成一个国际事务的清谈馆。1936 年 10 月 14 日,刚刚跻身名家行列的爱德华·卡尔在威尔士大学国际关系讲席上演讲时,宣扬阻止战争的关键在于和平变革,并且批评军事制裁,从而激怒了赞助人大卫·戴维斯。到 1937 年,"和平变革"已在英国学界成为流行术语。

在此趋势面前,国联协会鼓励克雷福德·艾伦勋爵发起和平变革的运动,以期把公众舆论引向国联协会希望的方向。艾伦勋爵参加了 1936 年 6 月中旬在英国加迪夫(Cardiff)举行的第三十一届国际和平大会。一个星期后,艾伦勋爵代表执委会在国联协会总理事会上发言。他再一次为国联辩护,但认为国联应被视作相互服务和援助的工具,而非仅仅是武力的工具。不过,艾伦勋爵受希特勒邀请参加了 1936 年 9 月的纳粹党纽伦堡大会后,他明显开始认可德国的要求,提倡"建立和平变革的机制应当摆在改进集体安全制度之前几英寸的位置上"①。

1936 年的重重危机使英国公众围绕英国在欧洲的重大利益和国联的宗旨展开了广泛讨论。和平改造国联的主张、绥靖政策、和平主义和有限度地进行战争反击的理论都获得了一部分人的支持。英国公众普遍支持下述观点,即英国必须保卫自己的领土、法国和低地国家。但是,英国的利益是否只局限于这些地区,是否要扩展到中欧和东欧地区,在这些问题上则存在严重的分歧。保守党的很多人把大英帝国的利益放在欧洲之前,支持"有限责任"的观点。1936 年 7 月 7 日,克兰伯恩子爵(Viscount Cranborne)代表英国政府在下院里回答质询时表示:"作为国联的成员国,英国政府的政策是在力所能及的情况下、在其他成员国准备做同样事情的情况下,集体落实《国联盟约》的原

---

① *Headway*, vol.18, no.7, Jul., 1936, p.140.

则","集体安全包含集体责任"。① 换言之,英国政府不会带头,也不会承担维护和平的全部责任。

不过,国联协会清晰地表达了相反的看法。诺曼·安吉尔的成名作《大幻觉》早已指出额外的领土并不能带来额外的福祉。他猛烈抨击英国绥靖意大利,因为他坚信获得殖民地并不能消除凡尔赛体系中那些"一无所有"的国家的不满。针对希特勒占领莱茵河非武装区,他又提出:"保卫埃塞俄比亚的阵地在莱茵河畔"②。1936 年 9 月,国联协会出版的一本小册子反对"英国的利益只局限在法国和低地国家",坚持认为"有限的责任并不会减少风险"。

> 用具体的术语来说,如果一个中欧地区的联合体在东欧地区有完全的行动自由,如果西方国家对以这种或那种形式发生在俄国、波兰、捷克斯洛伐克的"种族灭绝"无动于衷,那么,当它们的目标实现时,法国将如何自处? 法国将完全失去防御……事实上,如果低地国家和法国的安全对我们的安全是不可或缺的,我们就不能坐视这些对我们不可或缺的盟友被毁灭。③

国联协会的这本小册子还批评道:倡导"有限责任"的人出于帝国感情愿意保卫"遥远的太平洋岛屿;尽管它们是我们的领土,但没有什么特殊的价值";与此形成鲜明对照的是,这些人却不愿保卫那些对我们有潜在价值的欧洲盟友。④

1936 年 7 月 17 日,西班牙内战爆发。英国人普遍认为不应该卷入。有人认为,在共产主义的无神论对整个欧洲都造成威胁时,弗朗哥的叛军或许有助于维护基督教文明。但和平组织"不再有战运动"却认为西班牙内战是剥

---

① Viscount Cranborne, Speech, House of Commons Debates, vol. 314, 7 Jul., 1936, pp. 1030 - 1031.

② Martin Ceadel, *Semi-Detached Idealists: The British Peace Movements and International Relations, 1854–1945*, Oxford: Oxford University Press, 2000, p.343.

③ LNU pamphlet, *The League and the Crisis: Making Collective Defense Effective*, 1936, pp.20–21.

④ LNU pamphlet, *The League and the Crisis: Making Collective Defense Effective*, 1936, p.30.

削成性的资本主义国家与反抗剥削的社会主义国家之间的战争。另有人认为应该汲取第一次世界大战的教训，不要幻想干涉别国战事还能全身而退。

1936年下半年，国联协会领导层不再恭敬，更加公开地反对英国政府将国联边缘化的政策。11月5日，时任财政大臣的尼维尔·张伯伦在下院里说道："建立在制裁基础上的集体安全政策已经被实践过了……而且它没能预防战争，没能制止战争，没能拯救侵略战争的受害者。"对此，亚瑟·亨德森反驳道："目前，集体安全制度确实存在失败。但失败不是源于其内在缺陷，而是由于它被使用的方式。"他指责英国政府对意大利的经济制裁没有禁运石油。[1] 包括塞西尔在内，国联协会领导人把和平消除战败国不满的要求视为对国联的中伤。为了驳斥这些要求，他们强调所谓的不满如今成了侵略者对外征服的借口，而这些侵略者既不虚弱，也没有受到压迫。[2]

慢慢地，国联协会领导层不得不停止同时倡导和平变革与集体安全的做法。1937年，正如莫雷向塞西尔说的那样："我们是拥护国联集体安全的团体。我们反对和平主义、孤立主义和亲德主义。我们实际上支持强有力的外交政策"。在一份给执委会的备忘录里，莫雷承认国联协会已经"失去了很多人的支持，因为他们已不相信集体安全"[3]。然而，改造国联的主张在普通会员那里有较高认可度。很多人主张调查凡尔赛体系下某些国家的不满。1938年6月，国联协会总理事会通过决议，要求执委会敦促英国政府"与德国政府展开谈判，以期全面消除德国的所有不满，尤其要解决其殖民地问题，并使相关各方都感到满意"[4]。

---

① BDFA, Part II, Series J, Volume 1, Frederick, Md.: University Publications of America, 1992, Introduction, pp.243-245.

② *Headway*, vol.20, no.1, Jan., 1938, p.4.

③ Martin Ceadel, *Semi-Detached Idealists: The British Peace Movements and International Relations, 1854-1945*, Oxford: Oxford University Press, 2000, p.368.

④ Donald S. Birn, "The League of Nations Union and Collective Security", *Journal of Contemporary History*, vol.9, no.3, Jul., 1974, p.156.

1938 年初,国联协会领导层强调集体安全必须放在消除战败国的不满之前。3 月,当德国吞并奥地利时,他们强烈反对和平改造国联,毫不迟疑地批评那些修正分子准备为希特勒的行为辩护或掩盖其危害。1938 年秋,亲德的艾伦勋爵以健康问题为由,辞去了国联协会执委会里的职务。

三、能否维持住团结

1936 年下半年,当以道义压力和公众舆论为主要执行手段的集体安全制度失败时,国联协会领导人开始接受和支持重整军备了。塞西尔在给莫雷的信中写道:"毫无疑问,我们所有人都或多或少要受到指责,因为在这个国家里,我们没有更为通俗易懂地告诉大家制裁可能导致战争的爆发。"[1]7 月 30日,塞西尔再次向莫雷说,必须让大家明白制裁可能带来战争,必须把国联塑造为英国安全的防波堤和某种值得为之战斗的东西。[2]

然而,许多国联的支持者不愿意接受集体安全的新观念。国联协会的不少会员也拒绝将集体安全和重整军备联系起来。在很多英国人看来,这不过是一个英国屈尊帮助别人的问题,像往常那样派出英国舰队即可。多年的裁军宣传使国联协会领导层改弦更张时遇到了很大的阻力。对此,国联协会领导层成员埃莉诺·拉斯伯恩认为应该停止宣传裁军了,否则国联协会就会被视为"不负责任的狂热者,为一项可能带来麻烦的政策而鼓噪,却拒绝采取消除麻烦的后备措施"[3]。

这种不一致变得越来越明显。塞西尔和国联协会领导层大多数成员试图说服普通会员接受英国重整军备,以便英国在国联实施制裁时能提供有力的

---

① Donald S.Birn, *The League of Nations Union*, *1918 - 1945*, Oxford: Clarendon Press, 1981, p.168.

② Donald S.Birn, "The League of Nations Union and Collective Security", *Journal of Contemporary History*, vol.9, no.3, Jul., 1974, p.139.

③ Eleanor Rathbone, *War Can be Averted*: *the Achievability of Collective Security*, London: V.Gollancz Ltd., 1938, p.160.

支持。"英国政府正在实施一项规模庞大的军备计划。若想加强集体安全制度并提高其效能,我们必须支持英国政府",但是"如果你试图在国联之外进行单边的重整军备",我们必将反对。① 1936 年 8 月,《前进》敦促人们支持重整军备,因为若潜在的侵略者在某个时期是强大的,那些试图制止侵略的人必须同样强大。② 10 月,国联协会执委会为总理事会准备了一份决议,以便把国联协会推到支持重整军备的轨道上。"怀着深深的后悔,我们承认在当前局势下,增加军备已成必需;我们认为,军备的增加应以履行《国联盟约》赋予的责任为前提;我们敦请国王陛下的政府明确无误地表明:英国奉行集体安全和国际裁军的政策。"③

但是,国联协会的左派会员更同情工党。他们强烈怀疑英国政府重整军备的动机。除非英国政府以某种方式保证承担集体安全的责任,他们不会支持英国政府。这些会员(尤其是青年团体)所关心的重点不是重整军备,而是英国政府的缺陷和单方面重整军备的危险。

1936 年 12 月,当国联协会总理事会召开年会时,这些议题讨论达到了沸点。执委会的政治决断很少遇到地方分会代表的挑战,但这次他们不同意执委会所说的重整军备的必要性。最终通过的决议更接近普通会员而非领导层的观点。决议主要内容为:"维持军队是为了履行《国联盟约》赋予的责任。除非申明这一点,英国政府大规模和模糊地增加军备的要求将不具有合理性";除非得到政府的保证,"国联协会总理事会不愿让会员、青年团体支持军备扩张和征兵,因为这些事情影响的主要是他们";总理事会敦促政府清楚无误地表明自己奉行的是一种集体安全和国际裁军的政策,同时表明将开始以终结军备竞赛为目标的国际磋商。此外,决议要求执委会准备一份提案在下

---

① *Headway*, vol.18, no.3, Mar., 1936, p.42.

② *Headway*, vol.18, no.8, Aug., 1936, p.144.

③ Donald S. Birn, *The League of Nations Union, 1918 - 1945*, Oxford: Clarendon Press, 1981, p.169.

一次总理事会年会上讨论,即用国际空军部队替代各国空军。①

对国联协会多数执委会的成员来讲,这份决议来自内部的危险"反叛"迹象。塞西尔无意改变支持重振军备的立场,便努力抵消总理事会决定的重要性。"像总理事会这样的机构不断通过愚蠢的决议,"塞西尔对莫雷说,"真正要紧的是执委会决定做什么。"②1937 年 1 月,国联协会在大学里的分会和青年团体又通过了很多煽动性的决议来反对"单边"重整军备。国联协会领导担心对政府愤怒的指责会削弱自己的影响力。因为他们总是希望静悄悄地施加影响、接触政府里合适的人,使这些内部人士相信某项政策是必要的。

执委会多数成员坚持推翻总理事会的决议。李顿勋爵以辞职相逼,并相信其他所有保守党员都会跟着退出协会。维持保守党的支持对国联协会的跨党派形象很重要。执委会委员长莫雷只得再次扮演危急时刻的调解角色。他抓住艾登的一项声明,再引用鲍德温的新年致辞作为限制使用武力的保证,并将之广泛散发。莫雷的努力使国联协会内部有了薄弱的共识。

1937 年 6 月,总理事会年会通过了一项执委会支持的政策声明:赞成重整军备,但坚持认为全面的军备限制是长久和平的条件。执委会坚持倡导重整军备,但要求英国政府恰当地表示对《国联盟约》的忠诚;但如曼彻斯特分会之类的地方组织仍拒绝认可重整军备,除非英国政府给出保证。此时,倡导重振军备的"新联盟"已对国联协会失去了耐心。于是,国联协会组建专门委员会,用来协调它和"新联盟"的关系,但成效不大。

重整军备议题成了国联协会内部公开分裂的原因之一。满洲危机发生以来,特别是希特勒掌权后,尖锐的分歧已经在国联协会里继续深化了。最为典型的表现是塞西尔支持者和奥斯汀·张伯伦支持者之间的对峙。前者要求国联采取强力措施,而后者则保守得多。作为已经卸任的外交大臣,奥斯汀·张

---

① *Headway*, vol.19, no.1, Jan., 1937, pp.8-9.

② Donald S.Birn, *The League of Nations Union*, *1918-1945*, Oxford: Clarendon Press, 1981, p.170.

伯伦在保守党的指示下加入国联协会执委会。他只把国联当作一种道义力量,怀疑它作为集体安全执行工具的有效性。当国联制裁意大利的措施失败后,这种怀疑更强烈了。1936 年 6 月,那些和奥斯汀·张伯伦有同样看法的保守党人一起离开了。虽然李顿勋爵在 1938 年取代自由党人莫雷成了执委会新的委员长,但随着国联协会更为强烈地反对绥靖政策,更多保守党人离开了。此外,当英国政府高举"不干涉"和"不再战"旗帜时,贵格会教徒和其他一些"弃战派"和平主义者予以同情,并开始攻击国联协会及其秉持的集体安全原则。《前进》将之称作孤立主义者、失败主义者与和平主义者的"三角联盟"。①

为此,国联协会发起了"拯救国联就是拯救和平"的签名活动。然而,当 1937 年日本发动全面侵华战争时,国联的集体安全机制已近崩溃。国联协会会员持续流失。付费会员从 1931 年的顶峰 40 万人减至 1938 年的约 26.4 万人。② 时局艰难。莫雷在 1937 年底写给执委会的备忘录认为,会员流失的主要根源是那些不受国联协会控制的政治事件;他建议放弃国联协会坚持多年的"仲裁、安全和裁军"三位一体目标,改为重点宣扬集体安全制度。

四、是否借力丘吉尔

当国联协会领导层小心翼翼地朝重整军备的方向前进时,他们发现自己与丘吉尔走得越来越近了。丘吉尔的回忆录也证实了国联协会领导人思想的转变。③ 1933 年 1 月在希特勒掌权后不久,丘吉尔开始提倡增加对国联的倚

---

① *Headway*, vol.19, no.7, Jul., 1937, p.140.

② Donald S.Birn, "The League of Nations Union and Collective Security", *Journal of Contemporary History*, vol.9, no.3, Jul., 1974, p.144.

③ 丘吉尔:《第二次世界大战回忆录》第一卷上部第一分册,吴万沈译,商务印书馆 1974 年版,第 249 页。

重。丘吉尔在 1933 年 11 月 7 日的演讲中,敦促"通过国联"复兴"欧洲俱乐部"。① 不过,当时国联协会正强调裁军,而丘吉尔却倡导重整军备。当国联协会里的一些领导人(如诺埃尔—贝克)支持德国军备平等的要求时,丘吉尔却是反德派。1935 年,丘吉尔曾对国联制裁意大利的有效性表示怀疑。直到1936 年,丘吉尔才以坚定的国联拥护者的面貌出现,并准备和国联协会团结起来,共同支持集体安全。不过,由于此前他曾公开讥讽国联协会有"耗之不尽的魅惑力",也曾私下批评后者让整个英国失去了武装,他拒绝了国联协会于 1936 年 7 月 24 日发出的加入执委会的邀请。

国联协会与丘吉尔之间的合作是逐渐加强的。1936 年 12 月 3 日,国联协会在伦敦阿尔伯特大厅举行主题为"保卫自由和平"的集会,把工会领导人、自由党人和右翼保守党人聚到了一起。主要演讲者丘吉尔认为国联的存在从未如此必要,从未有过如此好的机会获得坚实的支持。1937 年 1 月,报界出现了"拯救国联,拯救和平"的签名活动。丘吉尔也签上了名字。不久后,在丘吉尔的支持下,这次签名活动的主题变成了"战争能避免"。他拒绝了大卫·戴维斯在国内巡回演讲的建议,其理由是与"利用电台广播"相比,巡回演讲对舆论的影响小到可以忽略不计。不过,到了 1938 年,在国联协会的赞助下,丘吉尔做了巡回演讲,宣扬国联的重要性。

以此为契机,丘吉尔发起了"军备和盟约"活动,希望能引发民众海啸般的反应,但他失望了,其部分原因在于没有足够的报纸报道。于是,这场活动的领导人非正式地聚结为"焦点小组"(Focus Group),打算利用国联协会的出版物来扩大影响。当时,国联协会的刊物总发行量约为 200 万份,其中最重要的是《前进》月刊,缴纳过会费的会员每月都能收到一份。在构成上,"焦点小组"和国联协会执委会委员高度重合,并准备把《前进》变成"军备和盟约"活

---

① Robert Rhodes James, *Churchill*: *A Study in Failure*, *1900–1939*, London: Weidenfeld and Nicoson, 1970, p.254.

动的扩音器。"焦点公司"(Focus Company)很快被组建起来,由壳牌公司的执行官罗伯特·威利·科恩(Robert Waley Cohen)爵士领衔,由诺曼·安吉尔担当国联协会代表。1938年10月,国联协会的主要喉舌改名为《前进:朝着自由与和平》:

> 爱好和平的强国站在一起。在保卫法治和自己的安全独立中,它们与自己天然的盟友展开合作。它们将联合武装的力量维持在必要的水平,直到相关条约和盟约得以重建。它们必将成为所有爱好和平的国家中的核心。①

这一期的《前进》刊发了众多专题文章,作者有威克汉姆·斯蒂德(Wickham Steed)、哈罗德·尼科尔森、诺曼·安吉尔、维奥莱特·博纳姆·卡特(Violet Bonham Carter)、利德尔·哈特和克兰伯恩子爵,从而标志着国联协会开始和丘吉尔一起反对绥靖政策。

然而,国联协会与丘吉尔之间的联盟给双方都带来了问题。丘吉尔担心合作太紧密,会影响自己作为保守党人的立场。他虽在1938年同意把自己的名字添进国联协会长长的副主席名单里,但并没有加入执委会。在"焦点小组"的午餐会上,他告诉那些来自国联协会的同盟者,自己不想遭到党派攻击,也不想推翻内阁。他想做的只是唤醒和团结国人,而非分裂英国。另外,国联协会的许多左派会员怀疑丘吉尔。两年前,埃莉诺·拉斯伯恩曾劝说他们不要对丘吉尔有偏见。② 到1938年,当丘吉尔和国联协会青年团体会谈时,一位成员坦承他们仍旧不信任丘吉尔。有些会员认为《前进》如此明确地反对英国政府,会损害自身非党派特征。类似的抱怨很多,尤其是教师们担心卷入政治会弱化国联协会广泛的教育计划。"焦点小组"曾经期望的资金援助也没能兑现,双方对安排都不满意,把《前进》转回国联协会的谈

---

① *Headway*, vol.20, no.10, Oct., 1938, p.3.

② Donald S.Birn, "The League of Nations Union and Collective Security", *Journal of Contemporary History*, vol.9, no.3, Jul., 1974, p.147.

判在 1939 年启动了。

五、是否靠人民阵线

20 世纪 30 年代中期,国联协会稳定会员数量的努力受到多种因素制约。除了它与"新联盟"之间的竞争关系和观念分歧之外,除了它与丘吉尔之间的合作引发的怀疑和争议之外,国际和平运动(International Peace Campaign)给国联协会造成了更大的混乱。"新联盟"因国联协会对待国际警察部队的态度而愠怒,而参加国际和平运动的左派会员给国联协会带来了更严重的分裂。不少会员认为国际和平运动是共产主义者的阴谋,但塞西尔带着略显固执的忠诚投身其中。

国际和平运动最早出现在法国,当时的名字叫"全球和平集会"(Rassemblement Universel Pour La Paix),简写为 RUP,其构想源自塞西尔同皮埃尔·科特(Pierre Cot)和里昂·茹奥(Leon Jouhaux)等法国人在 1935 年 9 月的一次谈话。在现存社团的帮助下,一场群众运动有可能被重新启动,如工会、宗教组织、教育协会和青年团体,因为它们与运动有着共同的目标。塞西尔同这些法国人讨论了可能性。这种为国联寻求支持的策略曾经被用于 1920 年法国宣传《国联盟约》的活动中和 1931 年塞西尔组织的裁军运动中。1936 年初,塞西尔在家中召开的几次会议上,把这个想法具体化为"国际和平运动"。这个名字逐渐在欧洲变得响亮起来。全球和平集会的目标是在中欧的政治环境中建立一个类似于国联协会的组织,因为在中欧地区拥护国联的民间组织非常薄弱。

1936 年 1 月,全球和平集会向国联协会发出请求,以期获得英国人的帮助。然而,当国联协会执委会讨论全球和平集会时,尚未离开国联协会的奥斯汀·张伯伦立即提出了明确的反对意见:虽然在其他国家确实存在参加全球和平集会的需要,但不需要在英国组建一个新组织。事实上,在国联协会开始面临严重的困难时,任何对财源的竞争都会造成问题。国联协会的雇员也认为参加一个新组织意味着对此前工作的批评。

然而，塞西尔拒绝接受这些反对意见。他和皮埃尔·科特共同担任全球和平集会的联名主席。在塞西尔、安吉尔、诺埃尔—贝克和国联协会的其他坚定分子的眼里，国际和平运动有光明前景。在英国，它能吸引更广泛的社会阶层，而国联协会吸引的多是坚定的中产阶级。更为重要的是，它将是一个真正意义上的国际运动，有可能成功地动员起世界舆论。塞西尔坚持认为应当组建全球和平集会的英国分会，其名字可叫作"国际和平运动"，因为"我们找不到让人满意的译名来对应法国人为这场运动起的名字"，于是"我们用了这个没有党派色彩的名字"。①

从一开始，国联协会的海外委员会就反对国际和平运动，其理由是工作量会成倍增加，并且国际和平运动与共产主义者关系暧昧。但是，在塞西尔坚持下，海外委员会的建议并未被采纳。他的备忘录声称国际和平运动不会组建自己的分支机构，也不会招募会员；它仅仅寻求在那些目前尚未对集体安全产生兴趣的组织之间推进这项事业；它不会和国联协会竞争，只会在国联协会的支持下开展次一级的运动。李顿勋爵仍担心国际和平运动会和国联协会争夺资金，会在国联协会已经在做的事情上进行竞争。

虽然有这么多分歧，但国联协会执委会仍同意参加国际和平运动特别委员会，组织英国代表参加这场国际盛会，从而正式发动全球和平集会。国联协会与国际和平运动之间的恰当关系到底是怎样一种状态，这个问题留给另一个特别委员会去讨论。德国重新占领莱茵河非武装区促使塞西尔下定决心继续前进。1936 年 3 月 13 日，塞西尔在自己家中举行了一次国际会议，可称之为小型的全球和平集会。

4 天后，塞西尔参加了特别委员会的讨论。国联协会是应该为英国的国际和平运动担负全部责任，还是应该适当拉远自己的距离？ 当时，塞西尔更喜

---

① Robert Cecil, *A Great Experiment: An Autobiography*, London: Jonathan Cape Ltd., 1941, p.285.

欢第二个选项。他认为，存在于国联协会架构之外的国际和平运动能够更加容易地从一些大点儿的美国慈善基金那里募集到资金。诺埃尔—贝克表示同意，也认为既然国际和平运动的真正目的是通过欧洲大陆上拥护国联的组织来推动和平运动，既然欧洲大陆上众多合作性的委员会正在那些拥护国联的团体之外建立，那么如果英国也有类似的合作性委员会的话，将会起到很大的帮助作用。不过，莫雷认为一个独立的国际和平运动有可能带来分裂性的影响。最终，特别委员会做了折中：国际和平运动的英国分会应该是国联协会的一个自治委员会，要向执委会提交备忘录，以便获得支持。"自治"具体指的是要拥有专门的办公室和自筹资金，在募捐之前要征得国联协会的同意。国联协会执委会在 1936 年 3 月 26 日批准了这个决定。这些安排在 4 月 23 日英国国际和平运动组织委员会的第一次会议上被宣布。国联协会不恰当地被赋予特权，这一点让其他与会的和平组织颇为介怀。

1936 年 5 月，国际和平运动的英国全国委员会开始运转，委员长是塞西尔。5 月 26 日，它获得的第一笔记录在案的捐赠有 1861 英镑，来自美国的洛克菲勒基金会。它的办公室在切斯特广场（Chester Square）27 号，临近国联协会总部所在地。7 月，它发行了一份杂志，一开始每周都有一期，进入秋天后变成了月刊。利文斯顿女士是副委员长，但不久就因健康恶化失去了工作能力。国际和平运动英国分会之所以在说服其他和平组织上收效甚微，主要是因为它与共产主义者之间联系。由于向国联协会保证不创建自己的分支机构，它便开始创建地方性的"和平理事会"（Peace Council）来增加附属组织的数量。到 7 月中旬，国际和平运动英国分会宣布拥有 86 个附属组织。①

1936 年 9 月 3 日至 5 日，全球和平集会的第一届大会在布鲁塞尔召开。大约有 33 个国家的代表参加，总人数 4000 人左右，妇女代表占了很大比例。其中，法国代表 2000 人，英国代表人数在 500 人到 600 人之间。塞西尔和法

---

① Martin Ceadel, *Semi-Detached Idealists : The British Peace Movements and International Relations, 1854-1945*, Oxford : Oxford University Press, 2000, p.352.

国空军部部长皮埃尔·科特是大会的联名主席。国联协会的诺埃尔—贝克,加内特和科比特·阿什比(Corbett Ashby)女士也参加了。大会上没有德国和意大利的代表。诺埃尔·查尔斯(Noel Charles)参加了这次大会,在写给英国外交大臣艾登的密信里,他称这次大会为国际和平运动。

塞西尔在开幕式上指出,很多国家的政府看起来希望全世界自杀,但它们的人民却热切地渴望和平。他希望一场规模巨大、爱好和平的运动能在所有国家启动,就像英国国内已经出现的如火如荼的局面。国际和平运动宣布四点宗旨:

甲.认可条约义务的神圣性。

乙.通过国际条约来削减和限制军备,禁止从制造和贩卖武器中谋利。

丙.通过建立集体安全和互助机制,加强国联防止战争爆发的能力。

丁.在国联框架内建立有效的机制来消除可能诱发战争的国际环境。①

上述宗旨的第二点乐观地提到了裁军;第四点小心谨慎地对和平变革做出了模棱两可的政策让步;第三点认可了集体安全,但英国国内的一些和平团体,例如全国和平理事会,从未接受集体安全的观念。

在大会闭幕式上,塞西尔再次抱怨道,多数国家的民众渴望和平,但政府却让他们深感失望。但同是国联协会重要领导人的李顿勋爵说,自己来到比利时,作为保守党人支持国联与和平。在他看来,英国保守党毫无疑问会为和平贡献力量。这样的说辞削弱了塞西尔对英国政府的批评。法国共产党的创建者之一、加入第三国际的马塞尔·加香(Marcel Cachin)准备演讲时,刚一起身,雷鸣般的掌声就响起来了。在演讲过程中,他多次被掌声打断。他认为参

---

① BDFA,Part II,Series J,Volume 8,Beck,Md.:University Publications of America,1995,p.73.

加和平运动是共产主义者的荣幸,强调限制军备和军工产业国有化都很重要。加香呼吁所有代表团结起来,增强国联的力量,并使之人性化;国内外的战争都应该废止;各国工会紧密团结起来,因为一旦团结起来,其力量将会是最强大的。加香含沙射影地抨击法西斯政权,让听众狂烈。

大会期间,布鲁塞尔体育场举行了盛大集会。很多人在法国代表的带领下,唱了几遍《国际歌》,并代表西班牙政府和苏联政府向国际社会发出呼吁。马塞尔·加香站起来向集会上的人们演讲,但说不了几个字,听众就用《国际歌》向他致意。好不容易让听众稍微安静下来后,他再次呼吁所有爱好和平的人超越党派差异和信仰区别,不论退伍士兵或是基督教徒,都团结起来。①

在写给艾登的这封密信的结尾,诺埃尔·查尔斯评论道:

> 比利时和所有国家都应该知道战争有多恐怖,但国际和平运动不是维护和平的正确途径。很多怀疑莫斯科阴谋的人说,苏联准备把正在东欧聚集的战争风云转移到西欧。"如果一个哥萨克或者一个枪骑兵被杀死在国境线不远处",他们找不到"比利时人和法国人拿起武器、开赴德国的"理由……爱好和平的诚实工人和支持国联理念的人已经成了被国际革命力量欺骗的对象。这种情况或许是真的,也可能是假的。②

这项和平事业看起来主要由左派政党在支撑。很明显,热烈欢迎马塞尔·加香的参会代表主要来自极左派别。或许,很多代表对大会表现出来的驯服感到失望。布兰廷(Branting)参议员告诉诺埃尔·查尔斯:"这次大会本来应该呼吁给予西班牙政府具体的帮助,却没有这样做;这让他感到很失望。"③

---

① BDFA, Part II, Series J, Volume 8, Beck, Md.: University Publications of America, 1995, pp.74-75.

② BDFA, Part II, Series J, Volume 8, Beck, Md.: University Publications of America, 1995, p.75.

③ BDFA, Part II, Series J, Volume 8, Beck, Md.: University Publications of America, 1995, p.75.

不仅如此,从一开始,国联协会执委会里很多人就强烈怀疑皮埃尔·科特戴着共产主义的面具。① 丘吉尔愤怒地把执委会的疑虑告诉了诺曼·安吉尔。丘吉尔竭力避免与这种人民阵线有联系,因为它会使追随丘吉尔的保守党员感到不安。由于缺少和左派政党打交道的经验,塞西尔低估了全球和平集会与共产主义者之间联系的"危害性",直到 20 世纪 40 年代初塞西尔仍不承认它"采取过任何支持共产主义观点的政治行动"②;仍认为"从整体上讲,它为和平做了有益的工作"③。第三国际于 1935 年 8 月召开的代表大会试图组建一个社会主义者与自由主义者共同参加的人民阵线。这次代表大会结束后,全球和平集会也立即发动了,其主要组织者路易斯·多利维(Louis Dolivet)被塞西尔视作"某种类型的共产主义者"。

全球和平集会表现出来的浓厚的共产主义色彩不仅被英国工会、天主教徒和保守党人所排斥,而且还被德国和意大利的宣传机器攻击为共产主义阵线。反对全球和平集会最为激烈的国联协会雇员是约翰·爱泼斯坦(John Eppstein)。作为活跃的罗马天主教教徒,他写了一系列反对苏联的文章,并把它们发表在宗教报纸上。尼维尔·张伯伦成为保守党的领袖后,受邀担任国联协会名誉主席,却在就职演说中批评国联协会亲近左派,尤其是它与全球和平集会之间的联系。④

从布鲁塞尔回来后,塞西尔对国际和平运动的信心更强烈了。他告诉国联协会执委会:"他从未在其他国际集会上看到过这样的激情。"既然英国代

---

① 皮埃尔·科特是法国激进党中的知名人物,曾从 1933 年 1 月至 1934 年 2 月担任法国空军部长,还是"新联盟"在法国分会的会长。他不仅是一个秘密的共产主义者,而且最终被证实是苏联的间谍。从 1936 年 6 月到 1938 年 1 月,他再次成为法国人民阵线政府的空军部长。科特在法国航空工业国有化过程中的角色尤为充满争议。1940 年 9 月,他到法国海外流亡,支持戴高乐的抵抗组织,并因此被法国维希政府剥夺了法国国籍。1945 年后,他又因过于亲近共产主义而被法国激进党人流放。于是,他干脆公开变为共产主义者。

② Robert Cecil, *A Great Experiment:An Autobiography*, London:Jonathan Cape Ltd., 1941, p.285.

③ Robert Cecil, *A Great Experiment:An Autobiography*, London:Jonathan Cape Ltd., 1941, p.286.

④ Martin Ceadel, *Semi-Detached Idealists:The British Peace Movements and International Relations*, *1854—1945*, Oxford:Oxford University Press, 2000, p.350.

表承诺每年给全球和平集会提供 1200 英镑，塞西尔要求国联协会做出实质性的财政支持。他还想让国联协会与国际和平运动的英国全国委员会建立更为密切的关系。由于感受到国际和平运动的英国全国委员会在组织上和财政上的脆弱，当有些同僚提议让国际和平运动变得更加独立时，塞西尔反驳道："不考虑国联协会拥有的巨大组织优势，让国际和平运动独自运转是荒谬的。"①

当塞西尔重新考虑给国际和平运动提供财政帮助和组织庇护时，国联协会雇员的薪水被削减了。由于国联协会内很多人强烈批评这种做法，为了避免出现严重的分裂，塞西尔最终放弃了这种想法。随后，国联协会雇员的薪水又恢复到了以前的水平。

不过，塞西尔对国际和平运动的偏爱仍然造成了组织和思想上的混乱。"和平周"是国际和平运动的主要活动形式。但诺曼·安吉尔的侄女芭芭拉·黑思（Barbara Hayes）作为国联协会在芬奇利（Finchley）地区的积极分子，反对"和平"这个概念被滥用。在她眼里，"和平周"这个短语模糊了维和止战手段之间"截然相反"的区别。例如，1936 年底，伦敦和平理事会联盟举办了一场由国际和平运动主导的集会。和平誓约联盟的一名成员无意间参加了这次集会，满耳都是组建反法西斯人民阵线的呼吁。于是，他抱怨这是"挂羊头卖狗肉的和平集会"②。

由于担心国际和平运动夺走英国和平运动的领导权，国联协会秘书长加内特写了一封正式的信函，准备向塞西尔抱怨，但被人劝阻了。1937 年 1 月 22 日，苏格兰地区 11 位知名的国联支持者发表了一封公开信，提出要想避免共产主义者的影响，国联协会应该避免向国际和平运动派驻代表。弗雷施沃

---

① Martin Ceadel, *Semi-Detached Idealists: The British Peace Movements and International Relations, 1854-1945*, Oxford: Oxford University Press, 2000, pp.352-353.

② Martin Ceadel, *Semi-Detached Idealists: The British Peace Movements and International Relations, 1854-1945*, Oxford: Oxford University Press, 2000, p.355.

特(A.J.C.Freshwater)市长是为国联协会长期服务的代理秘书,私下里说塞西尔领导国联协会开展了 17 年的活动,但"几乎没有任何价值",因为塞西尔现在"满脑子都是国际和平运动的想法"①。若在过去,塞西尔遇到此类反对意见时肯定会提出辞职,但这次没有。他很清楚,辞职的话,只会减少对国际和平运动的帮助。

1937 年 10 月 22 日至 24 日,国际和平运动举办首届全国代表大会,有近 800 名代表参加,但几乎没有媒体报道。不久后,塞西尔又提议国联协会吸纳国际和平运动,但这带来的却是塞西尔羞辱性的退却。《前进》表达了国联协会会员强烈的反对意见:"它只对塞西尔个人有好处。"②11 月,塞西尔被授予诺贝尔和平奖,他自己也总结道:"得到这个奖项或许与国际和平运动有关。"塞西尔最终收回了自己的提议。

1937 年 12 月,在国联协会雇员的圣诞节派对上,约翰·爱泼斯坦的人物素描把塞西尔画成了国际和平运动里老态龙钟的狂热分子。塞西尔感到自己的尊严被深深地冒犯了。后来,爱泼斯坦虽道歉了,但说自己被塞西尔的"过激反应吓坏了"。诺埃尔—贝克火上浇油,告诉塞西尔:爱泼斯坦在任何情况下"都应该对秘书处阻挠、破坏关于国际和平运动的政策负主要责任",有时候"口无遮拦地说你年纪太大了"。塞西尔回答说:"国际和平运动与国联协会的关系引起的非议……是难以忍受的。每个人或者说几乎每个人都蓄意作对,但我年纪太大了,已无力应对。由于时局,我不能辞职。但这样的事情是可恶的。"③他同意不解雇爱泼斯坦,部分原因是后者家境贫寒,且妻子体弱多病,但把怒气主要撒在了秘书长加内特身上。除了监督雇员不力外,加内特长

①　Martin Ceadel, *Semi-Detached Idealists : The British Peace Movements and International Relations , 1854-1945* , Oxford : Oxford University Press , 2000 , p.356.

②　*Headway* , vol.19 , no.12 , Dec. , 1937 , p.221.

③　Martin Ceadel, *Semi-Detached Idealists : The British Peace Movements and International Relations , 1854-1945* , Oxford : Oxford University Press , 2000 , p.371.

期以来对国联协会的立场发表过很多不合时宜的评论,①并且自诩为"国联协会之父",还要"与塞西尔这样极端邪恶的人作斗争"。②

1938年1月,执委会通知加内特以病休的名义离开6个月。不久后,加内特向威尔士分会的一位同事坦承自己的心脏确实已被累坏了,因为他一直在阻止国联协会执委会落入那些运作国际和平运动的人手中。他还说李顿勋爵也有同样的担忧。但在结束病休返回前,他在执委会的呼吁下递交了辞呈。在执委会里,认为他应该辞职的人只占微弱多数。塞西尔、莫雷和李顿勋爵都认为执委会太严厉了,便各自在《前进》上发表文章向加内特致敬,并为他争取到了慷慨的500英镑年金。③ 7月离职时,加内特不后悔自己曾阻止国联协会变成政治性宣传工具。为了安抚他,国联协会邀请他加入执委会。1939年4月,他接受了邀请。秘书长职位的继任者是加内特的助手弗雷施沃特。自1920年,他就是国联协会的雇员了。虽没有加内特聪明,但弗雷施沃特有出色的社交能力。1943年,在讣告中,人们赞颂他"拥有每个人都渴望的品质",包括"非常杰出的道德品质"。④

加内特的辞职被人利用来攻击塞西尔和国联协会。1938年7月26日,英国下院议员围绕空军预算辩论时,自由党议员理查德·阿克兰(Richard Acland)指责塞西尔是"一个头脑发热的、幼稚的理想主义者,一个为自己私利奔走的党派政治家",还认为"过去几个月里,国联协会通过的诸多决议虽然没有直接反对英王陛下政府的政策,但它们越来越偏离官方政策"。⑤ 安东尼·克罗斯利(Anthony Crossley)议员是国联协会执委会成员,认为阿克兰

---

① *Headway*, vol.18, no.8, Aug., 1936, p.160; *Headway*, vol.18, no.10, Oct., 1936, p.220.

② Martin Ceadel, *Semi-Detached Idealists: The British Peace Movements and International Relations, 1854-1945*, Oxford: Oxford University Press, 2000, p.372.

③ *Headway*, vol.20, no.8, Aug., 1938, p.142。另外,1939年欧战爆发时,这笔年金因为国联协会财政困难而停发了,但在1943年又重新恢复发放了,只是减少到了每年250英镑。

④ *Headway*, vol.25, no.8, Aug., 1943, p.2.

⑤ Richard Acland, Speech, House of Commons Debates, vol.338, 26 July, 1938, p.2980.

"大错特错","没有弄明白加内特博士辞职的原因"。

　　加内特之所以辞职,是因为他认为国联协会不可能再被视作非党派组织了……我希望尊重执委会的秘密,但我非常清楚地意识到加内特博士不愿意辞职,而执委会的决议有意针对他。这几个月来,我一直在想,国联协会通过了一个又一个决议,它在人们心目中的非党派的身份还能维持多久? 我认为,英王陛下政府把这个组织一劳永逸地留给每个选区的选民去判断比较好。在我的选区里,我尽力维持国联协会的非党派身份,但所有人都知道在每一个选区里它都是众矢之的。①

　　在阿克兰和克罗斯利的争辩中,他们都攻击国际和平运动。前者借此抨击塞西尔的人品,后者以此批评国联协会正失去它珍视的"非党派身份"。面对两人的攻击,杰弗里·曼德议员作为国联协会执委会成员辩护道:

　　执委会里有所有党派的杰出代表。我们努力用自己的办法调和不同的看法,尽可能达成一致。在这一点上,我认为我们很大程度上成功了。对于一个连首相都愿意担任名誉主席的组织,国联协会若在此时被甩进司空见惯的党派斗争中,我认为是应当谴责的事情。国联协会为之奋斗的一些理想不是为了保护任何党派或者政府。它的目标是教育公众舆论,努力并说服政府和议员采纳它的政策。在实现这个目标的过程中,必然有时候会和政府冲突,有时候也会支持政府。你不能指望它会有其他类型的举动。

　　有些先生提到了最近国联协会秘书辞职的事情。我愿意非常明确地说,无论辞职的原因为何,它们都是国联协会内部的事情,无论如何都不会是政治性的……加内特辞职时,国联协会执委会委员长李顿勋爵也是这么说的。国联协会成员的分歧在于:有些人认为国

---

① Anthony Crossley, Speech, House of Commons Debates, vol.338, 26 July, 1938, pp.2987-2988.

联的政策应该在此时此地立即被执行,但另有一些人同样真诚地认
为国联的政策应该着眼长远,慢慢实行。我们努力调和两种看法,但
目的不是离开国联政策。①

此间,国联协会执委会副委员长利文斯顿女士病休了,而委员长莫雷也已
快72岁了,虚弱得已无法履职,便于1938年6月辞职,和塞西尔一起担任协
会联名主席。

塞西尔和诺埃尔—贝克希望在1938年重启集体安全运动,试图再举办一
次"和平投票"式的活动。2月18日,他们创建了全国抵制委员会(National
Boycott Committee),动员公众抵制日货,但最终失败了。因为英国公众已不再
相信经济制裁的效果。大卫·戴维斯计划组建一支自愿性的国际空军部队,
保卫中国免遭日本空袭,但也在这年夏天无果而终。②

首相尼维尔·张伯伦向塞西尔抱怨左翼偏见出现在了国联协会内部。
1938年9月30日的《慕尼黑协定》达成后,一直反感国际和平运动的主教辛
斯利(Cardinal Hinsley)辞去联名主席职务,并鼓动天主教会员退出了国联协
会的基督教组织委员会。包括克兰伯恩在内的几名保守党委员也离开了。他
们认为国际和平运动撕裂了本已虚弱的国联协会。

1939年1月,塞西尔辞去了国际和平运动英国分会委员长的职务,虽仍
保留了自己在全球和平集会中的职位。国际和平运动英国分会面临着严峻的
财政困难。2月16日,英国分会的雇员面对国联协会的同行时,甚至开始考
虑将来何去何从的问题了。

1939年2月底,英国政府承认西班牙佛朗哥叛军政权的合法性后,对舆
论的控制日趋加强。3月9日的下院辩论中,杰弗里·曼德询问内政大臣塞
缪尔·霍尔"是否会考虑组建调查委员会的可行性,以确保把同等机会给予

---

① Geoffrey Mander,Speech,House of Commons Debates,vol.338,26 July,1938,p.3026.
② David Long,*Thinkers of the Twenty Years' Crisis:Inter-War Idealism Reassessed*,Oxford:Clarendon Press,1995,pp.65-66.

反对党和政府的支持者,从而使反对党能在海报上自由地表达政治观点"。霍尔虚伪地回答道:"我国法律给予所有形式的政治观点自由表达的同等权利,无论是用海报还是其他媒介。若组建一个委员会,我不清楚它能调查什么。"于是,曼德毫不客气地指出:"英国海报广告协会的审查委员会控制了90%的广告牌。以政治影响为由,它拒绝国际和平运动下属的西班牙紧急委员会张贴海报。内政大臣是否注意到了这一点?我手里刚好有一张这样的海报。"遮羞布被揭掉后,霍尔无耻地回答道:"在公务上,我尚未注意到这些事实。但无论如何,责不在我"①。

欧洲战云越来越厚。当采取非军事手段进行制裁的希望破灭时,当国际和平运动失败时,"和平投票"的积极影响已被抵消了。英国公众对集体安全已丧失信心,严重削弱了国联协会社会动员的成效。1939 年 7 月,塞西尔向国联协会总理事会承认国际和平运动在英国的实际工作不是最重要的。总理事会同意国际和平运动英国分会和国联协会相分离。

如果早些时候出现,国际和平运动是否会更具影响力? 这或许是一个值得探讨的话题。20 世纪 30 年代末,它让不少害怕新世界大战爆发的人们更加希望"世界公众舆论"能维护和平,而"世界公众舆论"正是国联最为倚重的法宝。国际和平运动的失败,在更宽泛的意义上说也是国联协会的失败,并非单单因为时运不济。国联协会在政府外交决策中无足轻重。它偶尔的成功取决于对盟友的选择,取决于与对手协调的方式。由此看,国际和平运动对国联协会其实是一个负担。

六、如何应对希特勒

整体上看,从 1937 年秋到 1939 年春,英国和平组织彻底分化了,每一派都在寻找盟友。最终,提倡和平变革者与绥靖主义同流合污,提倡集体安全或

---

① Geoffrey Mander, Samuel Hoare, Speech, House of Commons Debates, vol. 344, 9 March, 1939, p.2342.

人民阵线者与主战派站到了一起。

1937 年 10 月 1 日,和平誓约联盟的创始人和精神领袖迪克·谢泼德(Dick Sheppard)逝世。一系列人事变动使和平誓约联盟内部的分歧表面化了。有些人想让它成为规模更大、更加世俗化的组织,但还有些人想让它成为规模更大,但更少受到左派影响的组织。谢泼德逝世时,和平誓约联盟的地方分会有 715 个;1938 年春天,11.7 万的会员中只有约 2 万名女性在其宗旨上签字。这低于预期。1939 年初,和平誓约联盟很明显开始衰落。作为英国政坛上的一个影响因素,它已不能发挥什么作用。[1] 1938 年 3 月,德国吞并了奥地利。9 月的慕尼黑会议使得德国占领了捷克斯洛伐克的重要地区。此后,通过经济让步或殖民地托管来让希特勒满足的可能性已大大降低,连和平誓约联盟中的不少人也认识到即使废弃所有武装,英国也不会变得足够强大。

这说明非暴力抵抗方式正失去吸引力。即便在和平誓约联盟刚诞生时,非暴力抵抗也只被当作思想试验而非深思熟虑后的行动。随着德意日法西斯变得更加猖狂,没有人真的相信非暴力的抵抗能阻挡希特勒之类的战争狂人。航空器和现代化工产业的发展也让人们认识到仅仅依靠被动、消极的方式很难阻止空袭和毒气弹。另外,西班牙内战和中国全面抗日战争使此前广为流传的"空战将是末日审判"的误判不攻自破。

和平誓约联盟的一些成员对和平主义的立场也发生了动摇。例如,萝丝·麦考利(Rose Macaulay)在 1938 年德国吞并奥地利后不再给和平誓约联盟提供资助,虽然直到 1940 年夏天她才放弃自己信奉的和平主义。[2] 在捷克斯洛伐克危机期间,和平誓约联盟的喉舌《和平新闻》(Peace News)竟也反对"以牺牲弱国为代价进行交易",赞成"开展以全体利益为宗旨的国际合作,在此基础上形成新的国际关系"。有了一代人的时空距离后,思维敏锐的英国

---

① Martin Ceadel, *Semi-Detached Idealists: The British Peace Movements and International Relations, 1854—1945*, Oxford: Oxford University Press, 2000, p.360.

② Jane Emery, *Rose Macaulay: A Writer's Life*, London: J.Murray, 1991, p.251.

知识分子中肯地指出:"绥靖政策与和平运动无关,更不用说它与和平主义相关了。"①

和平誓约联盟的这些转变不能被夸大,毕竟从整体上看这个组织仍然在支持英国政府的绥靖政策。但不可否认的是,哪怕曾经是最坚定的反对一切战争的人,在现实面前也会对绥靖政策产生疑问。亚历山大·邓洛普·林赛(Alexander Dunlop Lindsay)在1938年底的一次公开演讲中猛烈批评绥靖政策:

> 虚假的和平主义者最近认为中国、埃塞俄比亚和西班牙的战事与我们无关。噢,谢天谢地! 这种观点从认为战争是世界上最邪恶的东西变成了认为战争给我们带来的痛苦是世界上最邪恶的东西,认为我们的痛苦确实有别于其他民族在战争中的痛苦。②

1938年2月,安东尼·艾登和塞西尔的侄子克兰伯恩子爵辞职离开外交部。舆论认为两人由于某些外国政府的敌意而被牺牲掉了,敌意很大程度上源自他们对国联原则的支持。莫雷立即发电报,表达"国联协会最温暖的同情和钦佩"。国联协会各地分会纷纷举行公众集会表示抗议。2月22日,国联协会执委会召开紧急会议,在决议中对两人辞职表示遗憾。内阁危机期间,尼维尔·张伯伦在下院说不再相信国联能够提供集体安全。《前进》提醒道,一个在集体安全承诺基础上赢得大选的政府若自食其言,会让人们失去信心;若国联处于危险之中,国联协会将调动所有资源去反对哪怕是首相先生。③在各种形式的集会上,国联协会的演讲者都要求尼维尔·张伯伦辞职。

然而,艾登和克兰伯恩子爵不愿意看到他们的辞职被用来推翻张伯伦内

---

① Martin Ceadel, *Semi-Detached Idealists: The British Peace Movements and International Relations, 1854-1945*, Oxford: Oxford University Press, 2000, pp.361-362.

② Alexander Dunlop Lindsay, *Pacifism as a Principle and Pacifism as a Dogma*, London: Student Christian Movement Press, 1939, pp.19-20.

③ *Headway*, vol.20, no.3, Mar., 1938, pp.41,42,44.

阁。莫雷尊重他们。在总理事会的特别会议上,有些会员提出应该公开反对张伯伦内阁,莫雷告诉他们这不是协会应该做的。国联协会应做的是讲清楚国联的正确政策,然后留给选民去决定这届内阁是否让人满意。当有人建议国联协会推出候选人竞选议会席位时,塞西尔认为协会不具备这样的功能。在公众舆论主要通过政党政治来表达的宪政体系里,国联协会谨守自己非党派组织的身份,不可能迈出更多步伐。

当 1938 年 3 月希特勒吞并奥地利时,国联协会召开了执委会和总理事会的特别会议来表示抗议。随后,塞西尔关注着捷克斯洛伐克危机的发展,视其为对集体安全的真正考验。他强调英国必须和法国一起向希特勒表明坚定的立场;任何安抚希特勒的措施都只会适得其反,都只会增加他在德国的威望;德国对捷克斯洛伐克的任何侵略行为都是不能被容忍的;向希特勒展示决心而非更多的耐心,或许能解决危机,避免战争。

在 1938 年 9 月 8 日的特别会议上,国联协会执委会明确宣布了立场:捷克斯洛伐克的独立对全欧洲都至关重要,英国应该用尽全力阻止德国政府试图通过恐吓或军事行动解决苏台德问题。执委会敦促英国政府利用下一届国联大会,确保此项政策获得支持。塞西尔、莫雷和李顿将此决议呈递给了唐宁街 10 号,但并未说动英国政府。9 月 22 日,国联协会执委会再次开会,空前严厉地抨击英国政府"通过向暴力屈服来换取和平"①。

9 月 30 日慕尼黑会议后,国联协会继续坚定地反对英国政府,重申英国对和平的义务是积极地用安全取代焦虑,用善意取代仇恨,而非消极地回避战争。《前进》详细列举了过去几年希特勒背弃的诺言,预测不久后他就将彻底暴露本质。② 丘吉尔在《前进》上抨击《慕尼黑协定》,呼吁民众支持国联和国联协会。

不过,国联协会也同意李顿勋爵的看法:"若此时采取行动,无异于自杀。

①　*Headway*, vol.20, no.10, Oct, 1938, pp.23–24.
②　*Headway*, vol.20, no.10, Oct, 1938, p.10.

抵制政府的行动会和全国弥漫的解脱和欢快的气氛相悖。人们认为战争的危险已经被避免了。"①《慕尼黑协定》反衬出国联的无所作为。公众对国联的失望情绪又一次迸发出来。《前进》哀叹："国联的坏日子就是国联协会的坏日子。"②1938 年,国联协会会员数量下降了 16%,次年又下降了 26%。捐赠继续向枯竭的方向恶化。这年夏天时,国联协会已被迫把支出削减了 1/3。

为了维持人们对国联的信心,国联协会的宣传工作发生了微妙的变化:不再强调国联作为一个国际机构对集体安全的意义,而是强调爱好和平的国家都应作出贡献。国联协会抛弃了"拯救国联就是拯救和平"的口号,换上了"战争能被避免"的标语。军事理论家利德尔·哈特上尉接受国联协会邀请加入执委会。这表明国联协会把自己重新定位在保卫英国上,尽管塞西尔指出这样做不符合国联协会宗旨。

进入 1939 年后,英国的绥靖主义者遇到严重的挫折。德国占领布拉格让很多英国人认清了自己长期不愿面对的现实,即绥靖政策难以安抚希特勒。深思之后,兰斯伯里总结道:"举行会谈和相互让步已经失败"③。和平誓约联盟的喉舌《和平新闻》常从德国的立场出发来解释问题,但其会员不少开始为自己客观上代表德国去动员英国民众而感到羞愧。3 月 18 日,全国和平理事会派出代表团,把 106.2 万人的签名呈递给了尼维尔·张伯伦。④

不过,即使把主战派领袖丘吉尔请来演讲,"新联盟"召集公众集会时也遇到了不少困难。它认为原因很大程度上可归结为公众普遍对国际形势持"昏昏欲睡或绝望"的态度。⑤ 国联协会也处于困境中,会员数量剧减。布拉

---

① Martin Ceadel, *Semi-Detached Idealists: The British Peace Movements and International Relations, 1854-1945*, Oxford: Oxford University Press, 2000, p.368.

② *Headway*, vol.20, no.7, Jul., 1938, p.124.

③ *Headway*, vol.20, no.7, Jul., 1938, p.380.

④ Martin Ceadel, *Semi-Detached Idealists: The British Peace Movements and International Relations, 1854-1945*, Oxford: Oxford University Press, 2000, p.377.

⑤ *New Commonwealth*, June, 1939, p.29.

格危机发生后,焦点公司对新版《前进》失去了兴趣,要把这本杂志的主办权归还给国联协会。

1939 年,国联协会领导人继续努力推动集体安全制度。但到此时,他们的努力已经失败了。3 月 31 日,英国首相尼维尔·张伯伦宣布保护波兰的独立。国联协会领导人对此怀有疑虑,认为这种紧急措施可能导致军事结盟,使均势政治重归国际舞台。尽管如此,他们仍尽力把英国对波兰的义务描绘成对集体安全迟到的拥护。莫雷就开始谈论"和平集团",但塞西尔认为"和平集团"事实上不过是对抗性联盟的别名罢了。诺曼·安吉尔一方面试图积极地呈现英国政府对波兰的安全保证,劝导《前进》的读者应该"认识到国联协会的政策是多么正确"[1];另一方面也承认"在集体安全的外衣下,我们可能滑向第一次世界大战前以均势为目标的结盟政策"[2]。

欧洲局势迅速滑向大战。不少英国人认为国联难辞其咎。但国联协会领导人认为,如果说国联没能提供集体安全,那么原因只有一个,即英国和其他一些国家未能恰当地使用它。很多最热心的国联支持者总结道,症结在于它走得不够远。他们建议不要依赖主权国家,国联应该组建为一个联邦制的国际组织或者其他类型的组织,行使中央权威,使和平直接扎根于国际舆论。国联协会努力反驳那些批评集体安全制度的人。但欧战爆发前,它影响公众舆论的能力已经非常有限了,并且在英国政府权力柱廊里已萎缩成一个影子。

---

[1] *Headway*, vol.21, no.5, May, 1939, p.7.

[2] Norman Angell, *Must It Be War?*, London: Labour Book Service, 1939, pp.22, 23, 30.

第五章　国联协会的跨党派动员

　　为了塑造全体而非部分公众看法,也为了唤起公众对国联的普遍支持,跨党派社会动员被国联协会领导人认为是必需的。1933 年,他们反思道:"无疑,在很多政治议题上,公众舆论能在政党机制中受到足够的教育。然而,有些议题(包括国际事务)必须留在政党政治的大旋涡之外。这就是 14 年前让所有政党领导人参与组建国联协会的原因。"① 在 1918 年组建之初,国联协会就大力宣扬自己的"跨党派身份",渴望把所有党派都团结到国联旗帜之下。国联协会不是某种党派,它追求的目标比党派差异更深刻,这种观念在国联协会领导层中很普遍。

　　然而,历史学家们怀疑这种"跨党派身份"。有些人认为,自由党人把国联协会视作"政党代理人";国联的存在"正是自由主义衰落的重要原因"。② 还有些人评论道,20 世纪 30 年代中期,国联协会日渐与工党外交政策靠近,两者之间的联盟因"和平投票"而加速缔结;很多地方的工党活跃分子从中迅速获得好处。③ 很多人都认为,保守党对国联协会的支持是三心二意的,随着

---

① *Headway*,vol.15,no.3,Mar.,1933,Supplement,p.i.

② Donald S.Birn,*The League of Nations Union*,*1918—1945*,Oxford:Oxford University Press,1981,p.51.

③ MartinCeadel,"The First British Referendum:The Peace Ballot,1934—1935",*The English Historical Review*,vol.95,no.377,Oct.,1980,pp.810—839.

后者在 30 年代越来越多地批评英国政府,保守党的态度变得越来越冷淡。

笔者同样质疑国联协会所谓的跨党派身份。不过,笔者没有把它视作国联运动中的烟幕弹,而是着力回答跨党派动员对国联协会而言为何如此重要,怎样从国联在政党政治中的地位来理解国联协会活动的含义。

两次世界大战之间,英国政坛上的三大党都在主动调整,以期赢得广大选民的认可。保守党正在走向现代化,自由党希望重建自己与进步事业的历史联系,工党希望把自己塑造成稳健的执政党。在此背景下,国联协会向所有党派推销自己的政策可谓恰逢其时。20 世纪 30 年代,党派标签的变动和跨党活动的增加进一步证明了国联协会采取跨党派动员的合理性。跨党派合作使国联协会的社会动员取得巨大成绩。塞西尔曾自豪地说:“即便到现在,各种各样的报告厅很容易被我们的听众坐满。但是,无论哪个政党在同一个报告厅里举行政治集会时,席位通常只能坐满一半。”①尽管政党仍是获得权力和影响力的主要途径,但国联协会的经历表明:跨党派的民间组织能够在某些情境下扮演重大的角色,能够塑造民众讨论公共事务时的语言和表达方式,能够成为议员和选民之间的桥梁。

第一节　力推国联运动跨党派

外交政策应当摆脱政党政治的旋涡,以免国家利益受损。有这种想法的组织并非只有国联协会一个。国家利益的重要性高于党派争斗,这种观念在英国人对外交和国防政策的理解中根深蒂固。1930 年《前进》写道:“每一个公民都有权、也都不可避免地会成为这个或那个政党的热心支持者。他们选择的标准是看哪个党派的政策最有利于本国的外交活动和帝国利益”,“但

---

① Robert Cecil,“The League of Nations Union and Gilbert Murray”, In H. A. L. Fisher, etc., *Essays in Honour of Gilbert Murray*, London: G. Allen & Unwin, Ltd., 1936, p.85.

是,我们有一项光荣的传统,那就是外交政策的主线要超脱党派纷争"。① 第一次世界大战后,英国议会批准了《国联盟约》,这至少在表面上肯定了国联协会宣扬国联事业超越党派之争是正确的。让政治家们接受国联的基本制度是国联协会的主要目标之一。1921 年 10 月,执委会委员长莫雷把在日内瓦看到的乐观景象写信告诉自己的秘书:"总的来说,我觉得国联是一个具体的、不可或缺的东西,就像我国的议会下院或贸易委员会。国联本身有缺陷,也会遇到各种危险,但这些都是人类创设的机构经常碰到的事情。无论怎样,它肯定会成长起来,发挥有益的作用。"塞西尔很快从美国国会拒绝批准《国联盟约》中吸取了教训:"廉洁且受人尊敬的绅士为了党派利益会毫不犹豫地背弃自己的信条、谴责国际事务中自己以前支持的原则。"②

国联协会领导人决心让国联事业免遭党争的危害。他们将国联打造成一项道义上的事业,并以此来抵消党派偏见。在这项事业中,没有保守党人、自由党人和社会主义者,也没有拥护或反对政府的人,只有发誓愿意把生命投入到世界理想秩序中的男人和女人。这个理想体现在 1925 年国联协会获得的皇家特许状里。皇家特许状的颁发是英国政府对国联协会这个"巨大民意机构"的认可,而这个机构的宗旨是教育"所有党派和无党派人士追求和平"。皇家特许状也反映出国联协会的愿望,即跨党派原则能够最大程度动员民众参加国联运动,依靠支持者的数量为国联运动赢得尊重。国联协会经常提醒活跃分子不要采取那些容易让人误解的措施,避免给人们留下国联运动服务于个别团体利益的印象。

跨党派原则塑造了国联协会在英国举行大选时的施压技巧。1923 年,一份有三大党领导人签字的传单被散发出去;国联协会地方分会带着一份特制的问卷游说本选区的议员候选人,并向这些候选人保证有足够机会,甚至可以

---

① *Headway*,vol.12,no.7,July,1930,Supplement,p.ii.

② Helen McCarthy,*The British People and the League of Nations:Democracy,Citizenship and Internationalism*,c.1918–1945,Manchester:Manchester University Press,2011,p.48.

在国联协会主办的集会上表达自己的观点。1929 年，国联协会为 1000 场集会提供了演讲者，国联协会的政策声明被呈递给了 1729 名议员候选人中的 1611 个，另有 56 个地方分会组织了所有政党参加的集会。① 地方分会的积极分子不断收到提示，不允许此类活动滑入政党纷争的泥淖。1933 年，塞西尔建议地方分会的书记们组建"选区委员会"时，要尽可能吸纳 3 个政党的代表；如果做不到这一点，选区委员会就由无党派代表组成。站在国联协会讲台上的演讲者要牢记必须积极地、建设性地解释国联协会的政策，避免批评其他政策，以免给人留下党派攻讦的印象；如果离题太远，涉及了政党纷争的议题，那他们就会受到国联协会的责备。

这种指示看起来简单明了，但国联协会常在媒体上发表一些被视作"党派攻讦"的言论。1925 年，《前进》辩称国联协会"有权赞成任何政府采取的有利于国联的政策，也有权反对任何政府采取的不利于国联的政策"，并向读者保证这种反对并非党派攻讦，因为国联运动在过去的年月里，既批评过拒绝《互助条约草案》的工党政府，也批评过保守党政府对《日内瓦议定书》的态度。② 希尔斯市长是一位保守党议员，也是国联协会执委会的副委员长。1927 年，他又做出了另外一份保证，鼓励积极分子去游说当地议员，不要担心他们会背弃自己的政党。希尔斯写道："我们超越政党政治来推进这项伟大的事业。无论我们有怎样的政治信仰，我们必定会以最好的方式来推进这项事业。我们这样做的时候，不会损害我们自己的政治忠诚。我们仍旧像以前那样是坚定的、积极的保守党人、自由党人或工党的支持者。"③

这种信息被国联协会广泛散播出去。大选期间，它特别注意基层组织是否有党派活动。在维持跨党派支持方面，国联运动取得了多大的成功？从各种委员会的构成看，它实现了目标，从各种政治流派中招募到了意见领袖。

---

① *Headway*, vol.11, no.7, Jul., 1929, Supplement, p.ii.
② *Headway*, vol.7, no.4, Apr., 1925, p.62.
③ *Headway*, vol.9, no.6, Jun., 1927, Supplement, p.ii.

自由党人的影响很大。除了莫雷、大卫·戴维斯长期担任国联协会执委会的委员外,自由党议员杰弗里·曼德、劳合·乔治、维罗比·狄金森、亨利·维维安、《威斯敏斯特公报》(*Westminster Gazette*)的斯彭德、多萝西·格拉斯顿(Dorothy Gladstone)、维奥莱特·博纳姆—卡特和马杰里·科贝特·阿什比以及妇女自由联盟(Women's Liberal Federation)的所有领导人。劳合·乔治是国联协会的第一位主席;布莱斯勋爵曾深度卷入国联会社的活动中,后来成了国联协会创建初期的副主席。考德雷勋爵慷慨地资助国联协会。他的女儿一度担任过妇女咨询委员会(Women Advisory Council)的委员长。

保守党人也很突出。除了塞西尔、奥斯汀·张伯伦、布兰奇·达格代尔和希尔斯之外,克兰伯恩子爵、李顿勋爵、约翰·鲍尔(John Power)、维维安·亚当斯、尤斯塔斯·珀西(Eustace Percy)勋爵和亚瑟·斯蒂尔—梅特兰(Arthur Steel-Maitland)都长期在国联协会执委会中任职。此外,利文斯顿女士被委托去监督 1934 年至 1935 年的"和平投票"。诺埃尔—贝克和威尔·阿诺德·福斯特都是权势人物。

国联协会执委会里工党代表克雷福德·艾伦、托马斯和克莱恩斯同时兼任国联协会工人咨询委员会委员。但从数量上看,国联协会总部里工党人士比保守党人少很多。

与各个党派谨慎的合作使国联协会领导层保持着混合特征。关于合作中的责任问题,国联协会领导层的态度很开明。执委会委员不需要在每项政策上都保持一致。塞西尔经常这样劝说那些犹豫不定的保守党人加入或不要离开。

除了奥斯汀·张伯伦和诺埃尔—贝克之外,国联协会执行委员中的多数都愿意与抱有不同政见的人合作。即便在政治身份上属于某个政党,但执委会的多数成员都没有强烈的党派倾向,不喜欢受到现代政党机器在党纪和意识形态上的约束。塞西尔和莫雷都体现了这一点。另一个典型是著名作家诺曼·安吉尔,他长时间担任国联协会宣传委员会的委员长。诺曼·安吉尔曾是民主控制联盟的创建者之一,在 1929 年作为工党议员进入下院。尽管如此,他身边围绕着很多折中主义者,将各式各样的政治家和专家聚集起来,提倡用跨党派合作的办法解决工人失业问题。独立工党前主席克雷福德·艾伦,曾在 20 世纪 20 年代担任国联高官的著名经济学家亚瑟·索尔特,经济学家和记者沃尔特·林顿(Walter Layton)及其妻子、著名的女权主义者多萝西,退伍军人、普选权倡导者与和平运动的积极分子马杰里·科比特·阿什比和下院独立派后座议员埃莉诺·拉斯伯恩都是国联协会里的中庸平和之士。

表6　1921 年至 1938 年国联协会执委会中的议会议员①

年份	执委会成员	议员总数	保守党人数	自由党人数	工党人数	独立派人数
1921	42	18	10	5	3	0
1924	48	12	8	2	2	0
1936	49	9	6	2	1	0
1938	49	15	6	3	4	2

20 世纪 30 年代的英国有很多这样的人成了中间派。他们加入了跨党派组织,如"未来五年小组"(Next Five Years Group)与"和平与重建行动理事会"(Council of Action for Peace and Reconstruction)。他们主张增强民主制度的领导力,采取果敢的新方案以便把英国从经济危机的边缘拉回来。② 对于这些解决国内问题的药方,国联协会虽然在正式场合仍旧保持着中立,但它衷心欢迎那些在外交上以国联为中心的提议,并在《前进》上刊登"未来五年小组"的方案。③ 国联协会的工业咨询委员会(Industrial Advisory Committee)专

① Peter FrederickBarty, *The League of Nations Union between The Wars*:*The Rise and Decline of a British Political Pressure Group*, Ph.D.dissertation, University of Kentucky, 1972, p.21.
② Arthur Marwick, "Middle Opinion in the Thirties: Planning, Progress and Political Agreement", *English Historical Review*, vol.79, no.311, Apr., 1964, pp.285-298.
③ *Headway*, vol.17, no.9, Sept., 1935, pp.166-167; *Headway*, vol.17, no.10, Oct., 1935, p.185.

注于经济计划、工业关系和金融重建等问题的国际背景。① 为此,它举办了很多专题会议,为国联协会与中间派人士的合作提供了更多机会。但到 20 世纪 30 年代末,这种合作暴露出越来越多的问题,因为中间派中的很多领袖越来越多地反对绥靖政策和法西斯。

地方分会不断被提醒要从不同政治派别中吸纳工作人员。不过,国联协会领导人不可能深入到基层去管理这样一个政治上的混合体。在繁荣的城镇奥克斯特德(Oxted)和利普斯菲尔德(Limpsfield),当地分会于 1920 年 10 月举行第一次会议,认为有必要邀请工人代表加入。次月,两地分会书记给 5 个工会发出邀请信,但两个月后依然没有得到回音。与此相反,工业城镇贝里(Bury)地区的执委会成员囊括了从工业合作社到妇女合作协会的代表;伦敦西郊和伊令(Ealing)地区分会从妇女自由联盟(Women Liberal Federation)和工党那里招募到了会员。在那些与国联协会合作的组织中,党派性的组织只占很小一部分,而教会组织数以千计。在某种程度上,隶属于 3 个主要政党的基层组织展现了与国联协会合作的意愿。例如,1924 年,国联协会地方分会收到了来自"保守党妇女协会"(Women's Unionist Association)和"自由党全国妇女联合会"(Women's National Liberal Federation)的入会申请。1929 年,在一份与国联协会合作的组织名单上,工党的占了总量的 1/3。②

开展"和平投票"的地方宣言委员会展示了跨党派动员的能力。至少有 50 个地区的三大党展开合作,包括曼彻斯特这样的大城市。"和平投票"期间保守党的支持大幅度减少,这种传统看法遭到了挑战。③ 事实上,跨党派参与在下述地方进展得很顺利:在工党牢牢盘踞的纳尔逊(Nelson)和威根

---

① *Headway*, vol.7, no.11, Nov., 1925, p.218; *Headway*, vol.12, no.2, Feb., 1930, Supplement, p.ii.

② LNU pamphlet, *British Industry and the League of Nations*, 1929, pp.430−432.

③ N.J.Crowson, *Facing Fascism: The Conservative Party and the European Dictators, 1935−1940*, London: Routledge, 1997, pp.52−54.

（Wigan），在工党代表几乎不存在或非常少的布莱克浦（Blackpool）和达林顿（Darlington），在党争相当激烈的布里斯托尔和诺丁汉，以及那些有大教堂的城市、海边度假胜地、温泉小镇、工业区、古董集散地、重型机车制造中心和采煤区。

因此，国联协会不应被视为"自由主义者"的团体。虽然莫雷曾向奥斯汀·张伯伦坦承，在国联协会的支持者里，自由党人不成比例地多。但在地方分会的委员会里，保守党人的表现也很扎眼。"和平投票"活动结束后过了半年多，有议员在下院问 1925 年的"皇家特许状是否给国联协会的政治活动施加了限制"，时任枢密院院长的前工党领袖麦克唐纳回答道："皇家特许状规定国联协会以无党派身份存在，其活动以促进国联的利益为宗旨。除此之外，皇家特许状未对其政治活动施加限制。"①

第二节　意合于衰落的自由党

1926 年，莫德·赛尔伯恩（Maud Selborne）给兄长塞西尔写信："我们知道国联协会在名义上是跨党派组织。但实际上，它是自由党人的组织。"②对很多人来说，国联是经典自由主义原则的现实表达。法律、秩序、文明和民主责任已经使英国这样的民族通过和平道路走向了现代化，如今只不过是把这些价值观应用到国际社会罢了。国联体现了"在机制和制度设计层面，自由主义者对协调与化解冲突的信念"③。在自由主义者设想的理想型国际社会中，民族国家被规则约束和团结在一起，就像良善公民为了普遍利益而搁置自己的私利那样去行事。因此，对自由主义者而言，国联成了第一次世界大战后的

---

① Ramsay MacDonald, Speech, House of Commons Debates, vol.309, 25 February 1936, p.243.

② Helen McCarthy, *The British People and the League of Nations: Democracy, Citizenship and Internationalism, c.1918-1945*, Manchester: Manchester University Press, 2011, p.53.

③ Michael Freeden, *Liberalism Divided: A Study in British Political Thought 1914-1939*, Oxford: Clarendon Press, 1986, p.364.

感情寄托。费舍尔在1936年回首往事时说:"在欧洲自由主义经历了大战的浩劫后,在我们对未来的诸多希望破灭后,我们这些依旧珍视自由信念的人发现了一个共同且意气相投的领域,那就是为国联辛勤工作。"①

在解释国联的本质时,国联协会领导人引用经典自由主义概念。维罗比·狄金森认为国联"是自由原则在国际政治中的运用",并且希望它能够"体现高尚的国际道德,成为国际社会进步的真正发动机";《前进》也鼓励英国在国联内像一个有道德的人那样行事。② 此外,国联协会的宣传品经常描述国际社会正在稳步向更高文明迈进。这是19世纪自由主义者心中典型的图景。"想一想我们的祖先在使这个世界变得更加文明上的成就吧",1920年国联协会的一本小册子这样说。它列举了奴隶制、农奴制、海盗、土匪、私掠船、决斗审判、部落战争、贵族私斗、宗教战争、决斗和世家仇杀已经全部或部分地在发达国家里消失了。"我们还能够采取其他步骤",这份小册子总结道,"国联是一个民族之间互相支持和保护的社区。它是世界进步在逻辑上的下一步"③。国联协会的出版物叙述了历史进步的轨迹:亨利二世终结了"那个时代封建贵族把战争作为私人政策工具"的历史,接下来是"议会母体"的建立和代表制政府在整个大英帝国的普遍出现,高潮是通过《国联盟约》建立了"世界社会"。这标志着在全球范围内建立"民有、民治、民享"政府的工作迈出了第一步。④

如此崇高、近乎传教士般的道义目标渗透了拥护国联的说辞,也解释了国联协会为何在政治不满者和自由党盟友那里有如此大的力量。独立教会是国联运动最可靠的支持者,在20世纪30年代初几乎代表了3/4的合作性组织。自由教会的领导人在布道时,把国联的原则等同于基督教价值观。

---

① H.A.L.Fisher,etc.,*Essays in Honour of Gilbert Murray*,London:G.Allen & Unwin,Ltd.,1936,p.18.

② *Headway*,vol.12,no.7,Jul.,1930,Supplement,p.ii.

③ LNU pamphlet,*The League of Nations:A Short Catechism*,1920,p.181.

④ LNU pamphlet,*The British Empire and the League of Nations*,1931,p.565.

英国裁军运动与国际联盟协会的社会动员（1919—1939）

惯于自我节制的改革团体和旧式激进俱乐部也混迹于国联协会的合作组织中。这些组织在 19 世纪的格拉斯顿时代里曾迸发活力，如今只能在国联协会的活动中得到怀旧的慰藉。毕竟，和平、节制和改革是格拉斯顿式自由主义中"三位一体"的内核。① 政治上的不满者也在国联协会那里找到了施展拳脚的平台。

国联协会执委会委员长莫雷的言行几乎完美地体现了 19 世纪英国自由主义。在回忆录中，他记述了自己童年时期对进步事业的向往，包括保护动物和澳大利亚土著居民的权利。在 19 世纪 60 年代和 70 年代，莫雷一家都生活在澳大利亚。他在学生时代就成了约翰·密尔（J.S.Mill）的追随者。在牛津大学的生活中，他成了禁酒主义者，不久之后融入了卡莱尔（Carlisle）女士在霍华德城堡（Castle Howard）营造的进步主义圈子。后来，莫雷娶了她的女儿为妻。古典学训练塑造了莫雷的自由主义意识，这种意识后来成了他主张妇女拥有选举权和反对布尔战争的驱动力。②

莫雷与自由党的很多领导人过从甚密。第一次世界大战期间，在教育委员会中，他为牛津大学的校友费舍效力。莫雷是外交大臣格雷的坚定崇拜者。他维护格雷，反驳对格雷的激烈批评。③ 格雷是国联协会里自由党人中最显著的一个，尽管这在很大程度上是劳合·乔治联合政府把格雷边缘化的结果。劳合·乔治的投机主义让莫雷和塞西尔震惊，在后者眼里，这是道义上让人厌恶的政治做派。在塞西尔的关注下，《国联盟约》在英国议会里顺利通过了，但国联协会领导人仍然视劳合·乔治为不冷不热的朋友。劳合·乔治回避公开外交，1922 年热那亚会议期间，召集了一个秘密小组。20 世纪 20 年代末，国联协会领导人发现在一系列狙击《日内瓦议定书》的行动中都有劳合·乔

---

① Keith Robbins, *History, Religion and Identity in Modern Britain*, London：Hambledon Press, 1993, chapter 8.

② Jean Smithand, Arnold Toynbee, etc., *Gilbert Murray：An Unfinished Autobiography*, London：Allen and Unwin, 1960, pp.23-103.

③ *Headway*, vol.19, no.4, Apr., 1937, pp.68-69.

治的幕后黑手。这些事情在自由党人的报纸上逐渐被披露了出来。格雷依然是莫雷和塞西尔更为喜欢的自由党领袖。莫雷和塞西尔曾短暂卷入1921年的一场未遂政变，即驱逐阿斯奎斯，扶格雷上位，以便组建一个以自由党人和保守党内左翼人士为核心的新政党。

自由党自1916年开始分裂。1923年时，自由主义在议会中的地位岌岌可危，遭遇了三党政治的严峻挑战。自由党被迫与保守党达成协议，又被内部争斗所累，选民大量流失，使得自由党在第一次世界大战后不可能把国联协会的计划变成英国政府的政策。

然而，自由主义作为选举力量的衰落并不意味着它作为一种宽泛的价值观在英国政治中被边缘化了。相反，对两次世界大战之间英国政治的重塑而言，自由主义价值观更大范围的扩散是不可或缺的。这部分是因为自由主义者分散进了新的组织机构中。像国联协会这样的跨党派组织从自由主义者的流散中获益尤多。国联协会执委会中，自由党人出现的频率之高给人留下了深刻的印象。塞西尔在1926年一语道破原因："自由党人对国联非常热衷。政坛变动让他们或多或少失去了工作"；传统自由主义在20世纪30年代最惬意的立足之处或许正是国联协会这样的跨党派压力集团。①

像莫雷这样的自由党人把心血倾注给国联协会。如果这样做是为了保持进步主义价值观的活力，那么塞西尔作为保守党贵族世家的异端，则从完全不同的角度作出了贡献。他倡导自由贸易，支持妇女获得选举权，长期与本家族所属的保守党不和。不过，直到第一次世界大战后，他"特立独行"的名声才真正传播开来，起因就是他钟爱的国联事业。由于在威尔士地区政教分离问题上持不同意见，塞西尔辞去了政府大臣职位，引起了保守党内的震惊。1920年2月，在佩斯利（Paisley）地区的补缺选举中，他资助阿斯奎斯。随后，塞西尔又出席了自由党人举办的夏令营活动。和莫雷一样，塞西尔对格雷的评价

---

① Kenneth Morgan, *Modern Wales: Politics, Places and People*, Cardiff: University of Wales Press, 1995, p.81.

很高。他发现自己正在向自由主义靠拢。到 1932 年,他已经把中间道路视为通向自己所钟爱的自由贸易事业的坦途。塞西尔在精神上是自由党人,但他从未走到与保守党决裂的地步。他在鲍德温内阁中一直效力到 1927 年。塞西尔这样做的理由有很多,但也受下述信念驱动,即自由主义价值观能在左右两派那里找到归宿,教育保守党热爱国联是自己的任务。

第三节 受阻于冷漠的保守党

保守党人对国联的态度"大体上是厌恶和轻蔑的",认为国联作为一种集体安全制度是"毫无价值的东西"。① 很多历史学家都赞同这个判断。他们认为保守党根深蒂固地信奉均势理论和国家主权不容损伤,因此国联的理想对他们毫无吸引力。② 然而,保守党对国联的态度并非铁板一块。国联协会与保守党政治家和党内官员接触时经常能达到自己的目的,双方都彬彬有礼。这种活动的主要承担者自然是塞西尔。他的舞台一开始是在下院,后来移到了上院。虽然看不起劳合·乔治的联合政府以及保守党的掺和,但是塞西尔仍让人们觉着至少能争取到部分保守党人采取建设性的、亲近国联的政策。塞西尔试图成为一名独立的保守党议员,以便能"更加自由和优雅"地表达自己的不同意见。他起草了一份名单,列出了那些有可能被说服效力于前外交大臣格雷帐前的名字。③ 当阿斯奎斯拒绝辞职时,塞西尔继续单独与同僚联络,散发了日程备忘录,并于 1922 年 4 月在报纸上发表了一封信,阐述了重新激活英国政治的计划。这份宣言的蓝图和细节不仅揭示了塞西尔如何勾画自

---

① R.B. McCallum, *Public Opinion and the Last Peace*, London: Oxford University Press, 1944, p.138.

② John Ramsden, *The Age of Balfour and Baldwin*, *1902–1940*, London: Longman, 1978, p.341; George Egerton, *Great Britain and the Creation of the League of Nations*: *Strategy*, *Politics and International Organisation*, *1914–1919*, Chapel Hill: UNC Press, 1978, pp.17, 20.

③ *The Times*, 12 February 1921, p.10.

己的国联政策,还表明在保守党内部的变革中,塞西尔是如何持续而精力充沛地参与进去的。① 温和而中庸的倾向渗透在每一个段落中。他既反对军国主义的反动做法,也反对布尔什维克对私人财产的剥夺,为大众提供了一条"处于两种极端"之间的中间道路。塞西尔的计划包括工业领域的合作,应对失业的措施,男女拥有同等的选举权,改革上院,在爱尔兰实施和解方案和植根于国联的外交政策。②

塞西尔的计划受到了热烈欢迎。但是,1922 年劳合·乔治的联合政府瓦解后,保守党内过多的争斗、阴谋和反阴谋耗尽了精英们的才智。赫伯特·格拉斯顿(Herbert Gladstone)和其他人不止一次地邀请塞西尔加入自由党,但塞西尔的立场变得更加坚定了。如果放弃自己独立的保守党人身份,他认为会让自由党外很多对联合政府不满的人变得疏远。塞西尔继续寄希望于中间偏右的进步性观念。1922 年后,他着力争取那些开明的保守党人去支持以国联为基础的外交政策。

作为国联协会的主席,塞西尔试图说服保守党同僚相信选民已经分化,但可以用国际主义的姿态去争取他们。1923 年,因鲁尔危机,国际形势再度紧张。很多英国民众相信只有依靠国联才能做出令人满意的安排。通过展示大众民主的真实情况,塞西尔试图把国联和保守党整合到更具吸引力的方向上,即保守党的现代化。此策略在塞西尔的弟弟休·塞西尔那里没有奏效。在后者看来,国联协会求助于妇女和工薪阶层是肤浅的和哗众取宠的办法。但是,对另外一些保守党人来说,塞西尔传达的信息不是那么容易被忽略掉的。来自赫里福德(Hereford)地区的下院议员塞缪尔·罗伯茨(Samuel Roberts)在回忆录里写道:国联协会的"会员成千上万,得到了所有宗教团体和妇女组织的支持。虽然我内心知道国联没有什么用处,但我嘴上依然在宣扬其原则和纲

---

① Maurice Cowling, *The Impact of Labour 1920-1924：The Beginning of Modern British Politics*, Cambridge：Cambridge University Press,1971,chapter 3.

② *The Times*,22 April 1922,p.18.

领。我之所以害怕，是因为很多人相信这些东西"①。进入 20 世纪 30 年代后，争取那些以前支持自由主义的选民，在保守党的竞选战略中变得越来越重要了。1936 年埃塞俄比亚被意大利吞并后，数以百计的抗议信涌进了下院议员的邮箱。② 没有什么比和平、战争与国联的未来更能影响他们了。国联受民众欢迎的持久程度给议员们留下了深刻的印象。有些选民真诚地相信塞西尔的理想主义。选举上的考虑有助于解释为何那么多保守党议员和地方活跃分子持续参加和支持国联协会的活动直至 30 年代末。

　　然而，在英国政府里，支持国联的氛围并不浓厚。在两次世界大战之间的大部分时间里，塞西尔是国联协会和外交部之间的主要桥梁。他作为负责国联事务的大臣在内阁里有一席之地。面对同僚的疑虑和反对，塞西尔努力申明自己主张的正确性。奥斯汀·张伯伦从 1924 年到 1929 年担任外交大臣，在他眼里，欧洲安全的根基是区域性协定而非全球性义务。这有助于解释为何奥斯汀·张伯伦如此看重《洛迦诺公约》，却对《日内瓦议定书》中的开放性责任条款如此反感。这种做法遭到了国联协会的强烈批评。它指责奥斯汀·张伯伦通过秘密的"茶话会"或"洛迦诺小团体"，把国联当成了复活旧式欧洲俱乐部的工具。奥斯汀·张伯伦后来接受邀请，成了国联协会执委会的委员。但这并不意味着他转变了立场，而是试图从内部监控国联协会的活动，尽可能约束它。可见，虽然保守党认识到了国联协会代表了一大部分公众舆论，但奥斯汀·张伯伦的观念没有因国联运动而发生多大改变。鲍德温是保守党领袖，曾 3 次担任首相，但在 20 世纪 20 年代里对任何有关国联的事物都很冷漠。他经常到法国东南部度假，那里离日内瓦已很近了，但他顽固地拒绝参加国联大会。这让塞西尔非常失望。

　　1924 年 11 月，丘吉尔被任命为财政大臣。塞西尔试图激发他对裁军

---

① John Ramsden, *The Age of Balfour and Baldwin, 1902-1940*, London: Longman, 1978, p.341.

② N.J.Crowson, *Facing Fascism: The Conservative Party and the European Dictators, 1935-1940*, London: Routledge, 1997, p.52.

的兴趣,但失败了。英国的战略利益如何得到最好的维护? 在这个问题上,两人针锋相对。丘吉尔认为未来战争会实实在在地发生,避免战争的最好办法是旧式的备战方案;而塞西尔认为未来大规模的战争无论输赢对英帝国肯定是致命的,或许对欧洲文明也是这样。丘吉尔在 1927 年塞西尔辞职的过程中起到了推动作用。塞西尔辞去大臣职务使国联协会失去了与政府之间最重要的桥梁。辞职的表面原因是围绕英美海军协定,塞西尔与同僚之间有分歧,但实质性的分歧要深得多。这些同僚酝酿在下一次大选中发动对工党的反击,反击的方向是男女平权、工会以及英俄关系等问题。①

因此,塞西尔在 1927 年辞职,结束了对内阁用力却满是挫折的 4 年时光。带着相当矛盾的心情,他离开了内阁。"不要认为我辞职时很轻松",他写信给奥斯汀·张伯伦:"这对未来意味着什么? 我知道'死火山'是何意。我已经看到了很多座'死火山',我也知道这极有可能是我的命运。"对国联协会的一些支持者而言,塞西尔的行为反映出他缺乏政治判断力。保守党议员达夫·库珀私下里向莫雷评论说,塞西尔"没有进行妥协的能力"导致了辞职,还导致"失去了未来在内阁中提供宝贵贡献的机会"。他还说:

> 在内阁之外塞西尔能更好地服务于国联事业,这种说法不对。他做不到。有很多人可以在辞职后这样说,但我们无法接近目标,除非有一些人占据关键位置并采取行动。阻止这些人占据关键位置的最大因素是这些人被视作不切实际的理想主义者,普通人无法与他们共事。②

若这些书信和评论果真是塞西尔脱离实际政治的证据,那么国联协会执

---

① Donald S.Birn, *The League of Nations Union*, *1918 - 1945*, Oxford: Oxford University Press, 1981, pp.67 - 68.

② Helen McCarthy, *The British People and the League of Nations*: *Democracy*, *Citizenship and Internationalism*, *c.1918 - 1945*, Manchester: Manchester University Press, 2011, p.59.

委会早就不可能团结在一起了。塞西尔曾在 1918 年 4 月拒绝加入国联会社，理由是自己在内阁中的同僚会认为这样做不合适。[1] 塞西尔再次担任内阁职位后，国联协会执委会委员长莫雷担心协会屈从于政府，失去独立地位，并将变得毫无用处。他还担心国联事业与保守党利益发生冲突时，塞西尔能否作出公正决定。这种担心并非毫无根据。很明显，塞西尔被内阁管控着。他希望通过劝说和辩论来争取同僚，但这样一来，国联协会在政府之外采取行动的空间就被压缩了，施加影响的前景就变得暗淡了。这正是两次世界大战之间压力集团在政治活动中遇到的困境。

塞西尔辞职后，谴责国联协会是反政府组织的声音多起来了，因为他迅速发起了一场高调的裁军宣传运动，而且同样迅速地与保守党发生了冲突。1927 年 12 月，为国联协会的跨党派性质辩护时，塞西尔使用了 10 年前的策略，提醒保守党如果站在国联协会的对立面，将会在选举上遇到怎样的风险。

保守党中央总部承诺在国联协会执委会里出现空缺时，会推荐一些表现良好的保守党人补上。尽管关系仍然紧张，但这种表态证明保守党在 20 世纪 20 年代末仍愿意参加国联协会。毫无疑问，保守党也意识到了国联协会会员数量在持续增长。于是，国联协会也做出了让步。1928 年，国联协会的特别委员会决定在裁军活动中不再使用"运动"（Campaign）这个字眼，并且在《前进》上为反对裁军的人发表意见留出了版面。1930 年 9 月，莫雷鼓励奥斯汀·张伯伦宣扬国联的价值，方式是在国联协会举办的宴会上从保守党人的角度向参加帝国会议的代表发表演说。

1931 年 8 月，英国组建了保守党主导的"全民政府"。新政府一开始并未改弦更张。随后 10 月的选举改善了英国政府与国联协会之间的关系。下院出现了一个信奉自由主义的保守党议员团体。他们更容易受国联协会宣传的

---

① Keith Robbins, *The Abolition of War: The Peace Movement in Britain, 1914—1919*, Cardiff: University of Wales Press, 1976, p.183.

影响,至少不希望自己被国联运动的支持者疏远。① 1932 年 3 月,国联协会增列奥斯汀·张伯伦为执委会委员。到 6 月份,塞西尔说,英国政府成员"最近变得对自己更加友好了,看起来对国联协会的政策更少敌视了"②。

这种乐观情绪并没有持续多久。随着世界裁军大会开幕,欢欣的氛围很快消失了。在国联协会的很多会员看来,世界裁军大会遭遇的挫折是漠然的、死气沉沉的英国政府造成的。同时,奥斯汀·张伯伦坚决反对国联协会的裁军政策,包括全面削减军备 25% 的方案以及组建国际空军部队的提议。自满洲危机后,塞西尔越来越明确地支持国际空军部队计划。大卫·戴维斯在1932 年组建了"新联盟"来推动这项事业。③ 奥斯汀·张伯伦阻止了国联协会执委会支持组建国际空军部队的提议,以 16∶10 的票决结果把此议题推给国联协会总理事会去讨论。④

在 1934 年至 1935 年的"和平投票"期间,奥斯汀·张伯伦与国联协会的关系最终走向决裂。国联协会执委会里的保守党成员带头批评"和平投票"使用的问卷及其附加说明。随后,保守党中央终止了对"和平投票"的支持。不过,相当多的保守党组织和积极分子支持国联协会领导层。即便是满心怒火的奥斯汀·张伯伦也被保守党同僚劝服不要因为"和平投票"的蓝色传单辞职。他们认为"这是个糟糕的决裂理由"⑤。不过,"和平投票"期间,保守党会员并非都想退出国联协会。保守党内部对"和平投票"的反应是复杂的,也是有区别的。

保守党一些活跃分子坚信"和平投票"的地方委员会被左派控制了。保

---

① Martin Pugh, *State and Society: British Political and Social History 1870–1992*, London: Edward Arnold, 1994, chapter 13.

② *Headway*, vol.14, no.4, Apr., 1932, p.76.

③ *New Commonwealth*, October 1932, p.1.

④ J.A., Thompson, "Lord Cecil and the Pacifists in the League of Nations Union", *The Historical Journal*, vol.20, no.4, Dec., 1977, pp.949–959.

⑤ Robert C. Self, ed., *The Austen Chamberlain Diary Letters: The Correspondence of Sir Austen Chamberlain with His Sisters Hilda and Ida, 1916–1937*, pp.568–569.

守党地方组织的一位主席写信给《泰晤士报》，宣称自己所在的英格兰西部选区成了"控制在政治反对派手中的温床"①。"和平投票"是"一种代表社会主义者的有害尝试"，"那些运作国联协会的人让选民相信它是唯一爱好和平的组织"。在写给《泰晤士报》的信中，莫雷反驳了这种指责：

> 当显赫的政治家们恳请公众完全不要考虑这些问题、一看到问卷就把它们撕碎的时候，当达夫·库珀先生谈论"有毒宣传"的时候，当艾莫里先生谈论"政治暴徒"的时候，虽然我尽力克制自己，但我禁不住会认为他们的政治对手会利用这些评论。正是他们而非我们正在把政党政治塞进我们的事业。②

在保守党停止支持"和平投票"的地区，莫雷的话被国联运动的积极分子重复着。建议党员抵制"和平投票"是保守党的一大失误。这样做非但没有阻止"和平投票"的运作，反而引起更多人支持"和平投票"，连工党的力量也被动员起来了。不少保守党人认识到失误后，开始止损。布朗利地区的保守党分会决定不向当地负责"和平投票"的组织派出代表，而是给它提供资金。1935年1月，埃比沙姆勋爵（Lord Ebbisham）招待了"和平投票"的40个问卷调查者。1935年7月，国联协会代表团把"和平投票"的结果呈递给首相鲍德温，受到后者热情接待。这是国联协会宣传工作的巨大胜利。支持国联的言论被霍尔于1935年9月在日内瓦重复着，在11月大选中被保守党重复着。看起来，国联协会终于成功地使保守党坐下来倾听了。

第四节　得益于成长中的工党

在后人的笼统印象中，英国保守党是国联的天生敌人，自由党是国联的天然家园，工党必然是国联的朋友。英国不少社会主义者在第一次世界大战期

---

① *The Times*, 1 December 1934, p.8.

② *The Times*, 28 November 1934, p.10.

间就提出应该建立国联之类的国际机构,包括民主控制联盟的领导人,如第一位工党首相麦克唐纳,下院议员查尔斯·特里威廉、亚瑟·庞森比和莫雷尔(E.D.Morel)。他们将推进国际合作视为更宏大改革计划的一部分。

　　然而,左派对国际组织的兴趣并没有自动转化成对国联协会的支持。激进分子诸如布雷斯福德和霍布斯在第一次世界大战期间提出了更为雄心勃勃的组建国际政府的计划。他们要求平等对待战败国,批评在巴黎和会上达成的《国联盟约》与不公正的和平安排。[①] 另外,还有一些左派人士诸如芬纳·布罗威和20世纪30年代的约翰·斯特雷奇(John Strachey)信奉更具革命性的反战理论,并且通过"不再有战运动"和"反战协会"(Anti-War Society)之类的团体来实现目标,对"资产阶级的"和"改良主义者的"团体诸如国联协会则很蔑视。

　　这些相对激进的声音对工党内的主流思想产生了影响。以前的研究倾向于拔高他们的重要性,却忽视了工会领导人的核心作用。亚瑟·亨德森、克莱恩斯、托马斯和汤姆·肖(Tom Shaw)对国联既有的形式表现得更为热情,其部分原因在于他们渴望一劳永逸地挫败德国的军国主义。[②] 这种想法是格拉斯顿式的自由主义更新后的形式,有助于解释从1917年到国联协会组建初期,工党的官方文件为何不断出现拥护国联的言辞。20世纪20年代,两者之间的互动因工党在选举方面的考虑而被加强。工党不仅要吸引自由主义者,还要展示自己有足够能力履行执政党的职责。[③]

　　国联协会与麦克唐纳之间的关系在1924年1月工党执政之后不断改善。塞西尔表示愿意为工党政府效力。在得到麦克唐纳的回复后,他很高兴,因为

　　① Keith Robbins, *The Abolition of War: The Peace Movement in Britain, 1914-1919*, Cardiff: University of Wales Press, 1976, pp.102-109.

　　② Paul Bridgen, *Ideology and Politics in the Development of a Labour Party Foreign Policy 1900-1924*, Unpublished PhD Thesis, Goldsmith's College, 2001, p.2.

　　③ Duncan Tanner, Pat Thane and Nick Tiratsoo, *Labour's First Century*, Cambridge: Cambridge University Press, 2000, p.128.

国联协会执委会委员诺埃尔—贝克也被安排了政府职位。此外,麦克唐纳还表示会更有效地协调英国关于国联的政策。这一点与鲍德温政府的态度形成巨大反差。1924年6月,麦克唐纳接受邀请,担任了国联协会埃尔金(Elgin)地区分会的主席;9月,成了参加国联大会的第一位英国首相。

面对国联协会,工会领导人和青年才俊比首相麦克唐纳要积极得多。①1920年的一件偶然事件伤了麦克唐纳的自尊心,导致他最终没有遵循首相担任国联协会荣誉主席的惯例。当时,国联协会的咨询委员会组成名单把麦克唐纳的名字剔除了。此外,麦克唐纳对国联和外交事务有一种特殊的看法。审议《互助条约草案》时,他很冷漠。麦克唐纳背弃自己信奉的民主控制联盟的激进信条,告诉塞西尔:解决欧洲安全问题的长远办法最终要依靠"各国国内更政治化的自愿团体采取行动,比如我们国际社会主义者和工人运动中的团体,而不是依靠一个官方的国联,虽然我会一直愿意尽力加强国联并使它变得重要"②。然而,麦克唐纳决定把国联事务移交给帕尔摩勋爵去处理,向审议《日内瓦议定书》的英国代表团发出限制性的指示。这都表明他言行不一。

尽管麦克唐纳如此敏感,但工党依然是国联协会最亲密的政治盟友。从1924年开始,国联运动试图利用工党对国联辅助机构的兴趣,即国际劳工部(International Labour Office),来加强彼此之间的联系。围绕着失业、社会保险以及"工业和平",③国联协会举行了很多会议。第一次短暂执政结束后,工党朝国联协会的政策又迈进了一步。1927年,塞西尔辞去保守党政府的职位后,国联协会的工作重点转移到裁军问题上。这加速了它和工党的汇合。工党大力提倡通过国联限制军备,总想给选民造成一种印象,即削减国防开支能使社会福利拥有更多资金。1929年大选中,工党坚定地提

---

① 例如,1928年,正处于事业上升期的休·达尔顿热情洋溢地写了一本关于国联的书,名为《走向和平的民族》,颇受读者欢迎。

② Maurice Cowling, *The Impact of Labour 1920–1924: The Beginning of Modern British Politics*, Cambridge: Cambridge University Press, 1971, pp.292–293.

③ *Headway*, vol.6, no.9, Sept., 1924, p.177.

倡壮大国联的政策。

虽然尽力维持跨党派身份,但国联协会也承认工党赢得1929年大选对国联是个好兆头。"事实上,工党领导人接受了国联协会提倡的一系列政策,如今他承担起了政府责任"。《前进》还愉悦地报道了亨德森出任外交大臣、达尔顿出任外交部次官;诺埃尔—贝克担任亨德森下院事务私人秘书的消息。[1]塞西尔再次表示愿意为政府效力,得到保证可以在外交部拥有一间办公室(此前保守党外交大臣一直不愿意这样做),还被列进了秋季参加国联大会的英国代表团名单里。[2] 1930年,在国联协会总理事会举办的一次特别午餐会上,亨德森说的话让听众高兴,"我们反对任何削弱国联或损害《国联盟约》的政策,而不考虑它的目的何在。我们拥护任何使国际合作更加紧密和有效的举措"[3]。

尽管工党的一些团体被说服成了国联协会的附属组织,但工党的活跃分子仍把加强本党的组织建设视作最重要的任务,而对工党外的社会运动保持警惕。工党刚刚品尝到手握权柄的滋味,所以一些党员被禁止参加地方层面的、明显由中产阶级主导的社会运动。这造成了一种吊诡的现象:国联协会最热心的政治盟友工党最不可能参加基层的国联运动,而对国联一直不冷不热的保守党人却占据了国联协会地方分会的领导岗位。

1931年,工党分裂,解除了工党与国联协会之间的正式联系。麦克唐纳加入全民政府,虽仍是首相,但与国联协会的关系几乎完全破裂了。塞西尔和莫雷警觉地注视着残破的工党内激进的反战势力。诺埃尔—贝克有很多战斗性的工作要做,因为其对手社会主义者联盟(Socialist League)、和平主义者兰斯伯里与庞森比在工党内的影响力日益增长,而恰在此时,国联协会的注意力从裁军转向了集体安全。稀薄的共识消散了。如何维持"弃战派"与"可战

①　*Headway*, vol.11, no.7, Jul., 1929, Supplement, p.i.

②　*Headway*, vol.11, no.8, Aug., 1929, p.141.

③　*Headway*, vol.12, no.8, Aug., 1930, p.148.

派"之间的合作是国联协会面临的困难。首相麦克唐纳被开除时,被工党称作叛徒。这种仇恨成了国联协会统战工作的新障碍。1932 年,国联协会在格林福德(Greenford)地区组织的公开集会上,一名工党演讲者被驱逐了,因为他即将发表的言论与全民政府施政纲领是一样的。

这段紧张时期被"和平投票"活动终结了。工党与国联协会之间的关系恢复了平衡。工党之所以支持"和平投票",毫无疑问首先是因为它真心地拥护国联,当然也是出于政治算计。保守党人的冷漠为工党施展拳脚、引领投票活动留下了广阔的空间,还使工党得到了道义上的红利。在公众眼中,工党被贴上了"和平"的标签。1934 年 11 月,全国工人总理事会(National Labour Council)签发的一份宣言保证支持"和平投票",认为"维护和平至关重要",希望"工人运动分担重责,发挥与自己力量相称的作用和影响"。① 亨德森是世界裁军大会主席,其政治家风范赢得了公众的普遍敬重和欢呼。《曼彻斯特卫报》报道说,亨德森认为"在'和平投票'的 5 个问题上进行伟大的表决将具有最高的教育价值,将帮助人们正确理解战争与和平的重大问题,将赢得数以百万计的英国选民去支持仲裁政策"②。面对南诺曼顿(South Normanton)地区的选民,亨德森问道:"生活在一个伟大的民主国家里,你如何表明自己理解了集体和平制度的原则? 如何表明自己接受了它们,并决心让它们得到遵守? 除了参加'和平投票',我想不到更好的办法。"③

本来作壁上观的保守党逐渐感到震惊,因为它的政治对手优雅地利用着国联协会的跨党派言辞,不失时机地一次次批评全民政府。例如,赫伯特·毛瑞森(Herbert Morrison)在斯梅西克(Smethwick)地区举行的党会上告诉听众,他希望"不对工党,也不对任何政党,而是对整个社会发出呼吁:抛开政党差别和信念分歧,都团结到国联协会的全民宣言委员会周围,围绕重大的和平问

---

① *Manchester Guardian*,13 November 1934,p.5.

② *Manchester Guardian*,8 November 1934,p.14.

③ *Manchester Guardian*,1 December 1934,p.13.

题有代表性地表达公众舆论"。在这次演讲中,奥斯汀·张伯伦、西蒙和埃利斯—孟塞尔(Eyres-Monsell)被逐个严厉批评。保守党人"利用反动的比弗布鲁克勋爵(Lord Beaverbrook)的媒体诋毁'和平投票',从而暴露了自己的本质"①。这些指责自然会被一些大胆的工党议员用来谋取党派利益。

在举行补缺选举的地方,党争氛围更浓厚。1934 年 11 月的普特尼选区,民意向反政府的方向摆动的幅度达到了 26.6%。工党候选人伊迪斯·萨默斯吉尔告诉选民:西蒙在下院发表的敌视国联的言论证实了政府对和平的漠视,舆论对西蒙的强烈反驳迫使他收回了此前谴责"和平投票"的声明。② 普特尼选区的插曲激怒了鲍德温,于是他在格拉斯哥地区的演讲中表示抗议。然而,鲍德温的抗议促使国联协会领导人提醒全民宣言委员会有必要采取更坚决、更强硬的立场。工党继续精明地向"和平投票"提供资金支持。工党候选人芭芭拉·艾尔顿·古尔德(Barbara Ayrton Gould)在 1935 年 3 月诺伍德(Norwood)地区的补缺选举中,提醒选民自己曾参加过"和平投票"活动。"已经有超过两百万民众参加了'和平投票'",在临近补缺选举投票日的公众集会上,她告诉听众,"很快将达到 300 万。对已经投票的民众进行分析后,我们发现绝大多数采取了与工党一致的立场"。《每日先驱报》在报道诺伍德地区的竞选时采取了同样的立场,反复把古尔德引证为"和平投票"的支持者,并指出在诺伍德地区存在一个充满活力的国联协会分会。在报道的结尾部分,《每日先驱报》总结道:"这些事实解释了选民对选举中唯一一个追求和平的候选人的支持为何与日俱增。"③

这些评论激怒了保守党人。作为以"全民党"自居的政党,作为宣称代表"公众"利益进行治理的政党,保守党沮丧地发现自己被指责为代表了自私的

---

① *Daily Herald*,19 November 1934,p.13.

② Martin Ceadel,"The First British Referendum:The Peace Ballot,1934–1935",*The English Historical Review*,vol.95,no.377,Oct.,1980,p.826.

③ *Daily Herald*,9 March 1935,p.3.

地方主义和党派偏见。两次世界大战之间，这些指责更多地被保守党人用来攻击政治对手。相比之下，工党把"和平投票"当作一次塑造自己代表"公众"利益形象的宝贵机会，把自己与深得人心的和平事业绑在一起，把自己和国联协会这样的跨党派团体联系在一起。自 20 世纪 20 年代初开始，工党常常被指责为工会的奴隶，在阶级仇恨的驱动下张牙舞爪。工党抓住"和平投票"的机会，终于扭转局势，使政治对手保守党第一次被贴上谋求党派私利的标签，使保守党第一次与公众情绪脱节。此外，工党刚刚从 1931 年的内部分裂中恢复过来，并且推出了强调制裁的显贵，如亨德森、达尔顿和贝文。他们提倡国联的集体安全制度，要在英国国内实践温和的、"实际的社会主义"。[①]

国联协会领导人无意为工党启动此类宣传工作。来自三大政党的代表被国联协会邀请参加 1934 年 4 月的会议来评估"和平投票"中公众兴趣的强弱。为了拉拢保守党，国联协会付出了相当大的努力。不过，到 1935 年 3 月时，事情已经变得很清楚了。在很多选区，保守党和富裕阶层的态度对下次大选时的工党来说具有极大的价值。在 1935 年 10 月的工党会议上，达尔顿告诉与会代表："通过'和平投票'，广大选民授权工党执行自己的外交政策。我可以说，这是一个非常重要的原因。它解释了英国政府为何已改变了腔调。"议员约翰·威尔莫特（John Wilmot）接着说："为我们的和平政策打造舆论后盾的组织不是国联协会……公众教育，公众指导和动员公众舆论的工作是由工党的普通党员完成的。"[②]

"和平投票"使工党展现了活力。如果工党按照党派路线去做类似的事情，效果可能不如前者。1935 年 1 月，国联协会举行了以"社会与经济计划"为主题的会议。在这次会议上，帕斯菲尔德勋爵（Lord Passfield）、南希·阿斯

① Paul Corthorn, "The Labour Party and the League of Nations: The Socialist League's Role in the Sanctions Crisis of 1935", *Twentieth Century British History*, vol.13, no.1, 2002, pp.62-85.

② Helen McCarthy, *The British People and the League of Nations: Democracy, Citizenship and Internationalism, c.1918-1945*, Manchester: Manchester University Press, 2011, pp.68-69.

特和苏联大使有广泛的共识。《每日先驱报》用赞赏的口吻评论道:"那些在工人政治中奉行狭隘门户之见的人不能够理解只有用跨党派合作的方式才能在英国传播观念。让所有看法都能被人听到吧!"①20 世纪 30 年代末,英国普通工人支持"人民阵线"反对法西斯时,这种言论再次出现。"和平投票"中的合作被当作成功的先例被重新提起,尽管 30 年代末的政治环境已发生重大变化。

　　国联协会的跨党派策略为的是推进国联事业,不允许琐碎的党派纷争成为拦路虎。1935 年 6 月,面对阿尔伯特大厅里熙熙攘攘的听众,塞西尔在公布"和平投票"结果时说:"人们已经厌倦了司空见惯的政党纷争所造成的舆论事件。然而,他们深切地知道和平意味着什么,关心与自己息息相关的利益。"②外交政策应该置于政党纷争之上,这条在第一次世界大战前就已存在的至理名言被国联协会反复宣扬。国联协会领导层衷心认可的选民形象是可安抚的、非暴力的、遵守宪法的和不太可能被狂热的党派宣传所鼓动的。正是大量"沉默的""普通的""柔和的"公民使国联协会的跨党派动员得以实施。两次世界大战之间的多数时间里,即便国联协会没有直接对外交决策产生影响,它仍能从保守党、自由党和工党那里招募会员,也能赢得他们的关注。

---

① *Daily Herald*, 22 January 1935, p.12.
② *Headway*, vol.17, no.7, Jul., 1935, p.130.

第六章　国联协会的跨教派动员

　　第一次世界大战的惨烈让人触目惊心,很多英国人经历了丧亲之痛。英国社会遭受集体创伤。英国国教和独立教会(Free Church)的领导人用哀悼战争死难者的语言,努力抵消民众对英国政府战争目标的狂热支持。他们认识到,基督教神学、唯心论,甚至迷信都具备精神上的吸引力,[1]并且寻求国际机构的帮助。牛津主教查尔斯·戈尔(Charles Gore)是英国国教界里的激进人物。第一次世界大战前,他曾引领妇女争取选举权的运动,曾强烈批评施加给拒服兵役者的不公正待遇。他认为,渴望世界霸权的国家长久以来在经济上自私自利,宣扬狭隘的民族主义,不再遵守基督教教道德;除了开启一场"伟大的忏悔",除了认识到国家只是"不偏不倚地维护全人类利益的仆人",政治家们和宗教权威已别无选择。戈尔相信第一次世界大战后组建国联是一个巨大的机会,能使圣保罗(St Paul)设想的"包罗万象的超国家组织"重新复活,也能使数百年来宗派争斗和国家竞争带来的损伤在基督教堂里得到治愈。

　　第一次世界大战后,尽管很多神职人员对宗教仪式的衰落感到沮丧,但信教的数量在持续增长,而且能够被国联运动争取过来。据估计,信教的公众数

---

　　① Keith Robbins, *England , Ireland , Scotland , Wales : The Christian Church 1900−2000*, Oxford : Oxford University Press, 2008, pp.154−155.

量在 1930 年达到顶峰,大概 1000 万人,约占当时英国成年人的 29%。① 国联
协会把不同教派的公众带进了国联运动的轨道。在教堂里游说不仅有利于国
联协会直接与众多基督教组织建立联系,而且借助正式宗教活动,国联协会获
得的影响力远远超出了普通教徒生活的社区。

两次世界大战之间,宗教领袖依然是英国社会里重要的公众人物。他们
的言行被广泛传播,有助于确定公众讨论宗教、阶级关系、性别角色和民族身
份时的基调和内容。② 国联协会充分利用了会员与高级神职人员的私人关
系,使大批主教和牧师加入了国联支持者的队伍。塞西尔一直与戴维森大主
教(Davidson Archbishop)、朗大主教(Lang Archbishop)交往甚密。基督教神职
人员及其所属教会成了国联协会很多地方分会的骨干力量。

在国联事业上,英国国教和独立教会进行了合作,应和了国联协会的中间
路线,从而使国联运动从狭隘的教派冲突中超脱出来。不过,教派差异仍或多
或少阻碍了国联协会的跨教派动员。由于教义上的原因,罗马天主教徒不太可能
加入国联协会,只参加一些更为普通的公众活动。但总体上看,宗教性的组织网络
为国联协会的宣传工作提供了众多有效的渠道。国联协会总部里的"宗教与伦理
委员会"(Religions and Ethics Committee)吸引了包括犹太教在内的各种宗教人士。

第一节 融入教会网络

1914 年前,很多和平主义者常从基督教的说教中获取灵感,认为美化战争
的说辞与《圣经》并不矛盾,认为基督教的神圣性与战争的正当性并不冲突。③

---

① A.H.Halsey and Josephine Webb,etc.,*Twentieth-Century British Social Trends*,New York:St.
Martin's Press,2000,p.654.

② Keith Robbins,*England,Ireland,Scotland,Wales:The Christian Church 1900-2000*,Oxford:
Oxford University Press,2008,pp.180-189.

③ Anthony Howe and Simon Morgan,etc.,*Rethinking Nineteenth-Century Liberalism:Richard
Cobden Bicentenary Essays*,Aldershot:Ashgate,2006,pp.189-207.

好战的基督教教义在公立学校里被传授,又借助青少年文学被反复灌输。勇武精神被很多以教会为基础的青年组织宣扬。第一次世界大战爆发时,很多神职人员都把国家间的冲突说成正邪之争,全力支持英国政府的征兵工作。①

然而,4 年大战改变了他们的想法。1918 年 10 月,英国国教和独立教会领导人组建了教会和国联常设委员会(Standing Committee on the Church and League of Nations)。12 月 5 日,他们就呼吁所有地区的基督教徒联合起来,支持国联理想。这种呼吁暗合当时英国民众对第一次世界大战后世界的憧憬,即希望借助良知的力量推动国际社会的进步变革。这与国联协会的宣传有了共鸣。国联协会印刷的小册子《基督教与国联》认为,没有信念的力量,国联就将变得虚弱;基督教教义与国联原则之间是互补的。

> 基督徒的理想在国联那里得到了实际表达……因为国联影响力是国际性的,与基督教使命所要达到的地方是重合的。以基督教原则为基础,国联表达了全世界人民对世界和平的渴求……以暴制暴的原则失败了,而此处恰是基督教能够成功的地方,毕竟普天之下皆兄弟。国联协会为所有基督徒提供了独特的机会,让他们能通过自己的努力或借助国联去实现基督教的理想。②

此外,这份小册子还说:"在当今国际社会里,一个千真万确的事实用圣保罗的话来说就是:我们都是对方的一部分","如果一位成员遭罪了,所有成员都会受到连累";"'国际合作'而非'光荣孤立'才是基督教在外交政策中的切实运用"。③

国联协会的组织和宣传工作一直强调基督教会的精神力量也是国联的灵魂。早在 1918 年 1 月,国联会社就组建了宗教牧师辅助委员会(Auxiliary

---

① Chris Wrigley, *A Companion to Early Twentieth-Century Britain*, Oxford: Blackwell Pub., 2003, pp.470-484.
② LNU pamphlet, *Christianity and the League of Nations*, 1918, p.227.
③ LNU pamphlet, *Christianity and the League of Nations*, 1918, p.224.

Committee of Ministers of Religion),包括英国国教、独立教会、天主教和犹太教的代表。后来,它重建为"基督教组织委员会"(Christian Organizations Committee)。同年,数以千计的神职人员被国联协会请求在国联星期天(League of Nations Sunday)专门布道。国联协会的印刷品像潮水一样涌向了教堂,从《教会和世界》(Church & World)这种只有4页的小报,到不定期出版的小册子,再到以国联为主题的祈祷卡、传单和《牧师注意事项》。教堂的回应给人留下了深刻印象。[1] 到1923年,在国联星期天活动中,大约1.5万场布道在英国举行。10年后,基督教组织委员会(Christian Organisations Committee)报告说,大约有1000名神职人员加入了国联协会的布道专家小组,另有1700名到1800名神职人员是《布道注意事项》的固定接收人。[2]

国联协会的地方分会中有很多这样活跃的神职人员。在布莱顿(Brighton)和霍夫(Hove)地区,教区牧师多默·皮尔斯(Dormer Pierce)被选为分会的第一任委员长,另有3名宗教人士加入了委员会。其中,一个是公理会教友(Congregationalist),还有一个是浸礼会教友(Baptist)。在贝里地区,国联协会分会是从"基督教社会十字军"(Christian Social Crusade)的一个下属委员会发展起来的,因此牧师在分会里占据主导。布里教区长希尔神父(Reverend J.C.Hill)在1921年被选为主席;在执委会里,不同时期共有15位神职人员担任委员。20世纪30年代初,国联协会在伊令地区的分会由教区牧师担任领导人。这些牧师用自己的俸禄来支持国联协会的工作。

神职人员在国联协会地方分会中的高比例只是教会在合作性组织中占主导地位的表现之一。此外,国联协会的很多委员会在教堂里或小礼拜室里举行。一些委员会在开会的时候,第一项工作就是祈祷。国联协会领导人鼓励

---

[1]　Peter FrederickBarty, *The League of Nations Union between the Wars:The Rise and Decline of a British Political Pressure Group*, Ph.D.Dissertation, University of Kentucky, 1972, p.16.

[2]　Helen McCarthy, *The British People and the League of Nations:Democracy, Citizenship and Internationalism*, c.1918–1945, Manchester:Manchester University Press, 2011, p.82.

积极分子利用现有机构和事件,把分会的活动与"制度性集会、同学会、宗教会议、长老会、理事会、俱乐部会议和各种宗教团体的行政部门联系起来"①。国联运动从英国国教那里获得了广泛的支持。活跃的莱斯特主教(Bishop of Leicester)担任国联协会地方分会主席直到 1938 年。邓肯·琼斯(Duncan Jones)是奇切斯特(Chichester)地区的主任牧师。在很多年里,他一直担任国联协会"基督教组织委员会"的委员长。

第二节　结交宗教领袖

在国联协会的努力下,数以千计的教会组织参加了国联运动。1933 年处于顶峰时,国联协会每次集会的平均人数是 175 人,一年下来能够把信息传播给 47.5 万名经常去教堂的听众。② 不过,这个平均数只是所有集会中很小的一部分,而且教区之间分布得很不均衡。独立教会(包括苏格兰教会和苏格兰联合独立教会)与英国国教教会的比例大概是 5∶1,而天主教徒的集会数量少到可以忽略不计(见表7)。

国联协会积极分子与英国教会高层神职人员的关系很融洽。塞西尔的家族关系起了很大作用。他的弟弟威廉从 1916 年到 1936 年是埃克塞特(Exeter)的主教,他的长兄休(Hugh)才能卓著,帮忙组织了 1919 年的安立甘国教全国大会(Church Assembly)。③ 在 1928 年坎特伯雷大主教兰达尔·戴维森(Randall Davidson)卸任之前,塞西尔和他的关系一直很密切。继任者科兹莫·朗也与塞西尔私交甚密。

国联协会领导人娴熟地利用这些关系,说服戴维森大主教在 1918 年 9 月

---

① LNU pamphlet, *Christianity and the League of Nations*, 1918, p.395.
② A.H.Halsey and Josephine Webb, etc., *Twentieth-Century British Social Trends*, New York: St. Martin's Press, 2000, p.668.
③ Kenneth Rose, *The Later Cecils*, London: Weidenfeld and Nicolson, 1975.

写信给《泰晤士报》支持关于国联的提议。不久后,戴维森大主教还加入了国联协会的代表团,在美国驻英国大使馆拜见了总统威尔逊。① 1919年5月访问苏格兰时,戴维森大主教演讲的主要内容是支持国联。朗大主教同样容易受到国联协会影响。1933年,他同意带领一个代表团就裁军问题造访唐宁街。1934年2月,"国联社团国际联合会"在布鲁塞尔开会时,朗大主教给大会发去了贺信。

表7　国联协会的团体会员在各自教派中的比例②

教派	教派组织总人数	国联协会团体会员	百分比(%)
英国国教	18,417	420	2.3
公理教	5,048	527	10.4
浸礼会	3,646	214	5.9
卫理会	13,504	756	5.6
长老会	4,521	191	4.2
罗马天主教	3,058	11	0.4

1918年12月,朗当时是约克大主教。他的一份演讲稿被国联协会散发出去,名字是《国联的必要性和希望》。朗认为国家间日益增长的相互依赖性已经不能容纳战争,国际合作比任何时候都更急迫。戴维森大主教在几个月后向塞西尔表示:"我同意你说的关于国联的每一个字,也认为有必要为我们所有的行动提供精神基础。"1922年,戴维森大主教第一次访问国联。在日记中,他写道,国联大会的"所有代表坐在一起只有一个目的,那就是增进国际和谐"。参观国际劳工部的时候,"任何人来到这里,都会切身感受到这里的人正全心全意地为自己关心的事情而工作"③。20世纪30年代末,朗作为坎

---

① *The Times*,30 December 1918,p.4.

② A.H.Halsey and Josephine Webb,etc.,*Twentieth-Century British Social Trends*,New York:St. Martin's Press,2000,p.668.

③ Helen McCarthy,*The British People and the League of Nations:Democracy,Citizenship and Internationalism*,c.1918-1945,Manchester:Manchester University Press,2011,p.85.

特伯雷大主教仍旧公开支持国联。塞西尔与他的私交起到了不小作用，但更重要的是，朗和戴维森大主教一样都发自内心地认可国联体现的精神，都认为与国联的紧密联系符合英国教会的直接利益，能够增强教会的道德权威。

1920年，坎特伯雷大主教戴维森大力推动兰贝斯宫会议通过决议，确认国联的基石在本质上是基督教的，要求所有教会成员认识到"支持国联协会的重要性"①。国联运动与英国国教之间的关系在10年之后达到顶峰。兰贝斯宫会议通过了一系列决议，确认战争作为解决国际争端的办法"与基督教教义是不相容的。我主已树立了榜样"。这些决议还呼吁全世界的宗教领袖承诺支持国联。②

戴维森大主教曾言，除了勇敢地宣布支持国联，教会"如果想再一次充满活力"已经别无选择；"如果教会失去了这次机会，我们的宗教事业就会成为笑柄和幻象"③。在事关战争与和平的国际大事上，英国基督徒没有沉默。20世纪30年代，朗大主教同样感到自己有义务组建基督教联合阵线去应对日益紧张的国际关系。1933年底，他提议召开"基督教国际和平大会"。1934年5月，在兰贝斯宫，朗大主教召集了不同宗派的教徒，发表了一份被国联协会广为传播的声明，支持国联框架内的裁军、合作和仲裁。

大主教威廉·坦普尔（William Temple）大力提倡把教会与国联事业联系在一起。从1929年到1942年，他是约克大主教；从1942年到1944年，他是坎特伯雷大主教。1924年，英国各教派共同建立了"基督教政治、经济和公民权会议"（Conference on Christian Politics, Economics and Citizenship），坦普尔是他们的精神支柱。这个组织的目标是为解决第一次世界大战后紧迫的社会问题提供基督教思路。由12名专家组成的委员会里，有位国际关系专家叫古

---

① LNU pamphlet, *Objects and Rules*, 1919, p.14.

② *Headway*, vol.12, no.9, Sept., 1930, p.166.

③ David Davies, "The Church and the League of Nations", *The Welsh Outlook*, June 1918, p.158.

奇。他是一位历史学家，也是国联协会的常客。与前任相比，坦普尔大主教更激进。世界裁军大会开幕式上，坦普尔大主教的演讲引起巨大争议，因为他严厉批评《凡尔赛和约》中的战争罪责条款。这次演讲后来被国联协会印成了小册子。

两次世界大战之间，英国国内宗教纷争减少了。坎特伯雷大主教作为英国基督徒的共同领袖没有引发什么问题，由此催生了广泛的合作。① 对于此时的国际合作，在很多独立教会信徒的心里，美国总统伍德罗·威尔逊占有独特的位置。1919 年 2 月 14 日，"全国独立教会理事会"（National Free Church Council）的主席亚瑟·格特里（Arthur Guttery）神父宣布，《国联盟约》在巴黎被通过的那一天"为和平大会日程添上了神圣的一笔"。3 月，"全国独立教会理事会"在谢菲尔德（Sheffield）集会的决议欢迎国联成为和平条约的一部分。"全国独立教会理事会"的斯科特·立杰特（Scott Lidgett）评论 1932 年世界裁军大会时说："只关心自己狭隘的宗派利益不会给独立教会的信徒带来满足。他们必须在所有国际问题和经济问题中发挥自己在世界上的领导作用。解决这些问题对人类福祉和上帝之国都是至关重要的。"②

私人关系为英国独立教会与国联协会之间的合作铺平了道路。国联协会领导人大卫·戴维斯曾是"全国独立教会理事会"在威尔士地区的主席，还曾参与南威尔士加尔文卫理公会协会（South Wales Calvinistic Methodist Association）的活动。此外，塞西尔也颇受独立教会信徒欢迎，常受邀在他们的集会上演讲。早在 1918 年秋，英国独立教会对国联的热情就已表达出来了。"全国独立教会理事会"宣布要把国联协会的 100 万份小册子分发到教堂里。同时，它还敦促地方理事会在本辖区内展开行动。1920 年它的活动以增加国联

① E.R. Norman, *Church and Society in England, 1770 - 1970: A Historical Study*, Oxford: Clarendon Press, 1976, chapter 7.

② Helen McCarthy, *The British People and the League of Nations: Democracy, Citizenship and Internationalism, c.1918-1945*, Manchester: Manchester University Press, 2011, p.87.

协会会员数量为直接目标。"全国独立教会理事会"把 5 万个姓名和地址交给了国联协会总部，并拟于 1922 年秋天通过教会散发 200 万张传单。① 这项工作在"全国独立教会理事会"成立了外交关系委员会后得到加强。"全国独立教会理事会"把这项工作视为"基督教教堂在本国和其他地方最高的职责之一"。② 斯科特·立杰特和亨利·卡特（Henry Carter）在国联协会总部委员会里任职。他们的卓越表现使国联协会受益良多。从 1926 年底开始，诺伍德（F.W.Norwood）代表国联协会开始了为期 6 个月的巡回演讲。③

第三节　超越教派差异

为了获得更广泛的群众基础，国联协会领导人认识到了过于倚重某个教派的危险。与其他教派的会员数量相比，国联协会里信奉新教的会员数量更早出现了下滑。无论从实际需求来说，还是从象征意义来看，国联协会都更有必要坚持国联运动的跨教派特征了。④ 这样做与当时英国基督教界的"普世主义"大流是一致的，而且战后呼吁教会团结的声音比战前更大了，尤其是关于制定明确的基督教方案来应对现代工业社会问题的呼声更为强烈了。⑤

在跨教派动员时，国联协会有很多听众。1922 年，"全国独立教会理事会"的"东诺福克联合会"（East Norfolk Federation）邀请了一位英国国教神职人员福克斯（W.H.Fox）以国联为主题发表演讲。福克斯说："在国联这件工具中，他们可能看见上帝之手。在国家之间建立关系就像基督教教会试图在人

---

① *Free Church Chronicle*, January 1921, pp.3-5.

② *Free Church Chronicle*, April 1921, pp.41-42.

③ *Headway*, vol.9, no.6, Jun., 1927, p.112.

④ Callum Brown, *Religion and Society in Twentieth-Century Britain*, New York: Longman, 2006, p.26.

⑤ Keith Robbins, *England, Ireland, Scotland, Wales: The Christian Church 1900-2000*, Oxford: Oxford University Press, 2008, pp.221-222.

与人之间建立的关系。"①拥护国联的声浪在英国国教徒那里也有强烈共鸣,比如"英格兰国教男信徒协会"(Church of England Men's Society)和"母亲联盟"(Mothers' Union)。②

当然,反对声音也存在,但更多是出现在英国国教徒当中而非独立教会信徒中间。例如,达勒姆(Durham)地区主教亨斯利·亨森(Hensley Henson)拒绝国联协会的演说者在1934年的教区大会上发言。《每日快报》(Daily Express)纠集了一群英国国教牧师在1934年反对"和平投票"。③毫无疑问,这些声音与英国国教上层支持"和平投票"的立场是相悖的。大主教们虽然总体上都支持国联运动,但有时会对国联协会的策略持保留意见。戴维森大主教不愿要求教众就国联政策通过决议,理由是技术性太强,已经超出了神职人员的能力范围。朗大主教虽然公开支持"和平投票"活动,但他很介意对问卷上的复杂问题回答"是"或者"不是"。

普遍存在的合作氛围有助于解释国联协会地方分会为何总能拉来英国国教徒和独立教会参加公众集会,包括参加每年在停战日前后举行的活动。当然,在各教派加强团结时,礼拜仪式和教义方面的分歧也在加深。④1925年的国联协会分会报告说,特里加伦(Tregaron)地区的各教派之间存在嫉妒情绪。1931年,在英格兰乡村开展宣传活动的一位积极分子发现,"为了共同目标展开合作时,最大的困难是大教堂与小教堂之间的竞争。如果在新教徒的主持下举行了一场集会,那么下一场就有必要在教区长家的草坪上举行"⑤。

对国联运动而言,较为严峻的挑战来自罗马天主教徒。他们的数量在战后稳步增长,但很少参与国联协会的活动。多数罗马天主教徒不愿考虑教派

---

① *Free Church Chronicle*, June 1922, p.41.

② *Headway*, vol.9, no.4, Apr., 1927, Supplement, p.iv.

③ *Daily Express*, 5 November 1934, p.1, 17.

④ Terence Thomas ed., *The British: Their Religious Beliefs and Practices, 1800-1986*, London: Routledge, 1988, pp.103-132.

⑤ *Headway*, vol.13, no.9, Sept., 1931, p.173.

团结的问题。① 原因不仅在于英国有反对天主教的历史传统,还在于罗马天主教当权者不希望看到在宗教影响力方面出现竞争者。1927 年,国联协会在与枢机主教伯恩(Cardinal Bourne)商讨来年天主教徒参加阿尔伯特大厅的裁军集会时,发现难度很大,症结是祷告仪式的形式。枢机主教伯恩坚持除非采用"默祷"(Silent Prayer)的办法,天主教徒不参加。在戴维森大主教看来,枢机主教伯恩的立场简直是一种亵渎。另外,1931 年国联协会发出一份"基督教信仰确认书"(Affirmation of Christian Faith),罗马天主教徒的代表却拒绝签字。与之相对,积极签字的有 35 位英国国教主教,苏格兰教会长老(Moderator of the Church of Scotland)和一些独立教会的领导人。

政治上和教义上的分歧加剧了这种紧张关系。国联协会很清楚梵蒂冈教廷对国联的矛盾心理。当年由于意大利政府反对教权,罗马教皇被排斥在巴黎和会之外。② 英国的罗马天主教神父长久以来反对共产主义,一些天主教精英又在英国培育了法西斯主义,这都使天主教徒和国联运动之间不可能走得更近。③ 枢机主教亨斯利拒绝参加国联协会于 1936 年 3 月组建的代表团。1936 年底,由于西班牙内战问题上的立场分歧,罗马天主教徒离开了国联协会的"基督教组织委员会"。

当然,事无绝对,英国有些罗马天主教徒是支持国联的。1926 年,枢机主教伯恩在"全国天主教大会"(National Catholic Congress)演讲时,关于国联的言辞受到了热烈欢迎。"国际关系天主教理事会"(Catholic Council for International Relations)的创始人约翰·爱泼斯坦在国联协会总部里的工作一直充

---

① Keith Robbins, *England, Ireland, Scotland, Wales: The Christian Church 1900-2000*, Oxford: Oxford University Press, 2008, p.222.

② Donald S. Birn, *The League of Nations Union, 1918-1945*, Oxford: Clarendon Press, 1981, p.137.

③ Martin Ceadel, *Semi-Detached Idealists: The British Peace Movements and International Relations, 1854-1945*, Oxford: Oxford University Press, 2000, p.322.

满活力,为的是在国联运动和天主教信徒之间构建更紧密的联系。① 地方分会时常能邀请到罗马天主教徒参加当地的活动。1927 年 2 月,当诺伍德在格拉斯哥访问时,和他一起演讲的还有罗马天主教的马林斯神父(Father Mullins of the Roman Catholic Church)、格拉斯哥地区圣公会主教(Episcopalian Bishop of Glasgow)、苏格兰教会长老、一位犹太教的拉比、联合独立教会(United Free Church)的代表、苏格兰浸礼会联盟(Scottish Baptist Union)和救世军(Salvation Army)。此外,在利物浦地区,1934 年“和平投票”的组织者散发问卷时,居住在贫民窟的罗马天主教神父提供了很有价值的帮助。

　　然而,这些都是特例。在与罗马天主教会接触时,国联协会分会一般都会碰到沉默的高墙。能被争取来开展合作的通常不超过 12 人。国联运动的积极分子奋力寻找打入这些被紧密编织在一起、高度自给自足的天主教团体里,但后者常拒绝参加国联协会的跨教派活动。② 1926 年 7 月,沃灵顿(Warrington)地区的积极分子被断然拒绝。1926 年底,沃灵顿地区的积极分子在安排诺伍德的演讲时,遭到了当地一位罗马天主教神父的攻击。这位神父说:若安排在天主教徒不愿去的教堂里,“他们将被剥夺聆听诺伍德博士演讲的权利。更为严重的是,他们会认为国联协会是宗派主义组织”③,1931 年,贝里地区的国联协会分会试图组织一次联合活动,却发现当地的罗马天主教领导人无动于衷。

　　尽管争取罗马天主教徒支持时遭遇了挫折,国联协会仍一直努力在英国基督教各派之间营造拥护国联的共识。另外,很多非基督教团体也参加了国联运动,包括犹太会堂、伦理方面的、理性主义的和唯心论的很多组织。它们

---

　　① *Headway*, vol.8, no.11, Nov., 1926, p.213.

　　② F.M.L.Thompson, *The Cambridge Social History of Britain*, *1750 – 1950*, vol.3, Cambridge: Cambridge University Press, 1990, pp.311–356.

　　③ Helen McCarthy, *The British People and the League of Nations*: *Democracy*, *Citizenship and Internationalism*, *c.1918 – 1945*, Manchester: Manchester University Press, 2011, p.91.

派出代表,加入了国联协会总部里的"宗教和伦理委员会"。这个委员会的前身是"宗教团结协会"(Society for a League of Religions),组建于 1919 年 11 月由肯辛顿(Kensington)地区主教、犹太教大拉比、独立教会代表、佛教代表、印度教代表和伊斯兰教代表共同参加的集会上。[1] 1921 年,"宗教团结协会"被吸收进国联协会,改了名字后承担起新任务:"为了全世界的正义、兄弟情谊与和平,确保国联原则得到精神上的一致支持。"[2]

国联协会"宗教和伦理委员会"的成员包括神智学会(Theosophical Society)的代表、东西方协会(East and West Society)的代表和高级思想中心(Higher Thought Centre)的代表。它表明国联协会愿意以一种更宽泛的、更排斥种族主义的立场去迎接国联面临的精神挑战。正如"宗教和伦理委员会"秘书瑞恩(M.F.Wren)在 1926 年说的那样,世界上多数民族都不是基督徒,任何把国联基督教化的尝试都有可能激怒其他宗教的信徒,特别是在亚洲和非洲地区,那里的殖民地正日益滋长民族主义。他还在《前进》上说:"从国联的角度来看,只有当每一个地区的宗教信仰自由权利被充分确认后,宗教合作才有可能进行。"[3]在 1930 年"宗教和伦理委员会"工作纲要备忘录里,瑞恩进一步解释道,他们的目标不是要创造一种普世宗教或者否认信仰和实践上的差异,而是要敦促所有人"把心里的信仰力量用来解决国联问题",由此把人类的精神力量导入政治、经济和民族问题的解决中。[4] 尽管有这些崇高的理想,"宗教和伦理委员会"在国联协会里并非是最活跃的委员会。1922 年 11 月,一名委员抱怨执委会不仅没有给予足够的支持,反而正在考虑是否解散它。[5]

然而,"宗教和伦理委员会"确实有助于国联协会与英国犹太社团形成更紧密的关系,后者是当时参加国联运动的非基督教团体中最显赫的组织。尽

---

① *The Times*, 12 November 1919, p.17.
② *Headway*, vol.3, no.12, Dec., 1921, p.47.
③ *Headway*, vol.8, no.7, Jul., 1926, p.138.
④ LNU pamphlet, *Note on the Work of the Religions and Ethics Committee*, 1930, p.106.
⑤ *Headway*, vol.4, no.11, Nov., 1922, pp.214-215.

管当时犹太社团代表的人口占英国总人口的比例不超过1%,但从建立之初国联协会就把大量心思用在了如何让犹太人更多地出现在协会里。当然,这样做的初衷是在财政上获得他们的帮助。其实,早在1918年初,国联会社组建的"神职人员辅助委员会"(Clergy Auxiliary Committee)就邀请到了犹太教精英。大拉比约瑟夫·赫茨(Joseph Hertz)被任命为副委员长。后来,他成了国联协会固定的演讲者。1920年,罗斯柴尔德家族给国联协会总部捐了3000英镑。① 1922年,约瑟夫·赫茨给全英国的犹太人会堂写信,劝说他们成为国联协会的合作组织。② 同年,"犹太牧师伦敦委员会"(London Committee Jewish Ministers)组织了一场规模巨大的集会。演讲者包括塞西尔和金融家莱昂内尔·德·罗斯柴尔德(Lionel de Rothschild),后者呼吁听众支持国联协会。③ 1930年,成为国联协会合作组织的犹太会堂数量达到顶峰,有66个。1931年,国联协会在格拉斯哥建立了一个纯粹由犹太人参加的分会,成员约有100名。④

大量犹太人团体之所以投身于国联运动,是因为它们对第一次世界大战后国联执行关于少数民族的条约特别感兴趣。随着奥斯曼土耳其帝国和奥匈帝国在第一次世界大战中崩溃,数百万犹太人以难民身份流落到欧洲。在巴黎和会上,犹太人的集体权利第一次受到国际保护。按照巴黎和会的安排,国联有义务监管巴勒斯坦的托管事务。在大战后很多新生的民族国家里,他们是少数民族。英国犹太人代表委员会(Board of Deputies of British Jews)和"英犹协会"(Anglo-Jewish Society)组成了联合委员会,密切关注着匈牙利、罗马尼亚和立陶宛等地区的犹太人民权和宗教自由权利的落实情况,努力加强凡尔赛体系中关于少数民族的条约。这项工作在国联里由鲁西安·沃尔夫

---

① LNU, *Annual Report for 1920*, London, 1921, p.7.
② *Headway*, vol.5, no.10, Oct., 1923, p.438; *Headway*, vol.6, no.11, Nov., 1924, p.218.
③ *Headway*, vol.4, no.6, Jun., 1922, pp.119-120.
④ *Headway*, vol.13, no.6, Jun., 1931, Supplement, p.iii.

(Lucien Wolf)牵头。他是一位掌握了多门语言的记者和游说者,在起草《凡尔赛和约》时起了推动作用,把国联的公开性原则视为抑制国联成员国间冲突的有效工具。① 他还是国联协会少数民族委员会委员,得到了莫雷的支持。在国联大会上,莫雷多次维护国联代表少数民族采取积极行动的权利。

1933 年,希特勒执掌德国政权后,解除欧洲犹太人困境的呼吁变得更为急迫。从这年6月开始,《前进》对纳粹政权的专制统治发出警报。② 不过,犹太人问题成为国联协会的主要议题并不容易,因为德国不是凡尔赛体系中少数民族条约的适用国,而且德国很快退出了国联。在国联协会的讲坛上,演讲者可以全力抨击希特勒的野蛮政策,支持解救犹太人的提议,推动更慷慨的吸纳犹太难民的政策,但国联框架内的合作无力终止对犹太人的迫害,而且国联保护少数民族权利的机制正在迅速崩溃。③

除了纳粹德国对犹太人的迫害,让英国犹太人揪心的还有巴勒斯坦问题。因此,借助对巴勒斯坦问题的讨论,国联运动可以吸引更多犹太人的注意力。巴勒斯坦是国联托管的、英国接管的9个地区之一。管理这块土地的挑战相当大,在国联协会的出版物里经常被提及,也成了当时很多地方分会开会时的议题。④ 犹太复国主义和反犹太复国主义之间的政治分歧在很多犹太社区都存在。所以,对国联协会来说,这是一个比较危险的政策领域。1923 年,国联协会的"宗教和伦理委员会"在吸纳一位犹太复国主义者时,提出的条件是他要"同意自己加入的是一个宗教组织而非政治组织"。国联协会执委会里有一些同情犹太复国主义的积极分子。最为突出的是布兰奇·达格戴尔。她是一位激情澎湃和雄辩的犹太复国主义倡导者。在 1923 年的《前进》上,她宣扬从犹太复国主义组织中招募演讲者的可能性,说他们愿意在地方分会里就

---

① *Headway*, vol.5, no.5, May, 1923, p.328.

② *Headway*, vol.15, no.6, Jun., 1933, pp.109–110.

③ *Headway*, vol.18, no.11, Nov., 1936, p.203.

④ *Headway*, vol.4, no.1, Jan., 1922, pp.5–6.

"犹太民族运动和巴勒斯坦托管"问题发表演讲。①

　　然而,总体上,国联协会领导寻求犹太人的支持,主要是为了加强国联事业在英国的精神感召力;他们并没有像布兰奇·达格戴尔希望的那样急切地处理棘手的巴勒斯坦宗教、种族和民族问题。为了更好地跨教派动员民众,国联协会避免在巴勒斯坦问题上纠缠不清。对阿拉伯人和犹太人之间的争端,它不偏不倚。同时,国联协会敦促英国政府充分利用国联的永久托管委员会(Permanent Mandates Commission)去解决争端。② 关于1937年皮尔委员会的分区方案,《前进》刊登了两篇文章:一篇从犹太人的观点出发,另一篇从阿拉伯人的立场出发。③ 1939年7月,国联协会总理事会通过决议,批评英国政府限制犹太人移居到巴勒斯坦。④

　　两次世界大战之间,为了把英国国教和独立教会、新教徒和罗马天主教徒、基督徒和犹太人团结起来,国联协会宣扬宽容的自由国际主义,倡导跨教派合作。不过,批评一直都有。1931年1月,一位犹太读者给《前进》写信表达不满。在另一页上,这位读者的教友呼吁更大程度地确认"一个事实,即所有宗教都必须参与国联的伟大理想;就国联的宗教性质来说,不能再继续强调只借助某一种宗教就能实现理想了"⑤。一些人质疑国联协会地方分会开会时进行祈祷的做法。还有人提出国联协会的活动要完全和宗教绝缘,⑥但这种建议太激进了,而且不利于国联协会的社会动员。地方分会的积极分子证实了开会时祈祷所发挥的团结作用:"如果现在就停止祈祷,那么我招募到的

---

① *Headway*, vol.3, no.8, Aug., 1921, p.119.

② Daniel Gorman, "Liberal Internationalism, The League of Nations Union, And the Mandates System", *Canadian Journal of History*, vol.40, 2005, p.468.

③ *Headway*, vol.19, no.8, Aug., 1937, pp.148−149.

④ LNU pamphlet, *The Palestine White Paper, And its Effect upon the Problem of Refugees*, 1939, p.24.

⑤ *Headway*, vol.13, no.1, Jan., 1931, p.12.

⑥ *Headway*, vol.5, no.12, Dec., 1923, p.472.

工人会员数量要比失去的数量少很多。"①

两次世界大战之间,英国公共生活中的语言被教会改造了。公共话语从基督教教义里汲取了大量概念、愿景和比喻。在国家危急时刻,包括1926年大罢工、1931年组建全民政府和1936年爱德华八世的退位,这一点表现得更明显。这种做法的潜在好处被保守党政治家鲍德温和哈利法克斯在20世纪30年代充分展示了出来。他们的演讲稿里有很多基督教语汇。在面对国内外的危机时,他们以此来唤起全民族精神上的团结。②

国联协会试图代表国联取得类似的效果。从民众的反应来看,国联协会描绘的救赎愿景直击很多人的心扉,因为大战后他们在寻求内心的安适和生活的意义。在英国国教和独立教会的领导人看来,把基督教与国联绑在一起,能加强英国各教派的团结。虽然国联协会从未取得所有教派的支持,教派纷争在基督徒中间也没有完全消失,但宗教在国联协会社会动员中的力量不应被低估。很多人和塞西尔持有同样看法,即国联事业"就其道义高度和神圣性而言,不低于世界历史上曾经感动过人类的任何事业"③。

---

① *Headway*, vol.6, no.1, Jan., 1924, p.14.

② Philip Williamson, "Christian Conservatives and the Totalitarian Challenge, 1933–1940", *English Historical Review*, vol.115, 2000, pp.607–642.

③ LNU pamphlet, *The Speech by the Rt Hon Lord Robert Cecil at the Inaugural Meeting Held to Mark the Establishment of the League*, 1919, p.56.

第七章　国联协会的跨学派动员

20 世纪 20 年代末,美国一位教授到欧洲访问时,认为在国际教育方面英国处在领先位置,而这完全归功于国联协会的活动。在他看来,国联运动的成就是不可思议的。它不仅塑造了公众舆论,而且直接影响了国际教育的方法和内容。国联协会的工作技巧也得到了他的赞扬:不是反对现在的教育和行政管理传统,而是与其合作。[1]

关于国际问题,国联协会已经找到了思考教育方法的新思维。它与普通的教育思维颇为不同,也没有过于强烈地挑战传统。如今,这种新的思维模式已经胜过了传统办法,并用国际问题取代了旧内容。在推动本国学校培养观察国际问题的健康态度上,这解释了英国为何能比其他国家做得好。[2]

很多民族国家的政府在 20 世纪 20 年代采纳了国联"知识分子合作国际委员会"(International Committee on Intellectual Co-operation)的建议,但是没有哪个像英国政府那样允许和平团体在培养国际公民意识上发挥那么大的作用。[3]

---

①　Daniel Alfred Prescott, *Education and International Relations: A Study of the Social Forces That Determine the Influence of Education*, Harvard: Harvard University Press, 1930, p.86.

②　Daniel Alfred Prescott, *Education and International Relations: A Study of the Social Forces That Determine the Influence of Education*, Harvard: Harvard University Press, 1930, p.102.

③　Stanley Hartnoll Bailey, *International Studies in Modern Education*, Oxford: Oxford University Press, 1938, p.5.

国联协会不断游说英国教育系统的各级部门，使得英国大部分中小学的学生都受到了关于国联的基本教育。

第一节　培养世界公民意识

　　和平运动的活跃分子早就认识到废除战争需要全面改造传统的教育政策和教学法。19世纪末，对于英国教育系统中的民族主义和帝国主义，和平团体就发出过响亮的警报。① 除了要求裁军和强制仲裁，他们的集会通过各式决议，支持修订教科书和废除学校里的军训。可惜，第一次世界大战前这些决议的影响很有限。英国教育界没有多少反应。② 第一次世界大战爆发后，英国很多进步人士呼吁推进外交决策的民主化，要让选民充分了解国际事务。人们开始反思学校传授给年轻人的知识到底是何种性质，这些知识又如何在战前加剧了国家间的猜忌和敌视；强调有必要结束国际关系中的无政府状态。

　　第一次世界大战后，国联的支持者们认为，人类进化的历史在被教授给学生时，应该被描绘成对所有人都适用的、独特的和统一的历史。这样做会给世界公民教育打下基础，能够赢得受教育者对国联的忠心。在备忘录、小册子和教育性集会演讲中，这些建议被不断阐释。

　　英国历史学家们把论述人类文明的统一性当作己任。在长期的学术活动中，他们当中的很多人践行自由国际主义。大战时加入国联会社的中古史学家艾琳·鲍尔（Eileen Power）提倡研究社会和经济史，希望把人们的注意力从战场和十字军那里，转向那些把人类社会联系到一起的和平交往活动（包括

---

① Clinton Fink, "Peace Education and the Peace Movement since 1815", *Peace and Change*, vol.6, 1980, pp.66-73.

② Eckhart Fuchs, "Educational Science, Morality and Politics: International Education Congresses in the Early Twentieth Century", *Paedagogica Historica*, vol.40, 2004, pp.757-784.

长途贸易和海外旅行）。① 在妇女争取和平与自由国际联盟的协助下,1919
年鲍尔以此为主题,针对学校教育编纂了一本书目提要。"前言"写道:

> 很明显,如果人们没有世界公民的自我认同,那么国联就会变成
> 一台缺少动力的机器;那些希望培养学生世界公民感觉的历史教师
> 在讲授以此为主题的政治和军事史之外,将会比现在更多地强调社
> 会史,强调国家之间的和平互动。②

艾琳·鲍尔认为历史教学的目标是"揭示人类过去共同的遗产和对未来
的共同愿望"③。这个观念也被作家韦尔斯所认可。早在1919年初供职于国
联协会的研究委员会(Research Committee)时,韦尔斯就开始撰写皇皇巨著
《世界史纲》(Outline of History)了。研究委员会的同事包括莫雷和牛津大学
教师厄内斯特·巴克(Ernest Barker),都提供了不少帮助。韦尔斯写成了多
卷本的人类"大历史",其目的是"向所有读者简单明白地揭示一个道理:如果
人类文明还将延续下去的话,那么政治、社会和经济方面的组织会不可避免地
成长为世界联邦"④。

1924年1月,国联协会举办了一场规模巨大的教师集会。在会上,历史
学家和前自由党议员古奇的演讲主题是"文明的统一性"。后来,古奇成了国
联协会主办的同类集会上的常客。演讲时,他习惯把它和另一个主题联系起
来,即历史教育是培养公民意识的重要手段。古奇认为,理解世界历史的关键
是要认识到人类文明是"合作型的成就",世界历史植根于所有民族的"共同
人性"之中。1930年,在向一群教育工作者演讲时,古奇敦促听众们要让自己

---

① Maxine Berg, *A Woman in History: Eileen Power, 1889—1940*, Cambridge: Cambridge University Press, 1996.

② Eileen Power, *A Bibliography for Teachers of History*, London: Oxford University Press, 1919, p.4.

③ Eileen Power, "The Teaching of History and World Peace", In F.S.Marvin ed., *The Evolution of World-Peace*, London: Oxford University Press, 1933, p.180.

④ H.G.Wells, *Experiment in Autobiography*, vol.2, London: V.Gollancz, Ltd., 1934, p.717.

的学生认识到"人类本质上的单一性"：

> 人类大家庭比任何组成部分都伟大；文明是合作型的成就，是人类共同的遗产和责任；任何一个民族单位都通过数以千计的、看得见和看不见的渠道与更大的人类生命体相连接。这是公民要学的第一课，也是最重要的一课。①

国联协会的宣传回荡着 19 世纪自由党曲目的余音。古奇把国联描述为"人类发展中的逻辑和自然完善"。这个主题被弗朗西斯·西德尼·马文（Frances Sydney Marvin）承继下来，并得到了进一步的阐述。和古奇一样，马文也是历史学家和国联运动中的学界领袖。② 1920 年，在对夏令营营员演讲时，他认为目前"没有哪个国家的历史课是从人类日益增长的统一性来讲授的"，这个遗漏是"致命的失误"，亟须纠正。③ 同年，国联协会协助"统一历史学校"（Unity History School）运动组织了一场会议。"统一历史学校"运动是马文在第一次世界大战爆发之初就发起的，宗旨是推动以统一和进步为主题的历史研究。弗雷德里克·古尔德（Frederick Gould）也是国联的忠诚支持者，他以儿童为对象，写了 30 多本书。更值得一提的是，古尔德还是国联协会杂志《国联新闻》的编辑。《国联新闻》1 年出版 3 次，专供在校学生阅读，将国际合作描绘成人类历史演进中经常出现的主题。古尔德认为，"与从事战争相比，人类把更多时间和精力花在了家务、感情、劳动、管理、艺术、科学和宗教上。我们的历史研究应该揭示这一事实"④。

整个世界在本质上是统一的，这个主题在历史学之外的学科里同样明显。1920 年，国联协会建立了地理学分委会，负责人是翁斯特德（J.F.Unstead）教授。他是著名的教材编写者。从 1921 年到 1924 年，他写了四卷本的"世界公

---

① G.P.Gooch, "History as a Training for Citizenship", *New Era*, vol.11, April 1930, p.67.

② G.P.Gooch, "History as a Training for Citizenship", *New Era*, vol.11, April 1930, p.69.

③ *To-day and To-morrow*, vol.3, no.5, September-October, 1920, p.23.

④ Frederick Gould, *The League of Nations Spirit in the Schools*, London：Longman, 1927, p.6.

民系列"丛书。在"前言"中,他希望"帮助读者用同情心理解我国和其他国家人民的生活"①。第二卷《今日欧洲》里有一份长长的、研究国联的书目清单。第三卷《世界地理和世界问题》的结尾处反思道:"没有哪个国家能够闭关自立,因为它的利益和其他国家的利益是交织在一起的";"地理学的研究表明整个世界是统一的,人类福祉需要民族间协作的类似统一"。② 1935 年,在国联协会的会议上,翁斯特德重申地理学家是天然的国际主义者,因为他们"的研究对象就是整个世界"。动物学家朱利安·赫胥黎(Julian Huxley)和药物史学家查尔斯·辛格(Charles Singer)也都强调科学进步的国际化性质,认为科学进步"是不同民族里杰出头脑间对话"的结果。③

　　第一次世界大战后,在由民族国家组成的世界里,国联的支持者们希望各国公民表现出对国际社会的忠诚,但并不要求他们放弃对自己祖国的天然热爱。在自由国际主义者眼中,世界公民应该把心中的多种忠诚融合为一,用国联协会演讲者常用的词汇来讲,就是"开明爱国主义"。正如 1926 年国联协会秘书长麦克斯韦尔·加内特对"英国科学进步联合会"(British Association for the Advancement of Science)的"心理学分会"(Psychology Section)说的那样,"对英格兰人、不列颠人和英联邦人来说,民族团结和从当前的爱国主义中升华出来的更广泛的忠诚,应该与人们对世界逐渐变小的兴趣保持一致。这种兴趣日渐增强,而这样做也总是有道理的"④。马文同意这种看法,认为英国作为一个多民族国家和全球性强国,给自己的人民提供了一份特殊的礼物,即把"乡土之情"与承担国际公民责任融合起来。他写道:"我们当中的威尔士人强烈地爱着自己家乡的山山水水,但同时他们也是英帝国忠诚

---

①　J.F.Unstead,*The British Isles of Today*,London:Sidgwick & Jackson,1922,p.v.

②　J.F.Unstead,*EuropeToday*,London:Sidgwick & Jackson,1921. J.F.Unstead,*World Geography and World Problem*,London:Sidgwick & Jackson,1923,pp.262-263.

③　*Headway*,vol.4,no.7,Jul.,1922,p.125.

④　LNU pamphlet,*Patriotism*,1934,p.48.

热忱的臣民,还是国联的坚定朋友。"①这样的表述模式把国联协会立场与英国民众帝国情结联系到一起,其好处是显而易见的。既有利于把民众现有的知识同国联融合在一起,又利于尽可能减少潜在的、源自偏见和党派私利的指责。

英国知识分子关于世界公民的思考常从国联那里征引论据。第一次世界大战后不久,英国教育改革者就强烈呼吁国联建立教育方面的常设委员会或者类似于国际劳工部那样的机构。一开始,这种要求被拒绝了,理由是教育仍是各个民族国家的禁脔。② 然而,受到更多压力后,国联行政院在 1922 年组建了"知识分子合作国际委员会"。1923 年国联大会通过决议,要求所有尚未对儿童和青年进行相关教育的国家要让他们清楚国联的存在和宗旨,了解《国联盟约》。

国联协会执委会委员长莫雷负责与"知识分子合作国际委员会"接触。他深得人心,长期任职,曾在 1926 年提出建议,以便找到让年轻人熟悉国联的最好办法。③ 国联协会与"英国知识分子合作全国委员会"(British National Committee on Intellectual Co-operation)也有联系。"英国知识分子合作全国委员会"的主席弗雷德里克·凯尼恩(Frederic Kenyon)爵士是大英博物馆的负责人,委员都由各种学术委员会提名产生。除了在日内瓦建立教育信息中心(Education Information Centre)和出版《国联教育调查》(*League of Nations Education Survey*)外,"知识分子合作国际委员会"还发起了一系列活动,涉及教科书修订、知识产权、图书馆和博物馆藏品更新和促进文学交流。此间,它得到了总部位于巴黎的"知识合作国际研究院"(International Institute of Intellectual Co-operation)的支持,还得到了英国很多教育改革者的支持。

① F.S.Marvin, *England and the World*, London: Oxford University Press, 1925, p.236.
② Gwilym Davies, *Intellectual Co-operation between the Two World Wars*, London: Longman, 1944.
③ *Headway*, vol.8, no.9, Sep., 1926, p.164.

在这方面,英国政府派往国联的代表并不总是很热情。1944 年,国联协会威尔士全民理事会的威利姆·戴维斯(Gwilym Davies)回忆道,当时存在一种把"知识合作视为法国人追求高深学问的倾向"。国联的忠诚支持者伊迪斯·李特尔顿(Edith Lyttelton)也承认在英国,"知识合作"这个短语"看起来激怒了民众"。①"知识分子合作国际委员会"推荐的东西并没有受到英国老师的普遍欢迎。他们怀着嫉妒的心理捍卫自己课程安排上的自主权。不过,如果说英国知识分子更喜欢说"世界公民"或者"开明爱国主义"的话,那么在教育领域里国联自身的活动确实提供了力量的源泉。

第二节　中小学的国际联盟

第一次世界大战后,国联试图通过"知识分子合作国际委员会",来重塑成员国的历史教学。国联的支持者认为最终的成功部分依赖于公众舆论的支持。由于意识到民族忠诚感仍很强大,国联没有打算废除民族历史的讲授,而是将它与"国际意识"融合起来。"若国际意识没有理由成为普通人思想的一部分,就会像 100 年前普通人不能读书写字或者看不懂地图那样不可思议。"②为了达到这个目的,国联推动了历史课本和课程的修订、重新培训历史教师和重新探讨教学方法。最终,英国教育主管部门把关于国联的内容安排进了中小学历史课。不过,"国联把民族国家历史课国际化的尝试提出了人们直到今天仍在思考的问题:如何在民族诉求和全球史之间寻求平衡"③。

两次世界大战之间,英国教育法规是高度地方化的。很大一部分学校处

---

① *Headway*, vol.9, no.2, Feb., 1927, p.25.

② Alfred Zimmern, "Education in International Relations: A Critical Survey", *League of Nations Educational Survey*, vol.3, Mar., 1932, p.14.

③ Kenneth Osborne, "Creating the 'International Mind': The League of Nations Attempts to Reform History Teaching, 1920-1939", *History of Education Quarterly*, vol.56, no.2, May 2016, p.213.

于折中的、混合性的自愿团体控制之下。① 因此，国联事业的积极分子们不得不在英国教育系统的各个层面展开游说，上至教育委员会（Board of Education）和苏格兰事务局（Scottish Office），下到考试委员会、地方教育部门、教师协会和自治组织。国联协会总部的教育委员会协调开展了这些游说，委员长是基明斯（C. W. Kimmins）博士，委员包括伦敦郡理事会（London County Council）的学校巡视总长、教师协会和成人教育组织的代表、大学讲座和教育改革者的代表。1922 年，国联协会的威尔士全民理事会也组建了一个类似的委员会，它们的工作颇具成效。很多大型教师集会安排了以国联为主题的演说。1923 年，"全国教师联盟"（National Union of Teachers）年会举办专题会议，重点讨论了国联与学校教育的关系。苏格兰地区最大的教师组织是"苏格兰教育协会"（Educational Institute of Scotland），也做了类似的鼓励性安排。1924 年，它组建了一个国联分委会，举办了一系列以国联为主题的讨论。

针对地方教育当局游说也有成效。国联协会的演讲者和印刷品走进了教室。在伯明翰地区教育总监的支持下，数以千计的《国联盟约》文本在 1920 年被散发给了教师。约维尔（Yeovil）地区的教育部门指示当地中学每月都要为高年级学生安排关于国联的课程。② 国联协会第一次利用电影做宣传就取得了成功，并且得到众多地方教育当局的赞赏。《希望之星》这部时长为 30 分钟的电影讲述了国联的历史和工作。1926 年，很多地方的教育部门安排了数以万计的小学生观看。随后，片长为 1 个小时的《世界大战和战后世界》取得了更好的成绩。据统计，到 1930 年底，约有 50 万儿童观看过这部影片。③

除了利用国联协会的电影、幻灯片和图片，1929 年，学校广播理事会（Schools' Broadcasting Council）组建起来。教师们还利用了英国广播公司的

---

① Rodney Lowe, *The Welfare State in Britain since* 1945, New York：St. Martin's Press, 1999, pp.202-203.

② LNU, *Annual Report for 1920*, 1921, p.9.

③ *Headway*, vol.8, no.2, Feb., 1926, p.39; *Headway*, vol.8, no.12, Dec., 1926, p.237.

午后谈话节目。国际关系和世界历史得到了充分的报道,用英国广播公司1927年至1932年的谈话节目总监希尔达·马西森(Hilda Matheson)的话来说,学校广播理事会"非常渴望促进国际精神"。① 一些教师抓住1932年2月世界裁军大会开幕的机会,和自己的学生一起听开幕式演讲。1937年,有200多所学校打开收音机听艾琳·鲍尔播讲的世界历史。②

英格兰和威尔士两地最高教育主管部门是各自的教育委员会。国联协会的代表团以及信函、备忘录和决议源源不断地涌向这里,要求把关于国联的内容引进课堂。安排课程的权限虽已下放给了各郡教育部门,但英格兰和威尔士的教育委员会仍能通过指导和建议经常施加影响力。③ 1921年1月,威尔士中央委员会(Central Welsh Board)发布通知,鼓励中学校长按照国联协会备忘录中的建议行事,还要把每年的停战纪念日变成"和平庆典"(Peace Celebration)。④ 在20世纪20年代末回顾这段经历时,格威利姆·戴维斯说:"威尔士地区的郡教育主管部门都对国联运动表示同情。没有什么鼓励比这种局面更大的了。"⑤1923年,两地教育委员会宣布学生可以参加国联协会在校外举行的集会。⑥

在这一点上,国联协会受益于与费舍的融洽关系。费舍是下院自由党议员,从1916年到1922年担任教育委员会的主席,卸去官职后加入了国联协会执委会。教育委员会针对中小学历史教育而发行的一本小册子采纳了

---

① Hilda Matheson, "Broadcasting as a Means of Promoting International Understanding", *League of Nations Educational Survey*, vol.1, no.3, Jul., 1930, p.15.

② Hilda Matheson, "Broadcasting as a Means of Promoting International Understanding", *League of Nations Educational Survey*, vol.1, no.3, Jul., 1930, p.15.

③ C.H.K.Marten, "The Board of Education Report on the Teaching of History", *History*, April 1924, pp.30-40.

④ Gwilym Davies, "Wales", *League of Nations Educational Survey*, vol.1, no.2, Jan., 1930, pp.92-101.

⑤ Gwilym Davies, "Wales", *League of Nations Educational Survey*, vol.1, no.2, Jan., 1930, p.96.

⑥ LNU pamphlet, *Teachers and World Peace*, 1923, p.2.

1921年国联协会代表团的建议。这本小册子的前言里满是费舍的赞许之词。①

20世纪20年代英国中小学教育内容的国际化是国联协会对教育系统游说的结果，而国联的权威给国联协会的教育目标赋予了合法性。1923年9月，国联大会采纳了英国代表伊迪斯·利特尔顿的建议。几个月后，国联协会另一位著名女性会员、下院保守党议员南希·阿斯特在议会中提起了这个议题，最终确认了英国政府衷心支持在课堂上宣扬国联存在及其宗旨的原则。②随后，教育委员会将这份声明的副本发给了各地教育当局。英国外交部里负责国联事务的亚历山大·卡多根爵士与国联秘书长埃里克·德乐蒙之间的通信也证实，教育委员会的《给历史教师的建议》(Suggestions to History Teachers)希望把国联的存在及其运作情况教给在校学生。

1925年11月，"教育委员会联合会"(Association of Education Committee)鼓励地方教育当局在学校里推动关于国联的教育，充分利用国联协会提供的教育资源。这些措施最终促使地方教育当局代表在1927年6月召开大会，并对"知识分子合作国际委员会"专家分委会的呼吁作出了反应，即以国联为主题开展更大的行动。地方教育当局的代表大会组建了"调查联合委员会"(Joint Committee of Enquiry)，以期查清楚英国国内开展国联教育的情况。③地方教育当局代表大会召开期间，国联协会趁机散发了由教师协会签名的《关于英国学校与世界和平的宣言》。④

1925年，威尔士中央委员会(Welsh Central Board)采纳了国联协会为中学历史教育制定的计划。这项计划后来被列进学校毕业考试中。1926年，它

---

① *Headway*, vol.5, no.11, Nov., 1923, p.452.
② Daniel Alfred Prescott, *Education and International Relations：A Study of the Social Forces that Determine the Influence of Education*, Harvard：Harvard University Press, 1930, pp.89-90.
③ 调查结果在1929年发布，名为《教育和国联》(*Education and the League of Nations*)。
④ LNU pamphlet, *Declaration Concerning the Schools of Britain and the Peace of the World*, 1927.

建议道:"国联的工作表明国家间相互依存的感觉正在增长。学校应该高度重视这一点,考试委员会应在教学大纲里增加相关内容。"①在 1933 年发布的关于英国学生对国际社会了解状况的调查报告中,14 岁即从中学毕业前,学生必须学习关于欧洲和当代史的课程;在剑桥和牛津地区的大学招生考试中,围绕这些内容设置的问题已成为一个特色。②

国联的很多同情者在英国中央和地方政府里任职。他们处在能够真正施加影响的位置上。伦敦通讯学院(London College of Communication)的教育办公室主任(Chief Education Officer)盖特(G.H.Gater)帮助国联协会秘书长麦克斯韦尔·加内特与"教育委员会联合会"的秘书建立了联系。盖特还召集了很多次会议,参加者都是伦敦地区各种校长协会的主席和秘书。盖特本人担任了国联协会地方分会的主席,分会的办公室就设在郡政厅里。不过,最重要的是,教师们愿意按照各级教育主管部门或国联协会的建议行事。1931 年的年度报告评论道,这个群体"基本上已经不需要鼓励了。事实上,和我国其他一些逐渐改变教育主要目标的事情一样,关于国联的很多提议在很大程度上正是来自教师群体"③。很多教师都是国联协会的注册会员。他们积极运作地方分会,包括那些设在学校里的分会。④

这些教师带领学生参加了各式各样、经常很有创造性的活动。在一些特殊时刻,比如"帝国日"(Empire Day)和停战纪念日,讲授关于国联的内容是很普遍的情况。1929 年 5 月 13 日,贝德福德郡议会(Bedfordshire County Council)的教育主任(Director of Education)乔治(S.C.George)写信给校长们询问"帝国日"里学校庆祝活动的开展情况。"帝国日"是爱德华时代(1901—

---

① B.J.Elliot, "The League of Nations Union and History Teaching in England:A Study in Benevolent Bias", *History of Education*, vol.6, no.2, 1977, p.134.

② Stanley Hartnoll Bailey, *International Studies in Great Britain*, Milford:Oxford University Press, 1933, Chapter 4.

③ LNU pamphlet, *Draft Annual Report for 1931*, 1932, p.28.

④ *League of Nations Educational Survey*, vol.3, Mar., 1932, p.95.

1910 年)的帝国主义狂热分子在 1904 年创立的。两次世界大战之间,它已变成英国中小学每年都要庆祝的盛典。通常,在为期半天的"帝国日"里,学生们先要上一些主题课,再到彩旗招展的操场上集合,随后唱着歌走出学校,融入街道上的彩装游行。"帝国日"的主旨是让这些青少年认识到自己与英帝国之间的联系。正如历史学家吉姆·英吉利(Jim English)所言,"帝国日"表明民众普遍接受英帝国的角色。[1] 不过,20 世纪 20 年代,"帝国日"庆祝活动里出现了此前没有过的国联要素。哈珀女子学校的校长圣帕尔(St.Paër)小姐告诉乔治:她的学生在下午集合,观看了以国联为主题的第四届露天表演;表演者向联合王国国旗致敬,而国旗是用国联的"精神"呈现出来的。修道院街天主教学校的校长提到,国联协会为"帝国日"的主题课专门准备了一份传单。在安普希尔路男童学校的庆祝活动里有一堂课,主题是"英帝国的特权、责任及其与国联的关系"[2]。

爱德华时代的英国人若能穿越到两次世界大战之间,肯定会因为"帝国日"活动的国联气息而吃惊。但对贝德福德郡议会的教育主任乔治来说,这已司空见惯了。贝德福德郡的教育局从 1922 年开始鼓励校长们把关于国联的内容变成"帝国日"活动的一部分,督促他们安排以国联为主题的课程,散发国联协会的印刷品,邀请国联协会分会的代表给学生演讲。[3] 其实,早在1919 年,贝德福德郡的中小学就把停战纪念日早上的课程用来落实"国联协会提供的活动方案",包括特殊的赞美诗、朗诵、讲座和露天表演。乔治没有把这些创举视为过分的冒险。此类活动在其他郡县可能更丰富。20 世纪 20年代末,教育委员会主持的一项调查发现,英格兰和威尔士有 164 个"地方教育局"(Local Education Authority)在"帝国日"里提到了经常性的、以国联为主

---

① Jim English,"Empire Day in Britain, 1904 - 1958", *Historical Journal*, vol.49, iss.1, Mar., 2006, p.253.

② Helen McCarthy, *The British People and the League of Nations:Democracy, Citizenship and Internationalism*, *c.1918-1945*, Manchester:Manchester University Press, 2011, p.104.

③ *Headway*, vol.4, no.6, Jun., 1922, p.104.

题的活动。此外,145 个"地方教育局"签发建议给校长们,要求他们在现有课程体系里加入关于国联的内容。事实上,接受调查的所有"地方教育局"都把国联协会的宣传品提供给辖区里的中小学。①

课堂内外,关于国联的内容得到了学生大量的关注。有些学校在课程表上安排了固定的国联课。有些中学里,学生加入国联协会青年分会的条件是"必须通过关于《国联盟约》的严格测试;对《国联盟约》的学习会在入学后的第三年展开"②。下院自由党议员怀特豪斯(J. Whitehouse)在本布里奇(Bembridge)地区建立的寄宿学校里,年龄稍大些的男孩子接受过明确的国际教育。巴德明顿(Badminton)地区的一所公立女子学校里,学生受到了同样的鼓励。用 1927 年教学大纲的话来说,她们"要养成国际视野和世界意识"③。巴德明顿地区最著名的毕业生是小说家艾里斯·默多克(Iris Murdoch)。在回忆里,她清楚地记得自己和同学都习惯于在口袋里装上一份《国联盟约》第 16款的复印件。④ 一些教师会安排学生开展以国联为主题的活动,包括整理剪报、照片、地图和图表,然后经常性地把它们展示在一间专门的教室里,并让其他学生去参观。⑤ 年龄很小的孩子也会通过简单的游戏、图片和故事了解到国际合作的基本原则。一所幼儿学校的教师建议孩子们与其他民族的孩子交换信件和礼物。在这所幼儿学校里,"每个星期都会悬挂国联活动的图片或者其他地区人民生活的图片。这些图片通常是彩色的,或者把图片堆在彩色的底纸上,以此来暗示国联理想的光明和美好"⑥。

---

① Helen McCarthy, *The British People and the League of Nations:Democracy,Citizenship and Internationalism,c.1918-1945*,Manchester:Manchester University Press,2011,p.104.

② *League of Nations Educational Survey*,vol.3,Mar.,1932,p.84.

③ Christopher Watkins,"Inventing International Citizenship:Badminton School and the Progressive Tradition between the Wars",*History of Education*,vol.36,iss.3,May,2007,p.327.

④ Christopher Watkins,"Inventing International Citizenship:Badminton School and the Progressive Tradition between the Wars",*History of Education*,vol.36,iss.3,May,2007,p.327.

⑤ Gwilym Davies,"Wales",*League of Nations Educational Survey*,vol.1,no.2,Jan.,1930,p.96.

⑥ *Headway*,vol.11,no.9,Sep.,1929,p.167.

国联协会总部不断给学校课堂教学提供帮助。国联协会教育事务的负责人谢尔曼（S.Sherman）回忆说："教师们发来无数请求信，希望得到关于国联的印刷品，以便帮助他们和学生展开对话。"①主流专业杂志《教师天地》建议教师们在地理课上使用《国联新闻》里的小故事，要常阅读国联协会的印刷品来积累知识。"一位读过国联协会出版的《非洲托管地》的教师将会比那些只看教材的教师更好地了解非洲的托管国及其各种问题。"②

国联协会鼓励教师们在历史课、地理课或者公民课上讲授国联知识，揭示国际社会融合的大势。在整个学年里，直接与国联相关的课堂内容或许不超过 10 小时，③但在课外活动上，国联方面的内容会更多。这些课外活动通常由国联协会在中小学里的分会主办。20 世纪 30 年代中期，这些分会已超过 1500 个，并在公立小学和中学里有较突出的表现。在英格兰和威尔士，每 5 所这类学校中就有 2 所建有国联协会分会。④ 它们忙于组织学习小组、模拟国联大会、举行露天盛会和落实笔友计划等活动。在校学习的儿童经常参与国联协会成人分会的活动，为狂欢游行提供一些富有想象力的表演。1925 年夏天，沃特福德（Watford）地区的一所学校在国联协会分会的支持下，演出了一场精心安排的舞台剧，名为《下一代人》。身着盛装的小学生们装扮成全世界各个民族的人，被"和平女王"召集到一起，唱着民族歌曲，跳着民族舞蹈。⑤ 1926 年，莱斯特地区维基斯顿文法学校（Wyggeston Grammar School）的学生举办了"国联运动节"（League of Nations Sports Day），并在校刊《女孩公报》上详细报道。⑥ 世界裁军大会召开期间，凯思琳·吉伯德（Kathleen Gibberd）派出

---

① S.Sherman,"The League of Nations in the Schools", *Teacher's World*, 5 February 1926, p.927.

② Robert Finch,"Geography and the League", *Teacher's World*, 5 February 1926, p.934。《国联新闻》每学期的发行量在 1924 年为 2 万份，1925 年为 3 万份，1933 年为 3.7 万份。

③ *League of Nations Educational Survey*, vol.3, Mar., 1932, p.90.

④ LNU pamphlet, *The LNU Year Book 1937*, 1938, p.30.

⑤ *Headway*, vol.7, no.9, Sep., 1925, p.179.

⑥ *Headway*, vol.8, no.10, Oct., 1926, p.199.

一组学生到当地图书馆里,利用过刊《泰晤士报》研究大国立场。这些学生返校后,凯思琳·吉伯德"帮助她们筛选收集到的信息,确保她们没有误读看到的材料。期末到来时,在学校的舞台上,她们围坐圆桌旁,简明却戏剧性地呈现当前的裁军纷争"①。

海外旅行颇受欢迎。学龄儿童从中可以了解到国联的工作和国际合作的原则。第一次世界大战后,"学校旅行协会"(School Journey Association)、"童子军协会"(Scout and Guide Association)和其他青年团体主办的国际露营活动越来越多。② 国联协会在日内瓦举办青少年夏季学校,每年接待 300 名左右的中学生。在一个星期的活动中,他们会听到一系列讲座,参观国联大会堂、行政院和国际劳工部的办公室。英国一些地方教育部门也会独立组织参观国联。1933 年,怀特岛(Isle of Wight)的教育总监带领 50 名 11 岁至 16 岁的学生到日内瓦游览了 10 天。③

此外,国联协会还鼓励他们通过交流项目直接与其他民族的青少年交往,借此培养国际友谊和相互理解。查塔姆青少年技术学校(Chatham Junior Technical School)的语言学教师和德国不莱梅的阿尔斯塔特理工学校(Realschule-Alstadt of Bremen)共同制定了一项计划,并在《前进》上刊登了计划细节。"第一眼看到别人时,年轻人几乎都会忽略对方是英国人还是德国人这个偶然因素";"掌握关于外国人的一手资料是消除担忧的最好办法,而这种担忧往往会成为战争爆发的因素。教师们传授的这种知识是邪恶势力的最大敌人,这样做非常明智"。④

不过,能够到海外旅行的常是那些家境较好的学生,其父母能够支付相关

① Kathleen Gibberd, *Politics on the Blackboard: An Autobiographical Essay*, London: Faber, 1954, p.92.

② 1935 年,7 万名英国学龄儿童参加了海外旅行。Stanley Hartnoll Bailey, *International Studies in Modern Education*, Oxford: Oxford University Press, 1938, p.110。

③ *Teacher's World*, 30 May 1934, p.352.

④ *Headway*, vol.12, no.9, Sep., 1930, p.168.

费用。在学校里开展国联教育的相关人士也考虑到了这个制约因素。① 是否在课堂上讲授国联知识的决定权在每位教师手中。很多教师虽然深切同情国联协会的宗旨，但不一定支持它，尤其当他们感到自己的行业自治权受到威胁的时候。拟于 1921 年 5 月向教育委员会派出代表团的计划搁浅了。"教师注册理事会"（Teachers' Registration Council）拒绝参加代表团，其理由是关于历史课怎样讲授的问题，应该由教师自己决定，而非让行政当局决定。这件事发生后，国联协会的教育委员会（Education Committee）不再提倡标准化的教学大纲。1929 年，国联的"知识分子合作国际委员会"专家分委会提出一份报告。但英国教师们反对在课程表里安排固定的时间去上国联课，反对使用单一的、官方的历史教科书去讲授国联和国际劳工部的知识。②

　　困难不止于此。"考试第一"的原则决定了课堂教学的内容。这给国联运动带来了越来越多的挫折。虽然国际事务和世界历史已开始出现在试卷上，但不少教师更愿意选择自己更为熟悉的东西。③ 大多数英国校长仍坚持更为传统和间接的办法。他们希望通过游戏、集会和其他公共活动来培养"好公民"。不过，英国一些教育家认为普选权已实现，选民离开学校时有必要知晓本国政治制度，并能对国际问题提出初步见解。④ 这种主张在 20 世纪 30 年代被普遍认可。法西斯势力的兴起让很多教育家相信儿童"在进入一个需要自己奋力生存下去的世界时，不能对这个世界一无所知，不能轻易地沦为大众媒体或政党政治宣传的猎物"⑤。这些字句是"公民权教育协会"（Asso-

① Kathleen Gibberd, *Politics on the Blackboard：An Autobiographical Essay*, London：Faber, 1954, p.101.

② Alfred Zimmern, "The League of Nations and the Teaching of History", *New Era*, April 1930, pp.71–72.

③ Stanley Hartnoll Bailey, *International Studies in Great Britain*, Milford：Oxford University Press, 1933, pp.78–79.

④ Guy Whitmarsh, "The Politics of Political Education：An Episode", *Journal of Curriculum Studies*, vol.6, 1974, pp.133–142.

⑤ E.D.Simon, "Education for Citizenship", *Political Quarterly*, vol.5, 1934, p.320.

ciation for Education in Citizenship）创建者之一西蒙（E.D.Simon）的原话。西蒙和自己的同事经常把培养儿童批判性思维的使命和国联协会培养世界公民意识的活动联系到一起。1938年，"公民权教育协会"指出，"任何想正确判断国联问题的人"都需要得到正式的指导。①

然而，传播公民权理论的活动常被指责为试图把课堂教学政治化。早在1921年，"历史协会"（Historical Association）的理事会成员就开始批评国联运动的动机。1922年，国联协会的加内特和赫恩肖（F.J.C.Hearnshaw）在《泰晤士报》激烈辩论。② 5年后，阿姆斯特朗学院（Armstrong College）的毛里森（J.L.Morison）把弗朗西斯·西德尼·马文的论文《历史的国际方面》视作对自己的侮辱，而这篇论文在当时被国联协会用作了教师宣言的附录。在毛里森看来，马文提议所有学校的课程表里都应该列入国联内容，无异于"一种新的、为必修课做的宣传"，"会为了赞同未来的远景而败坏过去，为了和平的利益而编造历史"。③

在英国教师群体中，课堂受到政治侵袭是一个容易让人动情的话题。国联课之所以在英国学校里没有完全普及开来，一个主要的原因是教师们对"宣传"的排斥。对于那些认为国联协会带有政治偏见的指责，国联协会领导人反驳道，讲授历史或地理时，如果不提国联的话，那么这样做本身就带着偏见，因为它对国际社会运作情况的解释是脱离实际的。马文在反驳毛里森时说，过去的岁月里，民族之间以多种多样的方式共存合作，这会让学者们更容易实现"寻找历史真相的理想"④。莫雷声援马文道："在不了解《国联盟约》的情况下讲授现代欧洲史，就像在不知道英格兰和苏格兰联合时间的情况下讲授它们之间的战争。"⑤

---

① E.D.Simon,"Education for Citizenship",*Political Quarterly*,vol.5,1934,p.317.

② *The Times*,14 January 1922,p.6.

③ *The Times*,8 July 1927,p.15.

④ *The Times*,8 July 1927,p.10.

⑤ *The Times*,25 July 1927,p.10.

不过,国联协会的教育政策仍旧是谨慎的。在培养公民对民族国家的忠诚上,学校的角色从未直接受到挑战。国联协会宣扬的"开明爱国主义"只需要把国联融进"帝国日"的仪式里,不需要把英国的国际责任列于英联邦成员国共同利益之上。尽管"公民权教育协会"尽力推动直接的公民教育,但是国联运动尊重教师在课堂教学中的权威和自由量裁权,同意在课程安排上间接引入国联内容。这些做法团结了教师,也让国联协会在某种程度上实现了对英国中小学教育的国际化。

第三节 大学里的国际联盟

第一次世界大战后的思想观念和现实环境在英国教育的各个层面都促使研究国际关系的兴趣有了明显的增强。大战中的遭遇使人们不寻常地渴望反思世界现状,"希望能够理解社会行为和组织出现的新问题"①。

国联运动没有忽视英国教育系统的高层机构。国联协会各种委员会里杰出学者的名单可以列出很长。早在 1919 年,"研究委员会"就吸纳了政治学家厄内斯特·巴克和法学家保罗·维诺格拉多夫(Paul Vinogradoff)。研究委员会的阿尔弗雷德·齐默恩最初是阿伯里斯特威斯(Aberystwyth)大学的国际关系学教授,后来在日内瓦创建了一所长期运行的国际研究院。"威尔士教育咨询委员会"(Welsh Advisory Education Committee)里的学者全来自当地 3 所大学,包括历史学家查尔斯·韦伯斯特。他是巴黎和会上的英国代表团成员,还在第二次世界大战末期《联合国宪章》的起草过程中发挥过关键作用。

针对在校大学生,国联协会建立了附属组织"英国大学国联会社"(British University League of Nations Society),为的是与国外大学生社团建立联系。"英国大学国联会社"的名誉主席是阿尔弗雷德·齐默恩,成员数量在 1933

---

① Stanley Hartnoll Bailey, *International Studies in Modern Education*, Oxford: Oxford University Press, 1938, p.16.

年超过了 7000 人,覆盖了英国所有大学和 54 个教师培训学院。① 国联协会教育委员会在 1925 年建立了一个分委会,成员来自"成人教育国际协会"(World Association for Adult Education)、"工人教育协会"(Workers' Education Committee)、"全国成人学校联盟"(National Adult School Union)和"青年人基督教协会"(Young Men's Christian Association)等。

第一次世界大战后,英国成人教育和高等教育的"国际化转向"和中小学里的一样明显。大学里普遍开展了国际事务的系统研究,呈现出独特的国际主义取向。这体现在国联协会里的名人身上。他们既是捐赠者,也是第一批担任各种委员长的人。

1919 年,大卫·戴维斯和自己的妹妹在阿伯里斯特威斯大学设立了国际政治学"伍德罗·威尔逊讲席",目的是"研究那些涉及法律与政治、伦理与经济的问题","要促进人们对所有文明的理解"。② 蒙塔古·伯顿(Montague Burton)爵士是成衣制造商,在伦敦经济学院(London School of Economics)和牛津也设立了类似的讲席。苏格兰慈善家丹尼尔·史蒂文森(Daniel Stevenson)在伦敦经济学院以自己的名字设立了国际历史(International History)讲席,规定演讲者要尽力避免"民族偏见"。③ 阿尔弗雷德·齐默恩从 1919 年到 1921 年活跃于"伍德罗·威尔逊讲席"上,后被查尔斯·韦伯斯特接替。1930 年,齐默恩获得了"蒙塔古·伯顿讲席"的教授职位。1932 年,韦伯斯特接替了阿诺德·汤因比在"史蒂文森讲席"上的位置。同时,欧内斯特·卡塞尔信托公司(Ernest Cassel Trustees)资助伦敦经济学院设立了国际关系学讲席。诺埃尔—贝克第一个走上此讲席,并从 1924 年讲到 1929 年。接替他的是查尔斯·曼宁(Charles Manning)。曼宁是国际劳工部的前雇员,

---

①　LNU pamphlet, *Year Book for 1933*, 1934, p.37.

②　Brian Porter ed., *The Aberystwyth Papers: International Politics 1919–1969*, London: Oxford University Press, 1972, p.86.

③　C.K.Webster, "The Study of International History", *History*, vol.18, no.70, 1933, pp.97–114.

在国联秘书处是埃里克·德乐蒙的助手。①

这些讲席为相关领域的深入研究打下了基础。除了阿伯里斯特威斯大学、牛津大学和伦敦经济学院外，另有十几个大学和独立研究机构在历史、地理、语言和法律等领域设立了此类讲席，如查塔姆研究所（Chatham House）和格劳秀斯协会（Grotius Society）。②

这些学术研究的扩展很大程度上是由在校大学生推动的。"全国学生联合会"（National Union of Students）呼吁把国际关系方面的教学列为通识课（General Course）的一部分，"要致力于研究当今世界的特征和问题"③。"英国大学国联会社"在开展问卷调查后，向大学管理层施压；其执委会成员接触到了"大学教师协会"（Association of University Teachers）和"英国大学副校长常务委员会"（Standing Committee of Vice-Chancellors and Principals），要求增设国际关系和国际法方面的课程。

国联的"知识分子合作国际委员会"急于拓展不同学科专家之间的联系，强调在国际研究领域里要加强学者们的合作。它于1928年主持建立了"国际关系科学研究机构大会"（Conference of Institutes for the Scientific Study of International Relation），大会执委会委员长是第二次世界大战中构建英国福利制度的经济学家威廉·贝弗里奇。④"国际关系科学研究机构大会"后来改名为"国际研究大会"（International Studies Conference），旨在促进学科间的协作和知识交流。

英国学者依靠"国际研究英国协作委员会"（British Co-ordinating

① Henry Bauer and Elisabetta Brighi ed., *International Relations at the LSE: A History of 75 Years*, London: Routledge, 2003, pp.7-27.

② J.O.Roach, "The Teaching of Modern Language in England", *League of Nations Educational Survey*, vol.4, Dec., 1938, pp.73-83.

③ Stanley Hartnoll Bailey, *International Studies in Great Britain*, Milford: Oxford University Press, 1933, p.27.

④ David Long, "Who Killed the International Studies Conference?", *Review of International Studies*, vol.32, 2006, pp.603-622.

Committee for International Studies）才能参与进来。"国际研究英国协作委员会"的委员长是国联协会的梅斯顿勋爵（Lord Meston），他还是查塔姆研究所的创建者之一。国际研究大会（ISC）的第八届大会于 1935 年在查塔姆研究所举办，会议主题是集体安全。[①] 除了建立国际研究大会（ISC），国联的"知识分子合作国际委员会"在洛克菲勒基金会的支持下，还对世界范围内国际研究的状况进行了调查。这项调查由伦敦经济学院的斯坦利·贝利（Stanley Bailey）主持。查塔姆研究所在 1938 年公布了调查结果。结果显示，英国和美国处在国际关系研究的领先位置。

由于能够接触大学教育的人只是少数，把国际研究介绍给更多民众的重担就落在了民间团体肩上。"国际关系研究理事会"（Council for the Study of International Relations）在第一次世界大战爆发后不久就建立起来了，其宗旨是刺激和引导公众理解国际关系的愿望。为了完成这个任务，"国际关系研究理事会"建立研究小组，出版简明的、公众买得起的印刷品，其咨询委员会里有国联协会的一些知名人士，比如古奇和维罗比·狄金森。第一次世界大战后，英国大学在国际关系学以及与之相关的历史、经济和政治等学科上都增设了新课程。这些领域被下述组织以一种不太系统的方式研究着：妇女研究所（Women's Institutes）、"青年人基督教协会"的俱乐部、"妇女协作公会"（Women's Cooperative Guilds）、"工人学院"（Labour Colleges）和全国工会的夏令营。国联协会也组织了各式学习小组、夏季学校和周末学校。[②]

1924 年，"全国成人学校联盟"出版了《国际事务研究手册》（*International Affairs：A Study Handbook*）。这本手册收录了诺曼·安吉尔等人的多篇论文，还列出了供小组讨论的若干问题。从 1927 年到 1928 年，诺埃尔—贝克的《裁军》被印刷了 800 份，散发于成人学校。与此同时，国联协会编写了大量以成

---

① *The Times*，3 June 1935，p.8.

② Stanley Hartnoll Bailey，*International Studies in Great Britain*，Milford：Oxford University Press，1933，p.51.

年人为对象的出版物。① 在国联支持者的推动下，从 1929 年开始，大学生们可以收听到英国广播公司为成人教育安排的谈话节目。国联协会的莫雷、诺埃尔—贝克、塞西尔和沃尔特·林顿在 1930 年春天围绕国际合作写了一系列文章。同年，阿尔弗雷德·齐默恩在国际劳工部的会议上向听众发表演讲，汤因比随后以"欧洲新版图"为题主持了 6 次讨论。国际事务研究特别受"无线电讨论小组"（Wireless Discussion Groups）的欢迎。1938 年初，一门关于国际关系的新课程被大约 200 个"无线电讨论小组"收听了。②

对于那些有钱又闲的人来说，海外旅行能丰富他们的阅历。到国联和国际劳工部进行学习性访问尤为受欢迎。国联协会是这种机会的主要提供者。为期一周的旅行包括听讲座和参观国联机构。国联大会在 9 月召开，国际劳工部的年度会议在 6 月召开，国联协会常在此时派出旅行团。1930 年，国联协会总部增建旅行部（Travel Department），以应对民众需求，并且增设了参观其他国家国联团体的线路。③ 为国联协会会员定制的旅行计划侧重于教育方面。不过，那些渴望拥有更严格的学术经历，并且已经熟练掌握法语、有大学学位的会员能够参加每年夏天时长达 8 个星期的"日内瓦国际研究学校"（Geneva School of International Studies）。在阿尔弗雷德·齐默恩的资助下，这所学校创办于 1924 年，每年迎接数百名多国学生，而英美两国的学生最多。欧美的一流学者为他们开设讲座。

英国成人教育机构普遍会资助海外游学，少数会实施交换生计划，或者夏天在日内瓦等地举办国际学习班。普通工人时常能得到去日内瓦学习的资助。牛津地区的男性工人学校拉斯金学院（Ruskin College）每年都会提供几

---

① Stanley Hartnoll Bailey, *International Studies in Great Britain*, Milford：Oxford University Press, 1933, p.61.

② Stanley Hartnoll Bailey, *International Studies in Modern Education*, Oxford：Oxford University Press, 1938, p.295.

③ *Headway*, vol.12, no.9, Sep., 1930, Supplement p.ii.

笔助学金。1921 年国联协会的前雇员创建了"工人旅行协会"(Workers Travel Association),旨在促进不同国家工人间的交流和国际合作。从 1934 年开始,"工人教育协会"围绕国际劳工部开设了不少课程,举办了常设性的英德夏季学校,地点在英德两国轮替。这类团体都认为英国公民需要外交事务上的坚实知识。毕竟,一个人无论在哪里生活,无论从事何种职业,都要承担现代世界越来越大的压力。① 伦敦大学(University of London)拓展课讲师乔治·基顿(George Keeton)认为成人教育的主要目标是破除"报纸思维"的盲信和被动;讲授国际关系课旨在让学生认识到外事新闻报道"不准确的大吹大擂",为他们提供启蒙所需的、更为可靠的资源,比如议会文件和查塔姆研究所的出版物。②

　　然而,成绩不应被高估。从 1936 年到 1937 年,只有 13 所大学开设了专讲国际关系的拓展课;在总共 201 门拓展课里,只有 31 门课程间接地涉及国际关系。③ 斯坦利·贝利批评有些讲师把相关内容降格成了国际局势愈发动荡时"为国联所做的某种形式的道歉"④。乔治·基顿同样感到国联应该被当作"具有某种重要性的国际试验",不要总是说"《国联盟约》开启了世界历史的新黎明"。⑤

　　英国历史学家有强烈的责任感,把维护和平作为研究活动的主要目标。罗伯特·塞克顿—沃特森(Robert Secton-Watson)在 1929 年提出,历史学家决不应该"在这种或那种和平运动、裁军运动中只扮演宣传家的角色";"用科

---

① Stanley Hartnoll Bailey, *International Studies in Modern Education*, Oxford: Oxford University Press, 1938, p.212.

② George Keeton, "International Relations in Adult Education Classes", *Adult Education*, vol.7, no.1, Sept., 1934, p.29.

③ Stanley Hartnoll Bailey, *International Studies in Modern Education*, Oxford: Oxford University Press, 1938, p.165.

④ Stanley Hartnoll Bailey, *International Studies in Great Britain*, Oxford: Oxford University Press, 1933, p.51.

⑤ George Keeton, "International Relations in Adult Education Classes", *Adult Education*, vol.7, no.1, Sept., 1934, pp.31-32.

学的精神来研究时局是构建新世界、培育新精神的基础。历史学家们能够发挥特殊作用"。①

尽管如此,国联事业的支持者不能总是自行其是。阿伯里斯特威斯大学里"伍德罗·威尔逊讲席"的资助者大卫·戴维斯没有规定演讲者应明确表达对国联的信念,但很明显他希望国联事业在英国有新进展。不过,由于与同事的妻子暧昧不清,阿尔弗雷德·齐默恩在此讲席上出现的次数大为减少。美国退休银行家杰罗姆·格林尼(Jerome Greene)虽是常客,但在国际警察部队问题上与大卫·戴维斯意见相左。此讲席一直空闲到1936年,才由不受国联协会欢迎的前外交官卡尔接任。在就职演说中,他提醒听众注意"和平投票"时舆论的跳跃性,并且断言"为了和平,把众多国家绑在一起与其他国家打仗的任何计划都是不切实际和倒退的"②。

在中小学里,教师们焦虑地认识到课堂教学活动被政治化的可能性。③随着国联协会朝着彻底反对绥靖政策的方向迈进,人们普遍担心国联运动被政治化。利兹地区一位负责学校青年分会的教师报告说,国联协会的举动已经引发了"学生父母日益强烈的反对"④。凯思琳·吉伯德在1954年回忆道:"我们以科学教师的身份教授《国联盟约》,告诉学生什么是无线电设备,或者试图给他们解释爱因斯坦的理论。但我们这样做时不是不偏不倚的。我们一厢情愿地走了太远,增加了战争爆发后幻灭感带来的震惊。"⑤

课程表里有多少国联课在不同的学校里差别很大。在英国巴德明顿地区

---

① R.W.Seton-Watson,"A Plea for the Study of Contemporary History", *History*, vol.14, 1929, p.17.

② E.H.Carr, "Public Opinion As a Safeguard of Peace", *International Affairs*, vol.15, Nov., 1936, p.861.

③ Stanley Hartnoll Bailey, *International Studies in Modern Education*, Oxford: Oxford University Press, 1938, p.259.

④ Helen McCarthy, *The British People and the League of Nations: Democracy, Citizenship and Internationalism, c.1918-1945*, Manchester: Manchester University Press, 2011, p.122.

⑤ Kathleen Gibberd, *Politics on the Blackboard: An Autobiographical Essay*, London: Faber, 1954, p.94.

的精英学校里,世界公民的精神看起来较为普遍;但在普通学校里,关于国联的内容可能会被一带而过。大学和成人教育的课堂里,国联教育的效果也是良莠不齐,且只迎合了一小部分成年人的喜好。诸如"模拟国联大会"、以国联为主题的露天盛会和"帝国日"里彩旗招展的仪式,但这类活动的价值到底有多大?

众说纷纭,莫衷一是。教育委员会在调查后认为,这些特殊的场合时刻创造了有利于灌输国际主义者理想的氛围。"当全校师生聚集到一起成为合作性实体的时候,小学生们尤其容易受到情感上而非智识上的影响。"①然而,阿尔弗雷德·齐默恩坚决反对这种以儿童和成人为对象的"化装舞会式的国际主义"。他认为娱乐型的教育活动"很少或根本不能帮助人们理解国联机制所代表的原则",教师们应把精力用在"更为基础和更少娱乐性的国联教育上",可以借鉴自己在日内瓦学校里的做法。②

不过,两次世界大战之间,国联协会的跨学派动员培养了很多"开明的爱国者"。它基本上不去挑战英国教育制度的社会管理功能。英国民众与国家之间的感情纽带继续被各级学校强化着。爱国被视作教育中自然且合法的目标。国联协会倡导的价值观和英国教育体系里流行的意识形态之间有很多一致性。它的真正成就不是消除民众与英帝国之间的纽带,而是向教师和学生们展示如何用一种更宽广、更国际化的眼光看待对民族国家的忠诚。

---

① F.A.Hoare, "Great Britain", *League of Nations Educational Survey*, vol.1, Jan., 1930, p.83.

② Alfred Zimmern, "Education in International Relations: A Critical Survey", *League of Nations Educational Survey*, vol.3, Mar., 1932, p.17.

第八章 国联协会的跨思潮动员

　　第一次世界大战后,英国民众的反战情绪推动了和平运动。国联成了和平安排的象征符号。不过,英国和平运动中的"弃战派"反对《国联盟约》中的强制条款,包括使用军事手段制裁侵略者。国联协会领导人求同而存异,小心谨慎地管控着协会中那些吵闹不休的"弃战派"。1927年8月,《前进》说道:

　　　　在充实国民生活上,国联协会的价值毫不逊色。正是在国联协
　　会里,英国作为国际社会成员所享有的权利和所承担的义务被切实
　　感受到了;英国作为国联成员国的益处不比对邻国承担的义务少,这
　　一点在国联协会里也被切实感受到了。正是在国联协会里,一个拥
　　有组织化力量的政府能够看到国联政策能够唤起民众多少支持。国
　　联协会的首要任务是壮大起来,途径是传播关于国联的知识,培养明
　　智的公民意识和增强开明的爱国主义。①

　　国联协会希望英国人变成开明的爱国者。虽然有人认为授予国联权力意味着损害英帝国的主权,但国联协会和自己的盟友成功地将这种声音边缘化了。能取得这样的成效,国联协会并非仅靠辩论的力量,还借助五花八门的技巧,包括将帝国主义宣传引向国际主义方向。国联协会的策略很巧妙,将国联

---

　　① *Headway*, vol.9, no.8, Aug., 1927, Supplement, p.i.

和英帝国之间关系描述为互补的和互锁的,而且大力宣扬在国际合作中英国能发挥关键的领导作用。尽管第一次世界大战中遭受重创,英国仍是一个尚武的军事国家。国联协会招募军方人士,向民众描绘了一幅集体安全的图景。国联运动中的自由国际主义与当时英国社会的三大思潮连在一起,即和平主义、尚武精神和帝国情结。

第一节　和平主义中的笼络

国内外学界常提及第一次世界大战的巨大生命财产损失和民众的反战情绪。以废弃战争为目标的和平团体在战后迅速增多。[1] "和解之友"(Fellowship of Reconciliation)在大战中组建,旨在保护那些拒服兵役者的权利。1915 年女权主义者在海牙举行大会,创建了妇女争取和平与自由国际联盟。1921 年,具有社会主义倾向的和平主义者组建了"不再有战运动"。由共产主义者控制的"英国反战理事会"(British Anti-War Council)在 20 世纪 30年代很活跃。1933 年创建的"基督教和平团体理事会"(Council of Christian Pacifist Groups)旨在协调基督教会之间的活动。极端的"和平誓约联盟"在1936 年建立。[2]

这些和平组织的立场和要求千差万别,所以区分"弃战派"(Pacifist)和"可战派"(Pacificist)尤为必要。"弃战派"的理由尽管各不相同,但他们在任何情况下都反对使用武力。有些人受启发于基督教义,有些人认为战争是资本家和军国主义者的冒险,还有些人认为武装冲突是解决国家间纷争最不理性的手段。1928 年,《非战公约》明确把作为国家政策工具的战争非法化了。

---

[1]　James Hinton, *Protests and Visions: Peace Politics in 20th Century Britain*, London: Random House, 1989, p.75.

[2]　Marting Ceadel, *Pacifism in Britain 1914-1945: The Defining of a Faith*, Oxford: Oxford University Press, 1980.

尽管它的意义只停留在了纸面上,但粗略看起来更让"弃战派"称心如意。"弃战派"很少支持国联,而"可战派"接受能够被证明合理和正义的军事干预,虽然他们经常争论何为军事干预的必要条件和正确方式。① 依据第16款,《国联盟约》可用集体力量来制裁侵略者。

虽然维持着与"弃战派"之间的关系,但从整体上看,国联协会属于"可战派"。国联协会执委会里的"弃战派"包括凯思琳·考特尼(Kathleen Courtney)、莫德·罗伊登(Maude Royden)和克雷福德·艾伦。国联协会与全国和平理事会之间有合作关系,但从未隶属于后者。由于需要获得最大限度的支持,国联协会不可避免地要淡化《国联盟约》的强制性条款。②

20世纪20年代的多数时间里,国联协会把注意力聚焦于裁军和仲裁的前景上,而非聚焦于集体安全制度上。事实证明,这是国联协会拉拢其他和平组织、工党人士与教会的有效手段。在实际政治层面,这样做意味着允许和平运动中的"弃战派"否认《国联盟约》第16款。当时,在关心国际政治人群当中,几乎没有人会认为不久的将来会爆发战争。国联协会里的"可战派"领导人强调公众舆论的力量,不仅仅是出于安抚"弃战派"的需要,还因为他们真诚地相信外交活动的公开性是国际法的保证。

不过,国联协会对"弃战派"的容忍是有限度的。1926年12月,国联协会执委会拒绝在《前进》上为亚瑟·庞森比发布广告,因为后者打算在阿尔伯特大厅里举行集会来推动单边裁军。无论何时,只要有人指责国联协会推动单边裁军,都会遭到坚决的反驳。③ 1931年5月,"海军联盟总理事会"(Grand

---

① Richard Taylor and Nigel Young, *Campaigns for Peace:British Peace Movements in the Twentieth Century*, Manchester:Manchester University Press, 1997, pp.73–99.

② J.A.Thompson, "Lord Cecil and the Pacifists in the League of Nations Union", *The Historical Journal*, vol.20, no.4, Dec., 1977, pp.949–959.

③ Keith Robbins, *The Abolition of War:The "Peace Movement" in Britain, 1914–1919*, Cardiff: University of Wales, 1976, p.215.

Council of the Navy League)指责国联协会试图"说服自己和其他人相信英帝国亏欠全人类一件大事：无论其他国家在做什么,英帝国应该尽快裁军"①。对此,《前进》反驳道："在我国,有一部分舆论肯定希望国联协会提倡这件事。但无可否认的事实是国联协会过去没有,现在也没有。"②为了确保不会出现混淆,随后出版的每一期《前进》都声明："在本刊中,无论什么地方提到裁军,都请读者理解为按照国际协定削减和限制国家军备。"③

很明显,国联协会容忍内部观点的多样性,是为了扩充会员和保持团结。国联协会的领导人"需要弃战派,但不需要他们的方案"④。国联协会基督教组织委员会的书记波特·高夫(Porter Goff)解释说,协会不承诺进行"弹尽粮绝后的殊死反击",但谴责那些昙花一现的创建和平军(Peace Army)的提议,质疑把甘地非暴力抵抗技巧运用到远东冲突中的可行性。⑤ 个人保证不参与战争,这非但不能预防战争,反而让战争更容易爆发。袖手旁观,只会放纵侵略者用武力达成目的。很多地方分会参加了 1922 年的"不再有战"(No More War)示威游行,但很快就收到了国联协会总部的警告：参加这样的活动会被认为赞同"不惜任何代价地维护和平"⑥。布莱顿地方分会虽然派出一名代表参加 1922 年"不再有战"的第一次集会,但很快就退出了。1926 年,伊斯特本(Eastbourne)地区分会抗议"不再有战"示威活动把国联协会领导人的名字印在宣传海报上。

生命短暂的、以马克思主义为指导的英国反战运动(British Anti-War Movement)从工党和独立工党那里争取到了一些追随者。但是,由于反战政

---

① *The Times*, 14 May 1931, p.10.

② *Headway*, vol.13, no.6, June, 1931, p.103.

③ *Headway*, vol.13, no.8, Aug., 1931, p.143.

④ J.A.Thompson, "Lord Cecil and the Pacifists in the League of Nations Union", *The Historical Journal*, vol.20, no.4, Dec., 1977, p.956.

⑤ Martin Ceadel, *Semi-Detached Idealists: The British Peace Movement and International Relations, 1854-1945*, Oxford: Oxford University Press, 2000, pp.287-288.

⑥ *Headway*, vol.4, no.8, August, 1922, p.143; *Headway*, vol.4, no.9, Sep., 1922, p.179.

策和对《国联盟约》的蔑视,它使自己和国联运动中的多数团体格格不入。①
不过,国联协会和激进左派的行进轨迹在 20 世纪 30 年代有了汇合点,那就是
国际和平运动和反对绥靖政策。

在整个 20 世纪的 20 年代和 30 年代初,"弃战派"被笼络过来,被允许参
与决策或者在地方上构建和平主义文化氛围。作为交换,他们接受了国联协
会的大量方案。然而,在保守主义者和帝国主义者的报纸上"弃战派"常以负
面形象出现。这让国联协会领导人意识到:如果不加管控,"弃战派"的极端
言论会破坏协会的中庸之道,而适度和稳健的作风对协会的社会动员至关重
要。因此,国联协会宣扬的"开明爱国主义"始终以"可战派"的观点为主导,
把"弃战派"边缘化,从而在客观上为其他思想流派留下了参与的空间。

第二节 尚武精神中的勾兑

第一次世界大战对消解战争英雄的光辉形象起了很大作用,但是在两次
世界大战之间的和平运动并没有削弱英国民众对壮烈战争景象的渴求,也没
有把军人从社会和公民生活的崇高地位上拉下来,而这个地位早在 19 世纪晚
期就已经被军人获得了。② 这个悖论只是表面上的。很大程度上,我们能从
战时英国政府的社会动员中得到解释。第一次世界大战期间,大量普通人的
家庭与国家军事部门之间出现了直接关联。第一次世界大战后,军事上的象
征主义在各种公共仪典(包括悼念活动)中发挥着显著的作用。大战后初期,
英国人就努力把国联和大众军事文化联系起来。1919 年 11 月,国联协会参
加了一场盛大的、以国联为主题的露天集会。这场集会是伦敦市长年度公开

---

① Michael Pugh,"Pacifism and Politics in Britain,1931−1935",*Historical Journal*,vol.23,no. 3,1980,pp.641−656.

② John MacKenzie,*Popular Imperialism and the Military*,*1850−1950*,Manchester:Manchester University Press,1992,pp.1−24.

活动中最引人注目的部分。除了熟悉的、统一制服的列兵和身着正装的军官，在行进的队伍中，一群骑在马上、身着盛装的妇女备受瞩目。她们代表着世界上的其他国家和民族。在马队后面，一群年轻的女孩子披着白色的面纱，手里捧着玫瑰花。① 国联元素出现在了晚宴邀请卡上，画面是和平天使正在迎接已放下武器的盟国军队。②

　　每年的停战纪念日都是把国联和英国军事传统联系在一起的好机会。1919 年 11 月 11 日，国联协会的代表随着人流，从白厅一路庄严走来，在塞诺塔夫纪念碑前敬献花圈。③ 每年国联协会的众多分会和当地教堂都会举行活动，充分调动公众情绪，以便招收会员。④ 1923 年国联协会的年度报告指出："教堂里和专题会上庞大的听众群"说明"停战纪念日明显抓住了英国人的想象力"。⑤ 1922 年，国联协会威尔士全民理事会的代表团在威斯敏斯特大教堂的无名勇士墓前敬献花圈。⑥ 从这一年开始，这样做就成了惯例。1929 年，国联协会在圣保罗大教堂（St Paul's Cathedral）举办了一场高规格的法事，迎接第 10 个停战纪念日的到来。这场法事包括在大教堂西门举行两分钟默哀和坎特伯雷大主教的布道。他赞扬了国联成就，认为它培育了"国际社会共同的思想、关切、良心和意志所具有的力量"⑦。在报道中，《前进》特意告诉读者参加这场法事的穿制服的军人规模。⑧

　　有学者指出，英国和平团体试图把停战纪念日变成反对军国主义的宣传日。它们兜售白色虞美人，举办悼念仪式。⑨ 国联协会每年都努力把集体悼

---

　　① *The Times*, 10 November 1919, p.9.

　　② *The Times*, 7 November 1919, p.18.

　　③ *The Times*, 11 November 1919, p.14.

　　④ *Headway*, vol.7, no.1, January 1925, p.19.

　　⑤ LNU pamphlet, *Annual Report for 1923*, 1924, p.19.

　　⑥ *The Times*, 9 November 1922, p.9.

　　⑦ *The Times*, 23 October 1929, p.16.

　　⑧ *Headway*, vol.11, no.12, Dec., 1929, Supplement, p.ii.

　　⑨ Adrian Gregory, *The Silence of Memory: Armistice Day 1919-1946*, Oxford: Providence, 1994, chapter 5.

念活动转变成表达国际合作信念的时刻,并把国际合作当作废弃战争的手段。不过,它不打算破坏官方计划,而是宣扬缅怀战死者的最好方式是履行对国联的承诺。这种办法很少引起争议,因为它融进了英国民众的传统思维。与国联协会关系密切的戴维森大主教提醒英国民众要"认识到此刻国联到底意味着什么,因为我国政府已经在《凡尔赛和约》上签字了","没有什么时候比这一天更适合我们献身于深思熟虑的英国人民向往的事业了"。① 类似地,《泰晤士报》的很多社论都在讨论如何落实国联体现的国际正义原则,因为这些原则已"深深植根于"英国公众心中了。② 鉴于英国在大战中的惨胜和缔结《国联盟约》时的重大作用,1919 年下半年,英国公众的注意力和言语集中到国联未来的成功上。国联协会及其盟友在每年的停战纪念活动中,都要强化悼念死难者与国际合作之间的联系。

国联协会这样做是想从现役和退伍军人中招募会员。代表几十万退伍军人的英国退伍军人协会不容小觑。③ 国联协会努力与它搞好关系,在 1923 年就得到了回报。《前进》刊登了陆军准将布鲁斯(C.D-Bruce)的文章。他说,自己的战友都是天然的国联党,因为"他们作为退伍军人比任何人都更了解战争的可怕后果"④。格里芬(J.R.Griffin)是英国退伍军人协会的助理秘书。1924 年 6 月,在国联协会总理事会大会上,他讲道,全世界的退伍军人组织都应支持国联。⑤ 退伍军人的热忱还体现在国联协会的各种委员会和代表团里。他们出席国联协会举办的夏令营,参加"和平投票"活动和地方分会的各种活动。⑥

---

① *The Times*, 8 November 1919, p.12.

② *The Times*, 11 November 1919, p.15.

③ Niall Barr, *The Lion and the Poppy: British Veterans, Politics, and Society, 1921 – 1939*, London: Praeger Publishers, 2005.

④ *Headway*, vol.5, no.3, Mar., 1923, p.290.

⑤ *Headway*, vol.6, no.8, Aug., 1924, p.154.

⑥ *Headway*, vol.8, no.10, Oct., 1926, p.194.

　　然而,英国退伍军人协会的一些成员怀疑国联协会反对勇武好战的观念。这使得双方的合作有时会打折扣。1933 年,英国退伍军人协会的杂志报道了一位退役工兵在白色虞美人节里在塞诺塔夫纪念碑前的遭遇。"一位面色阴沉的、戴着国联协会徽章的人对我说:'你自己不感到羞耻吗? 在属于你的日子里,你用这些奖章炫耀军国主义,试图诱惑那些无辜的男孩子和女孩子,让他们长大后互相残杀吗?'"①国联协会领导层努力约束会员的这种行为,反复向军人们强调国联和国际裁军,不会损害英国武装力量的崇高地位。其实,1932 年,他们就声明军队对落实集体安全制度是不可或缺的,解释裁军只是"要达到与国家安全相匹配的最低限度,而且要通过履行国际义务、共同行动来落实"②。

　　英国多数公立中学和精英阶层的大学里都有军官教导团(Officer Training Corps)。它们经常遭到"弃战派"的辱骂,因为后者反对年轻人接受军事训练。不过,国联协会领导层建议他们持开放态度。1925 年和 1926 年,《前进》刊登系列文章来阐述双方观点。③ 1928 年,国联协会总理事会讨论这个议题时,莫雷说:"我们不要想象自己和那些心甘情愿为军官教导团工作的男孩子们之间有什么重要的差别……在和军官教导团打交道的时候,我们不要把他们当作对手,而是把他们当作和我们追求同样东西的朋友,只不过他们用的是另外一种或者说错误的办法。"④1930 年《前进》报道说,有个地方分会收到了会员提出的决议草案,呼吁废除军官教导团;执委会抓住这个机会澄清了国联协会的立场是中立的。⑤ 这项政策很明显消除了某些人的担忧。有一位校长

---

　　① Niall Barr, *The Lion and the Poppy: British Veterans, Politics, and Society, 1921 – 1939*, London:Praeger Publishers,2005 p.154.

　　② *Headway*,vol.14,no.3,Mar.,1932,Supplement,p.ii.

　　③ *Headway*,vol.7,no.12,Dec.,1925,p.226;*Headway*,vol.8,no.1,Jan.,1926,p.5;*Headway*,vol.8,no.2,Feb.,1926,pp.23,26,27.

　　④ Helen McCarthy,*The British People and the League of Nations:Democracy,Citizenship and Internationalism,c.1918-1945*,Manchester:Manchester University Press,2011,p.140.

　　⑤ *Headway*,vol.12,no.4,Apr.,1930,Supplement,p.i.

写信给《泰晤士报》，自豪地说：“参加军官教导团的这些高年级男孩子们经常参加国联协会地方分会的活动……如果我们的军官教导团在蓄意鼓吹军国主义的话，那么可以肯定，他们很明显地失败了。”①

英国本土防卫部队（Territorial Army）经常招来“弃战派”的怒火。国联运动的一些积极分子也担心本土防卫部队成为军国主义的温床，尤其是在20世纪30年代中期英国政府扩军时。地方分会负责人写信给莫雷、诺埃尔—贝克和加内特，质疑本土防卫部队与国联原则之间的兼容性。他们的回信总是调解性和解释性的，建议写信者搞清楚本土防卫部队的自卫原则与那些被错误利用的爱国主义、帝国主义之间的差别，区分武装力量的合法与非法使用；地方会员们不仅要大力支持英国本土防卫部队，还要鼓励部队官兵加入国联协会。

这些做法为的是防止国联协会被贴上不爱国的标签，被指责削弱英国国防。作为右派的喉舌，《每日快报》和《晨邮报》敌视国联。《每日快报》在1932年3月把国联描绘为“明确反对英国的机构”，因为当时参加世界裁军大会的谈判者正把注意力转向战舰，而战舰在历史上一直是英国的力量所在。②国联协会与海军联盟之间有很多冲突。海军联盟公开反对裁军，它的主席是顽固的保守党分子劳埃德勋爵（Lord Lloyd）。20世纪30年代初，在贬损国联协会的人中，他是最卖力的一个。③

不过，批评者的火力在很大程度上被化解了。国联协会领导层中的“可战派”奉行中庸之道，拒绝公开谴责大众文化中的军国主义成分，拉开了自己与“弃战派”之间的距离。英国皇家空军的飞行表演吸引了越来越多的民众。“弃战派”对此非常反感。他们嘲笑航空展上展示的轰炸机新技术。④《前

---

① *The Times*，17 June 1930，p.10.

② *Daily Express*，16 March 1932，p.10.

③ *Headway*，vol.13，no.6，Jun.，1931，p.103；*Headway*，vol.14，no.6，Jun.，1932，pp.105-106.

④ John MacKenzie，*Popular Imperialism and the Military*，*1850-1950*，Manchester：Manchester University Press，1992，pp.98-119.

进》上刊登的信件反映了"弃战派"的担忧,认为诸如亨登(Hendon)机场上的军事展览将对民众(尤其是儿童)产生负面的心理影响。① 1927年6月,威辛顿(Withington)地区分会决定不采取反对行动,让当地的航空盛会顺利进行,因为它认为抗议不会有什么成效。这种态度在地方分会中是很普遍。事实上,阿莱克·威尔逊(Alec Wilson)在1929年提醒《前进》的读者,轰炸机本身不是邪恶的,或许有一天能够被国联所用。《前进》后来还说:"哪怕是国际部队也会时不时展示战斗力。"②

国联的支持者不愿剥夺英国民众观看露天军事盛会的喜悦,也不愿意谴责摄像机给他们带来的快乐。数以百万计的男人、女人和孩子每周都会观看呈现战争壮观景象的电影。与飞行表演的情况一样,很多人关心电影对年轻人心智的影响。大量诸如"战争是光荣的牺牲和绝好的冒险"之类的神话被传播着。③ 不过,从1928年国联协会在布莱德福德地区的调查看,大多数儿童观看这些电影时的普遍反应是深深地厌恶战争。④ 国联事业的积极分子没有呼吁更严格的审查,也没有劝说人们不要去电影院,而是努力把人们的注意力转移到大荧幕上的死亡和破坏场面上。1930年,国联协会得到电影《旅途终点》(Journey's End)发行商的同意,可在电影院外张贴海报,提醒观众这部电影的剧作者谢里夫(R.C.Sherriff)已把手稿捐给了国联协会用于募集资金。⑤ 在伦敦的很多电影院里,国联协会地方分会被允许在放映结束后散发招募会员的表格。⑥ 一位国联支持者证实了这个办法的效果:"我站在电影院外面……我的经验是无论刮风下雨或者晚上几点,离开电影院的人流会停一

---

① *Headway*, vol.11, no.8, Aug., 1929, pp.146-147.

② *Headway*, vol.14, no.8, Aug., 1932, p.142.

③ *Headway*, vol.17, no.9, Sep., 1935, p.176.

④ C.M.Wilson, "Children and War Films: An Enquiry", *League of Nations Educational Survey*, vol.1, Jul., 1930, pp.12-64.

⑤ *Headway*, vol.8, no.11, Nov., 1926, pp.218-219; *Headway*, vol.11, no.12, Dec., 1929, pp.229-230; *Headway*, vol.12, no.12, Dec., 1930, Supplement, p.ii.

⑥ *Headway*, vol.12, no.12, Dec., 1930, Supplement, p.ii.

下，拿走一份传单。有时候，他们会当场读读传单上的内容，然后放进口袋里带回家。"①

在公共生活和大众娱乐方面，国联协会里的"可战派"一直谨小慎微。他们清楚很多英国人把军队和国家视为一体；如果一味地批判军国主义，有可能会伤害那些头脑冷静的爱国者。② 对倡导"开明爱国主义"的"可战派"而言，"弃战派"是阻碍和威胁。"弃战派"倾向于相信有比战争更好的手段来解决国际争端，却不愿意为自己的国家冒任何风险，在现实政治中奉行"唾面自干"的消极策略。因此，在"可战派"看来，开明爱国主义能够解决自私自利的民族国家所造成的问题，能够调和英国人对帝国和对国联的双重忠诚。

第三节　帝国情结中的分享

第一次世界大战后，地缘政治的变化让很多英国人感到迷惑。一些帝国在大战中崩溃了，但英帝国在中东和非洲控制的面积增加了。不过，在爱尔兰、印度和埃及都出现了民族主义的浪潮。这些地方的人们要求更大的自治权，这使英国有可能丧失重要的海外市场。虽然历史学家把英国衰落的根源追溯到两次世界大战之间的年代，③但英国民众的帝国情结变得更加牢固了。当然，大战后，有人建议从感情上和商业上松开英国本土与海外自治领之间的纽带，但很多活动和组织竭力巩固英国人的帝国意识，比如"帝国日"和"帝国市场委员会"（Empire Marketing Board）的活动。帝国仍是英国人自豪的源泉，但它已经不再是由军事征服来界定的侵略性、扩张性的帝国了。相反，到20

---

① *Headway*, vol.15, no.11, Nov., 1933, p.224.

② *Headway*, vol.5, no.5, May, 1923, p.340; *Headway*, vol.6, no.5, May 1924, p.97.

③ Jim English, "Empire Day in Britain, 1904–1958", *Historical Journal*, vol.49, iss.1, Mar., 2006, p.271.

世纪 20 年代,"帝国主义已融进了一个更为文明、保守和富有同情心的模式里",反映在家族性的词汇"英联邦"上,反映在工党和保守党温和的、改革性的殖民地政策上。①

"先进"国家治理"落后"国家的合理性只存在于当地人民的福祉中和最终获得自治的过程中。这个原则被国联的"永久托管委员会"加强了。那些以前属于德国和奥斯曼土耳其帝国的地区被托管,而英帝国是受托国之一。用《国联盟约》的话来说,这些受托国肩负"神圣的信任",要对托管地人民的发展和福祉负责任。

国联协会的托管委员会(Mandates Committee)提出了很多建议,以便加强国联永久托管委员会的巡视权力,消除虐待劳工的现象和维护上诉的权利。② 托管制度"提供了高尚的帝国管理模式,这正是国联协会追求的理想"③。受托国要正式对永久托管委员会负责,受托国的表现会被置于国联的审查之下。这样的托管制度扩展了塞西尔和莫雷钟爱的外交事务公开性原则,使其进入了英帝国治理的层面。塞西尔在 1931 年说:"虽然永久托管委员会没有干预的直接权力,只能够批评","但事实上,批评是权威的和公开的,对任何一个有自尊心的政府来说都是非常可怕的事情"。④

英国有些政治家反对国联把英帝国的权力纳入国际管控体系。利奥·艾莫里痛恨干涉英国内政的一切东西。在 20 世纪 20 年代担任殖民地大臣(Colonial Secretary)时,他就尽力贬损永久托管委员会的权威。⑤ 顽固的帝国主义

① Bernard Porter, *The Absent - Minded Imperialists: Empire, Society, And Culture in Britain*, Oxford: Oxford University Press, 2004, p.274.

② Daniel Gorman, "Liberal Internationalism, The League of Nations Union, And the Mandates System", *Canadian Journal of History*, vol.40, 2005, pp.449-477.

③ Doanld S.Birn, *The League of Nations Union, 1918-1945*, Oxford: Oxford University Press, 1981, p.55.

④ Robert Cecil, "The New International Control", *The Listener*, 1 April 1931, p.533.

⑤ Wm Roger Louis, *In the Name of God, Go! Leo Amery and the British Empire in the Age of Churchill*, London: Norton & Company, 1992, pp.76-79.

分子认为国联的集体安全制度很糟糕。1933年，《每日快报》提醒读者：英国承担的国联费用越多意味着"花到英帝国身上的越少……旨在加强大英帝国的计划越少"①。

然而，这种论调很难得到国联事业领袖人物的认可。他们当中的很多人宣扬国联与殖民地、自治领之间的光荣联系。英帝国的高层政治家们担任国联协会的副主席。南非总理简·史末资在巴黎和会上推动建立了托管制度，邀请塞西尔和莫雷作为南非代表团成员参加了头两届国联大会。长期在国联协会执委会任职的成员多萝西·格拉斯顿的丈夫从1910年到1914年在南非当官，在此期间她密切参与了南非社区护理组织的创建。国联协会托管委员会的第一任委员长是威廉·奥姆斯比—戈尔（William Ormsby - Gore）。从1921年到1922年，他是英国在永久托管委员会里的代表，后来成了英国殖民事务大臣。奥姆斯比—戈尔在国联协会托管委员会里的伙伴、尼日利亚前总督弗雷德里克·卢格德（Frederick Lugard）后来也成了英国在国联永久托管委员会的代表。另外，国联协会托管委员会里的西德尼·奥利维尔（Sydney Olivier）在第一届工党政府里担任殖民事务大臣。

由于显赫的家族背景和深厚的社会关系，塞西尔心中的自由国际主义与盎格鲁-撒克逊民族的使命观、基督教的信念糅合在一起。② 莫雷更具哲人气质，且与阿尔弗雷德·齐默恩深感投契。他们深信国联能在等级制的国际社会中成功运转。③ 两次世界大战之间，莫雷的著作流露出越来越强烈的危机感，认为英帝国体现的古典学价值观（诸如理性、宽容和自由）正在遭受挑战。莫雷把英联邦描述为欧洲文明最伟大的容器之一，并且指出民族主义正在煽

---

① *Daily Express*, 24 March 1932, p.8.

② Hugh Cecil, "Lord Robert Cecil: A Nineteenth-Century Upbringing", *History Today*, vol.25, iss.2, Feb., 1975, pp.118-127.

③ Jeanne Morefield, *Covenants without Swords: Idealist Liberalism and the Spirit of Empire*, Princeton: Princeton University Press, 2005.

动有色人种反对殖民统治,而这对英帝国而言是危险的。① 社会主义者伦纳德·伍尔夫和反对奴隶制的宣传家约翰·哈里斯都在国联协会的托管委员会里任职。他们的存在使这个委员会代表的观念更为广泛了。即便如此,国联运动并未对英帝国统治秩序构成严峻的挑战。来自社会主义者和殖民地民族主义者的批评没有左右国联协会的决策。相反,这些批评意见在英帝国使命和国联集体制度之间促生了互补的假象。

通过正式文件、演说和影片,国联协会传达的观念有如下三个方面。

第一,国联大会的议事程序和行政院秘书处的服务模式都是"英式"的,国联托管制度与英帝国间接治理模式之间存在连续性。② 他们反复强调这一点,是为了反驳英国政坛上右派的批评。右派认为,国联努力编纂的国际法,就其原则而言体现了"大陆的"或"拉丁的"思维,与英国传统是不相容的。威廉·拉帕德(William Rappard)是瑞士在国联里托管事务的负责人。1926年,他评论道:托管制度成功与否取决于"英国公众舆论的变化",不仅是因为英帝国要负责14个托管地中的9个,还因为"《国联盟约》第22款有明显的盎格鲁—撒克逊根源,而这一点是整个托管制度的基石"。③

第二,英帝国内多民族、多种族社区模式与国联构建新型国际社会的努力之间并行不悖。有一位作者在《前进》上写道,国联试图把一些原则运用到有组织的民族身上,而这些原则很大程度上是英帝国里活生生的原则。④ 1930年10月30日,国联协会在伦敦市政厅主办了一场奢华的宴会,欢迎来参加帝国会议的印度和各自治领代表。大约600名贵宾受到了市长的诚挚款待。享用过奢侈的餐点后,他们频频举杯,聆听那些冗长的祝酒词。一系列演讲者给

---

① Christopher Stray, *Gilbert Murray Reassessed：Hellenism，Theatre，And International Politics*, Oxford：Oxford University Press,2007,pp.239-260.

② *Headway*,vol.6,no.7,Jul.,1924,p.131.

③ *Headway*,vol.8,no.6,Jun.,1926,p.108.

④ *Headway*,vol.8,no.5,May,1926,p.87.

听众留下了深刻印象，包括工党大臣托马斯、保守党年迈的政治家奥斯汀·张伯伦和加拿大总理班尼特（R.B.Bennett）。

不过，威尔士王子的发言最引人注目。除了市政厅里的听众，整个大英帝国的数百万听众通过无线电波听到了他的声音。"我很高兴能够出现在这里，祝贺凝聚我们共同信念的两个伟大组织，即英帝国和国联"①；他接着说，不同种族、说着不同语言的人和境遇各不相同的人依靠共同传统，忠诚地团结起来，大英帝国里到处都有活生生的证据；他们团结起来的时候，依然享受着"完全的民权和政治自由"，维持着"独特的民族性"，遵循着"他们自己的发展道路"。英帝国成员间的战争已几乎不可能再发生了，因为解决分歧的途径"不是诉诸武力，甚至不是正式的仲裁，而是围坐一起进行友好的会晤和交流"。"如果全人类中1/4的人口能够证明组建团结一致的联盟是可行的"，他问道，"盼望剩下的3/4人口踏上同一条道路，还仅仅是不切实际的幻想吗？"在发言的结尾部分，他赞扬国联协会"正在唤起所有思维正常的男人和女人的支持"，呼吁所有听众为"这场世界和平方面最伟大的事业"贡献力量。②

显然，威尔士王子把英联邦视作国联理想能够实现的证据。如果这么多不同肤色和不同信仰的人在没有行使武力的情况下能够和平安全地生活，那么全人类为何不可呢？王室成员的赞赏让国联协会领导人很高兴。他们迫不及待地把演讲内容印成小册子发行出去。在未来的若干年里，威尔士王子的话被国联协会的各种印刷品广泛引用。整体看，宴会当晚的氛围既有端庄的民族自决权和帝国迷思，也有自治领团结和忠诚的展现，从而生动地呈现了国联协会一直倡导的"开明爱国主义"。

对国联运动来说，"开明爱国主义"是一种有机的、历史的概念或信仰，意味着把个体对祖国自然的热爱置于国际社会更宽广的责任当中。"国际忠诚

---

① *The Times*，31 October 1930，p.16.

② *The Times*，31 October 1930，p.16.

必须从当前的爱国主义中萌芽,正如对英国的忠诚源自英格兰人、苏格兰人和其他人的忠诚。这些地方性的忠诚出现于对英国的忠诚之前,又和英国人的忠诚一起延续了下来。"①在国联协会里,这个公式具有实际的政治价值,灵巧地解释了为何向年轻人灌输国际合作的理念时,不要求他们抛弃自己与英帝国同胞之间的自然纽带。

第三,借助国联这个工具,和平共处的价值观与英帝国内的主流文明能够扩展到全世界。自治领和殖民地是英国的重大利益所在:"国联提供了大量机会,用英联邦的办法来教育自治领和殖民地人民以及其他国家的人民了解国际事务"②。随着 20 世纪 30 年代的国际局势愈发让人沮丧,国联协会这种观点进一步发展,常带着报警的意味提醒人们:英帝国治理的基石是人民的同意,英帝国的存亡取决于保卫国联,所以应该帮助国联抵抗潜在的法律破坏者。1935 年秋,意大利入侵埃塞俄比亚后,《前进》评论道:"在现代世界的条件下,如果丛林法则被允许,如果国家之间互为饿狼,那么英帝国无法得到长久保护。"③国联协会成了扩散这种观念的主要工具。

两次世界大战之间,除了更多英国民众外,很多思想家也"用更广泛的国际合作术语把英帝国政策和英帝国利益包装起来"④,认为国联集体安全制度标志着全球治理模式的新阶段。在阿尔弗雷德·齐默恩看来,和平解决国际争端、对落后民族的仁慈统治、皇家海军看护各大洋的温和角色——这些责任越来越多地被国际社会分担了,但英帝国由于自身无与伦比的空间投送能力,仍发挥着主导性影响。⑤ 阿诺德·汤因比也认为国联和英帝国"在精神和目标上都是紧密的盟友",每个自治领都派出代表到日内瓦能给英帝国带来好

---

① *Headway*, vol.10, no.9, Sep., 1928, Supplement, p.i.

② *Headway*, vol.9, no.5, May 1927, p.84.

③ *Headway*, no.17, no.9, Sep., 1935, p.164.

④ Kevin Grant, Philippa Levinec and Frank Trentmann, *Beyond Sovereignty: Britain, Empire and Transnationalism*, c.1880-1950, Basingstoke, 2007, p.48.

⑤ Alfred Zimmern, *The Third British Empire*, London: Oxford University Press, 1934.

处;这样做既确认了自治领的独特性,也为执行共同的外交政策提供了平台。①

不过,构想中的英帝国成员大团结的图景经常与现实不符。自治领与英国之间的差异时常浮现。例如,在意埃战争问题上,尚无自治权的印度代表就与英国政府唱反调。② 不过,怀有帝国情结的英国改革派无法忽视国联运动的讲坛和出版物。他们试图接近和利用媒介,把自己的想法告诉更多的公众。

20世纪初,通过"发明传统",例如确立帝国日,英国人被鼓励着认同自己英帝国臣民的身份。"帝国日"是庆祝英帝国的仪式,于1904年创立。主要发起人是第七任米斯伯爵(Earl of Meath),即雷金纳德·布拉巴赞(Reginald Brabazon)。在加拿大人的启发下,他创立帝国日,希望它成为整个英帝国学校里的爱国主义庆典,以便培养年轻人的集体认同感和帝国责任感。

吉姆·英吉利的研究表明,帝国日代表了爱德华时代典型的、广为流传的帝国主义情结,能够让儿童和成人感到兴奋,受到启发。工人阶级的众多传记显示每年一次的帝国庆典都能够跨越阶级界限,在工人阶级的儿童心中树立起一种帝国意识。很明显,帝国日也引起了更广泛的社会成员的关注。居民社区里的帝国日活动比学校里的更引人注目。第一次世界大战后,帝国日沿存下来。它成功地与悼念仪式融合在一起,显示了它的社会意义和两次世界大战之间帝国的重要性。但帝国日的庆祝活动明显地被政治化了,引起了公众强烈的

---

① A.J.Toynbee,*The Conduct of British Empire Foreign Relations since the Peace Settlement*,London:Oxford university press,1928,p.53.

② Sara Pienaar,*South Africa and International Relations between the Two World Wars:The League of Nations Dimension*,Johannesburg:Witwatersrand University Press,1987;Richard Veatch,*Canada and the League of Nations*,Toronto:University of Toronto Press,1975;T.A.Keenleyside,"The Indian Nationalist Movement and the League of Nations:Prologue to the United Nations",*India Quarterly*,vol.39,no.3,Jul.,1983,pp.281-298.

反感和抵制。这种对帝国日的厌恶和抵制反映了帝国主义霸权开始解体。①

　　在英国公共生活中,帝国主义的语言和想象普遍存在。国联协会通过多种方式重塑了公众心目中英帝国的国际角色,推动怀有帝国情结的民众拥抱国际主义。它一直努力把国联元素注入帝国日活动里。20 世纪 20 年代末,在英格兰和威尔士地区,超过 164 个地方教育当局指示当地学校将关于国联的内容变成帝国日活动的一部分。② 这是国联协会持续游说的结果。此外,国联协会还利用帝国展览会提供的机会。1924 年,在温布利(Wembley)举行的帝国展览会上,国联协会拥有一个摊位,还把总理事会搬到帝国展览馆召开。③ 1938 年,在格拉斯哥举行的帝国展览会上,观众在会间休息时被"银色排钟"发出的"国联之音"召集起来;一队队从巨大的、标示国联成员国的世界地图前走过,踏过"友邻花园"的绿草地,最终汇集到国联协会搭建的精美看台前。④

　　国联协会模仿"帝国市场委员会"的宣传技巧。这个委员会在 1926 年由利奥·艾莫里建立,宗旨是刺激英帝国贸易。它因创造性地利用海报艺术和电影而备受推崇。1932 年,国联协会聘请"帝国市场委员会"宣传部门的负责人杰维斯·赫胥黎(Gervase Huxley),希望能得到他在海报设计上的指导,并帮助国联协会得到伦敦市内最好的展示位置。⑤ "帝国市场委员会"创议的"帝国购物周"(Empire Shopping Weeks)和国联协会组织的"国联周"(League Weeks)同时举办。⑥ 国联协会大胆更新了宣传手段,融合了文字和视听宣传

---

① Jim English, "Empire Day in Britain, 1904 – 1958", *Historical Journal*, vol.49, iss.1, Mar., 2006, p.248.

② Helen McCarthy, "The League of Nations, Public Ritual and National Identity in Britain, c. 1919–1956", *History Workshop Journal*, vol.70, iss.1, Autumn, 2010, p.118.

③ *Headway*, vol.6, no.6, Jun., 1924, p.108.

④ "友邻花园"受到美国和加拿大边境著名的帕克兰(Parkland)公园启发而修葺出来。 *Headway*, vol.20, no.6, Jun., 1938, p.112。

⑤ *Headway*, vol.14, no.7, Jul., 1932, pp.126–127.

⑥ John M. Mackenzie, *Imperialism and Popular Culture*, Manchester: Manchester University Press, 1986, p.217.

技巧,创造性地参与公共仪典、大众休闲和市民生活。英国民众明显感到自己与国家、帝国之间的情感纽带被加强了。

　　国联协会没有批评爱国主义,而是给它包上了国际主义的糖衣。它一边高谈国际友谊,一边迎合着巴黎和会后仍旧存在的陈规陋习和关于民族差异的老观念。① 国联协会领导人私下提到外国政治家时,会使用一些诸如"青蛙""黝黑瘦小的拉丁种族"之类的贬义词。客观讲,国联协会倡导的"开明爱国主义"推动英国人重塑了自己对本民族与外部世界之间联系的认知。不过,国联支持者们的谨慎本性也显示出民族主权和民族差异方面的观念有多么根深蒂固,国际合作的概念是多么有限。它的宣传偶尔会迸出一些激进的语汇,但它仍牢牢地锚定在英国社会既有的价值观和偏见中。

---

① Glenda Sluga, *The Nation, Psychology, And International Politics, 1870 - 1919*, Basingstoke: Palgrave Macmillan, 2006.

第九章　国联协会社会动员的影响

国联协会的社会动员植根于第一次世界大战后英国社会的深刻变革中，发生在战争与和平两种力量加剧斗争的国际背景下，同时还受到了英国政坛吐故纳新、政党更替的影响，以至于呈现出时间上的持久性、组织上的渗透性和宣传上的多样性。这些特点不全是外在因素作用的结果，更多还是源于国联协会自身的性质、力量、宣传手段和施压方式。游说政要和鼓动民众是国联协会社会动员的主要内容。它始于推动英国政府支持《互助条约草案》，终于20世纪30年代末的重整军备，此间鼓动民众的效果远大于游说政要的成绩。

按照班菲尔德的定义，"影响"（Influence）通常是指"使其他人按照某个人所设想的那样行为、思考和感觉的能力"①。在政治中，这种影响可以由个人行使，也可以由集团行使。若要精准评测国联协会对政府决策的影响力，除了研究它的活动，还要对比研究政府决策中其他所有因素，但本书无法做到这一点。因为国联协会的许多活动是在"幕后"发生的，没有足够的史料支撑。

1992年出版的多卷本英国外交部解密档案汇编（BDFA）中，只有一篇档案（Part Ⅱ, Series J, vol.1, Doc.12）记载了国联协会与英国外交决策的互动；而为学者利用半个多世纪之久的、多卷本英国外交政策档案（DBFP）对国联协

---

① 戴维·米勒、韦农·波格丹诺主编：《布莱克维尔政治学百科全书》，邓正来等译，中国政法大学出版社2002年版，第604页。

会的活动只字未提。但是，"大部分外交部档案涉及的是政策讨论的结果而非过程……机密档案容易让读者忽视两次世界大战之间国联对人们的强大吸引力。事实上，国联对英国公众的影响体现在很多方面，尤其体现在压力集团的活动上，比如国联协会"①。

即便有据可查，国联协会"影响"的范围和强度也很难以某种系统的方式做定量研究。国联协会执委会委员达格戴尔在1933年强调：

> 无疑，我国民众对外交政策的兴趣被重新唤起了。试图测量这些变化在多大程度上直接源于国联协会的努力，或者试图估算国联协会日益增长的影响力在多大程度上源于民众对国际事务的兴趣，都是无聊的。我不会在任何单一事件上寻找国联协会方面的直接原因和结果。国联协会中很多成员后来都成了内阁成员。②

此言反映了定量研究"影响"的难度。罗伯特·达尔（Robert Dahl）也指出，"无论怎样精确地定义'影响'，无论研究手段和方法有多么精巧缜密，从所能收集到的、供研究用的数据来看，即便是最勤勉的研究者也会发现最巧的方法仍然存在缺憾"③。国联协会活动的曲折性、影响的长时性以及裁军宣传的潜移默化使得任何定量研究都很困难。

逐月列出会员增加的数量来衡量对民众的影响力，这不失为一种办法，却未必能得到国联协会自己的认可。《前进》曾言："1919年1月时，国联协会成员总数为3841；而现在这个数字已接近75万。但仅凭统计数字不足以说明国联协会的重要性和地位。"④

英国政府军备政策的变化受到国联协会多大影响？前文有意突出了国联

---

① BDFA,Part II,Series J,Volume 1,Frederick,Md.：University Publications of America,1992,Introduction,p.xvii.

② *Headway*,vol.15,no.1,Jan.,1933,p.14.

③ Robert A.Dahl,*Who Governs? Democracy and Power in an American City*,New Haven：Yale University Press,1961,p.330.

④ *Headway*,vol.10,no.11,Nov.,1928,p.201.

协会裁军主张和英国政府军备政策之间的差异,为定性回答做准备。但在回答之前,不妨先看看国联协会的自评。

1932 年 4 月的《前进》回顾道:"英国政府与国联忠实合作,实现《国联盟约》的'永恒原则',是国联协会追求的目标。在过去 10 多年里……公众舆论的障碍一次次被国联协会清除后,英国政府紧随国联协会采取了行动。"①例证包括:正式宣布国联为本国外交政策的基石;1924 年起,外交大臣出席国联大会和行政院会议成为惯例;越来越多的英国人将国联视为国际外交中心;1930 年 2 月,英国下院正式批准《任择条款》。② 年度总结中,达格戴尔女士强调国联协会的新成绩:

> 1932 年我国政府裁军政策贯彻了三大原则——德国的平等地位、废弃进攻性武器和停止重整军备。它们在 1 年多前就被"国联社团国际联合会"的布达佩斯会议通过了,而在会议上提出此项动议的正是国联协会。③

此言有实有虚。在国内外形势逼迫和国联协会反复敦促下,为了拉德国重新回到谈判桌前,英国外交大臣西蒙不得不在 1932 年 11 月 10 日承认德国的平等地位。此为实,虚如下。

英国政府常抵制国联的理想主义或国际主义,扼杀了 1923 年的《互助条约草案》和 1924 年的《日内瓦议定书》。它反感集体安全机制,以自己的方式营造欧洲安全,如 1925 年的《洛迦诺公约》。它的私心、短视和拖沓常使国联框架内的裁军谈判陷入困境或破裂,如 1927 年的日内瓦海军会议和 1932 年的世界裁军大会。它还常绕开国联,与其他大国私下磋商,不顾议员和公众的知情权,如 1928 年的英法密谈和 1930 年的伦敦海军会议。

1938 年,塞西尔总结了英国政府的裁军立场:它的"想法还和从前一样,

---

① *Headway*, vol.14, no.4, Apr., 1932, p.71.

② *Headway*, vol.14, no.4, Apr., 1932, p.71.

③ *Headway*, vol.15, no.1, Jan., 1933, p.14.

即不做任何事情,也不制定任何明确的政策……我们已经做的够多了;需要我们做的只是看其他国家提出什么方案。合意就支持,但绝对不以任何方式率先提议……整个问题的关键是决不承担义务"①。世界裁军大会濒临破裂时,《前进》说:"我国政府的外交政策并非总是与国联协会的愿望相符。"②德国退出世界裁军大会后,《前进》失望地说:"国联协会一直强调前协约国对德国负有道义上的义务。它等了15年,却仍旧没有看到这些国家兑现承诺。"③

简言之,决不承担更多责任和义务的英国政府使集体安全原则难以落到实处,使国联难以成为"民族自由的捍卫者、落后种族和不发达国家的受托者和监护者、国际秩序的维护者"。国联并非像英国很多政要声称的那样是"英国外交政策的基石"。它只是英国外交政策的一个组成部分。

尽管如此,国联协会在动员普通民众方面取得巨大成绩。在两次世界大战之间的英国,国联协会是实力最为雄厚、影响力最大的和平组织,其领导层由三大政党政要组成。广泛而深厚的社会关系为它接近政府决策核心提供了很多便利。1925年初,下院几乎有一多半议员都是其会员。它每年能募集到近4万英镑活动资金,建立了约3000个地方分会;曾经入会的民众超过百万,付费会员最多时达到40多万。伦敦总部有很强的宣传和组织能力,有效领导着各地分会的工作。它所组织起来和表达出来的民意成了英国外交决策者不得不考虑的因素。

国联协会持续的动员和施压,唤起了公众舆论的广泛关注,使国联事务和国际裁军长时间留在英国外交决策的日程表上。它设置了外交决策的边界和底线,有力地影响了英国裁军政策,但尚不足以使其发生实质性改变。不过,确立这个结论还需要破除国内外学界对和平运动与绥靖政策之间关系的一些误解。

---

① Toynbee, Arnold J., Viscount Cecil of Chelwood, Marquess of Lothian and Butler, R.A., "Issues in British Foreign Policy", *International Affairs*, vol.17, no.3, May-Jun., 1938, p.341.

② *Headway*, vol.15, no.8, Aug., 1933, p.162.

③ *Headway*, vol.15, no.11, Nov., 1933, pp.212-213.

第一节　误用的史实论据

第一次世界大战后,英国民众因其惨痛的战争经历,普遍渴望尽可能长地维持和平,避免新的世界大战。反战情绪与和平主义在英国国内酝酿发酵,和平运动逐步高涨。但第二次世界大战在十几年后就爆发了。因此,人们评论两次世界大战之间的年代时,常用一些贬义词,比如"失去的十几年""不能原谅的年代""破坏的年代""致命的年代""失去的和平"。1945 年后,中外不少学者认为英国和平运动与绥靖政策的形成之间存在重大关联。一些历史事件被反复用来证明英国民众是反战的,并为绥靖政策的形成提供了温床,如1933 年 2 月牛津大学俱乐部举行的"本议院决不为它的国王和国家而战"的模拟辩论会和 1933 年秋东富勒姆补缺选举结果。[1] 此外,在众多保守党政治家的回忆录里,1934 年至 1935 年的"和平投票"也常被提及。[2] 它们一起被指责为英国无力重整军备和对抗德意法西斯的重要原因。在英国和平运动中,这些事件颇为典型,但也有很强的误导性。

首先,牛津大学俱乐部"决不为它的国王和国家而战"的决议与其说反映了民众对新战争的担忧和恐惧,倒不如说反映了他们对"国王和国家"的不信任、对第一次世界大战正义性质的幻灭感和经济大危机发生后英国社会空前的怨怼。

---

[1]　W.N.Medlicott, *British Foreign Policy since Versailles*, London: Methuen, 1940; F.S.Northedge, *The Troubled Giant: Britain among the Great Powers, 1916–1939*, New York: G.Bell and Sons, 1966, p.386; Keith Middlemas and John Barnes, *Baldwin, A Biography*, New York: Macmillan, 1970, pp.744–747. 熊伟民:《30 年代英国的和平运动》,《湖北大学学报(哲学社会科学版)》2001 年第 5 期;徐蓝:《"一战"与欧美和平运动的发展》,《世界历史》2014 年第 1 期。

[2]　Philip Williamson and Edward Baldwin eds., *Baldwain Papers, A Conservative Statesman, 1908–1947*, Cambridge: Cambridge University Press, 2004, p.351; Robert C.Self ed., *The Austen Chamberlain Diary Letters: The Correspondence of Sir Austen Chamberlain with His Sisters Hilda and Ida, 1916–1937*, Cambridge: Cambridge University Press, 1995, p.468。麦克米伦:《麦克米伦回忆录:风云变幻,1914—1939》,山东大学外文系翻译组译,商务印书馆 1983 年版,第 441 页。

英国裁军运动与国际联盟协会的社会动员(1919—1939)

第一次世界大战中,"为了国王和国家"曾是英国进行战争动员的响亮口号。1920 年,威斯敏斯特大教堂无名勇士墓落成,墓志铭试图继续掩盖帝国主义之间进行争夺的战争本质,吹捧伤亡将士是"为了上帝,为了国王和国家,为了所爱之人的家园和土地,为了正义的神圣事业和全世界的自由"[1]而奔赴战场。但第一次世界大战后长期的经济低迷、大量的失业工人、失望的退伍军人以及动荡的国内局势使人们逐渐清醒。1930 年,在伊尔福德地区,有人在集会上高声演讲:"无论是在停战纪念日里,还是在各种俱乐部里,抑或读报时,只要听到和看到'大战光荣'的论调或字眼,我都会说上一句'遭天谴的光荣'!"此言一出,立即赢得台下一片掌声。在 1934 年的停战纪念日之夜,格林上尉的谴责更为严厉:"1914 年,我和数以千计的青年人,情绪高昂,怀着援救可怜的比利时的信念奔赴战场。今天,我们清醒了很多。这都是谎言。更糟的是,我们当时竟然相信了。我们被有权有势的人玩弄了。"[2]

在民众觉悟的过程中,1933 年牛津大学俱乐部模拟辩论的本质是英国民众与政府争夺重构战争记忆的主导权。对英国政府掩盖第一次世界大战根源和性质的行为而言,"决不为它的国王和国家而战"的决议是个实实在在的讽刺和打击。随后,在曼彻斯特大学、莱斯特大学、爱丁堡大学和另外大约 20 所大学也通过了类似的决议。

以斯坦利·鲍德温和尼维尔·张伯伦为首相的内阁不但没有自省,反而曲解民众的愤懑之言和悔悟之词,将它们用作绥靖政策的民意基础。温斯顿·丘吉尔虽是绥靖政策的主要反对者之一,但他对这个决议的评论同样暴露了英国统治阶级的狭隘和自私。他认为这是"一个真够丢脸的决议",并使

---

① Samuel Hynes, *A War Imagined: The First World War and English Culture*, London: Bodley Head, 1990, p.280.

② Mark Connelly, *The Great War, Memory and Ritual: Commemoration in the City and East London, 1916–1939*, Suffolk: St.Edmundsbury Press, 2002, p.182.

其他国家"深深感到英国已萎靡不振了"。[①] 在他眼里,"不为国王和国家而战"就是不爱国,就是失去了战斗意志。

但从逻辑上讲,"不为国王和国家而战"的人不必然是绥靖政策的拥护者,他有可能为了对抗独裁者的侵略、不经国家组织甚至违反政府法令而自愿投入战斗。1936 年西班牙内战爆发,次年 2 月英国加入不干涉委员会,明令禁止本国公民志愿从军。但仍有两千多名英国人参加国际纵队。"有大量知识分子义无反顾地参与其中,特别是几位杰出的文学家和诗人",他们来自各个行业和阶层,"不乏社会上层人士,例如,丘吉尔的两个外甥艾斯德蒙·罗慕利兄弟"。"他们的参战动机其实很简单,不满本国政府的绥靖政策,为了打击法西斯,阻止即将爆发的欧洲大战,幸存者的大量访谈和回忆录足以证明这一点。"[②] 这两千多名英国志愿者投身西班牙战场,自然"不为国王和国家而战"。

其次,东富勒姆地区的补缺选举结果之所以被很多学者视为和平主义的表现,很大程度上是因为首相鲍德温为重整军备不力所做的诡辩。1936 年 11 月 12 日,他在下院演讲,认为这个席位被工党夺去,"完全是因为和平主义者";他还说:"当时富勒姆选区表达出来的情绪在全国很普遍",而且随后两年没有发生任何改变,使英国政府得不到重整军备的民意授权。[③] 但实情并非如此。

在 1933 年秋天的补缺选举中,东富勒姆的议席只是保守党力保不失的 40 个席位之一。从全国范围看,40 个议席中的大多数被保守党重新获得,甚至有些选区的保守党候选人确因支持重整军备而当选。[④] 无论从哪个角度

---

① 　丘吉尔:《第二次世界大战回忆录》第一卷上部第一分册,吴万沈译,商务印书馆 1974 年版,第 125 页。

② 　赵国新:《英国志愿军与西班牙内战》,《国际论坛》2014 年第 1 期。

③ 　Richard Heller, "East Fulham Revisited", *Journal of Contemporary History*, vol.6, no.3, Jul., 1971, p.172.

④ 　Martin Pugh, *State and Society: British Political and Social History, 1870 - 1992*, London: Edward Arnold, 1999, p.209.

看,东富勒姆地区的席位都处在边缘地带,没有特别重要的价值。尼维尔·张伯伦的家书可为佐证:"富勒姆让首相非常悲伤。但我得承认,此事丝毫没有让我辗转反侧。媒体都把失败归咎于住房问题和关于战争的谎言。无疑,这都是导致保守党失败的因素。我有一位朋友曾在富勒姆和一位街头演讲者聊天。他告诉我,真正的攻击是财产调查。"①

英国学者理查德·海勒(Richard Heller)详尽研究了补缺选举的全过程,认为"把东富勒姆选举描述成和平主义者的选举的任何做法都是错误的",选民之所以抛弃保守党而选择工党,是因为"在他们最为关切的问题上,工党给出了一个更好的解决方案。对自由主义者和独立选民来说,这可能意味着裁军。但对大多数富勒姆选民而言,这几乎肯定地意味着住房、食品价格和就业。现在,东富勒姆已经不是选区了,关于它的神话也应该消失了"②。

换句话说,保守党败在了民生问题上,而非败在提倡重整军备上。1936年,鲍德温在下院重提3年前东富勒姆地区的选举结果时,1933年秋当选的工党议员已经离开下院了。但他为何要重温旧事?用意很明显:掩盖保守党败选的真正原因时不用担心遭到质疑和反对,并让选民充当重整军备不力的替罪羊。

最后,以1934年至1935年的"和平投票"为例,来论证和平运动为绥靖政策的形成奠定了民意基础,也颇为不妥。"和平投票"的组织者是国联协会,其宗旨是力促英国民众衷心支持国联,力促英国政府按《国联盟约》处理外事。但在20世纪30年代初,因七七事变前紧张的东亚形势和日德两国相继退出国联和世界裁军大会屡陷僵局,国联权威受挫,声誉日衰。由于害怕履行盟约义务,英国时常绕开国联,与其他大国私下寻求妥协。此间,对国联感到失望的民众越来越多。国联协会会员数量从1932年开始减少,财政收入也从

---

① Iain Macleod, *Neville Chamberlain*, London: Muller, 1961, p.179.

② Richard Heller, "East Fulham Revisited", *Journal of Contemporary History*, vol.6, no.3, Jul., 1971, p.196.

1932 年的 399931 英镑锐减至 1933 年的 29975 英镑。①

国联协会试图以问卷调查的方式唤起民众对国际时事的关心,改善自身的财政状况,并通过塑造民意来胁迫英国政府改变政策。围绕问卷所进行的宣传活动具有明显的导向性,使"和平投票"更像一场宣传教育运动,而非科学的民意测验,就连国联协会领导人诺埃尔—贝克也承认这一点。② 从技术角度看,现代民意测验专家总想把偏见的影响减至最小。1934 年时,相关技术还处于萌芽状态。为了鼓动民众,国联协会没有考虑抽样方面的事情。填写问卷并及时交回的都是那些愿意合作的民众。反对国联的人或者没有收到问卷,或者拒绝作答。因此,即使没有助长偏见,投票活动反映出来的也更多是那些具有特殊偏好的民众态度。

从酝酿到结束,"和平投票"历经 15 个月,约有 1163 万人投票。从结果看,95.9%的受访者赞成英国留在国联内,86.8%的受访者赞成联合起来对侵略者进行经济及非军事手段的制裁,58.7%的受访者赞成必要时采用军事手段制止侵略。无论从国联协会的宗旨看,还是从活动方式看,抑或从它塑造的民意看,"和平投票"都与英国政府后来抛弃国联、纵容侵略的绥靖政策完全相反。

1935 年 10 月,英国举行大选。深谙选举之道的鲍德温一反常态,高举国联旗帜。半年多后,在对保守党报纸和议员讲话时,他不无得意地总结了赢得大选的心得体会:"在民主国家里,必须尽快赢得大选,这是首要的事情。必须把它放在第一位。我认为保守党抓住了第一时间。"③可叹的是,赢得大选后,保守党背弃诺言,绕开国联,继续实施绥靖意大利的政策。为了避免立即

---

① J.A.Thompson, "The 'Peace Ballot' and the 'Rainbow' Controversy", *The Journal of British Studies*, vol.20, no.2, Spring, 1981, p.151.

② Philip Noel-Baker, *The First World Disarmament Conference 1932–1933 and Why It Failed*, Oxford: Pergamon Press, 1979, p.138.

③ Philip Williamson and Edward Baldwin eds., *Baldwain Papers*, *A Conservative Statesman*, *1908–1947*, Cambridge: Cambridge University Press, 2004, p.376.

实施严厉的石油禁运,英法两国秘密炮制了《霍尔—赖伐尔协定》。怎奈消息走漏,舆论哗然。英国外交大臣霍尔充当替罪羊,引咎辞职。可不出半年,霍尔就重返内阁,任海军大臣。《霍尔—赖伐尔协定》虽然破产,但并未妨碍英国政府继续绥靖意大利,直至埃塞俄比亚亡国。

在绥靖政策达到高潮的 1938 年,英国外交部新闻办公室的一位前负责人亚瑟·威利特(Arthur Willert)写道:"我的确认为,我们后期外交政策的不成功与其归因于不可避免的公众冷漠或思维迟滞,倒不如归因于下述事实:鲍德温和我们的政治领导人不是特别具有教育能力,或者说,在处理国际问题时,头脑不很清晰或没有说服力。"①这是用委婉的方式批评内阁误导了民众,其言外之意是民众要求并愿意接受来自上层的正确引导。但可悲的是,当"和平投票"的结果已经表明多数民众支持对侵略者采取强硬措施时,把持权柄的保守党竟把民心用在了赢得大选和谋取一党私利上。

值得强调的是,国联协会从未要求英国政府无条件地单边裁军。"和平投票"中,有 82.5%的受访者赞成根据"国际协定"进行多边裁军。换言之,这些受访者反对英国政府不顾一切地单方面裁军。事实上,在两次世界大战之间的多次裁军会议上,在限制对手优势军备的同时,英国政府还尽力为自己预留扩充军备的空间。为《慕尼黑协定》辩护时,一些政要说它为英国额外赢得了 1 年甚至两年来重整军备,其弦外之音无非是英国政府在对外强硬起来之前,一直在等待公众舆论转向。② 当这些政要以公众舆论为借口,来为自己的行为和失误辩解时,真相是内阁发生了分裂,内阁的确干了祸国殃民的勾当。首相尼维尔·张伯伦的所作所为证实了这两点。

正如齐世荣先生所指出的,英国重整军备不力的真正原因主要有三点。

---

① Kenneth Younger, "Public Opinion and British Foreign Policy", *International Affairs*, vol.40, no.1, Jan., 1964, p.26.

② Martin Pugh, *State and Society: British Political and Social History, 1870 - 1992*, London: Edward Arnold, 1999, p.208.

"经济方面,最根本的一点,就是日益没落的英国资产阶级一心保住既得经济利益,贪图眼前的便宜,而不肯在国防方面花更多的钱和采取更有力的措施。""政治方面的原因,归结到一点,就是英国统治阶级认为英德战争如果爆发,只会对革命势力有利,故根本上就不愿对德作战,从而也就不肯全力扩充军备了。""英国重整军备不力,还由于受到消极防御战略的影响",而且 20 世纪"30 年代英国文武高级官员的大多数充满了失败主义情绪"。① 拿所谓的民意不支持重整军备做挡箭牌,只能证明他们理屈词穷。

美国记者沃尔特·李普曼(Walter Lippman)曾言:"英美两国和平主义者的说教和活动是第二次世界大战的根源。他们导致本国军备建设落后于德国和日本。他们促生了绥靖政策。"②此论若正确,其前提必须是和平团体能对两国政府财政、战略、经济、外交和政治等方面的决策产生重大影响。更简单地讲,它们必须能在很大程度上左右两国政府的决策精英,但事实基本相反。要点有三。其一,出于维护和平之手段方面的重大分歧,和平运动是分裂的,不能形成足够的民意压力来使政府改变政策。其二,和平团体之间脆弱的黏合剂是其相似的立场和价值观,公众舆论是它们手中的主要武器;但政府垄断大部分媒体资源,成功地对和平团体实施了舆论压制和利用,即压制和平团体中的"可战派",减少绥靖政策的阻力,利用和平团体中的"弃战派",增加绥靖政策的动力。其三,大众民主在第一次世界大战后虽有快速发展,但英美部分政要倡导的"新外交"并未取代"旧外交";外交决策仍旧是封闭和排外的,而且和平团体所拉拢的政府内部人士,难以进入核心决策层。

① 齐世荣:《齐世荣史学文集》,人民出版社 2002 年版,第 3、10、14、15 页。
② Gregory C.Kennedy, "Britain's Policy‒Making Elite, The Naval Disarmament Puzzle, And Public Opinion, 1927‒1932", *Albion: A Quarterly Journal Concerned with British Studies*, vol.26, no.4, Winter, 1994, p.641.

第二节　分裂的和平运动

　　从最基本的含义上讲,和平运动是反对战争、维护和平的社会运动。然而,在 20 世纪 20 年代里,在选择何种手段来避免战争或制止战争的问题上,英国和平运动内部一直存在分歧。进入 30 年代后,理念分歧最终分裂了和平运动。组建国际空军和英国重整军备是他们争论的主要议题。自由国际主义者在社会运动中根据环境调整自己的政治态度和策略,但没有放弃国际行为规范化的基本追求。两次世界大战之间,国际环境的变化是巨大的。从第一次世界大战停战到 1936 年 5 月意大利军队占领埃塞俄比亚首都亚的斯亚贝巴,国际社会中调和与稳定的氛围被日渐紧张的氛围取代了。到 30 年代末,国联实际上已经崩溃了。这种恶化的局面很明显给历届英国政府、社会各个阶层带来了尖锐的思想和政治问题。

　　在 20 世纪 20 年代里,自由国际主义散播到了英国公众舆论的主流中,在政治上,获得了工党大部分党员、自由党和保守党的支持。舆论看起来五彩斑斓,党派藩篱被突破,观点出现汇合。因此,以和平为目标的社会运动不反对英国政府。相反,它唤起权力中心的人,并将他们融合进了与民众的互动中。在国际问题上,工党和工会领导人更多相信的是自由国际主义而非马克思主义。1935 年意大利入侵埃塞俄比亚时,一部分支持制裁的保守党人赞成工党倡导的集体安全制度。

　　除了权力核心的这些人,和平组织之间也存在着竞争。一派是和平主义者与信奉社会主义的反战者,如"不再有战运动";另一派是孤立主义者和民族主义者维持的慈善游说团体,如 1894 年末建立的海军联盟和 1934 年建立的帝国政策小组(Imperial Policy Group)。坚定的共产主义者和独立工党党员是左派,与之相对的右派是法西斯主义的倡导者和奥斯瓦德·莫斯利的黑衫军;左派和右派都遭到温和的自由国际主义中间派的戒备。但这些派别之间相互渗透,例如丘吉尔就能够从国联的反对者变成支持者。

根据战争观方面的差别,我们大致可以将他们区分开来。第一次世界大战后,很多有识之士坚持探讨新观念、寻找新途径,以期新的国际关系更加和平、公开、有序与民主。《国联盟约》即是明证,其原则亦被英国普通民众广为接受。为了维护这些原则和集体安全制度,在最后关头,他们甚至会支持强力制裁和反侵略战争,是谓"可战派"。与之相对,有数量可观的英国民众仍然信奉更为古老的和平主义,即基于宗教和伦理等方面的考虑,在任何情况下都谴责和反对战争,而不考虑战争的性质和目的。在危机和冲突面前,他们放弃制裁和反击,过于强调合作的重要性,以致不断妥协退让,可谓"弃战派"。鉴于"可战派"并未完全弃绝制裁和反击,笔者认为学界在探讨 20 世纪 30 年代英国绥靖政策的民意基础时,把"和平主义者"的标签贴在"弃战派"的身上更合适。

从 1924 年鲁尔危机结束到 1929 年经济大危机发生的这段时间里,两派之间的观念分歧之所以潜而不显,不仅是因为英国还在进一步恢复和重建,还由于凡尔赛体系历经调整,欧洲局势更趋稳定。此外,浓厚的乐观氛围使和平主义者更加相信舆论的威力。他们认为只要有足够多的选民通过各种渠道表达出维护和平的呼声,在自诩为民主典范的英国,就不会有哪个政党或哪届政府敢逆民意而动;类似地,在国际社会里,只要有足够多的国家反对战争,舆论压力就足以吓退潜在的侵略者。两派共同加入第一次世界大战后英国最大的和平组织——国联协会,彼此间的忠诚感与日俱增,理念上的分歧看起来也就无关紧要了。

然而,经济大危机发生后,国际局势由萧条、冲突转向战争。九一八事变、意埃战争、德军重占莱茵兰和西班牙内战等一系列事件污损了国联声誉,破坏了欧洲和平,也使得英国和平主义者之间的分歧加深并且表面化了。针对海外危机事件,它们的反应如此不同,以致再也不可能联合起来。1936 年,剑桥有 18 个和平团体，伯明翰有 40 个，相互争夺会员、资金和听众。①

"可战派"和"弃战派"之间的争吵主要集中在那些与制裁、集体安全相关的问题上。是像过去那样，让国联仅仅且继续充当国际合作和谈判的平台？还是在国际舆论之外，让国联拥有更多执行工具，比如强力制裁和国际空军，从而真正成为维护世界和平的国际组织？换句话讲，国联的性质和功能是两派之间分歧的主要根源。

国联在九一八事变后的软弱表现和内在缺陷让很多曾经对公众舆论寄予厚望的人逐渐清醒过来。反击战争制造者必须使用物质力量，包括最后使用军事力量的观点自此在他们心中扎根。转变的信号之一是从 1935 年到 1937 年，工党慢慢改变了立场。在厄内斯特·贝文（Ernest Bevin）和休·道尔顿（Hugh Dalton）的影响下，工党大会明显支持集体安全。这意味着国联针对侵略要实施制裁。于是，工党里的"弃战派"领导人乔治·兰斯伯里辞去了工党职务。

1936 年 5 月，国联协会的主要领导人塞西尔在给安东尼·艾登的信中写道："作为个人，我收起所有幻想，即可以依靠世界舆论的责难、呼吁及其影响力来维持世界和平。这种影响力在国际事务中是强大的，却没能阻止哪怕一场战争。因为是否开战的决定权握在强国手里……如果我们还想公平地考验一下维护和平的新制度……我们必须准备好牺牲。"②他所谓"维护和平的新制度"指的是国联的集体安全制度，而为此"准备好牺牲"意味着参与共同抗击侵略者的战争。1937 年 10 月 12 日，在国联协会全体会员大会上，塞西尔说："除非在你们的抱怨和决心背后有某种强制性的力量，我不相信你们能成功恢复世界的宁静……除非是国际法裁决的结果，我们得到的就不会是和平。

---

① J.A.Thompson,"Lord Cecil and the Pacifists in the League of Nations Union",*The Historical Journal*,vol.20,no.4,Dec.,1977,p.951.

② J.A.Thompson,"Lord Cecil and the Pacifists in the League of Nations Union",*The Historical Journal*,vol.20,no.4,Dec.,1977,p.955.

除非有某些力量可以作为最后的手段来维持它,我们拥有的法律就不值得拥有。维护和平需要执行国际法,而国际法需要切实的制裁力量来支撑。"①在他眼中,"切实的制裁力量"除了国联成员国的武装力量外,还包括国联应当拥有的国际空军。

其实,早在1922年时,塞西尔就有组建国际空军的打算。当20世纪30年代初世界裁军大会屡陷僵局时,相近的主张亦被更多英国人所倡导,甚至连保守党党魁鲍德温也认为:天空如此广阔,"敌军的轰炸机总能突破防线",普遍裁军不能使英国城市免遭灾难性的空中轰炸。他还以赞赏的语气说:"全世界的空军都应解散,民用航空应置于国际社会的共管之下。"②德国和日本在1933年初相继退出国联后,英国工党领导人艾德礼曾言:"如果法西斯国家愿意待在国联之外,那就待在外边吧。但国联必须有足够强大的军队来抗击任何侵略企图。"③

作为国联协会的创建者之一、自由党议员和慈善家,大卫·戴维斯在1932年成立"新联盟"来推动国联拥有自己的武装力量。"新联盟"的出版物几乎完全专注于国际空军问题。1934年,布鲁塞尔举行"保卫和平国际大会"时,"新联盟"曾向大会提交了一个建立国际空军的详细方案。在20世纪30年代里,英国出现了大量关于组建国际空军的计划。其中,影响最大的或许是诺埃尔—贝克于1934年提出的构想。他不仅是英国工党的重要领导人之一,还曾和塞西尔一道致力于创建国联。在名为《挑战死亡》的文集里,他提议建立国际空军警察部队,"由国际权威机构国联招募、组建、装备、训练和提供薪水,并完全效忠于国联"。此外,诺埃尔—贝克还详细规划了国际空军警察部

---

①　*Headway*,vol.19,no.11,p.212.

②　Brett Holman,"World Police for World Peace:British Internationalism and the Threat of a Knock-out Blow from the Air,1919-1945",*War In History*,vol.17,no.3,Jun.,2010,p.314.

③　Waqar H.Zaidi,"Aviation Will Either Destroy or Save Our Civilization:Proposals for the International Control of Aviation,1920-1945",*Journal of Contemporary History*,vol.46,no.1,Jan.,2011,p.163.

队的主要活动区域,指挥官的选任,飞行员的招募、薪水和退休金等事项。①

显而易见,组建国际空军的各种主张不仅表明人们对空袭的过度恐惧,还反映出不少民众对集体安全制度的支持。1933 年的工党年会通过了第一份呼吁组建国际警察部队的决议。英国军事思想家和历史学家利德尔·哈特在1935 年也开始支持组建国际部队,并用现代化的机器设备武装起来。1936 年时工党重申了自己在上年大选时的承诺,把推动国际社会共管空军作为本党外交政策的核心内容之一。更多民众对组建国际空军的热情被激发了出来。在 1938 年的巴黎和平集会上,大卫·戴维斯、诺埃尔—贝克和法国政治家皮埃尔·科特甚至要组建一支志愿军,与日本空军作战,以保护中国大城市免遭空袭。

不过,反对组建国际空军的英国人也不在少数。保守党政要奥斯汀·张伯伦认为国际空军会改变国联的性质。② 作为英国著名的女权主义者和"弃战派",海伦娜·斯旺维克甚至认为国际空军的存在将危害和平,因为可预见的军事制裁或许会让侵略者狗急跳墙,先发制人。③ 国联协会执行委员狄金森勋爵、帕默夫人和蔻特妮(K.D.Courtney)女士领导协会内的"弃战派",从根本上反对组建国际空军的想法。对此,有会员向塞西尔提议:以不支持集体安全为由,将所有"弃战派"从协会里清除出去。由于担心这样做会使"和平主义者"疏远国联协会,进而削弱协会的动员能力,塞西尔没有答应,但"可战派"和"弃战派"之间的分歧已然加深。当意识到集体安全制度对侵略者施加的制裁可能带来战争时,一些和平主义者开始离开国联协会。

在 20 世纪 30 年代后期英国所有的和平组织中,扩张最快的或许是和平

---

① Brett Holman, "World Police for World Peace: British Internationalism and the Threat of a Knock-out Blow from the Air, 1919-1945", *War In History*, vol.17, no.3, Jun., 2010, p.322.

② J.A.Thompson, "Lord Cecil and the Pacifists in the League of Nations Union", *The Historical Journal*, vol.20, no.4, Dec., 1977, p.956.

③ Brett Holman, "World Police for World Peace: British Internationalism and the Threat of a Knock-out Blow from the Air, 1919-1945", *War In History*, vol.17, no.3, Jun., 2010, p.328.

誓约联盟。作为"弃战派"的代表,它的创始者是安立甘教牧师迪克·谢泼德。1936 年 5 月 22 日,和平誓约联盟举行了第一次集会。1937 年,它已经从 12 万人那里获得了不参加未来战争的保证。到 1939 年时,它的会员已经增长到 13 万人,地方分会在理论上有 1150 个。①

　　讨论国际问题时,和平誓约联盟的出发点不是具体的外交政策或国际事件,而是神圣的、必须谴责战争的原则。在它的机关报《和平新闻》上,多数尖锐的批评都指向国联的集体安全制度,指责这种制度既不道德,也不实用。"所谓的不道德,是因为集体安全不过是战争的委婉说法。所谓的不实用,是因为在这个空战主导战争和到处都是心胸狭隘的民族的时代里,任何基于利他原则而进行的真诚合作都不可能发生。"②它甚至反对经济制裁,其理由是经济制裁会带来饥荒,受害者是那些无辜的人,而富人和有权势的人很少挨饿。它希望加强国联在道义上的威信,但强烈反对国联拥有进行制裁的物质力量。它认为国联的任务主要是防止战争爆发,而非在战争爆发后惩罚肇事者。

　　1936 年西班牙内战爆发后,和平誓约联盟的重要资助者庞森比勋爵公开支持英国政府的不干涉政策。为了钳制那些支持西班牙共和国的言论,《和平新闻》警告道:"即使西班牙共和国赢得了军事胜利,它也不过是武力的胜利者,而非正义的胜利者;无论是西班牙共和国还是佛朗哥叛军取得胜利,强加的和平对未来都是有害的。"③和平誓约联盟很清楚意大利和德国对西班牙内战的粗暴干涉和对叛军的支持,但它仍视西班牙共和国的反击为"非正义"。

---

① David C.Lukowitz,"British Pacifists and Appeasement:The Peace Pledge Union",*Journal of Contemporary History*,vol.9,no.1,Jan.,1974,p.116.

② David C.Lukowitz,"British Pacifists and Appeasement:The Peace Pledge Union",*Journal of Contemporary History*,vol.9,no.1,Jan.,1974,p.119.

③ David C.Lukowitz,"British Pacifists and Appeasement:The Peace Pledge Union",*Journal of Contemporary History*,vol.9,no.1,Jan.,1974,p.120.

英国裁军运动与国际联盟协会的社会动员（1919—1939）

在 20 世纪 30 年代后期,正是这种"强加的和平对未来都是有害的"言论为英国政府的绥靖政策提供了所谓的民意基础。"弃战派"的言行正应了美国学者肖特威尔(Shotwell)教授对和平运动的评论:"没有和平主义者的和平运动是荒谬的,只有和平主义者的和平运动却永远实现不了目标。"①为了和平,"可战派"早已转向实践集体安全制度,并依靠物质力量,而"弃战派"仍反对制裁,谴责正义战争,迷信道义的力量,且逐渐与英国政府的绥靖政策合流。

除了国际空军问题,两派的分歧还体现在英国重整军备问题上。围绕这个问题的争执始于 1935 年,集中体现在国联协会内部。是年 3 月,英国发布国防政策白皮书,开始重整军备。对此,国联协会里的"弃战派"抱敌视态度。意大利侵略埃塞俄比亚的战争爆发后,在国联协会领导层中的"可战派"已认识到:要尽快抛弃不合时宜的裁军宣传;因为若想使集体安全制度有实际意义,若想使国际法无论对强国还是对弱国都能被执行,在意大利和德国已在扩军备战的情况下,国联与爱好和平的国家也必须拥有足够强大的反击手段。他们试图把"弃战派"的态度扭向支持英国重整军备,却发现后者不愿看到国联变成制裁侵略者的工具,不愿看到英国卷入战争。1936 年夏,塞西尔曾向莫雷坦承"过去应该让更多人明白制裁可能带来战争"②。

国联协会的很多普通会员和下属的青年团体怀疑英国扩军的动机是为了参战。1936 年 12 月,国联协会召开总理事会会议,执委会提出了一份决议草案,准备承认重整军备的必要性,但遭到了"弃战派"的强烈批评。1937 年 1 月,国联协会地方分会里的"弃战派"又通过了很多煽动性的决议,反对重整军备。6 月,总理事会通过了一项政策声明:赞成重整军备,但坚持认为全面的军备限制是长久和平的条件。这项自相矛盾的声明清楚地表明国联协会已

---

① Charles Chatfield, *For Peace and Justice : Pacifism in America , 1914–1941*, Knoxville : University of Tennessee Press, 1971, p.265.

② Donald S.Birn, "The League of Nations Union and Collective Security", *Journal of Contemporary History*, vol.9, no.3, Jul., 1974, p.139.

陷于分裂。此时,"不干涉"和"不再战"已成英国政府的口号。和平运动中的"弃战派"不再相信国联协会代表和平事业,纷纷退会,开始公开支持英国政府的绥靖政策。

第三节　受控的公众舆论

管控和塑造公众舆论的办法早在第一次世界大战中就被广泛使用了,并被冠以"宣传"(Propaganda)的恶名。第一次世界大战后,公开外交一时成为风尚,英国不少政治家认为精英外交过时了,必须重视公众舆论对外交活动的影响。除了1914年成立的外交部新闻局(Foreign Office News Department)保留了下来,战时的很多宣传机构都被解散了。他们鼓励那些更为巧妙的、能影响公众态度的办法,如让私人公司路透社(British Reuters Agency)充当政府的舆论渠道,又如在1922年组建英国广播公司(British Broadcast Company)。

新传播技术的应用使公众舆论更容易被管控和塑造。1925年12月,著名的社会学家、经济学家和费边社的主要创建者韦伯夫人(Beatrice Webb)曾在日记里写道:"过去两年至今,在我看来,最重大的事情是无线电的普及和英国广播公司对百姓生活产生的巨大影响。从某些方面看,无线电广播的影响比文字的影响大很多,因为广播有让人吃惊的选择性,并且处于精心的控制之下。"为了避免劣币驱逐良币的"格莱钦定律"为害无线广播,韦伯夫人主张"这种新力量必须而且有必要被垄断起来"。不过,她担心"旨在使舆论和文化保持强制性一致的广播管理机构可能变得非常恐怖"[1]。她担心的事情很快变成了现实。

20世纪30年代,英国政府或主动或被动地逐渐强化了自己对公众舆论的影响力。1935年是典型的一年。先是国联协会用"和平投票"向政府施压,

---

[1]　Norman and Jeanne MacKenzie, *The Diaries of Beatrice Webb*, London: Little, Brown and Company, 2000, p.443.

接着是保守党违心地迎合公众舆论后赢得大选，然后是外交大臣霍尔在举国汹汹的舆论浪潮中被迫辞职。看起来，公众舆论已经能够有力地影响英国政府的外交政策了。

然而，公众舆论在大多数情况下都只是部分公众的看法。这部分公众的数量有时候多，有时候少，但很少是全体公众。和平组织与政党所要做的事情就是：让自己所代表的部分公众看法以全体公众看法的面貌呈现出来，借此可以宣称所采取的行动或政策是顺乎民意的。能否塑造有利于自己的公众舆论是成败的关键，而公众舆论的可塑性也正是来自它的分散性和速变性特点。所谓分散性是指在同一个议题上的观点差异和各抒己见，因此和平组织与政党都需要寻找和制造共识。所谓速变性是指在众多议题上的观念转变和兴趣转移，其变动有时相当迅速，所以能被和平组织和政党塑造和引导。虽然表达看法的自由一直被英国人所珍视，但 E.H.卡尔在 1939 年写道："现在的问题已经不再是人们是否享有表达意见的政治自由。对于广大民众来说，现在的问题是，面对由各种既得利益集团控制的宣传工具，除了屈从于这类势力的影响之外，舆论是否还有任何真正的意义。"①

争相塑造和利用公众舆论是现代民主国家里的常态。但与英国政府相比，和平组织的劣势非常明显。受资金和社会资源限制，和平组织的主要手段是举行公众集会、在报纸上发表文章和发行各式各样的出版物。不过，公众集会不可能每天都举行，受主办方、演讲者、天气、场地和交通的影响比较大，而且公众集会能否引起更多公众的注意关键在于全国性媒体是否报道和如何报道。在报纸上发表文章自然会受到报社的诸多限制，而连续出版物的发行数量总是比较小，无法与全国性报纸比肩。大选之年倒是给和平组织提供了难得的机会，但像国联协会这样的组织不愿涉足党派纷争。和平组织能教育和动员选民，但选民们用选票表达意愿的机会每过几年才有一次。此外，和平组

---

① 爱德华·卡尔：《20 年危机（1919—1939）》，秦亚青译，世界知识出版社 2005 年版，第 122 页。

织利用议员在议会表达诉求时,议员时常会受到党纪约束。

1936 年 7 月爆发的西班牙内战使国联协会陷于更深的分裂之中。领导层的犹豫不决激怒了很多同情西班牙共和国的普通会员。执委会的重要成员诺埃尔—贝克从内战爆发之初就反对佛朗哥叛军及其英国辩护者,但协会的其他领导人非常谨慎,不愿表态。塞西尔的第一反应竟然是认为国联和国联协会不应卷入。他们之所以这样做,一是为了避免那些同情佛朗哥叛军的天主教徒脱离协会;二是为了和英国政府的不干涉政策保持一致,正如莫雷在1936 年 11 月向外交大臣艾登表示的那样。

然而,国联协会下属的全国青年委员会(National Youth Committee)派人到西班牙实地调查情况后,不仅希望国联协会能代表西班牙共和国政府向英国政府提出允许购买武器的请求,而且呼吁国联按照《国联盟约》第 11 款采取行动。国联协会领导层终于在 1937 年 1 月提议把西班牙问题提交国联,但支持国联禁止武器和志愿者进入西班牙。这种保守的转变显然不能让全国青年委员会满意。它先是通过决议,要求撤出"所有支持西班牙叛军的德国和意大利军队",随后又呼吁撤出所有在西班牙领土上的军队。[1] 1937 年余下的时间里,国联协会领导层没有再向前迈一步。全国青年委员会更加不满了。12 月,它联合 281 个青年团体,公开批评国联协会是"一个中年人的和中产阶级的组织";其最大的失误是不愿采取任何政策,"哪怕是一项能和左派组织团结起来的政策";所以,"工人阶级和年轻人……感觉到在协会里已没有自己的位置了"。[2]

这些批评表明国联协会的动员能力正在下降,会员正在流失,领导层放弃了在西班牙内战问题上塑造公众舆论的努力。颇具讽刺意味的是,连一贯重视公众舆论的塞西尔也不为所动。因为在 1938 年夏,他关注的焦点在中欧地

---

[1]　Donald S. Birn, *The League of Nations Union*, *1918-1945*, Oxford: Clarendon Press, 1981, p.186.

[2]　*Headway*, vol.19, no.11, Nov., 1937, p.3.

区,担心英国由于西班牙战事而落入希特勒的圈套。塞西尔同意丘吉尔的看法,即西班牙内战只是个插曲,为的是把英国和法国的注意力从德国的侵略上转移开。不过,这样做的后果很严重。在 1938 年 6 月的总理事会上,普通会员对协会领导层的不满达到了顶峰。塞西尔表示同情西班牙共和国的处境,自己唯一的兴趣是重建西班牙国内的和平。但他认为,无论哪一方取得内战的胜利,都不会解决任何问题,因为胜利只会带来新的屠杀。这个演讲激怒了很多与会代表。一位女士当面反驳塞西尔,认为和平必须建立在正义的基础上,有利于佛朗哥的停火条件不会带来和平。她的发言赢得了热烈的掌声。总理事会最后通过了一个折中性的决议,呼吁西班牙境内立即休战,撤出所有外国军队和专家,立即承认西班牙共和国政府拥有进口武器的权利以自卫。[①]即便能产生效果,这个决议来得也太晚了。1938 年 7 月,各国达成撤出一切外国军事人员的协议。不久,"国际纵队"完全撤出,而德、意两国拖延撤军。1939 年 2 月 9 日,西班牙共和国政府迁往法国。2 月 27 日,英法承认了佛朗哥政权。

国联协会是此间英国公众舆论分裂的缩影,即大部分英国人同情和支持西班牙共和国政府,但社会精英拖了公众的后腿,从而在客观上帮助了佛朗哥叛军。1937 年 1 月,英国舆情所(British Institute of Public Opinion)在国内的调查显示:14%的受访者把佛朗哥叛军政权视为合法,86%的受访者持反对意见。1938 年 3 月和 10 月的调查显示:57%的受访者支持西班牙共和国,仅有7%的受访者支持佛朗哥。到 1939 年 1 月,西班牙共和国的巴塞罗那政府在受访者中依然有 71%的支持率,叛军政府只有 10%。西班牙共和国的高支持率还反映在人道援助的数量上:截至 1938 年中期,在英国国内,支持西班牙共和国的组织募集了 31.73 万英镑,支持佛朗哥叛军的组织只募集了约 2.4 万英镑。有 2500 名英国志愿者参加国际纵队为西班牙共和国而战,对比之下,

---

① *Headway*, vol.20, no.7, Jul., 1938, pp.130–132.

只有十几个英国人在为佛朗哥卖命。[1]

与国联协会领导层放弃塑造公众舆论的情况相反,英国政府处心积虑地压制公众舆论,以便推行不干涉政策。英国宪政制度赋予执政党的选举优势能轻易地转化为舆论的影响力。自1936年秋天起,英国公众越来越强烈地质疑不干涉政策。但与此同时,保守党中央办公室对造反议员施加了巨大压力,威胁说要撤回党鞭、鼓励选区挑选新的候选人。一直批评张伯伦外交政策的阿索尔公爵夫人(Duchess of Atholl)放弃议席,参加了1938年12月的补缺选举。她被冠以战争贩子的污名,最终被保守党中央办公室挑选的候选人击败。[2] 在1938年10月和11月举行的7场补缺选举中,只有达特福德(Dartford)选区和布里奇沃特(Bridgewater)选区的保守党候选人败在了外交政策的议题上。[3] 值得强调的是,赢得布里奇沃特选区席位的福隆·巴特莱特(Vernon Bartlett)是一位独立候选人。但在1938年所有补缺选举中,总共4位候选人主张西班牙共和国有权购买武器,只有他一人赢得了选举。[4] 不难看出,执掌权柄的保守党牢牢地控制着补缺选区的舆论方向。

在20世纪30年代,报纸仍是公众获取信息最重要的来源。它既能报道新闻事件,又能提供分析评论。读者常常给报纸编辑部写信,报纸会有选择地刊登读者来信。英国的政治精英们也普遍认为报纸能让自己触摸到公众舆论的脉搏。在这些方面,新闻短片和广播作为新生事物,发挥的作用尚赶不上报纸。无论明确与否,多数报纸都有自己的政治立场。它们也各自培养了相对固定的读者群。在全国性报纸中,只有发行量在100份左右的自由党《新闻

---

①　Hugo García, *The Truth about Spain：Mobilizing British Public Opinion*, *1936-1939*, Toronto：Sussex Academic Press, 2010, p.203.

②　Martin Pugh, *State and Society：British Political and Social History*, *1870-1992*, London：Edward Arnold, 1999, p.211.

③　Roger Eatwell, "Munich, Public Opinion and Popular Front", *Journal of Contemporary History*, vol.6, no.4, Oct., 1971, p.124.

④　Hugo García, *The Truth about Spain：Mobilizing British Public Opinion*, *1936-1939*, Toronto：Sussex Academic Press, 2010, p.203.

纪事》（*News Chronicle*）、约 500 万份的《雷诺消息》（*Reynold's News*）和约 100
万份的共产主义者媒体《每日工人》（*Daily Worker*）支持西班牙共和国政府,一
直主张采取合适的军事干预手段。《每日先驱报》是工党的半官方喉舌,发行
量超过 200 万份,始终视中立政策为最后和最坏的选择;直到 1937 年秋天工
党通过决议、反对张伯伦的政策时,它才改变立场。工党通过类似的决议后不
久,代表自由派观点的《曼彻斯特卫报》才在 1938 年春天改变论调,但其发行
量只有 5 万份左右。

与此同时,保守党领导下的英国政府一直得到下述报纸的全力支持,如发
行量超过 200 万份的《每日快报》、150 万份的《每日邮报》、80 万份的《每日简
报》（*Daily Sketch*）、接近 80 万份的《晚报》（*Evening News*）和约 40 万份的《标
准晚报》（*Evening Standard*）。还有不少精英青睐的报纸也支持英国政府,如
发行量约 60 万份的《每日电讯》（*Daily Telegraph*）、约 27 万份的《星期日泰晤
士报》（*Sunday Times*）、20 万份的《观察家报》和约 20 万份的《泰晤士报》。确
实,没有哪家报纸主张英国政府采取军事行动来支持佛朗哥。1936 年 8 月
初,《每日邮报》曾试探公众情绪,但很快又退到不惜一切代价维护和平的立
场上。在西班牙内战问题上,英国媒体明显比公众保守。在其他媒体领域,一
致性更强。半数英国家庭收听的英国广播公司和每周约 2000 万人观看的新
闻短片都支持英国政府的不干涉政策。①

英国政府对报纸的影响来自两个最为重要的部门:唐宁街 10 号和外交
部。尼维尔·张伯伦被称为"大规模实施新闻管理的第一位首相"。除了经
常与来游说的记者们在圣史蒂芬俱乐部共进午餐外,张伯伦与报纸主编和经
营者都维持着良好的关系。首相新闻办公室由乔治·斯图亚特（George Stew-
ard）负责。保守党研究部（Conservative Research Department）由约瑟夫·鲍尔
（Joseph Ball）负责,他与首相密切协作,撰写文章支持首相的外交政策。在外

---

① Hugo García, *The Truth about Spain*：*Mobilizing British Public Opinion*，*1936–1939*，Toronto：
Sussex Academic Press，2010，p.204.

交部里,与媒体打交道的是瑞克斯·利珀(Rex Leeper)负责的新闻局,其功能"不仅仅是提供每日新闻,还要教育不同公众团体与政府奉行的外交政策保持一致"①。

这些精心控制旨在把绥靖政策的精神溶解到公众中间;涉及重大国际时事时,使大部分报纸和媒体能够自我审查。英国政府竭尽所能把西班牙内战的媒体影响消弭于无声。尽管佛朗哥叛军的空袭造成了伤亡,记者拍摄的相关照片被英国报纸审查掉了。直到1937年初,英国主要的新闻短片公司都不承认多种外国势力参与了西班牙内战;随后这个事实被提起时,它们又总是回避对英国造成的影响。在国际纵队中战斗的英国人被描绘成受雇于西班牙共和国政府的筑路工人。1937年夏天,意大利袭击了那些与西班牙共和国有贸易往来的英国商船,这被报道成"身份不明的潜艇"所为。

操纵舆论的责任要落在英国政府身上,因为它正处在法西斯政权(尤其是德国)的强大压力之下。德国要求阻止任何可能激发英国人好战情绪的消息的传播。1937年11月,戈培尔向访问柏林的哈利法克斯勋爵(Lord Halifax)抗议"英国报纸对希特勒的攻击和英国驻柏林记者所撰写的不友好报道"。哈利法克斯承诺"将尽自己所能确保英国报纸的合作"。回国后,除了向报社施压,他还要求英国广播公司"要牢记希特勒和墨索里尼的极端敏感"。②

虽然伦敦并非总是顺从柏林的压力,但对政府友好的英国媒体仍旧倾向于冷眼旁观西班牙内战。凯特·梅甘(Kate Mangan)曾是外国媒体办公室(Foreign Press Office)驻西班牙瓦伦西亚(Valencia)的官员。在西班牙内战结束后,她客观地回顾了英国政府的行为:"少数人不顾公众舆论和外国政府的

---

①　Anthony Adamthwaite, "The British Government and the Media, 1937-1938", *Journal of Contemporary History*, vol.18, no.2 , Apr., 1983, p.282.

②　Anthony Adamthwaite, "The British Government and the Media, 1937-1938", *Journal of Contemporary History*, vol.18, no.2 , Apr., 1983, pp.283-285.

意见,操纵着关于战争、和平和商业的议题。他们做出决定后,就会开展公关和宣传活动,使民众接受这些决定。"①

1938 年 2 月 21 日,艾登辞去外交大臣职位,克兰伯恩勋爵也离开了外交部。英国内阁出现危机。韦伯夫人在 2 月 23 日的日记中写道:这次危机"给人的总体印象是顽固、平庸、心胸狭隘的资产阶级首相决意置身战争之外,尽力维护英帝国的利益。虽然没有道明,但内阁在事实上加入《反共产国际协定》,以便有效地孤立苏联,败坏其声誉,从而制止共产主义在欧洲和亚洲的传播"②。考虑到国内外反应,英国政府"采取一切可能的措施确保伦敦报纸站在政府一边,那天晚上英国广播公司被要求不能对德国和意大利的事务说一个字"③。派拉蒙(Paramount)新闻短片公司邀请工党领导人艾德礼就艾登辞职事件发表评论。但没过几个小时,它就被命令删除相关短片。韦伯夫人的日记也证实了此间英国政府管控媒体的效果:"尽管有不少才俊和理想主义者反对他,如劳合·乔治、丘吉尔、塞西尔,知识分子如哈罗德·尼科尔森、布斯比(Boothby),以及工党和自由党,但张伯伦会成功地使公众舆论站在了他那一边。"④

艾登辞职给了国联协会新机会。全国各地分会都举行了抗议集会。2 月 22 日,执委会召开紧急会议,认为他们被牺牲掉是"因为某些外国政府的敌意,而这种敌意很大程度上源自这些大臣对国联及其原则的支持"⑤。但实际上,诱发艾登辞职的具体原因是:在英意两国何时就撤出西班牙战场上的外国

---

① Hugo García, *The Truth about Spain: Mobilizing British Public Opinion, 1936-1939*, Toronto: Sussex Academic Press, 2010, p.229.

② Norman and Jeanne MacKenzie, *The Diaries of Beatrice Webb*, London: Little, Brown and Company, 2000, p.555.

③ Anthony Adamthwaite, "The British Government and the Media, 1937-1938", *Journal of Contemporary History*, vol.18, no.2, Apr., 1983, p.284.

④ Norman and Jeanne MacKenzie, *The Diaries of Beatrice Webb*, London: Little, Brown and Company, 2000, pp.555-556.

⑤ *Headway*, vol.20, no.3, Mar., 1938, p.41.

志愿者而磋商的问题上,他不同意张伯伦的意见。当然,在外交政策上,两人龃龉已久,但关于国联的政策不是主要分歧所在。

不过,国联协会领导层借机抨击绥靖政策时,艾登辞职的真正原因是什么并不重要。《前进》评论道:前任首相鲍德温对集体安全政策做出过承诺,借此上台的新政府若另行他策,必将声誉扫地;若国联陷入险境,国联协会必会全力拯救,甚至反对首相。① 来自30个地方分会的领导人和会员要求把张伯伦的名字从荣誉主席的名单中剔除,还有会员在集会上公开要求张伯伦辞去首相职务。从1938年10月开始,新版《前进》开始发行,为集体安全制度造势。丘吉尔、利德尔·哈特、哈罗德·尼科尔森等人成为撰稿者。然而,到1939年3月,《前进》的发行量已经跌至8000份,②并未达到他们期望的社会影响。

欧洲局势越来越动荡,迫使国联协会更加明确地倡导集体安全制度。西班牙内战爆发时,《前进》还曾言"和平的敌人不是德国、意大利、日本,也不是俄国,而是国际社会的无政府状态"③。但随着德国更加大胆地挑战凡尔赛体系,模糊的表态已不合时宜。1938年初,塞西尔和莫雷开始疏远亲德人士,如菲利普·亨利—卡尔④(Philip Henry Kerr)。国联协会领导层越来越多地谈论军事问题。在诺埃尔—贝克的建议下,执委会建立专门委员会研究国联成员国和非成员国的力量对比,吸纳包括利德尔·哈特在内的很多军方人士。他们要回击英国社会弥漫的失败情绪,清除绥靖政策的思想根源。

---

① *Headway*, vol.20, no.3, Mar., 1938, pp.42-44.

② Donald S. Birn, *The League of Nations Union, 1918-1945*, Oxford: Clarendon Press, 1981, p.190.

③ *Headway*, vol.18, no.11, Nov., 1936, p.205.

④ 菲利普·卡尔,生于1882年,卒于1940年,第11任洛西恩侯爵(The Eleventh Marquess of Lothian);关于英帝国事务和国际关系,他曾写出很多论著。从1939年9月至1940年12月,他是英国驻美国大使,帮助丘吉尔和罗斯福加强两国关系。但在30年代,他带头鼓吹英国向德国让步。

英国裁军运动与国际联盟协会的社会动员(1919—1939)

当希特勒在 1938 年 2 月展开针对奥地利的行动时,国联协会呼吁英国政府给予外交援助。它提醒英国民众认清希特勒的"新侵略手段"——把制造的事端作为入侵的借口,而且这种手段将来有可能用于丹麦、荷兰、比利时和波兰。3 月,塞西尔试图迫使新任外交大臣哈利法克斯澄清英国对奥地利的政策,未果。① 于是,国联协会强调必须确保奥地利的独立,赞扬奥地利总理许士尼格 3 月 9 日作出的全民公投决定。

然而,这些努力是徒劳的,因为英国政府早已放弃奥地利。早在 1937 年 11 月,时任枢密大臣的哈利法克斯在拜会希特勒时就曾明确表示"凡尔赛强制条约的错误必须加以纠正",欧洲秩序的变更问题,亦即但泽、奥地利和捷克斯洛伐克问题,迟早定会发生,英国所关心的只是"这些变更必须通过和平演变来实现"。② 德国军队于 1938 年 3 月 12 日全线开进,次日完成合并。3 月 24 日,塞西尔在《每日电讯报》上愤怒地质问张伯伦是否仍然"坚持认为使用物质性力量是不切实际的,国联是否仍然拒绝采取'制裁'行动,仅仅乞灵于道德力量"③。

历史总让人品出讽刺意味。在 20 世纪 20 年代的和平时期,塞西尔强调公众舆论和道义的力量,但英国政府以国力不足、无法承担广泛的国际义务为由,不愿增强国联的力量。当 30 年代危机频发时,塞西尔强调物质力量的重要性,英国政府却以受控的公众舆论为借口,不去援助受到侵略的国家! 如果说在西班牙内战期间,英国政府对待公众舆论的做法主要是压制,那么在德国吞并奥地利的过程中,它的主要手段是捏造!

在奥地利危机期间,外交大臣哈利法克斯采取了他自己称之为"不同寻常的措施"。他召集各大报纸的老板和记者开会,要求他们"避免激怒德国和

---

① *Headway*, vol.20, no.4, Apr., 1938, p.62.

② 吴于廑、齐世荣主编:《世界史·现代史编》上卷,高等教育出版社 1994 年版,第 327 页。

③ 爱德华·卡尔:《20 年危机(1919—1939)》,秦亚青译,世界知识出版社 2005 年版,第 36 页。

意大利",以免"严重阻碍英国政府为达成协定所做的努力"。① 首相张伯伦
与《泰晤士报》主编道森保持着极为亲密和经常的联系,制造支持英德妥协的
声势,同时精心删改、歪曲,甚至扣压驻外记者发回的报道,尤其是驻柏林记者
艾巴特的稿件,以免报上出现任何刺激德国的内容。希特勒吞并奥地利后,
《泰晤士报》以公众舆论的代表自居,连篇累牍地发表文章,为英国政府辩护:
英国政府不会违背大多数英国人的共同看法,即奥地利"注定迟早发现自己
同德意志帝国处于紧密联系之中",如果这一合并"通过增进信任和相互友好
而自然发展","采用正当而合法的手段加以实现……英国舆论本来无论如何
也不会提出批评"。②

　　真实情况是批评意见大量存在,只是"不能"被提出来! 在英国广播公司
的"和平之路"节目中,涉及希特勒和墨索里尼的政策时,工党议员乔塞亚·
韦奇伍德(Josiah Wedgwood)用了"迫害、好战和暴虐"的字眼,并且拒绝删除。
于是,他所参与的播音就被取消了。但 1938 年 3 月 23 日,当张伯伦在下院被
问到"自 2 月 21 日后,是否曾做出过任何指示、要求或建议,直接的或间接的,
去压制或修正关于政府外交政策的新闻或评论"时,他的回答是:"从未试图
通过指示、要求或建议去阻止媒体表达它们经过思考的观点!"③这明显是
谎言!

　　1938 年初,大多数英国人反对政府的外交政策。英国公共舆论所进行了
3 次民意调查。2 月份的调查结果为:"你认为艾登先生辞职对吗? 对:71%;
不对:19%;不知道:10%";"你赞成张伯伦先生的外交政策吗? 赞成:26%;不
赞成:58%;不知道:16%"。在 3 月份的调查中,"如果德国像对待奥地利那样

---

① Anthony Adamthwaite, "The British Government and the Media, 1937–1938", *Journal of Contemporary History*, vol.18, no.2, Apr., 1983, p.285.

② 齐世荣主编:《绥靖政策研究》,首都师范大学出版社 1998 年版,第 49 页。

③ Anthony Adamthwaite, "The British Government and the Media, 1937–1938", *Journal of Contemporary History*, vol.18, no.2, Apr., 1983, p.295.

对待捷克斯洛伐克,英国是否应该承诺援助捷克斯洛伐克? 是:33%;否:43%;不知道:24%"。① 希特勒图谋捷克斯洛伐克领土的"五月危机"发生后,张伯伦遇到了更大的舆论阻力。虽然《泰晤士报》《星期日泰晤士报》《观察家报》《快报》(Express)、《每日电讯报》和《邮报》(Mail)继续支持张伯伦,但它们发现压制对绥靖政策的质疑越来越难。《曼彻斯特卫报》和《新闻纪事》已开始反复批评英国政府对希特勒投降了。②

出于对公众舆论变动的强烈忧虑,英国政府对媒体的操纵变本加厉了。1938年夏天,当希特勒针对捷克斯洛伐克的军事部署和外交活动加速进行时,英国多数报纸的腔调仍旧非常乐观。《泰晤士报》不但支持和宣传张伯伦的绥靖政策,而且不时跑到前头,说出官方要说而暂时不敢吐露的话,试探人们的反应,为出卖捷克斯洛伐克大造舆论。③ 这是哈利法克斯和唐宁街10号的杰作。"九月危机"发生后,为了避免希特勒暴躁的情绪变成破坏性的狂怒,为了避免英国民众弄乱英德和解的方案,张伯伦政府对英国广播公司进行了全面审查,甚至儿童广播里关于世界事务的谈话节目也被取消了。9月14日,英国内阁讨论Z计划,即张伯伦会晤希特勒的计划。哈利法克斯指出,"为了确保报纸正确接收关于Z计划的消息,采取相关措施是非常重要的……召集报纸老板和主编们开会是非常必要的。不要再和游说者、外事记者纠缠了"。报纸老板们很配合。9月16日,比弗布鲁克勋爵向内阁建议:"应当指派一位大臣和报纸老板们直接会晤"。于是,内务大臣塞缪尔·霍尔行动起来,每天都和报纸老板们见面。这些措施达到了预期效果。捷克斯洛伐克被贴上了"一个遥远国度……我们对她一无所知"的标签。9月19日,海军第一大臣达夫·库珀记述道,报纸对张伯伦政策

① Anthony Adamthwaite,"The British Government and the Media,1937-1938",*Journal of Contemporary History*,vol.18,no.2,Apr.,1983,pp.291-292.
② P.M.Kennedy,"Idealists and Realists:British Views of Germany,1864-1939",*Transactions of the Royal Historical Society*,Series 5,vol.25,1975,p.154.
③ 齐世荣主编:《绥靖政策研究》,首都师范大学出版社1998年版,第52、53页。

的评论主要是赞成的。①

　　张伯伦政府如此不体面地操纵媒体，目的是使批评希特勒的人安静下来，并且把自己与独裁者的媾和用尽可能好的面目呈现出来。出于种种原因，很多媒体的老板和编辑屈从于张伯伦的操纵，以致到了完全不了解公众舆论的程度。他们变得"与其说是民主制度的看门狗，还不如说是受民主制度玩弄的妓女"②。尽管媒体的态度并不完全符合预期——有不少报纸拒绝与官方保持一致，但张伯伦的舆论管控还是达到了目的。在追求与德国和解的过程中，英国政府并未被引离轨道。

　　由于深信通过控制媒体就可以掌握公众舆论，张伯伦日益沉迷于自欺欺人的幻境之中。这使得他不能接受批评，或者无法意识到反对意见存在的可能性。对媒体的控制不但颠覆了民主，而且最终腐蚀了民主制度执行者的心灵。1938 年 9 月 30 日，出卖捷克斯洛伐克的《慕尼黑协定》达成。次日，《泰晤士报》社论不失时机地吹捧道："从战场上凯旋的征服者没有一个像张伯伦昨天从慕尼黑回来时那样满载殊荣。"③《慕尼黑协定》达成后的那个星期，整个英国都沉浸在感激和解脱氛围中，一些商店甚至开始出售张伯伦玩偶和糖伞。

　　但是，《慕尼黑协定》使保守党内的分裂加深了，达夫·库珀辞去了海军大臣的职位。在随后的议会辩论中，30 名保守党人投了弃权票，包括丘吉尔、艾登、麦克米伦、埃莫瑞（Amery）和路易斯·斯皮尔斯（Louis Spears）。不过，这些人无望推翻张伯伦。麦克米伦写道："每个人都知道政府的力量在全国如此之大，在议会里没有什么事情能真正撼动它。"④

① Anthony Adamthwaite, "The British Government and the Media, 1937-1938", *Journal of Contemporary History*, vol.18, no.2, Apr., 1983, pp.287-288.

② Richard Cockett, *Twilight of Truth*, London: Weidenfeld and Nicolson, 1989, p.187.

③ Roger Eatwell, "Munich, Public Opinion and Popular Front", *Journal of Contemporary History*, vol.6, no.4, Oct., 1971, p.122.

④ Roger Eatwell, "Munich, Public Opinion and Popular Front", *Journal of Contemporary History*, vol.6, no.4, Oct., 1971, p.123.

　　为了掩盖内阁危机和粉饰太平，张伯伦利用媒体制造出大部分国人热烈欢迎《慕尼黑协定》的假象。英国广播公司通过大量的新闻节目、不厌其烦地说张伯伦收到了数不清的贺信。它给听众留下的印象是这些信件全是贺信。"但是，在一个偏远小镇的一次集会上，一位观察家碰巧也出席了这次集会。他看到人们写了约 800 封抗议信，参加集会的人们通过集资或自费把这些抗议信邮寄给了首相。"①

　　国联协会从 1938 年春就一直在抨击绥靖政策。9 月下旬，它在伦敦等 12 个大城市组织了示威游行。10 月，它和更多反对张伯伦的力量站在一起。丘吉尔利用《前进》严厉地指责《慕尼黑协定》，并呼吁人们支持自己。② 国联协会用最强烈的措辞要求加强英国军事力量，以履行《国联盟约》的义务。塞西尔开始更多地考虑组建跨党派的联合阵线，共同反对张伯伦。若不能奏效，他表示自己有可能离开保守党，加入工党。③ 工党里很多人和左派也一直在批评张伯伦。他们认为英国应该和苏联联合起来。《慕尼黑协定》达成后的两个月里，外交政策吸引了空前规模的公众关注。随着如释重负感觉的消退，反对张伯伦的声音更大了。10 月初，多数英国报纸还在赞扬张伯伦"无所畏惧"，认为他的行动代表了英国大多数人的想法，但到了 11 月 26 日，《经济学家》就已证实"在国防和外交上，很多人在批评政府"。或许当时电影院外海报的评论最准确："张伯伦是和平缔造者，但和平只有 1 星期。"④

第四节　封闭的外交决策

　　毋庸赘言，外交政策的制定过程是复杂的，能够影响外交决策的力量是多

---

　　①　Anthony Adamthwaite, "The British Government and the Media, 1937–1938", *Journal of Contemporary History*, vol.18, no.2, Apr., 1983, p.291.

　　②　*Headway*, vol.20, no.11, Nov., 1938, pp.18–19.

　　③　Donald S.Birn, *The League of Nations Union, 1918–1945*, Oxford:Clarendon Press, 1981, p.196.

　　④　Roger Eatwell, "Munich, Public Opinion and Popular Front", *Journal of Contemporary History*, vol.6, no.4, Oct., 1971, p.139.

元的。但这并不意味着英国内阁外的势力能在任何时候参与决策。公众舆论在大选年份里的作用比平时的要大。利用政党对选票的需求,它能够迫使政党做出外交政策上的承诺。不过,这种承诺通常是原则性的,并无细节,就像保守党1935年大选时高举的集体安全旗帜。换句话讲,公众舆论能为政府的外交政策设置议题、框架和边界,却并不能在大选后的外交决策中与内阁讨价还价。更多时候,对于外交活动的结果,公众舆论只能被动地做出反应,或者根本没有反应。

1935年,意埃战争爆发,霍尔辞职,艾登继任外交大臣。对这些事情,"人们似乎并不关心,也不知道它们为何会发生"[1]。1938年9月30日上午,韦伯夫人从法国广播中得知《慕尼黑协定》达成。她在日记中写道:"英国中产阶级因被张伯伦从战争中拯救出来而满怀感激"。他们沉浸在解脱的愉悦中,并不关心协定达成的过程,也并不在乎协定意味着"德国通过暴力威胁控制了欧洲"。[2] 弥漫性的欢欣被英国主流媒体刻意扩大,从而降低了公众对英国内阁决策过程的关注。但是,外交活动造成的舆论影响并不必然证明外交手段或过程的正当性,更何况《慕尼黑协定》加速了第二次世界大战蔓延到欧洲地区。

公开外交虽是第一次世界大战后的时尚,但精英外交依然顽强存在着,外交政策仍由少数人决定。美国新闻评论家沃尔特·李普曼指出:"很多时候,新外交看起来绝好地服从于公众情感,但事实上,它是精心操作的舞台表演。各种国际会议上所谓的全会是重要例证。这些国际会议是对民主仪式的迁就,绝非决定性的首脑会议。"[3]公开场合宣布的事情只是幕后决策的很小一

---

[1] Norman and Jeanne MacKenzie, *The Diaries of Beatrice Webb*, London: Little, Brown and Company, 2000, p.534.

[2] Norman and Jeanne MacKenzie, *The Diaries of Beatrice Webb*, London: Little, Brown and Company, 2000, p.561.

[3] Walter Lippmann, "Democracy, Foreign Policy and the Split Personality of the Modern Statesman", *The Annals of the American Academy of Political and Social Science*, vol.102, no.1, Jan., 1922, p.191.

部分内容。他还为精英外交辩护:"政治家需要在公众舆论的浪潮中随波逐流吗? ⋯⋯当今世界有很多复杂却亟须解决的国际问题,但我们几乎不可能依靠公众神秘的智慧。任何一个假装自己确实或可以依赖公众智慧的政治家,都是在生或死的问题上漂流。"①不过,在西式民主国家里,舆论至少在形式上是政治家们的权力之源。他们出色地假装认可公众的要求,但在外事活动中又自行其是。

1936 年西班牙内战爆发后,常驻德国的英国外交部常务次官伊冯·克帕塔里克(Ivone Kirkpatrick)向内阁报告了德国造成的新威胁。他得到的答复是:"你或许是对的。但对我们来讲,没有别的路可走。我国绝不会以武力威胁德国,因为它并没有伤害任何人,只是在自己的领土范围内行使了主权。"对于英国政府袖手旁观的严重后果,他在回忆录中评论道:"当政府什么也不做的时候,不要指望普通百姓洞悉国际局势。相反,历史将道出真相,即政府不希望选民知道德国已造成威胁的现实。在独裁或寡头统治的国家里,让民众知道实情是不必要的,甚至是有害的。然而,在民主国家里,如果政府不把自己知道的情况一五一十地告诉选民,那么民主制度可能就无法正常运作了。在外事领域,如今政府经常遭遇尴尬局面,毫不知情的公众跟不上它的步伐。经验表明,在国际危机爆发时再去启动教育公众的工作,通常已经太晚了。"②

对公众而言,及时且准确地获得信息是民主原则在外交活动中得以实现的必要条件之一。公众获得外事信息的渠道有很多,比如媒体报道、议会辩论和国际会议。不过,这些渠道不仅没有掌握在公众手中,而且他们要依赖内部人士提供信息。在说服报纸时,英国政府对自己要推出的政策严格保密。内阁需要公众舆论为外交政策站台,但不希望它干扰决策。

---

① Walter Lippmann, "Democracy, Foreign Policy and the Split Personality of the Modern Statesman", *The Annals of the American Academy of Political and Social Science*, vol. 102, no. 1, Jan., 1922, pp. 192-193.

② Ivone Kirkpatrick, *The Inner Circle: Memoirs of Ivone Kirkpatrick*, London: Macmillan, 1959, pp. 81-82.

　　当公众舆论与内阁意志相左时,控制消息的传播往往比说服公众容易得多,其省时省力的优点在瞬息万变的外交谈判中更加明显。1938年9月,首相张伯伦曾向同僚坦露心声。"他认为当前时期议会中的争论会摧毁非常微妙的外事谈判……实际上,在政府作出决定后,议会才会得到通报。"①11月9日,德国发生"水晶之夜"事件。希特勒对犹太人的迫害让英国统治阶级更加反对把殖民地退还给德国。但在11月13日的英国下院里,张伯伦拒绝透露自己是否准备和希特勒讨论把托管领土交还给德国。② 在两次世界大战之间的重大国际危机里,主要议题都没有得到充分的公众讨论。英国一位高官评论说:"经过这些危机,让我感到惊讶的是,民主国家的政府不信任自己的人民和议会。"③

　　英国外交决策的封闭性不仅体现在政府精英抗拒公众舆论的影响上,还体现在政府内部。20世纪里,英国议行合一的宪政体制使首相的权力不可避免地扩张。他们投身于日常外交事务,博取公众好感,俨然成了首席外交大臣,尤其是在第一次世界大战后精英外交受到公开外交的冲击时。在常规性的外交决策中,英国政府便宜行事的权力很大,而且首相倾向于垄断这种权力。尼维尔·张伯伦像劳合·乔治那样,不信任外交部门,时常通过私人渠道与外国政要交流。作为张伯伦内阁的外交大臣,艾登支持国联,反对墨索里尼和希特勒。但他慢慢被孤立了,最终辞职。在德国吞并奥地利之前,英国试图与意大利达成某种协定。张伯伦频频利用私人渠道接触意大利驻英大使格兰迪。有一次,艾登也在场,张伯伦竟以格兰迪的观点为论据,来反驳他!④ 张

---

　　① Anthony Adamthwaite,"The British Government and the Media,1937-1938",*Journal of Contemporary History*,vol.18,no.2 ,Apr.,1983,p.289.

　　② Norman and Jeanne MacKenzie,*The Diaries of Beatrice Webb*,London:Little,Brown and Company,2000,p.563.

　　③ Anthony Adamthwaite,"The British Government and the Media,1937-1938",*Journal of Contemporary History*,vol.18,no.2 ,Apr.,1983,p.293.

　　④ D.C.Watt,"Some Post-War British Memoirs and Pre-War Foreign Policy",*International Relations*,vol.1,no.3,Apr.,1955,p.108.

伯伦去罗马会见墨索里尼的决定在 1938 年 10 月末才被告知外交部官员,直到 11 月 30 日才被通知给内阁。在 1939 年 2 月承认佛朗哥政权这件事上,张伯伦和哈利法克斯从年初就开始催促阁员这么做。在得到阁员们原则性的普遍同意之后,张伯伦和哈利法克斯就按照自己的主意采取了行动。外交政策委员会里的斯坦利和范西塔特刚准备提出反对意见,就被张伯伦和哈利法克斯给规避了。

张伯伦的外交决策基本上抛弃了外交部,转移到了内阁中的"四人小圈子"。它由哈利法克斯、西蒙、霍尔和张伯伦组成。托马斯·英斯基普偶尔被允许参与进来,因为他是唯一一个真正容易被张伯伦控制的国防大臣。1938 年 9 月,张伯伦在两星期之内 3 次飞往德国。无论是 15 日在伯希特斯加登(Berchtesgarten),还是 22 日在戈德斯贝格(Godesberg),张伯伦完全没有表达出内阁成员希望他表达的主张。但正是在这些主张的基础上,内阁成员才同意他飞往德国。时任海军大臣的达夫·库珀在自传里写道:"他与希特勒会晤时的赤裸裸事实让人毛骨悚然。首相的方案如此成功地拟定出来,且如此详细,但事先竟从未向我提起过……希特勒谈起民族自决,并问首相是否接受这个原则……首相看起来希望我们停止讨论,赶快接受。因为他认为时间已经很紧迫了。"[1]

飞赴德国会见希特勒的最初计划尚能在主要大臣间被讨论。然而,当张伯伦在戈德斯贝格与希特勒会晤时,"四人小圈子"的会议就把达夫·库珀排除在外了,甚至连这个小圈子里的其他成员也不清楚张伯伦的真实想法。英国史学家瓦特(Donald Cameron Watt)研究他们的回忆录时指出,张伯伦的个人责任逐渐变得具有压倒性了。[2] 其实,自担任首相起,张伯伦就决心把英德关系的处置权牢牢地掌控在自己手里,并准备用自己的友善来驯服希特勒。

---

[1] John Julius Norwich,*The Duff Cooper*,London:Weidenfeld & Nicolson,2005,p.260.

[2] D.C.Watt,"Some Post-War British Memoirs and Pre-War Foreign Policy",*International Relations*,vol.1,no.3,Apr.,1955,p.109.

回忆慕尼黑谈判时,常驻德国的英国外交部常务次官伊冯·克帕塔里克写道:"我从未弄明白张伯伦先生的脑海里到底有什么想法。谈判期间,他独断专行;在我的记忆里,采取行动前,他并未提示任何人。"①1938 年 9 月 30 日的早餐后,张伯伦简短地向希特勒道别后,飞返英国。在机场,他以胜利者的姿态挥舞着那张名为《英德宣言》的纸片。但在同一天,内阁再次分裂,达夫·库珀辞去了海军大臣的职务,以示抗议。

公允地讲,英国首相虽然拥有很大的外事处置权,但并不能像独裁者那样一意孤行、完全封闭,并不能完全摒弃外界的影响。换句话讲,首相外交决策时的封闭性是有选择的。他会倾听甚至主动寻求某些人的建议,同时也会对另一些人的意见置若罔闻。基于对这种封闭性的了解,德国驻英大使里宾特洛甫(Ribbentrop)精心选择和密切关注那些能影响外交决策的精英,如对《泰晤士报》有很大的影响力的洛西恩勋爵,又如担当首相鲍德温秘密联络人的托马斯·琼斯。

利用英国政界精英对《凡尔赛和约》的偏见,德国外事部门展开有针对性的宣传。尽管英国国内"存在针对德国的反宣传运动,但效果不佳。因为参加反宣传运动的大部分人是精英阶层之外的人,或是处于精英圈子边缘的人,而且他们没有建立起与精英的联络"②。国联协会虽然仍是 20 世纪 30 年代末英国国内最大的和平组织,一直在抨击政府的绥靖政策,但由于保守党多数政要已退会,它早已失去了影响外交决策的渠道。张伯伦在舆论管控中积累起来的自信(或者说幻觉)助长了德国的宣传。1938 年 3 月 12 日,当德军开进奥地利时,英国广播公司告诉公众:德国驻英大使里宾特洛甫受到了英王的接见,而且随后与张伯伦共进午餐!可见德国宣传成效之大。

---

① Ivone Kirkpatrick, *The Inner Circle: Memoirs of Ivone Kirkpatrick*, London: Macmillan, 1959, p.130.

② Charles Chappius, "The British Foreign Policy-Making Elite", *The Review of Politics*, vol.29, no.1, Jan., 1967, p.139.

英国政界的亲德精英也有意利用并加强了外交决策的封闭性。1937 年 12 月 13 日，苏联外交官伊万·麦斯基（Ivan Maisky）在韦伯夫人家做客时问道："英国政府为何不能明智地、全心全意地与苏联达成协定，共同对付侵略者？"韦伯夫人在当天的日记中回答了这个问题。"英国政府里很多年轻人……想这样做。但克莱夫登集团……是死硬的亲德派。"①

克莱夫登集团（Cliveden Set）②得名于白金汉郡的克莱夫登庄园。园主阿斯特夫妇都是英国名流。沃尔多夫·阿斯特勋爵是上院议员，还是《观察家报》的老板，其夫人南希是活跃的保守党下院议员。阿斯特勋爵的弟弟约翰·雅各布·阿斯特则是《泰晤士报》的主要持有人。阿斯特的儿子和儿媳都进入了英国议会。这个政治沙龙纠集了大量绥靖主义者。"主要成员有菲利普·洛西恩勋爵，《泰晤士报》主编杰弗里·道森、副主编罗伯特·巴林顿—沃德，《观察家报》主编詹姆斯·加文以及'无处不在'的托马斯·琼斯，再加上主人阿斯特夫妇。此外，劳合·乔治、鲍尔温、尼维尔·张伯伦、哈利法克斯等人也都是克莱夫登的常客。"他们"利用与首相、大臣的亲密关系，往往于觥筹交错或悠然散步之际，阐述自己的政治见解，提出种种建议和要求"③。1937 年底，在科克伯恩的揭露之下，这个活跃的小团体开始为更多人所知道。次年 2 月，在海德公园举行的集会上，工党议员巴恩斯激烈指责道："这个国家的外交政策不再由唐宁街的内阁制定，却在阿斯特夫人的克莱夫登庄园确定。"④

英国和平运动在 20 世纪 30 年代吸引了越来越多的民众，其诱因除了层出不穷的国际危机之外，还包括和平团体试图争夺舆论的控制权。"国王与国家"的辩论结果不应该被当作全体英国人一味反战的证据。保守党在 30

---

① Norman and Jeanne MacKenzie, *The Diaries of Beatrice Webb*, London：Little，Brown and Company，2000，p.550.

② 关于克莱夫登集团，齐世荣主编的《绥靖政策研究》辟有专章。Norman Rose，*The Cliveden Set：Portrait of an Exclusive Fraternity*，London：Jonathan Cape，2000。

③ 齐世荣主编：《绥靖政策研究》，首都师范大学出版社 1998 年版，第 27、28 页。

④ 齐世荣主编：《绥靖政策研究》，首都师范大学出版社 1998 年版，第 48 页。

年代的选举失利也并非由于和平主义。国联协会的"和平投票"助长了民众对集体安全制度的奢望,但与抛弃国联、纵容侵略者的英国政府完全不同。从目标上看,英国和平运动确实失败了。究其原因,一是主流"可战派"因为拒绝绥靖政策而无力影响张伯伦内阁的决策;二是英国"议行合一"的宪政弊端放大了决策者个人的失误。最终的结果是主战派的呼声没有变成英国政府对抗法西斯的决心,使得第二次世界大战战火更快地从亚洲烧到了欧洲。

第十章　国联协会社会动员的特点

压力集团因代表利益的不同,可分为两类:以执行经济职能为基础的集团属于部门(或利益)集团,以共同立场或者价值观为基础的集团属于目标(或宣传)集团。国联协会属于第二类。国联协会社会动员的特点,除了跨党派、跨教派、跨学派和跨思潮外,还包括时间上的持久性、组织上的渗透性和宣传上的多样性。

第一节　时间上的持久性

两次世界大战之间,英国裁军运动是一场持续进行的大众活动。国联协会的社会动员始于 1918 年底,止于 1939 年。英国众多和平团体中,像它这样持久开展大规模活动的组织着实不多,其原因主要在于它有明确而坚定的宗旨目标、完备而高效的组织体系、数量庞大的会员、广泛而深厚的社会关系、较为稳定的资金来源和让其他和平组织羡慕的政治资源。

1925 年 10 月,得到皇家特许状后,国联协会公开而合法的活动得到了更多保障。通常,政府能否承认某一集团取决于下列因素:集团的代表性、要求的合理性、与政府目标的兼容性、其建议的可信度与质量、与政府"讲同一种语言"的能力(熟悉政府程序)等。① 国联协会是跨党派的压力集团,会员来自社会各层,能表达大部分公众的呼声。它向英国政府提出的要求是合理的,其追求的目标与后者的口头承诺之间具有一致性。国联协会领导层谙熟政策流程,常游走于政治权力核心及其周围,且对国际事务颇有研究。另外,国联协会还经常邀请专家参加研讨会,因此其建议的质量和可信度相当高。

表 8　1920 年至 1939 年国联协会会员数量②

年份	付费会员	分会	团体性会员
1920	60,000	417	—
1921	150,031	665	—
1925	255,469	2,173	1,642
1928	362,160	2,760	3,304
1931	406,868	3,036	4,439
1934	396,184	—	4,306
1937	314,715	2,765	2,978
1938	264,180	—	2,529
1939	193,366	—	1,712

《前进》在 1928 年的发行量达到了 9.45 万份。1930 年,国联协会招待那些来参加帝国会议的自治领代表。宴会上,威尔士王子作为嘉宾发言。这标志着国联协会在政界获得的认可度达到了顶峰。从 1933 年到 1935 年,国联协会名义上的会员总数已超过百万,尽管实际缴纳会费的会员连同附属团体在内大约只有百万的 1/3。国联协会的分会和青年组织超过了 3000 个(见表8)。国联协会有很多出版物,加上各类活动,每年开支超过 3 万英镑(约相当于 2022 年的 150 万英镑)。它代表了支持集体安全的主流公众舆论。通过裁军集会、代表团、请愿、"和平投票"以及"国际和平运动",国联协会唤起了广

---

① 比尔·考克瑟等:《当代英国政治》,孔新锋等译,北京大学出版社 2009 年版,第 232 页。
② Helen McCarthy, *The British People and the League of Nations: Democracy, Citizenship and Internationalism, c.1918–1945*, Manchester: Manchester University Press, 2011, p.4.

泛的支持。它能汇聚不同的政治派别，能对历届政府施压。前文已详述，此不赘言，如下客观因素也值得注意。

英国民众对第一次世界大战的态度是复杂的和多元的，对大战根源和意义的理解也不尽相同。不过，大多数英国人都不希望再有类似的战争。对和平与安全的渴望是英国民众心态的主流。和平思潮为国联协会的社会动员提供了持久的动力。《国联盟约》为国联协会的活动提供了法律依据。国联协会的宗旨是"力促英国人民衷心接受国联"，推动国际社会在国联机制下全面彻底裁军。但国联及其盟约先天不足，后天发育不良。国联协会的任务异常艰巨。两次世界大战之间，英国历届政府都表示拥护国联，却无意将《国联盟约》落到实处。第一次世界大战后初期，出于自身经济和安全两方面的考虑，英国政府曾实施单边裁军。但在达成多边裁军协议上，它一直奉行延宕策略。这些因素不断地刺激英国裁军运动的活跃分子。

第二节 组织上的渗透性

正确的策略是压力集团成功的关键。压力集团在游说政要和鼓动民众时如何分配资源取决于该集团的性质、诉求及其目标与公众舆论的一致程度。国联协会属于目标（或宣传）集团，其本质属性要求它游说尽可能多的政要、鼓动尽可能多的民众。英国政党制度、教育系统和社会中早已存在的各类团体为国联协会的活动提供了相当多可资利用的条件。国联协会积极地利用了这些便利，广泛渗透进去，使自己较快壮大起来。

国联协会在三大政党中招募会员，成为跨党派的非政府组织。它特别重视接近三党领导人。下院里，到20世纪20年代中期，有近400名议员加入了国联协会的"国联议会委员会"。无论哪个政党执政，国联协会都能影响外交决策。没有在国联协会集会上演讲过或没有收到过其宣传材料的政治家很少。它选择跨党派动员，原因有三点。一是要尽可能广泛地代表公众舆论，要依靠共同信念突破政党壁垒,英国政坛正在吐故纳新。二是自由党虽然开始衰落,但影响仍在;工党虽然突起,但常依靠自由党才能度过危机。三是跨党派动员能使它左右逢源。

社会地位和声望较高的压力集团获得的尊重使其宣传活动易于被大众接受,使其易于接近政府。国联协会得天独厚,其创建人包括德高望重的政治家、外交官和知识分子;其领导层成员来自三大党,与各类精英保持着年久日深和频繁的交往。但成败皆萧何。与英国政府不一致时,国联协会的温和态度削弱了施压效果。它希望政府里的朋友悄悄发挥作用,与政府公开对抗只是不得已的选择。

很长时间里,国联协会与英国外交部沟通的枢纽是塞西尔。然而,保守党里多数同僚视他为不切实际的十字军战士。更有甚者,嫉妒塞西尔威望的奥斯汀·张伯伦在出任外交大臣后,刻意限制塞西尔,最终迫使塞西尔于1927年辞职。后来,在工党外交大臣亚瑟·亨德森的帮助下,塞西尔才得到外交部的办公室。此外,对国防和军备政策拥有很大发言权的帝国防务委员会敌视裁军,反感国联协会。

国联协会对学校和教会的渗透要成功得多。它专门设立"教会委员会",成员来自英国各个教派,负责组织和督查教会开展的、拥护国联的活动。① 教会提供了大量富有同情心的听众。奇切斯特地区的主教认为,最应该支持国联的基督徒可以通过加入国联协会来实现自己的愿望。

在两次世界大战之间的英国,国联运动很难遗漏的一个地方是教室。E.H.卡尔认为,在国家制造和引导舆论的诸多有效工具中,最古老但也许仍是最有效的工具就是学校教育。② 当时,英国学校教育体制是地方化的,没有全国性的课程标准。尤其在小学里,没有统考或会考,教师有很大发挥空间。因

---

① *Headway*, vol.13, no.5, May, 1931, Supplement, p.ii.

② 爱德华·卡尔:《20年危机(1919—1939)》,秦亚青译,世界知识出版社2005年版,第122页。

此,全国和地方教育管理部门和授课教师就成了国联协会争取的主要对象。例如,国联协会成功说服英国教育委员会委员长唐纳德·麦考林(Donald Maclean)写了一封致所有学校的公开信,宣扬推动世界裁军大会的重要性。①

国联协会在 20 世纪 20 年代赢得了地方教育管理部门的支持。伦敦郡议会曾举行教师大会来聆听塞西尔的演讲。许多历史教师和地理教师既是国联协会成员,还是地方分会工作人员。这种身份自然会影响其授课内容。国联协会很重视中小学历史课,认为教科书不应继续把战争和王侯将相作为重点。它与皇家历史学会合作,开列供教师查阅的书单;专门为教师举办夏季学校和讲座,为他们借阅总部图书馆②藏书。

成立之初,国联协会就开展了多种适合青少年的活动,如参加夏令营、到日内瓦参观、观看关于国联的电影等。它经常以国联和时事为主题组织作文竞赛。1927 年,国联协会建立青年组织,招募那些超过 16 周岁但未满 25 周岁的年轻人。从 1928 年开始,它每年提供 100 英镑来奖励征文比赛的获胜者。③ 根据英国教育委员会和"苏格兰教育部"(Scottish Education Department)的报告,1931 年,在英国各地中小学里,任课教师都花费大量时间提高学生对世界和平与国联的认识,还有不少教师向国联协会询问如何更好地开展这项工作。在英格兰和威尔士的 72 所培训学院(Training College)里,国联的宗旨和工作已被学生熟知。国联协会在英国各地大学里的分会有近 6000 名付费会员。④ 它很重视对英国未来各类精英的影响。剑桥大学分会有 1000 多人,牛津大学分会有 600 多人,是英国所有学校中两个最大的分会。⑤ 依靠这些分会,它经常组织大学生就外交事务和社会活动进行辩论。

---

① *Headway*,vol.14,no.4,Apr.,1932,p.71.
② 第二次世界大战期间,为了安全,国联协会总部图书馆搬到了英国的巴德明顿。
③ *Headway*,vol.10,no.2,Feb.,1928,p.35.
④ *Headway*,vol.14,no.6,Jun.,1932,Supplement,p.i.
⑤ Donald S.Birn,*The League of Nations Union*,*1918-1945*,Oxford:Clarendon Press,1981,p.140.

　　两次世界大战之间国联运动最成功之处是把学校课程国际化。它基于第一次世界大战前的积极分子抑制国家教育体系民族主义化的努力。这些积极分子心中的信念在第一次世界大战后仍被很多自由主义知识分子认同,即创造和传播关于国际关系的新知识有利于维持国家之间的和平。国联支持者认为自己的任务是反复灌输"世界公民"和"开明爱国主义"。这两个概念抓住了数以千计的教师、学者和教育改革者的想象力。尤其是在历史学科里,人们相信,把有关人类过去和未来的知识国际化的工作最具可行性。此外,国联协会呼吁重新思考强化公民与民族国家之间联系时教育的作用。它从国联的"知识合作"(Intellectual Co-operation)活动中汲取了力量。这些活动超出了中小学生的教室,走进了成人学校和大学讲堂。国际关系这门新兴学科里的很多领袖人物给予的同情使国联运动受益良多。

　　然而,在教育系统的各级层面,国联支持者一直处在压力之下。他们不得不反复申明教授国际主义不等于政治宣传,也不会导致学习和研究失去客观性。教育界深切地担心国家或压力集团施加的政治干预。这意味着国联协会的社会动员经常受到严苛的检验,尤其是面对高度紧张的意识形态氛围和20世纪30年代中后期现实主义者的批评时。不过,国联运动谨小慎微的策略没有触动教师的行业自治,也使得教育与民族国家之间的关系完好无缺。这样一来,旨在将课堂和讲座国际化的活动在多数时候都保持着对教育系统的吸引力。

　　单个压力集团必然是全国人口中的少数。1933年3月17日,加入过国联协会的人数达到100万人,尚不足总人口的2.5%。① 实际付费会员只有40万人左右。人多才能"势重"。1923年时,国联协会合作团体有575个;1930年有3058个。1933年有3561个。② 虽然很多社团都与国联协会关系密切,但国联协会没有为了合作而放弃立场。1922年7月19日,

----

① *Headway*,vol.15,no.4,Apr.,1933,Supplement,p.i.

② *Headway*,vol.15,no.7,Jul.,1933,p.147.

国联协会没有参加伦敦的"不再有战"示威游行。它反对不惜一切代价维护和平;"为和平着想,有时需要使用武力的,开战的目的是结束它"①。国联协会长期倡导国际裁军,因此只得到了英国童子军协会在地方教育事务上的协助。②

在教会和学校里,国联协会努力维护自己高尚的、毫无争议的形象。漫画家们常把塞西尔画成领导"道德十字军"的萨沃纳罗拉③,或是推着"和平之子"摇篮车的好心人。④ 西班牙外交家萨尔瓦多·德·马达里亚加(Salvador de Madariaga,1886—1978)也曾把塞西尔和莫雷比作"英国的公民僧侣",说他们两个的"神性"从英格兰扩展至不列颠,又从不列颠扩展至英联邦。⑤ 虽然教派纷争在20世纪里比过去几个世纪里缓和了很多,但对国联协会而言,它决不能成为国联事业在英国发展的障碍。塞西尔倚重英国宗教领袖,使地方分会几乎没有障碍地融入了教会网络。原因除了领袖人物之间的密切关系外,还在于英国教会支持国联运动代表的和平事业。

第三节　宣传上的多样性

现代民主政治中,说服亿万民众是国家管理的基本过程。社会复杂性,态度多样化和行动一致性使国家、社团不可避免地运用影响和控制态度的组织化手段。通俗讲,这就是"宣传"。戴维·杜鲁门(David B.Truman)认为,"宣传只是一种交流的方式,在道德上是中立的"。"宣传是指通过操纵语言和表

---

① *Headway*,vol.4,no.8,Aug.,1922,p.143.

② *Headway*,vol.11,no.7,Jul.,1929,Supplement,p.i.

③ Savonarola,1452—1498,文艺复兴时期意大利的改革派牧师。

④ J.A.Thompson,"Lord Cecil and the Pacifists in the League of Nations Union",*The Historical Journal*,vol.20,no.4,Dec.,1977,p.950.

⑤ Jean Smith and Arnold Toynbee eds.,*Gilbert Murray:An Nnfinished Autobiography*,London:Allen and Unwin,1960,p.178.

达机制,来控制人们关于所争议问题的态度以及随后发生的行为。"①他从研究决策过程的角度视"宣传"为一种道德上中立的交流方式。

在两次世界大战之间的英国,"宣传"却被普遍当作贬义词。原因是第一次世界大战爆发后,各交战国为了赢得支持、削弱敌人和鼓舞士气,歪曲捏造事实,使"宣传"遭人厌恶。因此,国联协会认为自己从事的是教育活动而非宣传活动。1925 年,秘书长加内特就曾宣称国联协会的主要任务是"让人们知道国联的存在、宗旨和成绩,使人们了解《国联盟约》"②;90%的工作都是教育性的,"无论是成年人还是青少年,都是国联协会的教育对象"③。

不过,"教育"的目标也是要改变人们的态度和行为。演讲者常因过分赞扬国联的成绩和忽视其失败而遭人批评。国联协会辩解说:"热忱是美德,但是当它扭曲判断时,更应遭受批评而非赞美。最好承认我们中间的一些人有时过于热忱了","但超然物外地评判国联是历史学家的工作,不是我们应做的事。国联不完美,拥护它的人被召集起来不是为了强调这一点"。④ 秘书长加内特认为,"教育绝不仅仅是发出指示。冷静客观地、明智超脱地陈述事实是不够的。感情过于充沛的人可能会变成肤浅的教育者,但若根本不带感情的话,那他根本不是一位教育者"⑤。可见,国联协会的"教育"工作同样会对事实做取舍。

唤起公众舆论支持国联是国联协会的宗旨,也是它影响政府决策的基本要素之一。几乎在每一期《前进》上,我们都能看到它对公众舆论的强调。

国联协会最终成功取决于公众舆论受到引导和教育。这句话已

---

① 戴维·杜鲁门:《政治过程——政治利益与公共舆论》,陈尧译,天津人民出版社 2005 年版,第 241 页。

② *Headway*, vol.7, no.7, Jul., 1925, p.130.

③ *Headway*, vol.14, no.6, Jun., 1932, Supplement, p.i.

④ *Headway*, vol.6, no.6, Jun., 1924, p.111.

⑤ *Headway*, vol.7, no.7, Jul., 1925, p.130.

被重复了很多遍,以至于对许多人来说,它几乎要变成没有任何意义的爱国呐喊了。即便在有些演讲者和听众那里它已是一句空洞口号,但经常重复仍遮盖不住其正确性。①

除了组织民众请愿、征集签名、拜访当地议员和向外交部派出代表团,国联协会最基本的宣传手段是招募会员。它深知“在民主国家里,数量决定一切”②。“当英国政府或国联背离《国联盟约》精神时,受到教育的公众舆论会成为难以逾越的障碍。公众会通过投票箱展示自身力量”③。挨家挨户游说是总部最赞赏的办法。游说者最常用的小册子是《缔造和平》和《加入国联协会的21条理由》。④ 无论被访者是否最终入会,主动登门宣讲都会对他们产生影响。

由于怀疑报纸的客观性,国联协会很重视公众集会。⑤ 集会上的问答和讨论是双向的和即时的。“听众有很多机会提问,国联协会的演讲者能给出准确且毫不迟疑的答复。”⑥国联协会有大量专职演说家。最典型的是弗雷德里克·惠伦。到1927年底,他为国联协会演讲已达2500次;⑦到1932年4月,增至4000多次。⑧ 有些演讲者只针对特定听众,专司工会演讲的就有100多人。⑨ 此外,还有很多渴望提高演讲水平的志愿者在随时待命。

不少工人认为国联协会集会太正式,或中产阶级气息太浓,因为集会主持人常是牧师、教师、商人或退伍军官。⑩ 有些分会里,“演讲人事先并未得到指

---

① *Headway*, vol.13, no.5, May, 1931, Supplement, p.i .
② *Headway*, vol.3, no.12, Dec., 1921, p.50.
③ *Headway*, vol.13, no.5, May, 1931, Supplement, p.i.
④ *Headway*, vol.10, no.2, Feb., 1928, Supplement, p.i.
⑤ 1918年有80次集会,1919年有300次,1920年超过1000次。1921年时,国联协会宣布“每星期集会的次数超过了10次”。详见 *Headway*, vol.1, no.12, Dec., 1921, p.58.
⑥ *Headway*, vol.6, no.11, Nov., 1924, p.211.
⑦ *Headway*, vol.10, no.2, Feb., 1928, Supplement, p.ii.
⑧ *Headway*, vol.14, no.5, May, 1932, Supplement, p.ii.
⑨ *Headway*, vol.8, no.2, Feb., 1926, p.32.
⑩ *Headway*, vol.17, no.5, May, 1935, pp.88-89.

示,内容空泛无力,让人昏昏欲睡"①。于是,总部建议分会重视集会的影响而非数量,把出色演讲者的经验分享在《前进》上。演讲者必须高度关注听众的细微反应。如果发现他们准备离开,这个时候,就要迅速提出问题,邀请他们回答。如果能得到恰当的处理,打乱演讲的事情是最能帮助集会的东西。如果听众感觉到集会有意思,即便是在寒冷的夜晚,他们也会驻足倾听。②

同时,分会努力增加集会趣味性。1925 年,沃特福德和普尔雷(Purley)两地分会成功举办了"微型国联大会"。会场几乎和日内瓦的一样,每位听众手中都有议程表和相关文件。"演讲者很关键,不仅在讨论中清晰地阐述自己的观点,还充分地代表了官方的态度。"③它们邀请到了许多重要发言人(包括麦克唐纳),重现了 1924 年 9 月国联大会关于裁军问题和《日内瓦议定书》的讨论。此种新颖的做法为其他分会树立了榜样。

国联协会为特定议题组织集会时,小册子和针对性的著作往往配合着宣传。它总共印刷了 400 多种小册子,绝大多数都及时和精炼地讨论着当时的议题。这些小册子很便宜,定价从 1 便士到 4 便士不等。这种廉价的口袋书很受读者欢迎。

国联协会积极借用大众报纸的力量。总部经常主动为各大报社提供新闻素材,还要求各地分会派人游说当地报社。1922 年,它发动会员直接给报社编辑写信。数以千计的信件涌了过去。但编辑们被这种做法激怒了,抱怨自己成了国联协会宣传运动的牺牲品。④ 20 世纪 20 年代,除了《晨邮报》,多数报纸对国联的批评都很克制。进入 30 年代后,《泰晤士报》才开始公开敌视。主编杰弗里·道森(Geoffrey Dawson)不愿与国联协会合作,严词拒绝了莫雷在《泰晤士报》上开辟"国联消息"专栏。除非有较高新闻价值,《泰晤士报》

---

① *Headway*, vol.15, no.10, Oct., 1933, p.196.

② *Headway*, vol.18, no.2, Feb., 1936, p.27.

③ *Headway*, vol.7, no.5, May, 1925, p.100.

④ *Headway*, vol.4, no.9, Sep., 1922, p.165.

一般不会刊登国联协会的来信。《曼彻斯特卫报》和《约克郡邮报》(*Yorkshire Post*)同情国联协会，但很少有右翼读者。《每日电讯报》成了国联协会折中的选择。

自近代以来，英国大部分报纸都有稳定的党派立场，其发展和英国政党政治密切相关。进入 20 世纪后，报业出现越来越严重的垄断。① 这更增加了它们扭曲事实、隐瞒真相、为党派利益争斗的可能性。第一次世界大战后，英国民众喜欢阅读关于战争和性的新闻或故事。为了吸引读者，"英国多数报纸都以令人惊悚的语调报道新闻，战争一词被它们挂在嘴边，带着浓烈感情如此煽动，即便是头脑清醒的人也难以保持冷静"②。对此，国联协会很清楚。

> 如果我们想了解自己生活于其中的这个世界，日报不是很有帮助……即便是最好的几份报纸也只能刊登一些孤立的、没有关联的新闻事件。在很多情况下，撰写这些新闻的人有意识或无意识地用自己的观点解读着发生的事件……探究外交事务真相的热心人会遇到很多陷阱。只有非常少的一部分人凭借其他消息来源，能审查自己从报纸上得到印象的准确程度。扭曲国际新闻的严重性比扭曲国内新闻的严重性大得多，因为对于国内新闻每个人都可以通过很多种方式检验它的真伪。③

但是，它没有资金和人员来兴办发行量大的日报或周报，只能"每月一次，告诉读者我们的所思所想"④。国联协会呼吁那些爱好和平、尊重事实的报纸与自己联合起来，纠正不良报纸对民众的误导。

《前进》是国联协会报道国联动态、宣传政策主张的阵地，还是领导层与普通会员交流的平台。它自信能成为读者可靠的消息来源。⑤ 但是，普通会

---

① 阎照祥：《英国报刊古今谈》，《欧洲》1993 年第 4 期。
② *Headway*, vol.15, no.6, Jun., 1933, p.112.
③ *Headway*, vol.15, no.6, Jun., 1933, p.112.
④ *Headway*, vol.15, no.6, Jun., 1933, p.112.
⑤ *Headway*, vol.6, no.11, Nov., 1924, p.211.

员不是被随意书写的白纸,最终态度有可能取决于自己原来的偏好。它既要成为一份国际事务上的严肃期刊,又要保持可读性;既要成为推介国联协会的"教区杂志",还要充当总部与分会的交流渠道。众口难调,加之 20 世纪 30 年代国联屡遭挫折,《前进》发行量迅速下降:1930 年,约为 10 万份;1932 年,已降到 6 万份。

国联协会领导人邀请专家探讨解决方案。有人建议改善纸张质量,附上精美封皮,刊登更多卡通画和照片,但成本太高了。① 还有人建议刊登商业广告来降低发行成本,但愿意在《前进》上投放广告的商家很少。从 1923 年到 1932 年,《前进》主编是哈里斯。随后,诺曼·安吉尔继任。两人都认为《前进》增加娱乐新闻不能使国联协会免遭批评。

国联协会在制作海报(Poster)上成绩不小。海报色彩醒目,情节简单,态度鲜明,常有漫画式的幽默和夸张,尤其适合教育公众。海报的效果取决于张贴的场合、数量、时间和更新频率。因此,民宅、饭店、影院、旅馆、工厂、俱乐部、教会以及大型商场常见国联协会工作人员的身影。他们劝说对方免费提供张贴空间和时间。② 不少知名艺术家都为国联协会免费设计过海报,如奥斯汀·库伯(Austin Cooper),其作品曾在 1932 年停战纪念周里被广泛张贴。③

国联协会还利用了刚出现不久的电影。④ 1926 年初,它制作了一部名为《希望之星》(*The Star of Hope*)的电影,随机在英国北部、南部等地区放映,并对观众做问卷调查。大约有 1.5 万名少年儿童在教师带领下观看,有 240 名

---

① 每位缴纳 3 先令 6 便士年费的注册会员都有权利每月获得一期,而国联协会印刷和邮寄一份《前进》的费用是 2 先令 6 便士。

② *Headway*, vol.13, no.11, Nov., 1931, Supplement, p.iv.

③ *Headway*, vol.14, no.11, Nov., 1932, Supplement, p.ii.

④ 电影诞生的时间是在 19 世纪的最后 10 年里,美国发明家爱迪生和法国人卢米埃兄弟为其诞生作出了重大贡献。1927 年 10 月 6 日,美国华纳兄弟公司出品的《爵士乐歌手》标志着有声电影时代的到来;而完全意义上的有声片是华纳兄弟公司 1929 年出品的《纽约之光》。1936 年,美国艺术家卓别林出品了他的最后一部无声电影《摩登时代》,标志着无声片的寿终正寝。

教师交回问卷。整个 1926 年,这部电影有 50 多万观众,其中 8 万多是学童。① 国联协会还制作了四卷轴电影《世界大战和战后》(*The World War and After*)。放映了 5 年后,1931 年,英国教育委员会秘书称赞其为"英国有史以来最受欢迎的电影"②,少年儿童观众超过 50 万人。进入 30 年代,国联协会愈加娴熟地利用电影做宣传,放映成本降到每天 1 英镑 1 先令或每周 3 英镑 3 先令。③ 当时,1 张电影票只要 6 便士。大多数工人阶级(尤其是年轻人和女性)都爱看电影。电影产量也很高,单 1930 年就出产了 520 部。④ 到 30 年代末,有 1 人买报纸,就有两人买电影票。⑤ 国联协会放电影时,常在入口处征集签名、募捐和招募会员。

从 1922 年到 1939 年,收音机持有许可证从 3.6 万份增至 890 万份,并以伦敦、英国东南部和中部最为密集。20 年代末,工人家庭没有收音机的只剩 1/3。⑥ 霍布斯鲍姆认为收音机可以向"数百万听众同时说话,而每 1 名听者,都觉得它是在向自己单独发言。因此无线电成了传播大众信息的有力渠道"⑦。到 30 年代,连美国总统和英国国王也认识到"炉边闲话"(Fireside Chat)和圣诞节广播谈话(分别始于 1932 年和 1933 年)潜力无穷。

1930 年 10 月 30 日,国联协会第一次利用无线电广播,介绍了 10 万名基础会员招募计划。这是它"教育公众舆论的新进展"⑧。它还积极争取英国广播公司的支持⑨。1931 年 7 月 11 日,国联协会在伦敦阿尔伯特大厅举行盛大

---

① *Headway*, vol.8, no.12, Dec., 1926, pp.236-237.

② *Headway*, vol.13, no.9, Sep., 1931, Supplement, p.ii.

③ *Headway*, vol.13, no.9, Sep., 1931, Supplement, p.ii.

④ Stuart Ball and Ian Holliday eds., *Mass Conservatism: The Conservatives and the Public since the 1880s*, London: Frank Cass Publishers, 2002, p.84.

⑤ 霍布斯鲍姆:《极端的年代》(上),郑明萱译,江苏人民出版社 1998 年版,第 288、289 页。

⑥ Stuart Ball and Ian Holliday eds., *Mass Conservatism: The Conservatives and the Public since the 1880s*, London: Frank Cass Publishers, 2002, p.81.

⑦ 霍布斯鲍姆:《极端的年代》(上),郑明萱译,江苏人民出版社 1998 年版,第 293 页。

⑧ *Headway*, vol.12, no.10, Oct., 1930, Supplement, p.i.

⑨ *Headway*, vol.13, no.5, May, 1931, Supplement, p.ii.

集会。事先安排了英国广播公司直播,分会组织了 86 场收听集会。电波传到了美国。1931 年 12 月,总理事会年会上,塞西尔关于满洲危机的演讲在福隆·巴特莱特主持的每周一期《世界之风》(*Way of the World Talk*)栏目中播出了。①

　　与那个时代的很多压力集团一样,国联协会利用了广播和电影等新媒体,添加了堂皇且具有象征性的政治表演,为的是把自己的信息溶解到更广泛的大众文化中去。国联协会并非唯一一个与海外同类组织建立联系的团体。但总的来看,国联协会的社会动员因具备时间上的持久性、组织上的渗透性和宣传手段的多样性而区别于同时期英国多数和平组织的活动。国联协会社会动员的影响在 1919 年之后就被普遍感受到了。通过把自由国际主义的和平构想溶解于英国社会中,它帮助国联脱离了政治上的意识形态纷争、宗教上的宗派主义和思想文化上涌动的暗流,并使国联的理想从学术界走进了中小学课堂。当这些青少年在第二次世界大战后成长为英国社会的中坚力量时,他们对国际关系的理解依然带着两次世界大战之间年代的影响。

　　概言之,国联协会的社会动员是进步的,顺应了历史潮流和民众的愿望,有其发生的必然性和合理性。这也是它能得到广泛支持的根本原因。国联协会领导人有相当深刻的政治见解,并非“空想家”。作为外交压力集团,国联协会要在宪政制度框架内开展活动。在得到宪政制度保护的同时,也会受到后者的约束。从国联协会的例子来看,社会动员并非总与战争状态相关,并非总由政府发起;在外交决策民主化的过程中,压力集团对保持社会的稳定发展、提高民众参政议政的能力有特殊价值。不过,反过来看,外交压力集团还是将国际危机变成国内问题的转换器,其作用不可小觑。在这一点上,国联协会的活动增强了英国政府的社会管理能力。

---

① *Headway*, vol.14, no.1, Jan., 1932, Supplement, p.ii.

第十一章　国联协会社会动员的局限

国联协会对英国外交决策的影响是有限的,因为多数时候它很温和,接触英国政府核心决策者的途径也有限。从更为宏观的角度看,两次世界大战之间英国政党政治的变动、宪政制度的缺陷和国联的实际表现都制约着国联协会社会动员的效果。

第一节　规避政党政治,却难脱党派嫌疑

国联协会领导层一直努力维持无党派的形象,强调"外交政策方面主要的光荣传统之一就是应该超越党派利益。在国际社会的新环境中,国联协会是这一传统的监管人"。国联协会不希望党争阻碍国联事业:"如果所获支持是党派性的,国联事业将遭到严重的甚至无法修复的损害。"①从创建之初,它就一直努力要成为无党派组织,或跨党派组织。公开活动时,它总要邀请保守党、工党和自由党的代表到场。

大体上,自由党和工党比保守党更为积极地支持国联,也更愿意加入国联协会。"很明显,从自由党或工党中争取支持者,比招募保守党支持者容易很

---

① *Headway*, vol.12, no.7, Jul., 1930, Supplement, p.ii.

多"①。两次世界大战之间,长期握有权柄的是保守党,而非自由党或工党。国联协会批评政府外交政策时很谨慎,却也因此削弱了自己的影响力。

大选常提供难得的游说机会。从 1922 年到 1935 年,14 年里英国有 6 次大选,其中 4 次在 20 年代。国联协会不止一次地敦促选民充分抓住大选机遇,提醒各个党派候选人"应该清楚国联在做什么,并准备支持国联"②。但压力集团一般不参与大选;即使影响了选举,也不以组建政府或参加政府为目的;另外,压力集团关注的议题范围更为狭窄。

国联协会与英国政府之间的枢纽是塞西尔。他与执政党的关系直接影响了国联协会的施压效果。在第二届鲍德温政府(1924—1929)中,塞西尔担任兰开斯特公爵领地首席法官,负责国联事务。他与奥斯汀·张伯伦都愿意投身于欧洲安全事务,尽管张伯伦拒绝在外交部大楼里给他一间办公室。海军部和战争部几乎毫不掩饰地认为裁军毫无意义。1927 年日内瓦海军会议上,塞西尔是英国的主要代表,但哀叹政府指令的僵硬和海军代表的顽固。7 月 26 日内阁会议上,塞西尔未能说服同僚接受美国政府提出巡洋舰数量对等条款。虽然他返回日内瓦后要推行自己不赞成的政策,但在会谈破裂后的第五天便辞去了政府职位。若想利用辞职引发一次政府危机的话,那么他高估了自己的重要性。8 月 31 日,《泰晤士报》的"政治通讯"栏目指出,他的辞职并未引发多少评论。外交部里有人认为,塞西尔的辞职不值一先令的报纸版面费。

1927 年至 1928 年,国联协会与保守党政府有持续半年的公开对抗。后者污蔑它有党派偏见。国联协会颇为敏感,略显过分地辩白,从而暴露了弱点。后来,试图限制和削弱国联协会活动影响时,保守党常用此技,屡试不爽。作为国联协会核心人物之一的塞西尔不能与保守党彻底决裂。无论他退出保

① Duncan Wilson, *Gilbert Murray, OM, 1866-1957*, Oxford: Clarendon, 1987, p.296.
② *Headway*, vol.11, no.6, Jun., 1929, p.116.

守党，还是加入工党或自由党，都会增添国联协会从事党派活动的嫌疑。因此，最好的办法是把政见相近的工党或自由党推上台。国联协会对 1929 年 6 月大选施加影响是保守党败选原因之一。支持《任择条款》的工党上台后，塞西尔在政府里任职，进而在 1930 年实现了国联协会的诉求。

在第二届工党政府（1929—1931）里，塞西尔作为英国在国联里的代表，终于在外交部大楼里有了自己的办公室。他对政府的影响力或许比任何其他时候都大一些。塞西尔的私人秘书威尔·阿诺德—福斯特和诺埃尔—贝克（外交大臣亚瑟·亨德森的议会私人秘书）是国联协会里的活跃分子，在外交部大楼里都有自己的办公室。他们享有特权，能够接近决策核心。塞西尔在工党政府里之所以有这样的地位，主要是因为亚瑟·亨德森和外交部次官休·达尔顿认为他有助于平衡军方的势力。塞西尔与麦克唐纳的关系从未从 1924 年的争吵中恢复过来，事由是所谓的国联协会怠慢了工党里反战的和平主义者。达尔顿怀疑麦克唐纳是否真心想让塞西尔留在政府里，认为由于塞西尔不可能加入工党，便没有资格获得内阁中的席位；这种状况是"模糊不清的，也难以让人满意"①。尽管障碍很多，但难以否认的事实是：依靠执政党（尤其是反对党）能使压力集团的主张更快变成现实。不过，国联协会自缚手脚，不愿意这样做。

> 在政党政治这个问题上，对国联协会之类的组织来讲，什么样的危险会困扰它们？那就是：一个人加入了国联协会，却在现实中更关心自己政党而非国联的利益，处心积虑地利用国联协会的组织力量和影响力，来为自己支持的政府谋取利益或败坏自己反对的政府的名誉。如果有任何这样的证据可被用来谴责国联协会造成的危害，那么它难免被所有诚实的人所不齿。但是，没有一丁点儿这样的证据。②

---

① David Carlton, *MacDonald versus Henderson: The Foreign Policy of the Second Labour Government*, London: Macmillan, 1970, p.19.

② *Headway*, vol.10, no.3, Mar., 1928, p.51.

然而,国联协会一方面宣称自己做的是教育工作,另一方面又承认"不可能在'真空'中进行教育。除非与实际政治相连,国联协会发布的信息不会产生效果"①。所以,国联协会追求的跨党派动员既是其力量源泉,又是实现政策目标的障碍,会经常"自食其言"。退一步讲,即便真要依靠政党的力量,国联协会也将左右为难。长期握有权柄的保守党对国联的支持更多是口头上的;工党和自由党虽然同情国联协会的主张,却没有足够能力将其上升为稳定的外交政策。在英国政党政治中高举无党派旗帜,是国联协会给自己出的一道不易破解的难题。

第二节　时常游说议员,议员却服从政党

国联协会时常游说和拜访议员,因为它认为"影响英国外交决策的合法渠道只有议会一条"②。1921 年,《前进》宣布"大多数议员都支持国联,渴望进入下院的候选人很少有敢于宣称不支持国联的"③。不过,"在这个过程中,议员常常视热心的选民为烦心的人,热心的选民则常常认为自己的代表太圆滑"④。

加入国联协会的议员没有承诺要按它的主张在下院辩论或投票;愿意阅读它的文件或宣传品,是为了及时了解它的动向。他们都清楚党派身份远比会员身份重要;当协会与本党有矛盾时,不能给协会真正的支持。⑤ 同时,吸纳如此多不同党派的议员给国联协会造成了不便。他们不能统一看法,以致代表团难以向政府施加足够压力。

在历史悠久的英式代议制内运作,国联协会自然要强调公众舆论的重要

---

① *Headway*, vol.10, no.3, Mar., 1928, Supplement, p.i.

② *Headway*, vol.12, no.7, Jul., 1930, Supplement, p.ii.

③ *Headway*, vol.3, no.12, Dec., 1921, p.50.

④ *Headway*, vol.15, no.8, Aug., 1933, p.162.

⑤ *Headway*, vol.12, no.12, Dec., 1930, p.233.

性。理论上,独立派议员能较多、较自由地表达选民的愿望。但从 1918 年至 1935 年的历次大选看,不依靠保守党、自由党和工党的支持而当选的议员只有 1 次超过 10 人。① 1927 年,塞西尔辞去保守党政府职位后,有人建议他以此作为竞选运动的开端。他认为不可行,除非加入工党,因为"在当今的英国,没有哪场竞选活动会有成效,除非得到政党的支持"②。

英国当代政党制度中,议员失去独立性,难以有效表达选民的呼声。绝大多数议员都有党派归属。组织结构上,英国政党"都呈金字塔形。塔顶是党魁。党魁不仅直接控制着督导员、本党议员、中央总部和全国性组织,还通过它们间接地操纵着本党的基层组织和附属组织"③。对于选民的呼声,议员很难独立自由地回应。国联协会虽然渗透进了英国三大政党,但没有也不可能凌驾于政党之上。同时,它遭受了政党的"反渗透"。保守党政要奥斯汀·张伯伦在国联协会里制造的麻烦就是明证。

1932 年 2 月,保守党领导层说服奥斯汀·张伯伦加入国联协会执委会,让他去改善保守党在国联支持者心目中的形象。这位前外交大臣感到执委会里有一群"怪人";在最终加入国联协会前的 1 个月,他曾告诉塞西尔说自己之所以不愿加入,是因为不同意国联协会的裁军政策。加入后不久,奥斯汀·张伯伦就与执委会其他成员开始了持续的斗争。莫雷不得不经常斡旋,平息事端。曾有一次,在克兰伯恩子爵(塞西尔的侄子)的帮助下,利用外交大臣约翰·西蒙提供的文献,张伯伦成功地迫使执委会放弃了组建国联警察部队的提议。

---

① 从 1918 年至 1935 年,不依靠保守党、自由党和工党的支持而当选的议员数量是:1918 年,4 人;1922 年,11 人;1923 年,6 人;1924 年,4 人;1929 年,6 人;1931 年,3 人;1935 年,7 人。其中,击败保守党、工党两党议员的独立派候选人数量是:1922 年,2 人;1929 年,1 人;1931 年,1 人;1935 年 5 人;其余年份,没有一人。详见 D. E. Butler, *The Electoral System in Britain, 1918- 1951*, Oxford: Clarendon Press, 1953, p.154。

② Robert Cecil, *A Great Experiment: An Autobiography*, London: Jonathan Cape Ltd., 1941, p.192.

③ 阎照祥:《英国政治制度史》,人民出版社 1999 年版,第 337 页。

　　1934 年 7 月,更为严重的分歧出现了。在张伯伦缺席的情况下,执委会决定参加全国性的"和平投票"。张伯伦反对将复杂问题的答案简化为"是"或"否"两个选项。他警告塞西尔:"我在国联协会中沉睡的会员身份已经变成了内萨斯①的衣衫。这件衣衫,我认为自己已经不能再承受了。"执委会同意印刷保守党人对"和平投票"的保留意见,这让张伯伦感到了些许抚慰。然而,他向莫雷抱怨塞西尔压制性的领导方式:"到底哪种政策对国联有益? 我不同意塞西尔的看法。我和他之间的分歧更多还在于对国联协会合适角色的认知……虽然我认识到执委会中的多数成员确实努力调和与我的观点,但我发现自己不断投身于自己不喜欢的事情。"②1935 年 12 月,他激烈地抗议塞西尔和莫雷在补缺选举中向工党候选人诺埃尔—贝克提供担保。最终,在反对国联协会主张对意大利继续实施制裁后,他于 1936 年 5 月决定辞去执委会里的职务,并宣布从下个月开始与国联协会断绝往来。

　　"沉睡的会员身份"不准确地描述了奥斯汀·张伯伦的作用。他给国联协会带来了声望,也为英国内阁成员提供了了解国联协会动向的渠道。但事实上,为了落实保守党的意图,张伯伦也力图约束国联协会,使其立场与全民内阁保持一致。在某种程度上,张伯伦成功了。

第三节　倚重公众舆论,却遭遇精英政治

　　不少学者认为,两次世界大战之间公众舆论对英国外交决策产生了重大影响。显而易见的原因是英国选民数量迅速增长,执政党担心忽视选民意见会招致后者的惩罚。国联协会自称有百万会员,倚重公众舆论对外交决策的影响,但其遭遇却让人深思。

---

　　① 希腊神话中的角色,半人半马的怪物。
　　② Michael C. Pugh, *Liberal Internationalism*:*The Interwar Movement for Peace in Britain*, Hampshire:Palgrave Macmillan,2012,p.21.

"公众舆论"（Public Oopinion）的含义不够明确，常被随意使用。在现实中，它缺乏一致性，常相互冲突。作为政治力量，它有时表达的是多数派的观点，有时却是大张旗鼓的少数派观点。20世纪30年代的英国有两种性质迥异的反战舆论。"一种是群众自发的对于战争的厌恶和恐惧；另一种是英国的《泰晤士报》《观察家报》，法国的《法兰西行动报》《巴黎回声报》之类的报刊，它们实际上是右派的喉舌，用战争的恐怖恫吓人民，为推行绥靖政策制造舆论。"①

泛泛讨论"公众舆论"没有益处，甚至是误导性的，原因不仅在于其多样性和复杂性，还在于它变动不居、容易大幅波动。较为适宜的做法是把它与事件的真实结果、某个具体时段里具体人物的具体看法相联系。事实上，"公共舆论是由组成公众的个人观点的集合构成的。它不包括一群特定的人群所持的所有观点，而只是那些关于特定公众的问题或情况的观点。公共舆论，严格来讲，属于一系列特定条件下的观点"②。出于宣传和施压的需要，国联协会宣称代表英国公众舆论。但实际上，它只能代表当时公众舆论的一部分。

国联协会认为受到教育和引导的公众舆论是政府外交决策的基础，而关键在于"公众应当获得确凿可信的消息"③。国联协会认为自己的任务是不仅要及时告诉公众英国外交和国联的最新动态，还要引导公众舆论朝着壮大国联的方向迈进。

然而，进入20世纪后，国家机构控制着信息的提供、传播和解释。"舆论的大规模生产是商品大规模生产的连带效应……在当代情景之中，舆论像商贸一样，不能、也不可能免于人为的控制。古典自由主义的理念在严酷的现实面前破灭了"④。第一次世界大战后，很多战时应急的宣传机构被保留下来。

① 齐世荣：《齐世荣史学文集》，人民出版社2002年版，第182页。
② 戴维·杜鲁门：《政治过程——政治利益与公共舆论》，陈尧译，天津人民出版社2005年版，第238页。
③ *Headway*, vol.12, no.7, Jul., 1930, Supplement, p.ii.
④ 爱德华·卡尔：《20年危机（1919—1939）》，秦亚青译，世界知识出版社2005年版，第123页。

从不加区别的爱国主义呼吁,到严格的新闻审查制度,到设立信息大臣办公室,再到精妙的宣传技巧,这一切表明舆论管控是无休止的过程,使用了国家所有教育性和强制性力量。

为了免蹈秘密外交诱发大战的覆辙,两次世界大战之间人们一直要求把外交置于舆论监督之下。但让人诧异的是,1920 年,英国议会通过了《政府机密法案》(*Official Secrets Act*)。它在 1911 年法案的基础上进行了更为细致的修订①,并在 1939 年再次得到加强。国联协会只能无奈地表示自己“从来没有越俎代庖的企图”,很清楚“负责制定外交政策的是英国政府,其掌握的信息不可能总是提供给民间组织去自由支配”。②

英国政府掌握着发布和阐释外事信息的主动权,外交决策仍掌握在少数精英手中。1926 年,公众的批评意见激怒了外交政策的制定者。英国外交部常务次官威廉·蒂勒尔向奥斯汀·张伯伦抱怨国联协会到处煽风点火:“在外事领域里,国联协会是我见到过的最消息闭塞和淘气的诈骗者。”③皇家国际事务研究所认为,一旦认可议会掌控外交政策的原则,那么“外交关系中就会被引进充满变数的、不可估量的因素”;英国政府官员和外交官们坚信公众影响外交政策的方式破坏了值得信任的和受过专门训练的专家的权威。④1928 年 3 月 29 日,上院中,柯兴登勋爵告诉塞西尔自己限于权责,不能提供英法会谈信息。⑤ 1933 年,内阁秘密设立防务需求委员会,采纳了几项有争议的扩军方案,但在公开场合,大臣宣扬的仍是各种裁军计划。1930 年伦敦海

①　G.H.L. Le May, *British Government 1914–1953*, *Select Documents*, London: Methuen & Co. Ltd., 1955, pp.25–29.

②　*Headway*, vol.12, no.7, Jul., 1930, Supplement, p.ii.

③　Michael C. Pugh, *Liberal Internationalism: The Interwar Movement for Peace in Britain*, Hampshire: Palgrave Macmillan, 2012, p.31.

④　Royal Institute of International Affairs, *International Sanctions*, London: Oxford University Press, 1938, pp.138–139.

⑤　Lord Cecil, Lord Cushendun, Speech, *House of Lords Debates*, vol. 70, 29 Mar., 1928, pp.730–734.

军会议、世界裁军大会和《霍尔—赖伐尔协定》都表明公众不仅没有知情权，还常常被欺骗。1935 年，人们仍普遍认为："外交界是个封闭的小圈子，与公众舆论的主流相离甚远；他们不管经济民生，用奇怪的声调说着好几种语言；他们不值得信赖。"①

公众普遍支持国联和公开外交，这一点确实影响了政府的决策环境。1933 年，罗伯特·范西塔特在外交部表现出了对公众舆论的兴趣，因为他正在寻找反德借口。然而，外交政策多数时候仍是上层社会的禁脔。② 或许，财政、帝国的过度扩张和自治领政府的观点能够比公众舆论更多地限制外交政策。除了少数时候沸腾的舆论能改变政府的外交取向外，几乎没有实质性的证据表明公众舆论能直接迫使政府采纳或放弃某项具体的政策。尽管国联协会中的地产、法律和教育界绅士们能够施加一些影响，尽管国联协会一直倡导国际谈判应在国联框架里进行，但这些根本无法阻止"秘密外交"。国联大会通常只是各国表达良好愿望的讲坛。莫雷在 1938 年写信给萧伯纳："对一个外交大臣来说，在国联大会里被质询时，面对 52 个国家的代表和上百个记者，他几乎不可能坦白自己的政府正在说谎或表现得像个无赖。"③

此外，国联协会还寄望于国际舆论的制裁作用。但国际舆论更为缥缈。国际社会处于无政府状态，判断国家行为是否道德的标准缺失，民族国家相互猜忌，都使得国际舆论难于一致。单在"确定侵略者"问题上，国联主要成员国就吵得不可开交，遑论依靠舆论实施谴责和制裁了。或许，有人会认为，国际法是国际舆论形成的基础，但国际法的实质缺陷是其分散化，而且缺少有效的执行手段。大卫·戴维斯设想的国际警察部队恰恰反映出执法机构的必要性，但他建立世界政府的设想也不大可能实现。国联协会倚重国内公众舆论，

---

① Harold Nicolson, "Modern Diplomacy and British Public Opinion", *International Affairs*, vol. 14, no.5, Oct., 1935, p.610.

② W.L.Guttsman, *The British Political Elite*, London: MacGibbon & Kee, 1963, p.178.

③ Michael C. Pugh, *Liberal Internationalism: The Interwar Movement for Peace in Britain*, Hampshire: Palgrave Macmillan, 2012, p.34.

却遭遇精英政治;寄望国际舆论,后者却是一盘散沙。

第四节 力推国联裁军,国联却难孚众望

《国联盟约》第 8 款明文规定"联盟会员国承允为维持和平起见,必须将本国军备减至最少限度,以足以保卫国家安全及共同实行国际义务为限",并且责成国联行政院"应考虑每一国之地势及其特别状况,以预定此项缩减军备之计划,俾供各国政府参考及决定"①。自然,国联协会把推动国联框架内的裁军谈判作为奋斗目标。

国联行政院先是组建了一个常设委员会,由行政院成员国各派陆海空三军代表 1 人组成,但只能讨论技术问题,不能讨论各国军事力量。于是,行政院又改设由各国政治、社会、经济和军事专家参加的临时混合委员会。它的"非官方身份"使其提出的裁军方案和建议不能代表官方立场,各国政府亦对此不承担任何义务。临时混合委员会在 1924 年国联大会召开时解散。次年,行政院设立裁军会议筹备委员会。它耗时 6 年,把初步的、不完全的国际裁军草案提交给 1932 年世界裁军大会。但德国于 1933 年 10 月退出,世界裁军大会很快就变得奄奄一息了。1934 年,它无果而终。

与此相对,列强在局部裁军上取得了进展,但实质却是有选择和有节制地扩军。1922 年在华盛顿签订的《五国限制海军军备条约》规定了英美日法意主力舰的建造比例,却未能在巡洋舰、驱逐舰和潜水艇之类的舰艇上达成协议。列强继续在轻型战舰和潜艇上竞争。1927 年,为了缓和竞争,英美日举行日内瓦谈判,不欢而散。次年,英国单独与法国私下媾和,若非泄密,极有可能成功。1930 年伦敦海军会议终于使英美同意在巡洋舰、驱逐舰和潜水艇上平分秋色,日本同意只达到英美两国的 2/3。但法意坚持己见,互不相让,最

① 齐世荣主编:《世界通史资料选辑:现代部分》第一分册,商务印书馆 1997 年版,第 27 页。

终未加入伦敦条约。该条约对限制海军军备所作出的唯一贡献,在于它确立了一个任何缔约国都不许超过的、美国和日本甚至都不可能达到的最高限额。此外,如果任何一个缔约国认为非缔约国建造新舰对其国家安全造成了不利影响,那么它就可以恢复完全的行动自由;如果一个缔约国基于此种理由所增加的吨位超出了伦敦条约的限制,其他两国就可以按比例增加自己的海军实力。所以,扩军大门仍然敞开着。

国联框架内的普遍裁军无法实现,列强间的裁军谈判常是变相扩军,主要是因为国家利己主义。它们都把限制对手的优势军备看作第一要务。1932年,西班牙代表讲的寓言形象地揭示了这一点。"动物们为了裁军聚到一起。狮子乜斜着眼睛,瞅着老鹰说道:'翅膀必须销毁'。老鹰看着公牛宣称:'牛角应当销毁'。公牛瞧着老虎说道:'虎掌,尤其是爪子,必须销毁'。轮到黑熊时,它说:'所有武器都必须销毁,因为一切必须做的事情,全世界都应当接受'。"①同时,各国都高估自己的、贬低对方的国防需求,在数量上限制军备要么无法实现,要么成为变相的扩军;而在质量上限制卡在武器性质的争论上:每个国家都认为自己的武器是防御性的,而对方的武器是进攻性的。

在汉斯·摩根索看来,军备和军备竞赛是国际权力争斗的一种表现;而裁军和军备竞赛都是相关国家间权力关系的反映。② 两次世界大战之间的国际裁军问题直接源自凡尔赛—华盛顿体系的安排。作为此体系的一部分,国联召集的裁军谈判必然体现战胜国与战败国之间以及战胜国之间的权力争斗。

第一次世界大战后,法国成为欧洲军事强国,德国解除武装。尽管德国在1926年成为国联常任理事国,但成王败寇的权力分配格局在原则上维持到了30年代。"对德国来说,放弃军备平等的要求意味着承认其权力的劣势地位是永久的和合法的,而且还意味着放弃它再次成为欧洲主要强国的一切愿望。

① 马丁·怀特:《权力政治》,宋爱群译,世界知识出版社 2004 年版,第 190 页。
② 汉斯·摩根索:《国家间政治:权力争斗与和平》,徐昕等译,北京大学出版社 2006 年版,第 442 页。

对法国来说,放弃它的安全要求意味着放弃它的优势地位和默认德国复兴为一流强国。"①德国劣势的改变要以法国优势的丧失为代价。这种零和博弈在希特勒上台后彻底丧失了和平解决的可能。遑论其他,仅法德矛盾就使国际普遍裁军不可能成功。

多数时候,法国把国联当作某种集体性的警察力量,希望它能够加强法国的军事优势,维护1919年后的国际格局。但对英国来讲,要想剥夺法国在欧洲大陆的军事霸权,必须在可控的范围内破坏有利于法国的国际格局。因此,英国选择削弱法国,并在1925年《洛迦诺公约》中得以部分实现。英法战略上的矛盾使英国只把国联当作讲坛。国联协会希望国联成为"消除不公正的最高机构"和"国际秩序的维护者",希望英国政府能壮大国联,能在缔结多边裁军公约中发挥表率作用。但英国政府(主要是保守党政府)不仅拖延推辞,还时常绕开国联,寻求那些能够巩固和扩大自己军备优势的妥协。久而久之,国联协会的希望难免落空;即使力量再强大,它也难以维持公众对裁军的信心。

---

① 汉斯·摩根索:《国家间政治:权力争斗与和平》,徐昕等译,北京大学出版社2006年版,第438页。

主要参考文献

一、史料

(一)官方档案

1. DBFP, 1st Series, vol.XX, XXI; 2nd Series, vol.I-VI, XIII; Series Ia, II-VI.

2. BDFA, Part II, Series J, vol.1,3,4,5,6,7; Series C, vol.18.

3. House of Commons, *The Parliamentary Debates*, London: H.M.S.O., 1922-1939.

4. House of Lords, *The Parliamentary Debates*, London: H.M.S.O., 1922-1939.

5. Wheeler-Bennett, John W., *Documents on International Affairs*, Oxford: Oxford University Press, 1927-1939.

6. 世界知识出版社编:《国际条约集(1917—1923)》,世界知识出版社 1961 年版。

7. 齐世荣主编:《世界通史资料选辑:现代部分》第一分册,商务印书馆 1997 年版。

(二)国联协会部分连续出版物

1. The League of Nations Journal and Monthly Report, vol.1, no.1,3-8,1919.

2. To-day and To-morrow, vol.3, no.4,1920.

3. Headway, vol.1-21, 1921-1939.

4. Annual Report for 1920, 1921, 1923, 1924, 1931, 1932.

5. Year Book for 1933, 1934, 1937, 1938.

(三)国联协会部分影响力大的小册子

1. Christianity and the League of Nations, 1918.

2. Objects and Rules, July 1919.

3. The League of Nations: A Short Catechism, 1920.

4. Teachers and World Peace, 1923.

5. Declaration Concerning the Schools of Britain and the Peace of the World, 1927.

6. The Union at Work: Some Suggestions for Branches, 1928.

7. The Optional Clause, 1928.

8. Geneva, 1928.

9. British Industry and the League of Nations, 1929.

10. Note on the Work of the Religions and Ethics Committee, February 1930.

11. The British Empire and the League of Nations, 1931.

12. World Security: An Essay on Sanctions, 1931.

13. The Covenant Explained for Speaker and Study Circls, 1932.

14. Organizing Peace: How the League Works and What It has Done, London: LNU, 1933.

15. The Manufacture of Arms and the Arms Traffic, 1934.

16. Disarmament, 1934.

17. Disarmament and the Displaced Worker, 1934.

18. The Manufacture of Arms, 1934.

19. Canvassers' Answers to Objections Concerning the League Nations, 1934.

20. Patriotism, 1934.

21. The League and the Crisis: Making Collective Defense Effective, 1936.

（四）国联协会部分领导人的著作

1. Angell, Norman, *The Great Illusion: A Study of the Relation of Military Power to National Advantage*, New York: Heinmann, 1913.

2. Angell, Norman, *The Public Mind*, London: Noel Douglas, 1926.

3. Angell, Norman, *What Would be the Character of a New War?*, London: P.S. King & Son, Ltd., 1931.

4. Angell, Norman, *From Chaos to Control*, London: G. Allen & Unwin, Ltd., 1933.

5. Angell, Norman, *Must It Be War?*, London: Labour Book Service, 1939.

6. Cecil, Robert, *The Moral Basis of the League of Nations*, London: Lindsey Press, 1923.

7. Cecil, Robert, "The New International Control", *The Listener*, 1 April 1931.

8. Dalton, Hugh, *Towards the Peace of Nations: A Study in International Politics*, London: Routledge, 1928.

9. Davies, David, *The Problem of the Twentieth Century: A Study in International Relationships*, New York: G.P.Putnam's Sons, 1931.

10. Davies, David, *The Seven Pillars of Peace*, London: Longmans, Green and Co., 1945.

11. Murray, Gilbert, *From the League to U.N.*, Westport: Greenwood Press, 1948.

12. Noel-Baker, Philip, *The First World Disarmament Conference, 1932-1933 and Why It Failed*, Oxford: Pergamon, 1979.

13. Noel-Baker, Philip, *The Arms Race: A Program for World Disarmament*, London: Atlantic Books, 1958.

14. Zimmern, Alfred, "The League of Nations and the Teaching of History", *New Era*, April 1930.

15. Zimmern, Alfred, *The Third British Empire*, London : Oxford University Press, 1934.

16. Zimmern, Alfred E. eds., *Modern Political Doctrines*, London: Oxford University Press, 1939.

（五）日记、书信、回忆录和演说

1. Butler, Harold, *The Lost Peace*, London: Faber and Faber, 1941.

2. Chamberlain, Austen, *Down the Years*, London: Cassell, 1935.

3. Cole, Margaret, *Beatrice Webb's Diaries 1924-1932*, London: Longmans, 1956.

4. Craig, Gordon A. and Felix Gilbert eds., *The Diplomats, 1919-1939*, Princeton: Princeton University Press, 1994.

5. Dalton, Hugh, *Call Back Yesterday: Memoirs, 1887-1931*, London: Multer, 1953.

6. Dalton, Hugh, *The Political Diary of Hugh Dalton, 1918-1940*, London: Jonathan Cape, 1986.

7. Dalton, Hugh, *The Fateful Years: Memoirs, 1931-1945*, London: Frederick Muller, 1957.

8. Jones, Thomas, *A Diary with Letters, 1931-1950*, London: Oxford University Press, 1954.

9. Kirkpatrick, Ivone, *The Inner Circle: Memoirs of Ivone Kirkpatrick*, London: Macmillan, 1959.

10. Latané, John H. eds., *Development of the League of Nations Idea: Documents and Correspondence of Theodore Marburg*, 2 vols., New York: Macmillan Company, 1932.

11. Liddell Hart, Basil, *The Memoirs of Captain Liddell Hart*, London: Cassell, 1965.

12. MacDonald, J.Ramsay, "The London Naval Conference, 1930", *Journal of the Royal Institute of International Affairs*, vol.9, no.4, Jul., 1930.

13. MacKenzie, Jeanne, etc., *The Diaries of Beatrice Webb*, London: Little, Brown and Company, 2000.

14. Nicolson, Sir Harold, *Curzon: The Last Phase 1919−1925, A Study in Post−War Diplomacy*, London: Constable, 1934.

15. Poel, Jean vander, *Selections from the Smuts Papers*, Cambridge: Cambridge University Press, 2007.

16. Salter, Arthur, *Memoirs of a Public Servant*, London: Faber & Faber, 1961.

17. Samuel, Herbert, *Memoirs*, London: The Cresset Press, 1945.

18. Self, Robert C.eds., *The Austen Chamberlain Diary Letters: The Correspondence of Sir Austen Chamberlain with His Sisters Hilda and Ida, 1916−1937*, Cambridge: Cambridge University Press, 1995.

19. Toynbee, Arnold J., Viscount Cecil of Chelwood, Marquess of Lothian and Butler, R. A., "Issues in British Foreign Policy", *International Affairs*, vol.17, no.3, May−Jun., 1938.

20. Williamson, Philip and Baldwin, Edwardeds., *Baldwin Papers: A Conservative Statesman 1908−1947*, Cambridge: Cambridge University Press, 2004.

21. 丘吉尔:《第二次世界大战回忆录》第一卷上部第一分册,吴万沈译,商务印书馆 1974 年版。

22. 安东尼·艾登:《艾登回忆录:面对独裁者》上卷,武雄等译,商务印书馆 1977 年版。

23. 麦克米伦:《麦克米伦回忆录:风云变幻,1914—1939》,商务印书馆 1983 年版。

(六)人物传记

1. Baldwin, A. W., *My Father: The True Story*, London: George Allen & Uniwn Ltd., 1956.

2. Brittain, Vera, *Testament of Youth: An Autobiographical Study of the Years 1900−1925*, New York: Macmillan, 1934.

3. Cecil, Robert, *A Great Experiment: An Autobiography*, London: Jonathan Cape Ltd., 1941.

4. Cecil, Robert, *All the Way*, London: Hodder & Stoughton, 1949.

5. Cooper, Duff, *Old Man Forget: The Autobiography of Duff Cooper*, London: Hart−

Davis，1953.

　　6. Emery，Jane，*Rose Macaulay：A Writer's Life*，London：J.Murray，1991.

　　7. Macleod，Iain，*Neville Chamberlain*，London：Muller，1961.

　　8. Marquand，David，*Ramsay MacDonald*，London：J.Cape，1977.

　　9. Middlemas，Keith and Barnes，John ，*Baldwin：A Biography* ，London：Macmillan，1969.

　　10. Miller，John Donald Bruce，*Norman Angell and the Futility of War：Peace and the Public Mind*，Hampshire：Macmillan，1986.

　　11. Rose，Kenneth，*The Later Cecils*，London：Weidenfeld and Nicolson，1975.

　　12. Smith，Jean and Toynbee，Arnold ed.，*Gilbert Murray：An Unfinished Autobiography*，London：Allen and Unwin，1960.

　　13. Thomson，J.A.K.and Toynbee，A.J.etc.，*Essays in Honour of Gilbert Murray*，London：G.Allen & Unwin，Ltd.，1936.

　　14. West，Francis，*Gilbert Murray，A Life*，London：Croom Helm，1984.

　　15. Whittaker，D.J.，*Fighter for Peace：Philip Noel－Baker，1889－1982*，England：W.Sessions，1989.

　　16. Wilson，Duncan，*Gilbert Murray，OM，1866－1957*，Oxford：Oxford University Press，1987.

　　17. Wrigley，Chris，*Arthur Henderson*，Cardiff：GPC Books，1990.

（七）报纸杂志

1. The Times，1918－1935.

2. Manchester Guardian，1927－1935.

3. Foreign Affairs，1927－1931.

4. Political Quarterly，1934－1936.

5. Daily Herald，1934－1935.

6. Daily Express，1932－1934.

7. League of Nations Educational Survey，1930－1938.

8. New Commonwealth，1932－1939.

二、著作及论文

（一）著作

1. Barr，Niall，*The Lion and the Poppy：British Veterans，Politics，and Society，1921－*

1939, London: Praeger Publishers, 2005.

2. Beer, Samuel Hutchison, *Modern British Politics: A Study of Parties and Pressure Groups*, London: Faber and Faber, 1965.

3. Bentley, Arthur Fisher, *The Progress of Government: A Study of Social Pressure*, Chicago: University of Chicago Press, 1908.

4. Birn, Donald S., *The League of Nations Union, 1918–1945*, Oxford: Oxford University Press, 1981.

5. Brown, Callum, *Religion and Society in Twentieth–Century Britain*, New York: Longman, 2006.

6. Burns, Richard Dean eds., *Encyclopedia of Arms Control and Disarmament*, vol.1, New York: Charles Scribner's Sons, 1993.

7. Carr, E.H., *International Relations between the Two World Wars, 1919–1939*, London: Macmillan, 1947.

8. Ceadel, Marting, *Pacifism in Britain 1914–1945: The Defining of a Faith*, Oxford: Oxford University Press, 1980.

9. Ceadel, Martin, *Semi – Detached Idealists: The British Peace Movements and International Relations, 1854–1945*, Oxford: Oxford University Press, 2000.

10. Chickering, Roger and Forster, Stig, *The Shadow of Total War, Europe, East Asia, and the United States, 1919–1939*, Cambridge: Cambridge University Press, 2003.

11. Cockett, Richard, *Twilight of Truth*, London: Weidenfeld and Nicolson, 1989.

12. Cowling, Maurice, *The Impact of Labour 1920 – 1924: The Beginning of Modern British Politics*, Cambridge: Cambridge University Press, 1971.

13. Coxall, W.N., *Parties and Pressure Groups*, Harlow: Longman, 1981.

14. Crowson, N.J., *Facing Fascism: The Conservative Party and the European Dictators, 1935–1940*, London: Routledge, 1997.

15. Davies, Gwilym, *Intellectual Co – operation between the Two World Wars*, London: Longman, 1944.

16. Davies, Thomas Richard, *The Possibilities of Transnational Activism: The Campaign for Disarmament between the Two World Wars*, Boston: Martinus Nijhoff Publishers, 2007.

17. Egerton, George, *Great Britain and the Creation of the League of Nations: Strategy, Politics and International Organisation, 1914–1919*, Chapel Hill: UNC Press, 1978.

18. Evans, Martin and Lunn, Ken eds., *War and Memory in the Twentieth Century*,

Oxford：Berg，1997.

19. Fanning，Richard W.，*Peace and Disarmament：Naval Rivalry and Arms Control*，*1922–1933*，Kentucky：University Press of Kentucky，1995.

20. Fisher，H.A.L.etc.，*Essays in Honour of Gilbert Murray*，London：G.Allen & Unwin Ltd.，1936.

21. Freeden，Michael，*Liberalism Divided：A Study in British Political Thought 1914–1939*，Oxford：Clarendon Press，1986.

22. García，Hugo，*The Truth about Spain：Mobilizing British Public Opinion*，*1936–1939*，Toronto：Sussex Academic Press，2010.

23. Gibberd，Kathleen，*Politics on the Blackboard：An Autobiographical Essay*，London：Faber，1954.

24. Gregory，Adrian，*The Silence of Memory：Armistice Day 1919–1946*，Oxford：Providence，1994.

25. Grimley，Matthew，*Citizenship*，*Community*，*And the Church of England：Liberal Anglican Theories of the State between the Wars*，Oxford：Oxford University Press，2004.

26. Hinton，James，*Protests and Visions：Peace Politics in 20th Century Britain*，London：Random House，1989.

27. Hynes，Samuel，*A War Imagined：The First World War and English Culture*，London：the Bodley Head，1990.

28. Iklé，F.C.，*The Social Impact of Bomb Destruction*，Norman：Oklahoma University Press，1958.

29. James，Robert Rhodes，*Churchill：A Study in Failure*，*1900–1939*，London：Weidenfeld and Nicoson，1970.

30. King，Alex，*Memorials of the Great War in Britain：The Symbolism and Politics of Remembrance*，Oxford：Berg，1998.

31. Kitching，Carolyn J.，*Britain and the Geneva Disarmament Conference：A Study in International History*，New York：Palgrave Macmillan，2003.

32. Kitching，Carolyn J.，*Britain and the Problem of International Disarmament*，*1919–1934*，London：Routledge，1999.

33. Kyba，Patrick，*Covenants without the Sword：Public Opinion and British Defence Policy*，*1931–1935*，Ontario：Wilfrid Laurier University，1983.

34. Laity，Paul，*The British Peace Movement 1870–1914*，Oxford：Oxford University

Press,2001.

35. Latané, John H.eds., *Development of the League of Nations Idea:Documents and Correspondence of Theodore Marburg*, vol.1, New York:Macmillan Company, 1932.

36. Lloyd, David W., *Battlefield Tourism:Pilgrimage and Commemoration of the Great War in Britain, Australia and Canada, 1919−1939*, Oxford:Berg, 1998.

37. Lloyd, Lorna, *Peace through Law:Britain and the International Court in the 1920s*, Suffolk:The Boydell Press, 1997.

38. Lloyd, Lorna and Sims, Nicholas A., *British Writing on Disarmament from 1914 to 1978:A Bibliography*, London:Frances Printer, 1979.

39. Long, David, *Thinkers of the Twenty Years' Crisis:Inter−war Idealism Reassessed*, Oxford:Clarendon Press, 1995.

40. Lynch, Cecelia, *Beyond Appeasement:Interpreting Interwar Peace Movements in World Politics*, New York:Cornell University Press, 1999.

41. Mackenzie, John M., *Imperialism and Popular Culture*, Manchester:Manchester University Press, 1986.

42. MacKenzie, John, *Popular Imperialism and the Military, 1850−1950*, Manchester:Manchester University Press, 1992.

43. Marwick, Arthur, *Britain in the Century of Total War:War, Peace and Social Change 1900−1967*, Middlesex:Penguin Books Ltd., 1968.

44. McCallum, R.B., *Public Opinion and the Last Peace*, London:Oxford University Press, 1944.

45. McCarthy, Helen, *The British People and the League of Nations:Democracy, Citizenship and Internationalism, c.1918−1945*, Manchester:Manchester University Press, 2011.

46. McKercher, B.J.C., *The Second Baldwin Government and the United States, 1924−1929, Attitudes and Diplomacy*, Cambridge:Cambridge University Press, 1984.

47. Mckercher, B.J.C. eds., *Arms Limitation and Disarmament:Restraints on War, 1899−1939*, Westport:Praeger, 1992.

48. Medlicott, W.N., *British Foreign Policy since Versailles*, London:Methuen, 1940.

49. Morefield, Jeanne, *Covenants without Swords:Idealist Liberalism and the Spirit of Empire*, Princeton:Princeton University Press, 2005.

50. Northedge, F.S., *The Troubled Giant:Britain among the Great Powers, 1916−1939*, New York:G.Bell and Sons, 1966.

51. Paris, Michael, *Warrior Nation: Images of War in British Popular Culture, 1850-2000*, London: Reaktion Books, 2000.

52. Pope, Rex, *War and Society in Britain 1899-1948*, London: Longman, 1991.

53. Porter, Bernard, *The Absent-Minded Imperialists: Empire, Society, And Culture in Britain*, Oxford: Oxford University Press, 2004.

54. Pugh, Martin, *State and Society: British Political and Social History, 1870-1992*, London: Edward Arnold, 1999.

55. Pugh, Michael C., *Liberal Internationalism: The Interwar Movement for Peace in Britain*, Hampshire: Palgrave Macmillan, 2012.

56. Ramsden, John, *The Age of Balfour and Baldwin, 1902-1940*, London: Longman, 1978.

57. Rathbone, Eleanor, *War Can be Averted: The Achievability of Collective Security*, London: V. Gollancz Ltd., 1938.

58. Richardson, Dick, *The Evolution of British Disarmament Policy in the 1920s*, London: Printer Publishers, 1989.

59. Robbins, Keith, *The Abolition of War: The Peace Movement in Britain, 1914-1919*, Cardiff: University of Wales Press, 1976.

60. Taylor, Richard, etc., *Campaigns for Peace: British Peace Movements in the Twentieth Century*, Manchester: Manchester University Press, 1997.

61. Thorne, Christopher, *The Limits of Foreign Policy: The West, The League and the Far Eastern Crisis of 1931-1933*, London: Hamilton, 1972.

62. Todman, Dan, *The Great War: Myth and Memory*, London: Hambledon, 2005.

63. Wheeler-Bennett, John, *The Pipe Dream of Peace*, New York: Howard Fertig Inc., 1971.

64. 戴维·米勒、韦农·波格丹诺主编：《布莱克维尔政治学百科全书》，邓正来等译，中国政法大学出版社 2002 年版。

65. 华尔脱斯：《国际联盟史》上卷，汉敖、宁京译，商务印书馆 1964 年版。

66. 华尔脱斯：《国际联盟史》下卷，封振声译，商务印书馆 1964 年版。

67. E.H.卡尔：《20 年危机（1919—1939）：国际关系研究导论》，秦亚青译，世界知识出版社 2005 年版。

68. 齐世荣主编：《绥靖政策研究》，首都师范大学出版社 1998 年版。

69. 齐世荣：《齐世荣史学文集》，人民出版社 2002 年版。

70. 入江昭：《20 世纪的战争与和平》，李静阁等译，世界知识出版社 2005 年版。

71. 西德尼·塔罗:《运动中的力量:社会运动与斗争政治》,吴庆宏译,译林出版社
2005 年版。

72. 徐蓝:《英国与中日战争(1931—1941)》,北京师范学院出版社 1991 年版。

73. 阎照祥:《英国史》,人民出版社 2003 年版。

(二)论文

1. Adamthwaite, Anthony, "The British Government and the Media, 1937 – 1938",
Journal of Contemporary History, vol.18, no.2, Apr., 1983.

2. Barty, Peter Frederick, *The League of Nations Union between the Wars: The Rise and Decline of a British Political Pressure Group*, Ph.D.Dissertation, University of Kentucky, 1972.

3. Birn, Donald S., "The League Nations Union and Collective Security", *Journal of Contemporary History*, vol.9, no.3, Jul., 1974.

4. Bramsted, Ernest, "Apostles of Collective Security: The LNU and its Functions", *The Australian Journal of Politics and History*, vol.XIII, no.1, Apr., 1967.

5. Carlton, David, "The Anglo – French Compromise on Arms Limitation, 1928", *The Journal of British Studies*, vol.8, no.2 , May, 1969.

6. Ceadel, Martin, "The First British Referendum: The Peace Ballot, 1934-5", *The English Historical Review*, vol.95, no.377 , Oct., 1980.

7. Cecil, Hugh, "Lord Robert Cecil: A Nineteenth-Century Upbringing", *History Today*, vol.25, iss.2, Feb., 1975.

8. Chappius, Charles, "The British Foreign Policy – Making Elite", *The Review of Politics*, vol.29, no.1, Jan., 1967.

9. Eatwell, Roger "Munich, Public Opinion and Popular Front", *Journal of Contemporary History*, vol.6, no.4, 1971.

10. Egerton, George W., "The Lloyd George Government and the Creation of the League of Nations", *The American Historical Review*, vol.79, no.2, Apr., 1974.

11. Elliot, B. J., "The League of Nations Union and History Teaching in England: A Study in Benevolent Bias", *History of Education*, vol.6, no.2, 1977.

12. English, Jim, "Empire Day in Britain, 1904-1958", *Historical Journal*, vol.49, iss.1, Mar., 2006.

13. Gorman, Daniel, "Liberal Internationalism, The League of Nations Union, And the Mandates System", *Canadian Journal of History*, vol.40, 2005.

14. Heller, Richard, "East Fulham Revisited", *Journal of Contemporary History*, vol.6, no.3, Jul., 1971.

15. Holman, Brett, "World Police for World Peace: British Internationalism and the Threat of a Knock – out Blow from the Air, 1919 – 1945", *War In History*, vol.17, no.3, Jun., 2010.

16. Kennedy, Gregory C., "Britain's Policy – Making Elite, The Naval Disarmament Puzzle, And Public Opinion, 1927 – 1932", *Albion: A Quarterly Journal Concerned with British Studies*, vol.26, no.4, Winter, 1994.

17. Lukowitz, David C., "British Pacifists and Appeasement: The Peace Pledge Union", *Journal of Contemporary History*, vol.9, no.1, Jan., 1974.

18. Marwick, Arthur, "Middle Opinion in the Thirties: Planning, Progress and Political Agreement", *English Historical Review*, vol.79, no.311, Apr., 1964.

19. McCarthy, Helen, "The League of Nations, Public Ritual and National Identity in Britain, c.1919 – 1956", *History Workshop Journal*, vol.70, iss.1, Autumn, 2010.

20. Nicolson, Harold, "British Public Opinion and Foreign Policy", *The Public Opinion Quarterly*, vol.1, no.1, Jan., 1937.

21. Osborne, Kenneth, "Creating the 'International Mind': The League of Nations Attempts to Reform History Teaching, 1920 – 1939", *History of Education Quarterly*, vol.56, no.2, May, 2016.

22. Pugh, Michael, "Pacifism and Politics in Britain, 1931 – 1935", *Historical Journal*, vol.23, no.3, 1980.

23. Royal Institute of International Affairs, "The Draft Treaty of Mutual Assistance", *Journal of the British Institute of International Affairs*, vol.3, no.2, Mar., 1924.

24. Thompson, J.A., "Lord Cecil and the Pacifists in the League of Nations Union", *The Historical Journal*, vol.20, no.4, Dec., 1977.

25. Thompson, J.A., "The 'Peace Ballot' and the 'Rainbow' Controversy", *The Journal of British Studies*, vol.20, no.2, Spring, 1981.

26. Thompson, J.A., "The Peace Ballot and the Public", *A Quarterly Journal Concerned with British Studies*, vol.13, no.4, Winter, 1981.

27. Watt, D.C., "Some Post–War British Memoirs and Pre–War Foreign Policy", *International Relations*, vol.1, no.3, Apr., 1955.

28. Winkler, Henry R., "The Development of the League of Nations Idea in Great Brit-

ain,1914–1919", *The Journal of Modern History*, vol.20, no.2, Jun., 1948.

29. Younger, Kenneth, "Public Opinion and British Foreign Policy", *International Affairs*, vol.40, no.1, Jan., 1964.

30. Zaidi, Waqar H., "Aviation Will Either Destroy or Save Our Civilization: Proposals for the International Control of Aviation, 1920–1945", *Journal of Contemporary History*, vol.46, no.1, Jan., 2011.

31. 梁占军:《公众舆论与政府决策——1934—1935 年英国"和平投票"的政治影响》,《史学月刊》1999 年第 2 期。

32. 梁占军:《英国与"四国公约"(1933.3-7)》,《历史教学》2006 年第 5 期。

33. 时殷宏:《20 世纪西方大众政治对国家对外政策和外交的影响》,《南京大学学报(哲学·人文科学·社会科学)》2001 年第 3 期。

34. 熊伟民:《30 年代英国的和平运动》,《湖北大学学报(哲学社会科学版)》2001 年第 5 期。

35. 阎照祥:《英国报刊古今谈》,《欧洲》1993 年第 4 期。

附　　录

附录 A　国联协会宗旨

1.力促英国人民衷心接受国际联盟为国际权利的保卫者、国际合作的机构、国际争端的最终仲裁者;当不公正可能危害世界和平时,国际联盟是消除不公正的最高机构。

(1)在整个大英帝国范围内,把那些推动和普及国际联盟原则的人士组织起来,形成各种团体。

(2)发动有力的宣传,唤起并维持全体英国人对国际联盟工作的兴趣,确保公众支持国际联盟将盟约原则付诸实践的行动。

(3)对议员和大英帝国内各个政府施加影响力,将所有政治性和全国性的组织联合起来去支持国际联盟。

(4)就国际社会关心的话题组织研究和讨论,影响中小学和大学的教育,以便加深公众对国际关系的理解,促进他们正确理解国际联盟的原则和精神。

2.促进不同国家人民之间的相互了解和亲善,培养他们进行合作和公平交往的习惯。

(1)推动更多公众领会国家独立的意义,领会国际合作带来的互惠。

(2)通过为海外旅行提供便利、热情接待国外游客、国际间的体育娱乐活动、交换访学留学生等方式,鼓励不同国家人民之间的交往。

（3）针对那些影响劳动力、工业、商业、公共卫生和其他事项的问题,开展国际研究。

（4）由于自身数量或发展水平的原因而无力保护自己的民族或群体,还遭受着宗教、道德或物质上的压迫。推动国际社会考虑制定未来的安全措施以保护他们。

（5）发起和鼓励在其他国家开展灾难或贫困救助行动,确保相关国际行动的实施要通过国际联盟。

（6）推动国际性会议、俱乐部和机构的举行和建立,与世界上所有开展类似活动的社团保持联络。

3.促进国际联盟的全面发展时,应使此种发展与本协会的最初宗旨一致,以便使这个国际机构成为:民族自由的捍卫者、落后种族和不发达国家的受托者和监护者、国际秩序的维护者,使人类最终摆脱战争的魔咒。

（1）不断研究国际联盟的实际运行情况;只要有利于完善国际联盟和增强其影响力,国际联盟任何组织结构上的调整都应予以推动。

（2）下面几项具体事项应予以提倡:

（a）立即建立国际常设法院。

（b）对军备实施积极的限制,所有国家都废除义务兵役制。

（c）完善国际法。

（d）考虑实现国际秩序的必需措施。

（e）完善和扩展"委任"制度。

（f）将所有能够而且愿意遵守盟约的国家（Peoples）吸纳进国际联盟。

（g）在国际联盟的各种机构里,确保各个国家的意见都能得到充分的表达。

附录 B 国联协会大事年表

1918 年 10 月 10 日

国际联盟会社和自由国家协会联合会举行联席会议,商讨合并事宜。

1918 年 11 月 8 日

国际联盟协会成立。格雷任主席,赫伯特·阿斯奎斯、亚瑟·贝尔福和劳合·乔治任名誉主席。总部设在伦敦格罗夫纳—克莱森特街 15 号。到年底,国联协会已有会员 3841 人。

1918 年 12 月

访问英国期间,美国总统威尔逊在白金汉宫会见了国联协会的主要领导人格雷、阿斯奎斯和莫雷。双方就创建国联问题交换了看法。

1918 年底

作为英国官方创建国联的第一个发起人,罗伯特·塞西尔辞去内阁大臣职务,集中精力创建国联。

1919 年 1 月

国联协会开始发行《国联月刊》。每年至少缴纳 5 先令的会员可免费获得。

1919 年 1—6 月

巴黎和会期间,塞西尔任协约国最高经济委员会主席(Supreme Allied Economic Council),担任英国驻国联盟约委员会的主要代表。

1919 年 5 月 24 日

国联协会的 17 位显要人物联名发表公开信,希望协约国在实施和平条款之前再认真考虑它对德国的影响。

1919 年 7 月 13 日

塞西尔同意担任国联协会主席,莫雷改任副主席。在 7 月份的《国联月刊》上,他呼吁国联接纳德国和苏俄。

1919 年 10 月 13 日

国联协会发起目标为 100 万英镑的资金募集活动。结果让人失望。

1919 年 10 月

国联协会开始发行《盟约》,每期刊登 100 多页关于国际时事的文章,售价 3 先令 6 便士。不足 1 年,《盟约》停刊。

1920 年初

国联协会开始发行《联盟》。因刊名含糊不清,遂改为《今天和明天》,于年内停刊。

1920 年底

国联协会会员数量增至 6 万。

1921 年 1 月

《前进》(*Headway*)月刊开始发行。它成为国联协会的主要喉舌,1930 年时发行量达到 10 万份,一直刊印到 1939 年德国入侵波兰前。

1921 年 2 月

国联协会建立限制武器委员会(Arms Limitation Committee)。

1921 年 10 月

国联大会报告采纳了国联协会关于陆军和空军的提议。

1921 年 11 月

受美国总统哈丁邀请,国联协会领导人参加华盛顿会议。会议期间,他们敦促英国政府接受海军“一强标准”。

1921 年底

国联协会下属的议员委员会(Parliamentary Committee)已吸纳 330 名英国议会议员。

1922 年 4 月

在塞西尔的推动下,国联协会执委会致信劳合·乔治,批评拟议中的、可能诱发欧洲地区军备竞赛的《英法协定》(Anglo-French Pact)。

1923 年 2 月

法比两国军队于 1 月占领德国鲁尔。《前进》月刊认为，当法国认识到这样做不能解决问题时便会撤军。

1923 年 4 月

在协会成员的压力下，《前进》月刊认为应改变鲁尔地区让人难以忍受的状况。

1923 年 5 月

塞西尔出任鲍德温内阁掌玺大臣，负责国联事务。国联协会执委会建议成立一个包括美国人在内的国际委员会，以便确定德国的赔偿能力、步骤和数额。

1923 年 8 月

意大利占领科孚岛。在塞西尔的带领下，国联协会执委会敦促英国政府尽力保证国联毫不犹豫地执行《国联盟约》。

1923 年 10 月

对国联和英国政府在科孚岛事件上的表现，国联协会许多会员感到失望。为了继续赢得他们的支持，国联协会印发了一本名为《国联失败了吗》的小册子，竭力论证意大利从科孚岛撤军是国联成功的表现。

1924 年 3 月

国联协会设立劳资关系咨询委员会，其主要功能是充当国际劳工组织与劳工运动之间的桥梁。它组织经济学家讨论国际贸易、失业、移民等问题。

1924 年 4 月

道维斯计划出台后，国联协会认为它相当圆满地解决了鲁尔危机。

1924 年 6 月 19 日

首相麦克唐纳会见塞西尔，拒绝了国联协会在《互助条约草案》上的建议。

1924 年 9 月

国联协会给麦克唐纳的备忘录有英国各大政党 124 位成员的签名,提醒他注意拒绝《互助条约草案》的不良影响。

1924 年 11 月

鲍德温第二次担任首相。塞西尔在内阁中任兰开斯特公爵领地首席法官,仍负责国联事务。

1925 年 5 月

为了推进国际仲裁、安全和裁军,国联协会发起了一场声势浩大的宣传运动。它组织集会,收集请愿书,并派代表到唐宁街 10 号进行呼吁。

1925 年 10 月

国联协会获得《皇家特许状》。执委会对《洛迦诺协定》表示欢迎。

1926 年 5 月 13 日

莫雷发表题为"走向劳资和谐"的演讲,赞扬英国职工大会(Trade Union Congress)取消罢工的决定,呼吁劳资双方坐下来商谈解决问题的办法。

1926 年底

国联协会会员总数已达 60 万,分支机构几乎遍布英格兰和威尔士每一个大城市。

1927 年 8 月 9 日

塞西尔感到在鲍德温政府中难以施展手脚而辞职。

1927 年 9 月

辞去政府职位后,塞西尔领导国联协会发起新一轮持续半年的裁军宣传运动。

1928 年 6 月

国联协会组织学者研讨仲裁问题。

1928 年 8 月

国联协会高度评价《非战公约》在巴黎签订。

1928 年 11 月

鲍德温出席国联协会成立 10 周年聚会,并发表演讲。

1928 年 12 月

英国政府希望与法国达成一项海军军备协定。国联协会重新发起裁军宣传。

1929 年 5 月

英国大选期间,塞西尔以私人身份而非国联协会领导人身份向选民发出一封公开信,希望他们支持那些有望采取"稳健进步和平政策"的候选人。

1930 年 1—4 月

英、美、日、法、意 5 强在伦敦召开海军会议。国联协会对会议结果感到失望。

1931 年 11 月底

塞西尔乐观地认为国联能解决满洲危机。国联协会的消极无为受到公众批评。

1931 年 12 月

国联协会总理事会举行会议,批评格雷和塞西尔的言行没有响应公众的要求。

1931 年 12 月

国联行政院准备派出"远东调查团",团长是国联协会执委会成员李顿勋爵。

1931 年底

国联协会在英国各地的分支机构已达 2982 个。

1932 年 1 月

上海爆发"一·二八事变"。国联协会呼吁英国政府在国联召开特别大会。

1932 年 2 月

按照保守党要求,奥斯汀·张伯伦加入国联协会执委会,开始在协会内制造麻烦。世界裁军大会开幕。国联协会发动规模空前的裁军宣传。国联协会呼吁落实《国联盟约》第 16 款,停止向日本运送武器,停止从日本进口商品,抵制日货,撤回外交官。国联协会派代表到英国外交部,建议采取必要措施、制止日本对国联和英国的羞辱。国联协会举行会议,谴责日本为"侵略者"。

1932 年 6 月

在世界裁军大会上,美国代表团提议废除进攻性武器、将现有陆军减少 1/3、大规模削减海军舰只吨位。国联协会呼吁英国政府在原则上接受这些提议。

1932 年 9 月

李顿勋爵提交调查报告书。国联协会带头表示欢迎。

1933 年 4 月

国联协会开始宣传国联建立一支国际空军部队的必要性。

1933 年秋

德国退出世界裁军大会。国联协会呼吁英国政府履行 14 年前的保证,以此争取德国重回世界裁军大会。

1933 年 10 月

英国公众对裁军的兴趣减少。国联协会把工作重点改为反对私人制造武器。

1934 年 3 月

国联协会成立全民宣言委员会。

1934 年 4 月

全民宣言委员会开始筹划"和平投票"。

1934 年 11 月

"和平投票"第一批结果反馈到国联协会总部。

1935 年 6 月

国联协会宣布"和平投票"结果。共收回问卷 1100 万份,用去 12000 英镑。英国媒体大量报道。许多和平组织准备效仿。

1935 年 7 月

带着问卷调查的结果,塞西尔率领国联协会代表团拜访首相鲍德温。

1935 年 8 月

国联协会执委会派代表到日内瓦,敦促英国外交大臣霍尔向国联行政院表态:英国准备履行《国联盟约》,制止意大利。霍尔没有接受国联协会代表的建议。

1935 年 9 月

国联协会执委会建议英国政府根据事态的发展采取如下两个步骤:第一,撤回英国驻意大利外交官、全面抵制意大利商品的出口;第二,如果上述措施力度不够,就禁止意大利使用苏伊士运河。霍尔在国联大会发表演讲,大谈英国将与国联站在一起,支持集体维护盟约的完整,特别是支持对一切侵略行为进行坚决的集体抵抗。国联协会邀请霍尔在总部会议上讲话。霍尔希望国联协会不要在埃塞俄比亚问题上组织群众集会,国联协会照办。

1935 年 10 月

国联协会在伦敦阿尔伯特纪念大厅组织群众集会,支持国联制裁意大利。保守党、工党和自由党领袖都在集会上讲话。

1935 年 11 月

国联协会两次派代表向艾登和霍尔施压,希望加快对意大利禁运石油,未果。

1935 年 12 月

英法报纸披露《霍尔—赖伐尔协定》,舆论哗然。国联协会派 4 位副主席到唐宁街 10 号,同时要求分支机构向所在地议员施压。不久后,霍尔辞职。

1936 年 3 月

艾登宣布支持对意石油禁运,前提是国联其他成员国也这样做。国联协会的士气为之一振。国联协会执委会讨论德军对莱茵兰的占领,认为此事应和埃塞俄比亚战争联系在一起考虑。

1936 年 6 月

奥斯汀·张伯伦退出国联协会。

1936 年 7 月

国联协会把自己的一系列决议呈递英国政府,希望英国不要承认意大利对埃塞俄比亚的占领,并将意大利从国联驱逐出去。同日,西班牙各驻军城市发生武装叛乱。对此,国联协会内部意见不一,行动迟缓。莫雷向艾登表示,国联协会支持英国政府对西班牙内战的不干涉政策。但国联协会普通会员支持西班牙共和国的抗争,对国联协会领导层的态度深感不满。

1936 年 12 月

国联协会与丘吉尔合作,在伦敦发起名为"武器与盟约"(Arms and Covenant)的活动。

1937 年 10 月

国联协会开始与国际和平运动组织合作,答应向后者提供资金支持。但到年底,在合作问题上,国联协会执委会出现严重分裂。

1938 年 1—6 月

国联协会执委会设立专门小组调查总部工作人员的忠诚问题。到 6 月,总部人员完成改组。

1938 年 2 月

艾登辞职。国联协会的许多地方分支机构组织抗议集会来支持艾登。希特勒开始对奥地利采取行动。国联协会声明愿意帮助奥地利抵制德国。

1938 年 3 月

国联协会强调奥地利维持独立地位的正当性,赞扬许士尼格坚持举行全民公决的勇气。德国吞并奥地利。英国政府无所表示。愤怒的塞西尔质问首相张伯伦。

1938 年 9 月

国联协会措辞激烈,谴责张伯伦的绥靖政策,并在伦敦和其他 12 个大城市组织了示威游行。

1938 年 10 月

改版后的《前进》月刊开始发行。丘吉尔、利德尔·哈特、哈罗德·尼科尔森担任固定撰稿人。

1938 年 11 月

《前进》月刊发表丘吉尔的文章,批评张伯伦在慕尼黑的所作所为。

1939 年 3 月

《前进》月刊发行量降到 8000 份。

1939 年 7 月

国联协会执委会讨论战争爆发后国联协会何去何从的问题,决定继续为建立新国际组织而奋斗。

1945 年 10 月

联合国协会成立,国联协会停止存在。莫雷担任联合国协会主席至 1957 年去世。

责任编辑:王彦波
封面设计:石笑梦
版式设计:胡欣欣

图书在版编目(CIP)数据

英国裁军运动与国际联盟协会的社会动员:1919—1939/史林凡 著. —
北京:人民出版社,2025.1
ISBN 978－7－01－025957－4

Ⅰ.①英…　Ⅱ.①史…　Ⅲ.①裁军问题-军事史-研究-英国-1919-1939
②国际联盟(1920-1946)-政治动员　Ⅳ.①E561.9②D813.1

中国国家版本馆 CIP 数据核字(2023)第 180022 号

英国裁军运动与国际联盟协会的社会动员(1919—1939)
YINGGUO CAIJUN YUNDONG YU GUOJI LIANMENG XIEHUI DE SHEHUI DONGYUAN 1919—1939

史林凡　著

人民出版社 出版发行
(100706　北京市东城区隆福寺街 99 号)

北京九州迅驰传媒文化有限公司印刷　新华书店经销

2025 年 1 月第 1 版　2025 年 1 月北京第 1 次印刷
开本:710 毫米×1000 毫米 1/16　印张:26
字数:392 千字

ISBN 978－7－01－025957－4　定价:99.00 元

邮购地址 100706　北京市东城区隆福寺街 99 号
人民东方图书销售中心　电话 (010)65250042　65289539